指向核心素养融合发展的小学课堂教学理论构建与实践探索

张祖光◎著

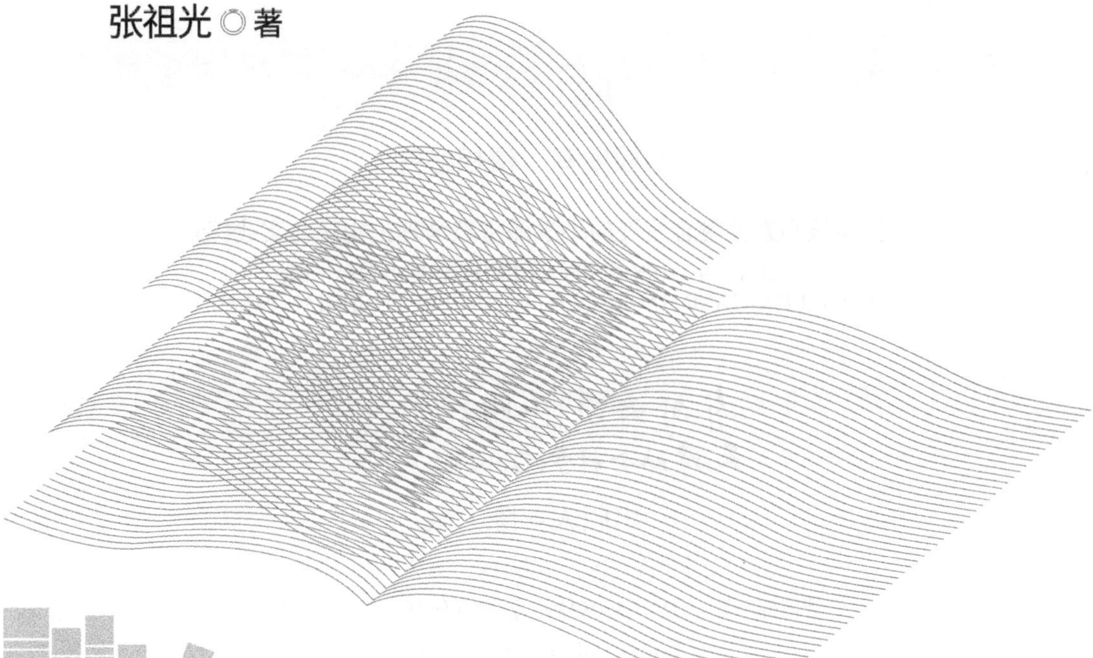

南開大學出版社　天津社会科学院出版社

图书在版编目（CIP）数据

指向核心素养融合发展的小学课堂教学理论构建与实践探索 / 张祖光著. -- 天津 : 南开大学出版社 : 天津社会科学院出版社, 2023.1

ISBN 978-7-310-06404-5

Ⅰ. ①指… Ⅱ. ①张… Ⅲ. ①课堂教学－教学研究－小学 Ⅳ. ①G622.421

中国国家版本馆CIP数据核字(2023)第013164号

指向核心素养融合发展的小学课堂教学理论构建与实践探索

ZHIXIANG HEXIN SUYANG RONGHE FAZHAN DE
XIAOXUE KETANG JIAOXUE LILUN GOUJIAN YU SHIJIAN TANSUO

南開大學出版社
天津社会科学院出版社 出版发行

出版人：陈 敬

地址：天津市南开区卫津路94号 邮政编码：300071

营销部电话：(022) 23508339 营销部传真：(022) 23508542

https://nkup.nankai.edu.cn

北京建宏印刷有限公司印刷 全国各地新华书店经销

2023年1月第1版 2023年1月第1次印刷

787毫米×1092毫米 16开本 31印张 460千字

定价：78.00元

如遇图书印装质量问题，请与本社营销部联系调换，电话（022）23508339

前 言

处于新形势下的中国,对于人才需求越来越大,在对学生进行科学知识培养的同时更加注重学生核心素养的发展、学生终身学习及应对未来社会发展必备品格和能力的培养。本书从学生德、智、体、美、劳多角度进行理论构建和实践探索。倡导从小学教育起加强以核心素养导向的教学是实现培养学生的良好精神品质与思维能力,更是适应教育方针、构建人类命运共同体的一大体现。

随着时代的发展,教育改革的更新,英语课程应以习近平新时代中国特色社会主义思想为指导,全面贯彻党的教育方针,落实立德树人的根本任务,以培养有理想、有本领、有担当的时代新人为出发点和落脚点。在《义务教育课程方案和课程标准(2022 年版)》精神的引领下,“自主、探究、合作”学习成为学生学习方式的主要特征,依托小学课程培养学生学科核心素养已经成为教育界普遍关注的重要议题。这就要求我们在教学中,使学生由被动接受知识向主动探索知识,由学会知识向学会学习、学会合作、学会生存转变,以适应社会发展的需要。

基于此,课题组全体成员笔耕不辍,潜心研究,倡导在注重培养学生学习方法的同时,又提升学生自主学习的能力,使学生素养得到全面发展,使学生真正成为学习的主人。本书遵循课程改革理念,紧扣新版课程标准,将核心素养融合发展融入小学课堂,具有如下特点:

实用性:从一线教师的实际需求出发,以案例为线索指导教学,使其具有很强的实用性。

针对性:以一线教师现有的背景和经验为基础,突出新版课程标准的变化之处,尤其是核心素养内涵和学业质量标准,为教师准确把握课程标准修订的基本精神提供切实的抓手。

操作性:突出小学各门学科的核心理念和重要思想,尤其是从操作层面上落实核心素养培养,评价学业质量。

本书从学科核心素养融合发展的角度出发,展开具体的教学创新理论研究,提供最前沿、优秀的典型教学案例和教学设计,希冀有益于广大读者。真正将理论与实践相互贯通、相互渗透,助力核心素养融合发展。

目 录

理论与实践研究篇

教法与学法创新篇

理论与实践研究篇

核心素养视域下小学高年级学生英语自主学习能力调查报告

摘　要:在当下核心素养时代,我国小学高年级学生在英语学习过程中,出现了很多的问题,其中忽视学生自主学习能力的教学不仅消磨了学生的学习兴趣,降低了学生的学习效率,更抑制了学生自主学习能力的发展。随着社会的发展,小学英语教育的最终目的不仅仅是培养学生的英语水平,更多的是培养他们对英语的学习兴趣,进而培养他们的自主学习能力。可以说,自主学习能力对小学生英语的学习起着无可替代的作用,更对他们今后的发展起到尤为重要的作用。本次研究的目的在于培养小学五、六年级学生在英语学科上的自主学习能力,使之能够自觉、主动、独立地进行学习,同时提出一些激励其学习兴趣的教学方法和手段。基于此,有如下目的:了解当前小学高年级学生英语自主学习能力的现状;发现当前小学高年级学生英语自主学习能力存在的相关问题;提出培养小学高年级学生英语自主学习能力的相关策略。

关键词:自主学习能力,自主学习策略,兴趣,学习效率

一、绪论

(一)问题的提出

1.研究问题

当前,我国小学高年级学生在英语学习过程中,出现了很多的问题,例如,学习态度不端正、学习兴趣低下等,严重影响了学生英语水平的发

展。根据相关调查研究得出的数据可以看到,越来越多的学生,尤其是小学高年级学生,对英语考试存在恐惧心理,体现为自信心的缺乏和强烈的考试焦虑。

同时可以看到,在当前教育背景下,学生在学习过程中大部分是随着教师的教学进度,缺乏主动性,很少预习和复习。即使有部分学生能够有计划地预习和复习,面对教师布置的大量学习任务,也不能够很好地保证自己学习计划的完全实行。不少家长为了让孩子提高英语成绩,不仅花费了大量时间与能力,甚至花费了大量的财力物力,但却收效甚微。这些学生往往不能掌握英语的学习规律,无法进行有效的英语学习;同时还可以发现,英语教师在日常的课堂教学活动中,不能活跃课堂气氛,存在讲读现象,课堂气氛十分枯燥,这种枯燥呆板的课堂环境不但严重降低了学生对于英语的学习兴趣,还会影响其自主学习能力的提升,进而滋生厌学情绪,导致退学、休学等不良现象的产生。由此可见,忽视学生自主学习能力的教学不仅消磨了学生的学习兴趣,降低了学生的学习效率,更抑制了学生自主学习能力的发展。

2001 年 6 月,我国教育部颁布了“基础教育课程改革”的指导性文件《基础教育课程改革纲要(试行)》(以下简称《纲要》)。此《纲要》有着重要的作用以及非凡的意义。它继承了我国传统教育思想的精华,也引进了以往国外课程改革的先进思想。《纲要》明确了我国的教育目标——培养具有终身学习能力的一代新人,同时改变学习者的学习方式,提倡探究式学习、合作式学习和自主式学习。明确提出了“目前的中小学教育要注重培养学习者的自主性与独立性,要科学引导学习者的调查、探究以及质疑的能力,并做到在实践中学习。要培养学习者能够在老师的指导下主动地、富有个性地学习”。

随着社会的发展,小学英语教育的最终目的不仅仅是培养学生的英语水平,更多的是培养他们对于英语的学习兴趣,进而培养他们的自主学习能力。可以说,自主学习能力对小学生英语的学习起着无可替代的作用,更对他们今后的全面发展起到更为重要的作用。

2. 研究内容

本研究内容分为绪论、本论、结论三部分。

绪论部分：首先通过研究国家发布的有关小学教育的文件，结合笔者的教学经验阐述研究背景，为本次研究的研究目的和研究意义进行理论上的指导，然后通过对相关概念的界定来确定本次研究的核心内容，最后以研究假设的形式介绍本次研究的主要内容。

本论部分：首先通过文献综述介绍国内外研究现状以及英语自主学习能力的影响因素，对上述文献进行总结，找出不足，以此来确定本次研究的创新点。然后概述介绍了相关理论基础，以及这些理论在学习和教学中的作用。其次，在研究方法部分以研究对象、研究工具载体，介绍了本次研究对研究对象的选定以及使用了何种研究工具对其英语自主学习能力水平进行检验，并验证问卷信效度。与此同时，通过回收问卷所得的数据，使用 SPSS 统计分析软件对其进行处理，找出不同特征小学生在英语自主学习能力上的差异，并分析原因。

结论部分：首先，描述本次研究结果。最后，针对结果以及差异性进行分析，根据文献综述中前人的成果，提出提高小学高年级学生英语自主学习能力的对策。

（二）研究目的和意义

1. 研究目的

本次研究的目的在于培养小学五、六年级学生在英语学科上的自主学习能力，使之能够自觉、主动、独立地进行学习，同时提出一些激励其学习兴趣的教学方法和手段。基于此，有如下目的：了解当前小学高年级学生英语自主学习能力的现状；发现当前小学高年级学生英语自主学习能力存在的相关问题；提出培养小学高年级学生英语自主学习能力的相关策略。

2. 研究意义

(1)理论意义

自主学习能力的培养正是以学生的需要为前提,让教学过程建立在学生自主学习、自主活动以及主动探索的基础上,是教师的教和学生的学的统一,同时也是师生的交往和互动的延伸。多样的主动性实践活动,是促进学生发挥主动学习精神、提高实践能力,最终达到全面发展的重要基础。

当前我国小学的英语学科大多是按照传统的班级授课制进行日常教学,同时班级的规模越来越大,每个班甚至超过 50 人,教师的精力和管理能力是有限的,长此以往其结果将严重影响英语的教学效率。所以,在无法改变这种现状的情况下,培养学生的英语自主学习能力可以在一定程度上缓解由于统班级授课制带来的弊端,提高英语教学质量。最后,培养学生的自主学习能力对于丰富教育学理论,进而全面推行素质教育具有一定的理论意义。

(2)实践意义

研究表明,培养学生积极的自主学习能力不仅可以使学生养成良好的学习习惯,而且还能提高课堂效率,进而提高他们的学习兴趣,最后为有效提高英语成绩打下基础。综上所述,进行小学高年级学生的英语自主学习能力的研究有如下五个方面的实践意义:小学英语教师能够更好地完成小学英语的教学的目标;学生能够更清楚了解英语课堂的教学目的以及学习要求;学生有能力规划自己的学习计划;在达到一定学习水平后,学生能够有效运用学习策略;师生可以主动评价整个学习过程进行反思。

3. 概念界定

(1)小学高年级学生

小学教育一般是六年制,分三个阶段:一年级、二年级为低年级,三年级、四年级为中年级,五年级、六年级为高年级。

小学高年级(五年级、六年级)学生一般是指接受九年义务教育阶段正规教育的10—12岁的学生,是基础教育的重要组成部分。

(2)自主学习

Holec(1981)从学生责任的角度提出自主学习是指:学生在学习中能够对自己的学习负责,即对自己学习方面的问题做出决策,如何确定学习目标,决定学习内容和学习进度,选择学习方法和技巧监控学习的过程。

很多学者都持有和Holec相同的观点,Littlewood(1999)认为,自主学习是一种自我调整的能力。White(1995)认为,自主学习的概念与学生对学习的观念是密切相关的,包括掌语言学习的过程和对整个过程所承担的责任。

庞维国(2003)认为,自主学习即为学生在开始学习活动之前,确定学习目标、制定学习计划、做好具体的学习准备在学习活动中能够对学习结果进行自我检查、自我总结、自我评价和自我补救,那么,他的学习就是自主的。

何莲珍(2003)认为:自主学习指学生能够独立地确定自己的学习目标、学习内容、学习方法、学习时间和自己一整套的学习体系。

根据以上学者的描述,本次研究将自主学习的概念界定为:学生在学习的过程中具有自主意识,能够自主运用学习策略,积极地发挥主观能动性和创造性的学习。

(3)自主学习能力

Holec(1981)把自主学习能力定义为:管理自己学习的能力。

Littlewood(1999)认为,自主学习能力是一种独立的、进行批判性思考、做出决定并能实施的独立行为的能力。

庞维国(2003)认为,如果学生本人对学习的各方面都能自觉地做出选择和控制,他就具有自主学习能力。

通过对自主学习概念的界定以及上述学者的描述,本次研究将自主学习能力的概念界定为:自主学习能力是指学生在对个人的学习管理上具有较强的学习意识和合理的时间支配理念,在根据个人、学校及社会等多方面不同要求的基础上,具有承担一定责任的能力,同时具备适时调整个人心态,主动积极地参与课内外学习活动的能力。本概念的提出,是遵循学生对英语学习的一种心理需求结合实际在学习过程中运用的实施方法,注重学生个人因素的调整与教师教学的目标,希望能在未来的教学中,能给予学生本人一定的启发作用。

(4)英语自主学习能力

综合上述观点,本次研究认为,英语自主学习能力指的是学生在英语学科中能自己确定学习目标、制订学习进度、设计评价指标的能力;具有自主学习能力,能在解决问题中学习的能力;学生对参与英语学习过程中的认识活动能进行监控,并对认知策略做出调整的能力。

二、本论

(一)文献综述

1.国外对英语自主学习能力的相关研究

"自主学习"理论早在20世纪60年代就已在国外被提出来,之后一直是教育学关注的一个重要课题。在教育学领域,人们关注的主要是对教学中教与学的角色和作用的重新认识。研究者已经把培养学生具有自主学习的能力作为教学中需要达到的一项重要目标,并重点研究如何促进学生进行个性化自主学习的教学模式和评估方法,这些都反映了教育向个性化、自主性、合作性、探究性方向发展的新趋势。

到目前为止,有关自主学习的概念问题仍没有统一的看法。这说明了自主学习研究的丰富性、对自主学习概念诠释和阐述的个性化。

最早将"自主学习"这一概念引入第二外语教学和外语学习的是Henri Holec(1981),在他的著作《自主性和外语学习》中指出,自主学习是学会如何学习,是一种学习的能力,在教学中学生应是教学活动的中心,处于教学的主导地位,而教师在教学中只起组织和指导作用,负责培养学生对所学内容产生积极的学习动机、具有强烈的学习兴趣,使学生的学习能够富有创造性。

Henri Holec(1981)的观点在外语教育教学界备受关注,并得到许多研究者的回应和认同。D. Little(1991)认为,自主学习是指学习者"能够进行批判性思考、能够自主做出决定并能实施独立行为的能力"。他指出,自主学习者不应该完全是自我指导学习。他认为"教师在学习中扮演的角色是多余的"这种说法也是不可取的,因为并非所有那些高水平的自主学习都是自我独立完成的。另外,自主性学习也并非简单地组织一个学习过程。在他有关自主性学习的定义中,他强调学者"自主的能力、批判性思考的能力,自主决策和独立学习的能力"。

另一方面,考虑到社会方面的影响,Benson(1996)认为,自主学习者能在与其他学习者之间的互动和多人参与的学习活动中获得更大的自控能力。这一点与Little的论述完全一致,在他看来,作为一种心理能力,自主能力的培养与发展离不开合作性学习活动。

综上所述,国外对于自主性学习的相关研究始于20世纪60年代,到20世纪90年代已经取得了相当的成就,现在不论是在理论上还是在实践上都处于成熟期。通过对国外的研究成果进行归纳整理可以看出,国外多数此领域的专家学者的研究对象范围更趋于多元化,研究对象涉及多个层次的不同学习者群体,研究的主要方法是实证性研究居多,所研究的内容主要包括进行自主学习的理论依据、自主学习的概念与内涵研究、进行自主学习的总体原则、推行、促进和制约自主学习的各种条件和因素、自主学习者的总体特点和个性差异、教师在自主学习中的角色和作用、自主学习中心的建立、自主学习能力培养的模式、途径和策略等。国外有关自主性学习方面的研究不论是理论还是实证方面,在数量和质量上都已经到了完善成熟的阶段,为国内的自主学习研究提供了理论基础和实证资料。

2. 我国对英语自主学习能力的研究现状

目前,我国研究者把自主学习大力引进教师和学生的教与学以来,关于英语自主学习能力的实证研究和理论研究都十分丰富。

张宁(2005)的主要研究对象是大学一年级学生,针对学生对英语自主学习的态度提出,这类大学生对于英语自主学习缺乏正确的认识、学习动力不强、对英语的学习策略方面没有理性的认知、对自己缺乏信心和不能合理安排自己的自主学习时间。他还得出教师在对学生的学习态度上、评估管理方面和提高学生的自信心方面有重要的作用。

黄辉(2006)主要的研究内容也是大学生自主学习的态度,他得出的结论是大多数学生虽然能够有积极的态度进行英语自主学习,能够做好学习计划,合理安排时间,定期对学习情况做总结,并能够为自己的学习负责,但是同样也反映出一些错误的认识,依然把考试作为学习好英语的动力,缺少老师的指导,很多时候不知道如何去学,并且没有完善系统针对自己所处的水平做出明确的检验,缺少自信。

李游(2007)主要研究对象是非英语专业新生,研究方向是学生对自主学习的态度和学生的英语自主学习目前所处的状况。他经调研得出:非英语专业新生有强烈学好英语的愿望,而且大部分学生的自主学习能力已经可以达到中等水平,存在的薄弱环节主要是学习方法的选择,特别是元认知策略的知识和运用。

米娜(2008)主要研究内容是:通过分析学生对自主学习的态度,发现学生在英语的学习自主性方面存在的问题。研究表明:学生虽然有非常积极和强烈的自主学习愿望和态度,但是缺乏恰当的学习动机和信心,经常表现出力不从心。课堂教学的互动仍是以教师为主导,学生的主观能动性和自主性不强,还是以依赖老师为主要表现,学生很少有机会去开发他们自学的潜力和能力。学生学习缺乏计划性、对学习过程的监控能力较差、没有特别清晰的自我评估,等等。

何丹丹(2008)经问卷调查得出如下结论:学生虽然具有自主学习的意识,但实际上,在实践的过程中不能落到实处,不能坚持。从这点也能看出,学生的自控能力还相对薄弱,缺乏学习策略的使用。

吴明坤(2009)主要依托于元认知框架,研究方向是学生对英语自主学习信念所表现的外在特征。对 235 名非英语专业大学新生做调查研究,结论表明:大学一年级学生具备部分自主学习意识,也愿意承担自己的学习责任,同时,他们也认为通过不断的努力,可以对英语学习的结果产生较大的影响,但是他们对具体的英语自主学习行为如目标制订、学习策略选择等都难以认同,导致学生形成了严重依赖老师的不良习惯。

3. 英语自主学习能力的影响因素

潘秀杰(2010)主要研究大学一年级学生的学习自主性与学习动机,他经研究得出如下结论:学生的英语自主学习处于中等水平。大学一年级学生的英语学习动机在个人发展动机、社会责任动机和成绩动机方面远远高于出国动机和信息媒介动机。学生的学习动机与英语学习自主性总体上成正相关关系。

徐丽(2005)主要从学生与教师之间的教与学关系入手,以大学一年级的学生为调查对象,对教师在学生培养自主学习过程中扮演的角色和学生对教师的期望值进行了详细的调查研究。从学生的角度来看:教师在培养学生自主学习能力的过程中产生了很大的作用,比如教给学生各种英语学习策略,教师对学生阶段性学习的监督和评估管理,在学生的情感方面给予激发和促进英语的学习兴趣,等等。

蒋红梅(2008)主要的研究内容是针对学生们自主学习的意识和行动之间的关系与意识对自主学习期望之间的关系。她的研究对象是非英语专业大学四年级学生,研究表明:虽然学生英语水平各不相同,但对外语的自主学习都有明确的认识。学生的课外英语学习和其他自主学习活动,对学生的英语积极性有很大影响。英语水平较高或中等的学生比英语水平较低的学生,在进行英语自主学习过程中更具有动力和积极性。学生在英语自主学习方面的期望和态度还没有达到英语教师的预想水平。她的关注重点主要有:大学生自主学习的潜力及期望能够促使学习者培养自我发现、自我控制和自我管理的能力。

姜海燕(2008)主要研究内容是学生的责任、能力、动机和行为的表现对自主学习的影响,采用按百分比的分析方法。她的研究对象是大学二年级学生,分析结果如下:大多数学生对英语自主学习持有积极的态度,愿意承担自主学习的责任,但却对老师表现出很强的依赖性,大部分学生对于自我评估、选择学习内容、学习活动等方面缺乏自信心。学生们可以自己制订学习目标,但是绝大多数人没有信心完成学习目标。大多数学生有强烈的英语学习动机,而且学生也意识到学习策略的重要性,但是在实际学习过程中,却表现出不尽人意的一面。

关红梅(2009)主要是通过问卷的方式,对大学一年级和二年级的学生进行调查,经研究表明:学生对自主学习很认可,也抱有积极的态度去实践;学生虽然愿意为自己的学习负责,但是过度依赖老师的现状却无法改变;虽然学生学习英语的动机是多方面、多角度的,但是他们受外在动机和工具型动机的影响更大。

综上所述,我国研究者对学生的英语自主学习能力进行了很多的调查,大多数人亦通过结合问卷调查和访谈的方式对学生进行的研究,对小学生英语学习能力的研究有很大的指导作用。

4. 小学高年级学生英语自主学习能力的特点

(1)英语学习状态比例呈"橄榄状"分布

由于从一年级就开始学习英语,学生的英语学习兴趣随着年龄的增长而逐渐减弱,再加上教材难度的加深,导致一部分没有良好学习习惯的学生成为英语"学困生",他们会消极地认为自己在英语学习方面是低能力的,从而放弃对英语学习的努力尝试,在一部分学生身上还会出现上课不听、作业应付、分数越考越低的恶性循环现象;而另外一部分学生却能经常在英语学习上体验到成就感,比如教师的肯定、优秀的考试成绩、获得参加高一级别的英语竞赛机会等,逐渐成长为英语学科的尖子生,积极地参与所有和英语有关的活动,所以整个高年级学生在英语学习状态比例的分布呈现橄榄形状,开始两极分化,两头学生少,中等学生多,在班级授课制的教学模式中,教师无法面面俱到照顾各个层次学生的需求,培养学生的自主学习能力恰恰可以弥补这一缺陷。

(2)英语学习策略的运用需要教师的指导

周玲玲(2011)认为,小学高年级学生英语学习策略的运用需要教师的指导,呈现出自主学习能力降低的趋势。小学高年级的学生经过了几年的英语学习,认识了二三百个单词和几十种句型,大部分学生能听懂教师使用的英语课堂用语,具备了一定的英语口语表达能力和读写能力,认知策略、元认知策略也有了一定的储备,但大部分学生不知道如何根据学习的内容选择合适的学习策略,需要教师的正确引导,从而帮助他们建立新的知识体系。

(3)喜欢更真实的课堂语言交流

马秀婷(2015)在课堂观察中发现,低中年级的孩子喜欢把自己熟练掌握的知识表现出来,即便是每节课都重复的内容,他们也很乐于说给大家听,而进入高年级以后,学生会更喜欢相对比较真实的语言交流。如果老师总是进行模式化的操练,就很难激起高年级学生开口说英语的兴趣,导致课堂气氛从上课伊始就开始沉闷。但如果教师能经常变换一下交流的内容,或者教给学生一些新的交流素材,学生的学习兴趣就可以一下子被激发出来。

5. 提高小学生英语自主学习能力的指导策略

小学英语自主学习的指导策略的相关研究并不多见,内容多侧重于:

王芳芳(2009)认为,自主学习水平的发展遵循一个从低到高的基本序列,同样,学生的自主学习水平并不是与生俱来的,教师适当的指导可以帮助学生实现从低水平自主到高水平自主的跨越。因此,她以自主学习水平分层为切入点,提出了四级自主学习水平的指导策略:观察水平的指导策略;模仿水平的指导策略;自我控制水平的指导策略;自主水平的指导策略。她认为教师的指导主要体现在对学生的分层和策略演示方面,通过分层指导实现不同学生的差异发展,在差异发展的基础上实施再次分层,经过多次这样的循环往复,最终促使学生走向高水平的自主。

唐俊红、张威(2012)也提倡英语教师必须针对学生的个性特点,因势利导,实施有效的分层指导策略,从而形成良好的教学氛围,达到优异的教学效果。他们从课堂内分层和课堂外分层两方面提出相应的指导策略。课堂内分层指导策略,首先课堂提问应针对应用基础不同的学生提问难度不同的问题,并对不同基础的学生的回答给予不同的评价;其次课堂讨论要把不同性格倾向的学生组合在一起,以达到性格的优势互补。课堂外分层指导策略,首先教师评议学生的作业要区别对待,如对完成质量差的学生予以鼓励,完成质量一般的学生给予更高期待,对完成质量好的学生给予表扬的同时也要指出其不足之处;教师要以平等的心态与学生进行交流。充分了解学生的性格特征、处事方式等,以期达到不同的学生不同的谈心方式和谈心内容,把分层指导策略发挥到极致。

周玲玲(2011)则通过对小学生英语自主学习进行现状分析和归因分析,提出了小学中年级英语课堂自主学习教师指导策略实施方案:科学制订教学目标。首先要分析学生的起点能力,其次要分析教材;激发和培养学生的学习动机;调整教学内容,活用教材;设计多样的教学活动;培养学生学会使用学习策略;完善评价体系。他们的指导策略研究都基于承认学生的个体差异性,其研究内容都涉及学习动机、学习策略、学习内容、教学方法、学习方法等方面,对本次研究提供了很好的参考。

6. 小结

综上所述,进入小学高年级,学生的探究意识和能力逐渐增强,学习兴趣更多来源于对学习的渴望、成就感等高层次的心理因素。自我意识有了明显的发展,有了一定的独立思考和意志控制能力,逐渐从无意注意发展到有意注意,注意时间可达到25至30分钟,有意记忆也在不断发展。

我国研究者对学生的英语自主学习能力进行了很多的调查,但小学高年级学生随着年龄的增长变得害羞,英语课堂比较沉闷,学生经常处于被动的听讲地位,很少会有学生主动提问或争着回答教师的问题。针对这一现象却没有翔实有效的研究。

本次研究以小学高年级即五六年级的学生为主要研究对象,集中探讨学生所具备的英语自主学习能力现状,对影响学生英语自主学习能力的因素进行分析,以便帮助小学一线英语教师帮助学生做好关键时期的过渡工作。

(二)理论基础

1. 建构主义学习理论

建构主义学习理论的主要观点可以总结为建构主义的知识观、学习观和教学观。建构主义知识观强调人类知识的主观性、个体性和情境性,认为知识是动态的,不是先于或者独立于学习者而存在,是在学习者与环境相互作用的过程中发展起来的,知识的获得是学习者通过意义的建构来实现的。学习不是简单被动地接收信息,知识的意义也不能硬性地灌输给学生,而是学生结合自身已有的知识经验,主动地对所学知识经验进行加工处理的过程,必须由学生自己去发现,自主参与,主动建构才能获得,这种建构只能由学生自己完成,他人无法代替。建构主义教学观认为,学生的学习是在教师指导下以学生为主体的学习,强调尊重学生个人意见,充分发挥学生的主动性,要求学生能够主动搜集并分析有关信息和资源,运用探索法、发现法去建构知识的意义。学习虽然是由学习者自己来进行的,但是这种学习必须是通过学习者在与他人交往的过程来进行的,学习者不可能孤立地在社会实际生活中从事某种活动。因此,学习既是学习者个人的建构活动,更是学习共同体合作建构的过程。教师要激发学生的学习兴趣和学习动机,创设适宜的教学情境,帮助学生建构新旧知识之间的联系,组织协作学习,开展讨论与交流,使学生的意义建构更有效。从建构主义的知识观、学习观和师生观中可以看出,建构主义学习理论为自主学习的实施提供了理论支撑,使自主学习的实施在理论上成为可能。

2. 人本主义理论

人本主义教育理论的核心立足点是“以学生为中心”,其最有影响力的代表人物之一是罗杰斯。罗杰斯主张人有自我实现、自我完善的愿望,相信人的天生潜能是积极的,只要后天有足够的条件,潜能得以释放和实现,他认为“个人发展”和“自我完善”是教育发展的第一位,教育的目标应该促进学生的变化和学习,培养能够适应变化和知道如何学习的“自由”人。学习是学习者的学习，是一种自我发展与自我实现的过程，是一个没有结论的过程。学习的实质在于意义学习，这种意义学习具有个体的全面参与性，个体自发性，个体渗透性和个体自我评价的特点，不仅是指理解记忆的学习，而是指学习者所做出的一种自主、自觉的学习，要求学习者能够在相当大的范围内自行选择学习材料，自己安排适合于自己的学习情境。在教学关系方面，罗杰斯用“水壶与茶杯”形象地比喻传统教学中教师与学生的关系，教师是水壶，学生是空茶杯，所谓教学就是把水壶的水倒入空茶杯，学生只是被动接受教师所教授的知识与技能。他认为师生关系不应是水壶与茶杯的关系，教师不是知识的传授者，而应该是学生学习的指导者、帮助者和辅助者。因此，罗杰斯主张教育教学应以学生为中心，把学习者视为学习活动的主体，倡导“非指导性”的教学原则和方法，认为教师应尊重学生的个人经验，建立良好的师生关系，创设“以学生为中心”的课堂，创造一切条件和机会，促进学生的成长。人本主义的这种“以学生为中心”的观点对自主学习产生了巨大影响。

3. 主体性教育理论

主体性教育是指根据社会发展的需要和教育现代化的要求，通过启发、引导受教育者内在的教育需求，创设和谐、宽松、民主的教育环境，有目的、有计划地组织、规划进行认识和实践活动的各种教育活动，从而把他们培养成为自主地、能动地、创造性地进行认识和实践活动的社会主体。主体性教育的基本理念是以人为本，以学生为本，把教育中的学生视为活动的主体，尊重学生在教育活动中的主体地位，重视学生的感受和想法，把发挥和提高学生的主体性作为一项核心目标。主体性教育认为教育的主要任务是为学生创设各种学习的条件和机会，充分调动学生的自主性、能动性和创造性，引导学生提高自我教育、自我管理、自我评价等能力，使学生成为自我发展的主人。在教育的过程中，学生对教育活动的参与有了更多自主选择的空间，教师与学生是一种平等对话的关系，教师应开展有利于学生主体性发展的教育活动，进行科学的组织与引导，促进学生自主学习能力的发展。主体性教育理论为自主学习打下了基础，从而使学生主体性的发挥成为自主学习的一个重要特征。

4. 小结

上述理论都要求教师以学生为中心，要真正树立“以人为本”的教育理念，放下架子，进行角色转换，不要展示居高临下的威严，而是以组织者、唤醒者、参与者乃至朋友的身份参与学生的作业，实现教学相长。另外，重视人际关系和情感因素在教学中的作用，情感是学习者在学习过程中的情感、感觉、情绪及态度等，对学生的认知和行为有调节功能和推动作用。在英语作业中，只有激发并满足学生的情感需要，学生才能产生强烈的学习欲望，如果能让学生保持这种积极的情绪，就能形成“情感动力”，唤起学生完成作业和自主学习的内驱力。大量适合的语言输入并不等于就能学好英语，学生完成作业的过程会受到动机、自信心及焦虑程度等情感因素的影响。这必然要求教师了解学生需求，为学生英语作业的完成营造良好的学习氛围，赏识、接纳、尊重每一个学生。

教师还应该要求学生在作业中多用英语表达和交流，同时给予适度的鼓励和表扬，使他们从中获得成就感，树立起自信心。切忌强迫学生“一步到位”，一定要给学生一个宽松的环境，让学生敢于开口，在英语表达中不怕出错，遇到困难时能大胆求助。良好的心理气氛与教学技能相比是更为重要的教学因素，建立良好的师生关系，为学生创造乐学的环境，使学生在无拘无束、心情放松的情况下拿出足够的信心和勇气参与到英语作业中。

教师还要具有一双善于发现的慧眼，能够抓住和发掘出各种教育资源，变单一枯燥的作业为富有色彩、充满情趣的作业。同时，唤醒学生主体意识，使学生成为学习和发展的主体，让学生们在英语作业中敢想、敢说、敢做、敢于展示自己；让学生们在作业中善于沟通与合作，通过与他人合作和交流，从同伴的构想中得到启发，迸发出智慧的火花，这样他们既能收获成功的喜悦，又能体会到解决问题过程中与他人合作的重要性。

(三)研究假设

第一，小学高年级学生英语自主学习能力总体水平较高。

第二,小学高年级学生英语自主学习能力存在性别差异。

第三,小学高年级学生英语自主学习能力存在年级差异。

第四,小学高年级学生英语自主学习能力存在身份差异。

第五,小学高年级学生英语自主学习能力存在校际差异。

Stets(2006)认为,身份差异主要认为自我的社会本质来自一个人所处的角色位置,而角色身份因其显著程度的不同有所变化。此外,角色身份与情感表达及行为表达有关;而由于在自我概念的等级结构中处于不同位置,所以有些角色身份比其他的更为突出。角色身份在突出性等级结构中的位置越高,意味着越接近行为。

在本次研究中,身份差异指的是学生是否为学生干部的差异,包括队委、队长、课代表、组长。校际差异指的是示范校和一般校的差异。

(四)研究方法

本次研究使用的方法为文献法和问卷调查法。

文献法就是搜集和分析研究各种现存的有关文献资料,从中选取信息,以达到某种调查研究目的的方法。它所要解决的是如何在浩如烟海的文献群中选取适用于课题的资料,并对这些资料做出恰当分析和使用。本次研究使用文献法搜集已有的相关调查研究成果,例如文献、报刊、论文等资料,通过对这些资料的认真研究,可以从他人的研究成果中为本次研究提供参考借鉴,即为本次研究提供了一定的理论依据和参考。

问卷调查法也称为"填表法",是用书面形式间接搜集研究材料的一种调查手段。通过向调查者发出简明扼要的征询问卷,请示填写对有关问题的意见和建议来间接获得材料和信息的一种方法。通过使用问卷调查的研究方法,对调查对象的数据进行采集以及系统分析,进而得出本次调查的研究结论。

最后在问卷调查的基础上,对不同小学的高年级学生进行英语自主学习能力的调查,以数据的形式体现其水平高下,并通过统计分析软件对数据进行分析,找出差异,最后根据差异提出改进意见或策略。

1. 研究对象

本次研究采用集中调查的方式，在天津市河东区范围内挑选4所小学，2所示范校、2所一般校。这4所学校均拥有良好的师资条件，在小学英语学科教学的完整性上可以得到保证。采取随堂课后发放问卷的方法，针对各校五、六年级学生展开调查，以每个年级2个班进行调查，每班发放问卷40份，共发放问卷320份。

本研究所有施测过程均由本课题研究人员完成。进行测试前，为了尽可能获得真实的研究数据，测试者首先向被测说明该问卷结果只用于研究，且无须署名，以尽量减少被测在做问卷时产生不必要的顾虑；其次，为了保证问卷的数量和完成的质量，本研究在课堂内进行整班测试，30分钟后当场收回。回收问卷320份，将不合格问卷剔除后，合格问卷数量为287，有效回收率为89.69%。

表1　调查对象的基本构成情况

项目1	项目2	N	百分比
性别	男	164	57.14
	女	123	42.86
年级	5年级	142	49.48
	6年级	145	50.52
是否担任班干部	学生干部	69	24.04
	普通学生	218	75.96
校际	示范校	149	51.92
	一般校	138	48.08
合计		287	100

2. 研究工具

本次研究中，自主学习能力是学生开展英语学习活动能力的反映，所以调查问卷以庞维国(2003)提出的七个学业调控维度以及小学高年级学生教材的特点和课程目标来进行参考,形成了本次研究的问卷《小学高年级学生英语自主学习能力调查问卷》。本次调查问卷的题目有30道题,分为学习动机、学习内容、学习时间、学习方法、学习过程、学习结果、学习环境七个维度。采用李克特五级评分法,大部分题目以完全符合计5分、基本符合计4分、不确定计3分、基本不相符计2分、完全不符合计1分。其中18、19、20、21、22、23、25、26、28、29为反向计分题,在统计的时候进行反向计分:完全符合计1分,基本符合计2分,不确定计3分,基本不相符计4分,完全不符合计5分。

(1)同质信度

本次研究运用统计软件SPSS 20.0,以同质信度系数Cronbach´s α系数作为指标,对《小学高年级学生英语自主学习能力调查问卷》进行内部一致性分析,得出该问卷的内部一致性信度系数为0.836,标准化的信度系数为0.851,均高于0.8,因此,该问卷具有相当好的信度。

(2)内容效度

《小学高年级学生英语自主学习能力调查问卷》结合小学高年级英语学科的特点和庞维国的7个学业调控维度理念,并参考他所编制的自主学习量表而进行整体设计。问卷的编制还有很多的教育学教授也进行了参与,并且他们也提出了很多宝贵的意见。对于修订成形的调查问卷,他们认为,该调查问卷的设计基本上涵盖了能够评定学生自主学习及自我管理能力的要素,问卷中的问题都非常有代表性,能够有效测出学生的英语自主学习及自我管理能力,所以可以认定该调查问卷的内容效度较高,能够真实反映学生英语学习七个学业调控维度上的真实水平。

(3)结构效度

从各维度之间的相关矩阵数据来看,相关系数≧0.60的维度只有四个,即学习方法、结果、环境,其他的系数的范围基本在0.2—0.6之间,因此可以看出,本问卷的结构效度良好,所以收集的数据具有科学性和有效性,可以用于教育研究。

表 2 小学高年级学生英语自主学习能力各维度的相关性

	学习动机	学习内容	学习时间	学习方法	学习过程	学习结果
学习内容	.432 * *					
学习时间	.325 * *	.369 * *				
学习方法	.575 * *	.335 * *	.287 * *			
学习过程	.415 * *	.405 * *	.327 * *	.448 * *		
学习结果	.417 * *	.584 * *	.410 * *	.624 * *	.518 * *	
学习环境	.427 * *	.546 * *	.378 * *	.513 * *	.414 * *	.639 * *

3. 数据统计方法

本次研究采用描述性统计对高年级小学生英语自主学习能力总体水平进行调查，采用独立样本 t 检验对学生的性别、是否担任班干部、校际差异进行检验，采用方差分析对学生的年级差异进行检验。

4. 研究结果

(1) 小学高年级学生英语自主学习能力的总体统计

小学高年级学生英语自主学习能力的总体情况见表 3 所列。

表 3 小学高年级学生英语自主学习能力的描述性统计

维度	*N*	*M*	*SD*
学习动机	287	3.394	0.717
学习内容	287	2.752	0.695
学习时间	287	3.279	0.750
学习方法	287	2.744	0.741
学习过程	287	3.031	0.802
学习结果	287	3.132	0.837
学习环境	287	2.868	0.733
总体	287	3.029	0.639

根据表 3 可以看出，小学高年级学生英语自主学习能力在全量表上的均值是 3.029，略高于理论均值 3，处于中等水平。

学习动机、学习时间、学习过程、学习结果 4 个维度的均值高于理论均值 3;学习内容、学习方法、学校环境 3 个维度的均值低于理论均值 3。这一结果表明,各校应在学习内容、学习方法、学校环境维度上努力,以期能够提高小学高年级学生英语自主学习能力的总体水平。

(2)小学高年级学生英语自主学习能力的性别差异

小学高年级学生英语自主学习能力的性别差异情况见表 4 所列。

表 4　小学高年级学生英语自主学习能力的性别差异检验

维度	男(*N*=164)		女(*N*=123)		*t*	*p*
	M	*SD*	*M*	*SD*		
学习动机	3.351	0.709	3.452	0.714	1.001	.310
学习内容	2.725	0.662	2.788	0.679	0.639	.525
学习时间	3.209	0.770	3.372	0.692	1.609	.109
学习方法	2.704	0.721	2.797	0.747	0.915	.363
学习过程	3.074	0.967	2.973	0.793	0.910	.364
学习结果	3.201	1.022	3.041	0.785	1.423	.153
学习环境	2.915	0.664	2.806	0.612	1.152	.251

根据表 4 可以看出,小学高年级学生英语自主学习能力不存在显著的性别差异。数据显示,小学高年级不同性别学生在各维度上的得分相近,t 检验结果显示不存在显著性差异。在学习动机、学习内容、学习时间、学习方法 4 个维度上女生均值较高,在学习过程、学习结果、学习环境 3 个维度上男生均值较高,但都没有出现显著的差异。由此可见,并没有明显的性别差异体现在该年级段的英语自主学习能力发展上。由于学校对不同性别学生进行无差别的教育,所以不同性别的学生在英语自主学习能力上没有显著差异,但由于女生的性别特质决定了大部分女生比男生更为细腻,所以在学习的过程中更加细心,体现在学习动机等主观因素的均值上略高于男生。

(3)小学高年级学生英语自主学习能力的年级差异

小学高年级学生英语自主学习能力的年级差异情况见表 5 所列。

表 5　小学高年级学生英语自主学习能力的年级差异检验

维度	五年级（N=142）		六年级（N=145）		t	p
	M	SD	M	SD		
学习动机	3.351	0.923	3.615	0.614	2.548*	.011
学习内容	2.725	0.987	3.038	0.743	2.845**	.004
学习时间	3.209	0.732	3.489	0.768	2.738**	.007
学习方法	2.667	0.948	3.008	0.627	3.253**	.001
学习过程	3.074	0.584	3.269	0.931	1.999*	.048
学习结果	3.201	0.873	3.428	0.885	2.056*	.040
学习环境	2.915	0.662	3.128	0.730	2.159*	.033

根据表 5 可以看出，小学高年级学生英语自主学习能力在各维度上都存在显著的年级差异。

在学习动机维度上，五年级学生均值为 3.351，六年级学生均值为 3.615，五年级学生的均值水平显著低于六年级学生的均值水平。根据独立样本 t 检验所得出的 $p<.05$，即学习动机维度存在显著的年级差异。

在学习内容维度上，五年级学生均值为 2.725，六年级学生均值为 3.038，五年级学生的均值水平显著低于六年级学生的均值水平。根据独立样本 t 检验所得出的 $p<.05$，即学习内容维度存在显著的年级差异。

在学习时间维度上，五年级学生均值为 3.209，六年级学生均值为 3.489，五年级学生的均值水平显著低于六年级学生的均值水平。根据独立样本 t 检验所得出的 $p<.05$，即学习时间维度存在显著的年级差异。

在学习方法维度上，五年级学生均值为 2.667，六年级学生均值为 3.008，五年级学生的均值水平显著低于六年级学生的均值水平。根据独立样本 t 检验所得出的 $p<.05$，即学习方法维度存在显著的年级差异。

在学习过程维度上，五年级学生均值为 3.074，六年级学生均值为 3.269，五年级学生的均值水平显著低于六年级学生的均值水平。根据独立样本 t 检验所得出的 $p<.05$，即学习过程维度存在显著的年级差异。

在学习结果维度上，五年级学生均值为 3.201，六年级学生均值为

3.428,五年级学生的均值水平显著低于六年级学生的均值水平。根据独立样本 t 检验所得出的 p<.05,即学习结果维度存在显著的年级差异。

在学习环境维度上,五年级学生均值为 2.915,六年级学生均值为 3.128,五年级学生的均值水平显著低于六年级学生的均值水平。根据独立样本 t 检验所得出的 p<.05,即学习环境维度存在显著的年级差异。

从数据上看,五年级学生在各维度的得分都显著低于六年级学生。即小学高年级学生的英语自主学习能力从五年级到六年级呈现逐渐增高的趋势。由此可见,学生的自主学习及自我管理意识是随着年级的升高而逐渐发展的。

(4)小学高年级学生英语自主学习能力的身份差异

小学高年级学生英语自主学习能力的身份差异情况见表 6 所列。

表 6 小学高年级学生英语自主学习能力的身份差异检验

维度	班干部(N=69)		普通学生(N=218)		t	p
	M	SD	M	SD		
学习动机	3.665	0.562	3.351	0.860	2.857**	.005
学习内容	2.847	0.734	2.722	0.768	1.062	.289
学习时间	3.469	0.618	3.219	0.653	2.294*	.022
学习方法	3.070	0.629	2.641	0.711	3.860***	.000
学习过程	3.115	0.878	3.005	0.759	0.859	.395
学习结果	3.480	0.645	3.022	0.761	4.037***	.000
学习环境	2.952	0.769	2.842	0.670	0.928	.355

根据表 6 可以看出,小学高年级学生英语自主学习能力在学习动机、学习时间、学习方法、学习结果 4 个维度存在显著的身份差异。

在学习动机维度上,班干部均值为 3.665,普通学生均值为 3.351,班干部均值水平显著高于普通学生的均值水平。根据独立样本 t 检验所得出的 p<.05,即学习动机维度存在显著的身份差异。

在学习时间维度上,班干部均值为 3.469,普通学生均值为 3.219,班干部均值水平显著高于普通学生的均值水平。根据独立样本 t 检验所得出的 p<.05,即学习时间维度存在显著的身份差异。

在学习方法维度上,班干部均值为 3.070,普通学生均值为 2.641,班干部均值水平显著高于普通学生的均值水平。根据独立样本 t 检验所得出的 p<.05,即学习方法维度存在显著的身份差异。

在学习结果维度上,班干部均值为 3.480,普通学生均值为 3.022,班干部均值水平显著高于普通学生的均值水平。根据独立样本 t 检验所得出的 p<.05,即学习结果维度存在显著的身份差异。

从数据上看,班干部在学习动机、学习时间、学习方法、学习结果的得分都显著高于普通学生。从个人角度上来说,学生干部往往拥有良好的学习习惯和端正的学习态度,他们通常对学习目的比较明确,对学习行为比较认同,对学习能力的认识更趋理性,他们容易达到一个较高的水平。身份差异会对其主体的各项主观意识进行能动的反作用,学生干部这个光环属性不仅利于提高学生自身的学业自我效能感水平,还能在一定程度上起到模范带头作用,激发其他学生的学习动机。同时,学生干部更能获得教师的青睐,从客观角度也极大地鼓舞了学习成绩优异的学生,让他们得到了更多的关注,教师往往倾其所有在学习途径方面加大力度,这使得学生干部也在学习时间和学习结果维度上的水平更高。

(5)小学高年级学生英语自主学习能力的校际差异

小学高年级学生英语自主学习能力的校际差异情况见表 7 所列。

根据表 7 可以看出,小学高年级学生英语自主学习能力在学习方法、学习过程、学校环境 3 个维度存在显著的校际差异。

在学习方法维度上,示范校学生均值为 2.847,一般校学生均值为 2.633,示范校学生均值水平显著高于一般校学生的均值水平。根据独立样本 t 检验所得出的 p<.05,即学习方法维度存在显著的年级差异。

在学习过程维度上,示范校学生均值为 3.172,一般校学生均值为 2.879,示范校学生均值水平显著高于一般校学生的均值水平。根据独立样本 t 检验所得出的 p<.05,即学习过程维度存在显著的年级差异。

在学习环境维度上,示范校学生均值为 3.010,一般校学生均值为

2.715，示范校学生均值水平显著高于一般校学生的均值水平。根据独立样本 t 检验所得出的 $p<.05$，即学习环境维度存在显著的年级差异。

表 7　小学高年级学生英语自主学习能力的校际差异检验

维度	示范校学生（$N=149$）		一般校学生（$N=138$）		t	p
	M	SD	M	SD		
学习动机	3.463	0.898	3.319	0.738	1.351	.177
学习内容	2.790	0.752	2.711	0.732	0.766	.444
学习时间	3.345	0.726	3.208	0.860	1.299	.200
学习方法	2.847	0.788	2.633	0.780	2.043 *	.041
学习过程	3.172	0.662	2.879	1.006	2.705 * *	.007
学习结果	3.214	0.858	3.043	0.681	1.653	.103
学习环境	3.010	0.630	2.715	0.815	2.934 * *	.004

从数据上看，示范校学生在学习方法、学习过程、学校环境的得分都显著高于普通学生。由此可见，学校的性质对于小学高年级学生英语自主学习能力还是有影响的。这体现在不同学校教师的教学能力上。示范校教师大多是硕士研究生以上学历，学历对于教师的教学能力具有决定性，示范校的教师往往能发现教学中存在的问题，并积极反思解决。示范校的教师资深也有更加深厚的学术素质，能够更加快速地解决学生在学业上面遇到的问题，这都加强了硕士学历教师的教学能力，在一定程度上提高了学生的自主学习能力。

（6）当前小学高年级学生英语自主学习能力的特点

由于是从一年级就学习英语，学生的英语学习兴趣随着年龄的增长而逐渐减弱，再加上教材难度的加深，导致一部分没有良好学习习惯的学生成为英语“学困生”，他们会消极地认为自己在英语学习方面是低能力的，从而放弃对英语学习的努力尝试，在一部分学生身上还会出现上课不听、作业应付、分数越考越低的恶性循环现象；而另外一部分学生却能经常在英语学习上体验到成就感，比如教师的肯定、优秀的考试成绩、获得参加高一级别的英语竞赛机会等，逐渐成长为英语学科的尖子生，积极地参与所有和英语有关的活动，所以整个高年级学生在英语学习状态比例的分布呈现橄榄形状，开始两极分化，两头学生少，中等学生多，在班级授课制的教学模式中，教师无法面面俱到照顾各个层次学生的需求，培养学生的自主学习能力恰恰可以弥补这一缺陷。

小学高年级的学生经过了几年的英语学习，认识了二三百个单词和几十种句型，大部分学生能听懂教师使用的英语课堂用语，具备了一定的英语口语表达能力和读写能力，认知策略、元认知策略也有了一定的储备，但大部分学生不知道如何根据学习的内容选择合适的学习策略，需要教师的正确引导，从而帮助他们建立新的知识体系。例如，在学习 Public signs 这一主题后，学生能顺利说出英语书上出现的公共标志，但在要求翻译“禁止钓鱼”时却傻了眼，如果教师在呈现书本知识时，将 No ing 这几个字母用不同的颜色进行展示，那么学生在遇到“禁止钓鱼”“禁止游泳”等生活中经常用到的词组时就能得心应手了。

在课堂观察中发现，进入高年级以后，学生会更喜欢相对比较真实的语言交流。如在每课的前几分钟，教师在进行导入环节 Free talk 时，如果老师总是进行模式化的操练，如“How are you? What´s the weather like today?”等，就很难激起高年级学生开口说英语的兴趣，导致课堂气氛从上课伊始就开始沉闷。但如果教师能经常变换一下交流的内容，或者教给学生一些新的交流素材，学生的学习兴趣就可以一下子被激发出来。比如教师告诉学生，在回答 How are you? 这个问题时，有时可以用“Just so so”（一般般），结果发现，学生更乐于用这个回答来代替之前的“I´m fine/well/good.”句型，因为“Just so so.”的状态更接近他们的实际状态。

三、结论与建议

（一）结论

小学高年级学生英语自主学习能力在全量表上的均值是 3.029，略高于理论均值 3，处于中等水平。

小学高年级学生英语自主学习能力不存在显著的性别差异。

小学高年级学生英语自主学习能力在各维度上都存在显著的年级差异。

小学高年级学生英语自主学习能力在学习动机、学习时间、学习方法、学习结果4个维度上,是否担任班干部存在显著的差异。

小学高年级学生英语自主学习能力在学习方法、学习过程、学校环境3个维度存在显著的校际差异。

(二)建议

1.激发学习兴趣

目前我国小学英语教学的重点之一就是培养学生学习英语的兴趣,让学生从自身出发,热爱英语学习,以此来激发学生学习英语的动机。在整个学习过程中,动机能够影响学习效果,甚至决定学业的成功或失败。如何才能激发学生的学习动机呢。首先,要让学生了解英语在未来社会的重要性,引发学生内心深处的动机,从而重视英语学习。

由此可见"以学生为中心"的教学理念的实质就是要考虑学生在学习过程中的真实需求,尊重学生的学习个性和特点,培养他们自主学习的能力。自主学习首先是一种自愿的行为。如果我们要鼓励学生自主学习首先就要满足他们的需求。需求是英语学习最基本的动机因素,如果学生没有任何学习需求,没有学习的愿望和目标,那么,培养学生的自主学习能力就无从谈起。所以,教师在实施英语教学以前,应该对学生进行需求分析,并根据学习者的实际情况和水平来调整教学目标,设计教学方法,等等。

第一,21世纪是全球一体化的时代,英语是世界的通用语言,只有熟练地掌握英语技能才能适应未来社会的发展。第二,英语教师在课堂上要创设多种情景,进行启发式教学。这种教学模式能够激发小学生的求知欲,是目前高中英语教学中比较有效的方法和手段之一。第三,教师要改变教学方式,改革传统教学方法。陈旧的学习内容无法引起学生的学习兴趣。教科书里一部分内容乏味无聊,并且与当今社会严重脱节,作为合格的英语教师,要善于选取教学内容。并通过生动有趣的教学方式方法来引起学生的学习兴趣,从而激发学生自主学习动机。第四,培养学生设定目标、制订计划。自主学习的过程实际上就是学生根据自身能力自主设定学习目标,然后坚决执行学习目标,运用学习策略,进行自我监控,最后对目标执行的结果进行自我评价及反思的过程。第五,教师要提高自身素质、发挥个人魅力,提高课堂的可参与性。教师的个人魅力也是影响学生学习动机的因素之一。

2. 关注小学生的成长,灵感改变教学策略

本次研究表明,五、六年级的小学生在英语自主学习能力上存在显著差异。同时发现,随着年级的增长,其水平出现了下降的趋势。这就要求小学英语教师要根据具体情况,灵活改变教学策略。

随着年级的增加,学生们的学习内容的难度也在逐渐增高,在面对过于困难的课程内容的时候,很多小学生会丧失自主学习的积极性,久而久之将产生倦怠心理。相关的数据表明,学生的学习能力与其所采取的学习的策略息息相关,要使学生掌握正确的学习策略,有必要对其进行专业的训练,从而达到提升其进行自主学习的能力的目标,在小学的高年级阶段,要实施自主学习教学策略主要通过学科渗透进行,英语教师可以从以下三个类别上进行自主学习策略的渗透,从而达到优化学生自主学习方法的目的。

词汇在六年级英语学习中有着重要地位。六年级词汇相较于五年级词汇,不光词汇量明显增多,而且很多词汇难读、难记、易混淆,阻碍了这部分学生学习英语的积极性,也使教师的上课质量下降,因此突破词汇关是提高六年级学生自主学习能力的重中之重。

教师应根据发音规律认知词汇。引导学生利用单词中字母的固定发音规律来认知词汇,不仅可以帮助学生更好地读准单词,还能把单词记得更牢,还能在今后的学习中遇到类似的字母组合也能顺利拼读。如记住字母组合 ee 发长音 i 音后,学生就能非常轻松的读准 tree street 等单词。

同时,进行举一反三学认知词汇。利用单词的音近、形近,例如,hear-here,short-sport,glass-grass,little-litter,nose-noise,talk-walk 等,既帮助学生区分又帮助学生识记。利用词汇间的意思相近的原理,也能帮助学生记忆单词,如表示“好看”时,我们可以用 beautiful,nice,pretty 等。

结合词性认知词汇。如在教动词“water”时,教师可以提供这样的句子:There is some water in the garden,so I water the flowers. 让学生来判断一下这两个 water 有什么区别,差不多的例子还有 A fly is flying in the kitchen, A dragonfly is flying in the garden 等;又如在教“quiet”时,教师可以给出“sit quietly”这个词组,让学生判断该句中“quietly”的词性,当学生说出它是副词时,让学生依据构词法说出它的形容词形式,学生一下子就能回答出来了。之后教师还可以在笔头练习中帮助学生归纳了一些具有相同特征的形容词和副词,如 beautiful,beautifully,quick,quickly 等。

3. 发挥班干部的示范作用,培养学生的自我评价能力

研究发现,班干部无论学习动机、学习方法还是学习时间、学习结果,其水平都显著高于普通学生。根据调查发现,学生们甚至很多教师都有这种错误的认识,是班干部的身份影响了其主动学习的内驱力,这种说法并不完全错误,但也不完全正确。班干部的身份的确在一定程度上提高了这部分学生的主观能动性,但应该明白的是,由于这部分学生学习成绩优异,是学有余力的学生,能在完成自己的学习任务之余帮助其他学生,正是由于这些原因,他们才成为班干部。在笔者的教育生涯当中,暂未发现某班班长或者学习委员是一个学习成绩较差的学生。根据教学经验这部分学生往往能够正确积极地进行自我评价,找出缺点,进行巩固和提高。由此,就要积极发挥班干部的示范作用。

自我评价是自己对自己能力水平以及学习情况的一个基本认识,这也是提升学生自主学习能力的重要策略。也是自主学习能力的一个表现侧面。

在对学生进行训练的过程中,教师还可以通过让班干部进行学习方法的介绍,以讨论形式,加强班干部与学生之间的交流,让学生在相互的

交流中获得启发，让学生之间能够取长补短，弥补自己存在的不足，更深入地掌握学习的策略，提高元认知的水平。

小学高年级学生正处于学习策略学习期和积累期、学习习惯的形成期，要对学生的自我评价能力以及监控能力进行系统的训练，必须要实施教师与家长结合、课外与课内结合的策略，同时让学生定期对自己学习的方法、学习的感受以及学习过程的体验进行全面总结和客观评价，并且反思自己存在的不足。小学生的意志自觉性比较差，在学校，教师应该要加强引导和监督，在家里，家长则应该负起监督和引导的作用，只有实现两者的结合，才能够起到最佳的效果，家长的意见恰恰体现了这一意图。

教师可以提前给学生制订一张学习自我评价表，并且每隔一段时间就组织学生对自己学习的综合情况进行评价，从而增强学生对自己自主学习能力的认识，了解当中的不足，然后随时改正。

4. 创设良好的课堂环境，减少校际差异

研究发现，校际差异也是导致学生英语自主学习能力的重要因素。这就需要普通校的教师积极创设良好的课堂环境。有研究证明，积极的课堂环境能够激发并促进学生的自主学习愿望与能力。而教师，作为学生自主学习的引导者与帮助者，更应该承担起创设积极的教学环境的责任。良好的课堂环境分为外在的物质环境以及内在的师生心理氛围。其中，内在的心理氛围占主导地位，外在的物质环境需要通过影响师生的内在心理来产生作用。

总之，积极开发和合理利用课程资源是英语课程实施的重要组成部分。英语课程资源包括英语教材及在学生家庭、学校和社会中所有有利于学生英语学习能力发展的资源（即其他学习材料和辅助设施）。教师应该在合理有效地使用教材的基础上，积极开发、利用诸如广播电视节目、录音、录像资料、直观教具和实物、多媒体资源、网络资源以及报纸杂志等其他课程资源来使课堂教学变得生动，提高学生学习英语的兴趣，从而提高他们自主学习的愿望，以达到培养学生英语自主学习能力的目的。

天津市和平区教师发展中心　张祖光

指向学科核心素养融合发展的小学英语教学

摘　要：在《义务教育英语课程标准(2022年版)》精神的引领下，依托小学英语课程培养学生学科核心素养已经成为教育界普遍关注的重要议题。本文从英语学科核心素养融合发展的角度出发，提出四条具体的教学原则，即以"立德树人"为引领，通过学科核心素养凸显小学英语课程育人功能；以"学科大观念"为基点，发挥小学英语课程落实学科核心素养的支架作用；以"学习活动"为媒介，强化学科核心素养在小学英语课程中的创造性生成与转化；以"解决问题"为导向，促进学科核心素养在小学英语课程中的个性化实践。四条原则相互贯通、相互渗透，助力小学英语学科核心素养融合发展落地课堂。

关键词：核心素养，融合发展，小学英语教学

一、引言

《义务教育英语课程标准(2022年版)》(以下简称"《义教新课标》")的颁行，标志着基础英语课程改革已正式进入核心素养时代。然而，对照《义教新课标》中提及的英语学科核心素养具体要求，当前小学英语课堂教学仍普遍存在一些偏差与不到位。例如，课程指导思想的确立仍以知识与技能的学习为统领，忽视了学科核心素养育人价值的本质追问；课程整体思路的规划仍偏向单一化、碎片化，缺少在结构化的完整学习中培养学生学科核心素养；课程教学实施的推进仍按部就班地采用点状教学的形式，对依托学习活动引导学生建构学科核心素养的关注度

不足;课程教学追问仍比较表层化、标签化,对深度学习进行解析和建构的水平不高。基于以上情况,本文着眼于学生学科核心素养的融合发展提出小学英语教学原则,从而为构建素养导向的小学英语课程提供借鉴意义。

二、小学英语课程落实学科核心素养融合发展的教学原则

(一)以"立德树人"为引领,通过学科核心素养凸显小学英语课程育人功能

作为新时代中国教育的根本任务,"立德树人"是教育领域落实党和国家教育方针政策的根本方略。《义教新课标》第一条课程理念明确要求落实立德树人根本任务,将培养"有理想、有本领、有担当"的三有人才作为培养新时代人才的出发点和落脚点,围绕核心素养确定课程目标,选择课程内容、创新教学方式、改进考试评价、指导教材建设、开展教学培训,从而形成一定的教学体系。由此可见,小学英语课程应秉承"立德树人"的根本任务,将培养和发展学生英语学科核心素养融入英语教育教学全过程,凸显小学英语课程的育人功能。

自教育部颁行《关于全面深化课程改革落实立德树人根本任务的意见》以来,培养"全面发展的人"成为国家落实"立德树人"根本任务的目标。然而,以往的小学英语课程对这一目标的把握仍不够全面,对"完整的人"的关注仍显不足。英语学科核心素养的创新性提出,彰显了小学英语课程一以贯之的育人价值。其中,语言能力是基础要素,文化意识是价值取向,思维品质是心智特征,学习能力是发展条件。四要素相互融合、协作、发展,共同推进学生正确价值观、必备品格和重要能力的形成,促进学生全面发展。从本质看,英语学科核心素养是"立德树人"根本任务在英语学科的具体体现,实实在在地指明了小学英语课程的育人方向,

其不仅从教育范围的角度将领域化的教育目标转化为具体化的个体发展目标，更回答了“培养什么人、怎样培养人、为谁培养人”的根本问题，明确了小学英语课程培养全面发展的社会主义建设者和接班人的基本特征。

由此，我们不难发现，要发展学生英语学科核心素养，就必须要保证“立德树人”思想在上位层面的统领作用，并确保“立德树人”思想在小学英语课程中的有效渗透。而这就要求广大英语教师要对“立德树人”的科学内涵形成清晰认知，并切实理解英语学科核心素养对“立德树人”的具体要求。实质上，“立德树人”就是以“德”育人，开展道德教育，教育学生养德性、育德行，学会做人，其具体内涵是24字的社会主义核心价值观。“立德树人”理念贯穿于教材、教学设计等小学英语课程的各个方面，正向引导英语学科核心素养达成，助力落实五育并举要求。相对而言，小学英语课程围绕人与自我、人与社会、人与自然三大范畴，将“立德树人”理念融于语篇、情境等方式方法，潜移默化落实爱国情怀、理想信念、品德修养、知识技能等方面的教育，在培养学生英语学科核心素养的同时，切实促成“立德树人”的社会意义和教育意义。

（二）以“学科大观念”为基点，发挥小学英语课程落实学科核心素养的支架作用

《义教新课标》强调小学英语课程应充分体现英语学习工具性和人文性相统一的特点，从“以知识和技能为本”转向“以学生发展为本”。然而，在传统的小学英语课程中，普遍存在“教学目标模糊化”“教学内容碎片化”“教学过程表面化”等学科问题，以致学生英语学科核心素养发展水平不高。基于此，小学英语课程应以英语学科大观念作为重要抓手，推进在整合性教学中形成统整化和结构化的学科表征，建立英语学科核心素养与小学英语课程之间的密切联系。

英语学科大观念是语言大观念和主题大观念的有机融合。语言大观念指的是学生在学习和使用语言的过程中感知与体悟的关于语言是如何

理解和表达意义的知识结构、方法策略和学习观念。主题大观念包含在人与自我、人与社会、人与自然三大主题范畴之中,为学生学习语言和探究主题意义提供语境,并在学习内容中有机渗透情感、态度和价值观,以使学生在完成学习后能够基于主题建构并生成新的认知、解决问题的思想方法以及正确的价值观念。综合来看,语言大观念在致力于提升学生语言意识、提高学生语言能力方面具有举足轻重的作用;主题大观念则侧重引导学生建构个体成长与发展的主题意义,为指向立德树人的英语教育而服务。两者相互渗透,融合互动,辅助学生运用所学的语言、方法、策略、思想等表达对单元主题相对完整的认知、态度和价值判断,落实英语学科核心素养。

基于上述对英语学科大观念的梳理,不难发现,英语学科大观念与主题之间存在密切关联。加之《义教新课标》的颁行,基于主题意义探究开展英语教学已经得到社会各界广泛认可。基于此背景,教师亟须厘清大观念与主题之间的逻辑关系。实际上,主题是意义探究的逻辑起点,而意义探究又是关于主题的新的拓展性理解,主题应是大观念的载体和基础,大观念要通过对主题的意义探究才能得以生成和建构。因此,指向英语学科核心素养融合发展的小学英语教学设计应在英语学科大观念的引领下凸显主题意义探究的核心作用,促使英语教育不仅停留于对学科方法的推敲、对知识内容的记忆,而是通过潜移默化的方式,将培养学生学科观念作为最终使命和目标。

1. 聚焦主题意义选择和组织课程内容,提炼大、小观念

单元主题是大观念得以建构和生成的物质基础,单元大观念本质上是在单元层面围绕多个语篇的子主题建构和生成的“结构化知识”。换而言之,英语学科大观念的实现需要教师依托于课程内容的深层结构,以单元建构为基础,建立起主题意义和核心素养间的有机联系。

依据《义教新课标》对英语课程内容的划分,其共包含主题、语篇、语言知识、文化知识、语言技能和学习策略六大要素。它们作为构成核心素养发展的内容基础,均以英语学科核心素养在小学英语课程中的具体落

实为根本目的。其中,主题和语篇协同发挥统领作用,主题反映“立德树人”价值导向,语篇承载特定主题意义;语言知识和文化知识相互关联,语言知识是构成语篇的语言要素,文化知识提供反映语篇主题意义的内容资源;语言技能和学习策略作为重要的学习途径和有效的学习手段,协同发力,共同作用于信息获取、知识建构、思想表达、情感交流、文化浸润、品格形成。因此,为保证课程内容能转化为学科核心素养,小学英语课程必须要依托课程标准、教材内容、学生学情等方面打造主题语境,选取不同类型的语篇供学生深入研读主题意义,进而整合性地运用语言技能和学习策略,渗透语言知识和文化知识,促进学生素养转化。

根据王蔷教授等提出的课程内容与核心素养的关系图,聚焦语篇主题意义提炼大、小观念主要包含四个层次。首先,基于《义教新课标》划定的人与自我、人与社会、人与自然三大主题范畴,依托于课程标准、教材内容、学生学情等确定单元主题及课时子主题,建立单元整体主题框架。之后,深入研读单元内各语篇,围绕单元整体主题框架挖掘提炼语篇承载的主题意义,并深度剖析语篇间存在的各种纵向和横向、显性和隐性关联,从而构建起主题意义间的逻辑关系。在此基础上,详细解析各语篇的主要内容,梳理出主要词汇、语法功能、语言结构等学生需要逐层建构的核心知识,并挖掘出知识背后内隐的情感、态度和价值判断,让学生从知识中找到情感共鸣,明晰知识是自身成长的关键,进而在多个语篇间建立有意义的联结,形成更具有迁移价值的语言及主题大、小观念。最后,将单元内的语言知识和各语篇的主题意义进行整合,从更上位的角度将散乱的知识点串成线、连成片、织成网,从而形成一个系统、完整的单元知识体系,促进单元大观念的形成,指向学生核心素养综合表现。

2. 聚焦内容整体,设计指向主题意义探究的英语教学大单元

《义教新课标》坚持素养立意,强调小学英语课程要进行指向核心素养发展的单元整体教学设计,并从整体视角挖掘单元育人功能。为此,教师应立足小学英语课程落实“立德树人”根本任务的本质,整体规划单元育人蓝图,设计教学与评价活动,促进学生对主题意义的深度理解,从而

实现在相对完整的单元学习中建构语言大观念、生成主题大观念的目标，促进学科核心素养的融合发展。

具体而言，指向主题意义探究的单元整体教学本质上应基于课程标准、教材内容和学生学情，通过对单元内各语篇的深入研读，挖掘语言符号背后的育人价值，把握意义主线，建立各语篇主题、知识和育人价值的有机关联，探析深层知识结构，建构单元育人蓝图，使学生经历过程周期相对较长、承载结构相对完整、内容更全面的“学习单元”的学习，形成基于单元主题有层次、有逻辑、相对完整的认知结构和体系，提高自身分析和解决问题的能力，以及正确的态度和价值判断，即单元大观念，指向核心素养的整合性发展。需要注意的是，在设计指向主题意义探究的英语教学大单元时，教师应重点关注以下三个维度：一是单元教学应当将大观念的习得放在教学优先位置，始终坚持以“主题”为立足点，围绕主题意义筛选、整合、替换、补充单元学习内容，改变对内容整体的狭隘认知；二是强化单元学习内容之间的关联性与进阶性，整体规划单元教学课时、板块、活动等，层层探究语篇承载的主题意义，建构教学内容之间的知识逻辑关系；三是注重结合分课时教学内容之间的联系点和发展点，以单元主题意义探究为目的建构有层次、有结构、相对完整的认知结构，确保育人价值的实现和学科核心素养的进阶发展。

（三）以“学习活动”为媒介，强化学科核心素养在小学英语课程中的创造性生成与转化

大观念教学注重学生的能力表现，需要学生在教师的引导下，以基本问题为线索，将自主、合作、探究等多种学习方式与主题意义探究结合起来，丰富学生的探究体验。也就是说，英语学科大观念指导下的大单元教学设计应以主题意义探究为出发点，追求教学目标、教学活动和教学评价的三者融合互动，协调发展，促进英语学科核心素养的落地。

主题意义探究指教师在开展教学活动时，通过对文本意义的挖掘，引导学生树立正确的语言学习层次观。《义教新课标》强调践行学思结合、

用创为本的英语学习活动观,引导学生参与到指向主题意义探究的学习理解、应用实践和迁移创新等一系列相互关联、循环递进的语言学习和运用活动中。这也就是说,基于主题意义探究开展单元整体教学活动与《义教新课标》倡导的围绕主题意义探究开展英语教学的理念在本质上是一致的。因此,小学英语课程应坚持以主题意义为主线,设计融合学习理解、应用实践和迁移创新三大层次的语言和思维活动,引导学生在建构结构化知识的过程中,通过分析问题和解决问题发展思维品质,形成文化理解,塑造必备品格,综合发展学科核心素养。

依据英语学习活动观,小学英语课程应以活动为载体,为培养学生学科核心素养提供多维靶向。在此背景下,英语课堂教学应该从"以学生为中心"的英语学习本质出发,以学科核心素养的四个方面为核心,围绕课程目标的制定、教学实施的推进、课程评价的开展等多个课程实施环节设计能真正体现核心素养要求的小学英语课程体系,进而引导学生学会在复杂、丰富和变化多样的模拟化生活场景中推进英语学习和运用活动,强化学科核心素养的创造性转化。

1. 强化目标意识,制定与学科核心素养对接的英语教学目标

单元目标是落实课程总目标的行动方向和路径。设计体现学生语言能力、思维品质、文化意识和学习能力融合发展的单元整体目标,并分解为体现关联性和递进性的课时目标,是核心素养得以发展的保障。因此,在核心素养与单元整体教学相融合的英语教学中,教师应在分析单元内容的基础上,立足主题及语言大、小观念合理设计核心素养教学目标,使主题意义探究和核心素养达成两条主线贯穿始终,引导学生开展系统化学习。

具体而言,单元目标就是对单元学习单位内学生要"学什么""怎么学"以及"学到什么程度"的学习结果的高度概括,也是单元学习成果的评价指标设定。其中,单元整体目标统领单元教学,其设定需从单元整体出发,围绕单元主题意义的建构挖掘语篇的内涵和外延,综合反映学生完成单元学习后学科核心素养融合发展的水平,体现学生通过单元学习后

形成的新的认知、态度、价值判断和行为选择。课时目标指向单元整体目标的达成，侧重对课时主题意义和单元主题意义的学习和探究来发展学生某一方面或某几方面的核心素养，其设定需遵循可达成、可操作、可检测的原则，体现英语学习活动观的三个层次及其有机关联，反映学生通过课时学习后预期产生的认知、思想和行为等方面的变化。需要注意的是，单元整体目标不是若干课时目标的累加，课时目标亦不是单元整体目标的简单分解。单元整体目标应包括课时目标，而课时目标应指向且服务于单元整体目标，课时之间环环相扣、螺旋递进，促进学科核心素养的有效落实。

2. 围绕意义探究，践行英语学习活动观组织教学活动

指向学生学科核心素养发展的英语教学应以主题意义为引领，以语篇为依托，整合语言知识、文化知识、语言技能和学习策略等学习内容，创设具有综合性、关联性和实践性的英语学习活动。为保证单元整体教学能围绕主题意义展开，教师须先依据课程内容与单元目标，整体规划单元学习活动，设计有层次的课时框架，形成教与学的整体观念。然后，分解单元学习活动，并以主题意义为统领统筹安排到各课时中。最后，根据学生已有的主题知识和经验，按照英语学习活动观将各课时学习活动串联，让学生在螺旋式上升的主题意义探究活动中逐步实现学科核心素养发展。

主题意义的理解和探究并非一次性生成，而是学生调动已有知识，在与文本、教师及同伴开展多层次、多维度不断互动的过程中逐渐达成的。为此，在以主题意义为引领的小学英语课堂上，教师要创设与主题意义密切相关的真实语境，帮助学生开展有“梯度”的学习活动，以促进知识向能力、能力向素养的转化。其中，学习理解活动聚焦于主题意义理解的核心，以基本问题为根本支撑，帮助学生获取并梳理语言和文化知识体系，实现知识与文化的互联互通；应用实践活动指向对主题意义的深度理解，强调让学生在一项项任务的完成中加深学习，将所学语言和文化知识不断内化并深化，促进学中用、用中学；迁移创新活动关注主题意义探究成

果的展示,引导学生尝试在新的情境、新的任务中运用所学所知,开展对语言、意义和文化内涵的实践探究,达到学创结合、乐学善用、主动迁移的目的。三者有机统一,相互贯穿,既能确保学习活动之间的紧密关系,实现学习活动与主题意义间的逻辑呼应,又能从不同角度、不同层面丰富和深化学生对主题意义的整体理解及认知,促进其学科核心素养的融合发展。

3. 注重素养表现,深化"教—学—评"一体化在学生英语学习中的学科核心素养达成度

《义教新课标》明确指出,教学评价对促进学生核心素养的发展具有重要作用。为此,在基于主题意义探究的小学英语教学中,教师要重视教学评价的功能,深化"教—学—评"一体化。然而,传统的英语教学往往将知识和技能作为评价的关注点,使得整体教学过程存在学习活动与教学目标相脱节、教学评价与学习活动不匹配等问题,以致教、学、评三者相互割裂,无法保证学科核心素养的具体落实。为了解决这个问题,在基于主题意义探究的小学英语教学设计中,体现"教"的教学目标、体现"学"的教学过程和体现"评"的教学评价应该在学科大观念的引领下以衔接和递进的形式呈现,强化各教学要素之间的横向关联。其中,"教"充分体现教学目标的统领地位,需要教师立足英语学科核心素养,围绕主题意义,基于英语学习活动观的递进层级设计教学目标及课内外教学活动,切实保证各课时均能保证学生核心素养的落地;"学"侧重体现学习活动的指向作用,反映学生要参与什么样的活动、体验什么样的学习经历去探究主题意义,进而建构与目标匹配的语言、文化、思维、策略体系,以提升自身的英语学科核心素养;"评"重在呈现"教"与"学"的具体效果,需要教师借助与学习活动相对应的评价活动或评价方式综合考量学生的综合表现,检验核心素养的达成度,从而为后续发展应注意的关键问题提供有效参考。

值得注意的是,"教—学—评"一体化的教学需要教师针对学生的课堂表现给予即时性的评价和反馈。也就是说,教师要充分且持续地观察

学生的学习态度、学习方法、学习过程和学习效果，对学生完成每一项学习活动后的学习生成进行综合分析和价值判断，以此判定学生核心素养达成情况，促使学生不断探索主题意义。

此外，为切实提升学生学科核心素养，教师亦可以从学科核心素养外在表现的角度开展综合性的表现性评价。表现性评价形式多样，主要包括角色扮演、观察、成长档案等表现性任务。其不仅能帮助教师了解学生学科核心素养达成情况，更能为后续调整学习活动奠定基础。因此，教师要善于在具体的教学实践中引入表现性评价的形式，尽可能为学生营造真实的或者模拟的生活情境，鼓励学生充分发挥主观能动性，运用已掌握的知识、技能、策略等去解决某个新问题、创造某种新事物或完成某项新任务，在丰富的成功体验中全面发展学科核心素养。

（四）以“解决问题”为导向，促进学科核心素养在小学英语课程中的个性化实践

大观念的获得和理解，是在不断解决问题的过程中发生的。指向核心素养培养的英语教学必然要求变革学习方式，引导学生深度参与教学过程，走向致力于问题解决的深度学习。这就意味着，学生终究需要通过解决问题实现学科核心素养。为此，教师必须要将问题视为辅助课堂教学的重要支架及思维工具，并尝试基于课程标准、课程内容、学生学情等方面精心设计一系列相互独立、相互联系、层层递进的问题，帮助学生在问题解决的过程中建构结构化知识、探究主题意义，最终形成以学科核心素养为统摄的价值观、必备品格和关键能力。

实际上，回归《义务教育英语课程标准（2022 年版）》相关要求，学科核心素养是对小学英语课程育人目标的具体表达，同时也是教师教学的风向标，体现的是对所有学生英语学习的共性要求。但是，由于学生在语言基础、学习兴趣、内在动力等方面存在很大差别，其参与英语学习活动的过程是个性化的、多样化的。为此，教师要充分落实学生主体地位，针对不同水平的学生因材施教，确保其能全身心投入学习活动，批判性地学

习新知识和新思想,整合性地外化言和行,最终实现育人目标。结合具体教学实践来看,这就需要教师应在对教材等教学资源进行深入研读的基础上,结合学生主体需求设计一系列有层次的英语学习活动,引导学生从不同角度和深度对同一主题进行多元解析,探究主题意义,逐步建构起相对稳定的认知结构、情感态度和价值判断,实现个体学科核心素养融合发展。

三、结语

为促进学生英语学科核心素养融合发展,本文全貌性地提出四条基本教学原则指导小学英语教学实践活动。广大小学英语教师要以遵循党和国家所提倡的"立德树人"根本任务为己任,以达成学科核心素养为依归,不但要思考如何在英语学科大观念统领下聚焦单元主题所凸显的主题意义整合课程内容,建构指向主题意义探究的英语教学大单元,更要思考如何依托"以学生为中心"的英语学习本质促进教学目标、教学活动和教学评价的融合统一,引导学生全身心参与和体验相互关联、层层递进的语言和思维活动,推动问题导向学习,使教学由浅层走向深层、由低阶走向高阶,帮助学生在探究主题意义的过程中实现个性化发展。希望四条教学原则能够切实助力英语教师将培养学生的英语学科核心素养落地课堂,更好地服务于小学英语课程改革目标,推动小学英语教育质量提升发展。

天津市和平区教师发展中心　张祖光
天津市和平区新华南路小学　岳志坚

核心素养视域下网络教研与教师专业发展研究

摘　要：随着现代信息技术的飞速发展，我国基础教育正向网络化、数字化、虚拟化、多媒化、远程化的方向发展。小学教研如何跟上时代步伐，改革传统教研模式，进行网络教研，从而促进教师专业发展，将学生核心素养落地课堂，已成为当今教研的新课题。本文仅结合天津市和平区开展"1+1 双师课堂"云智网络教研模式的研究与实践，谈及网络教研与教师专业发展。希冀通过"1+1 双师课堂"云智教研网络模式，使每一位教师都能成为当下信息技术的受益者、运用者和学习者，为教师今后的专业化发展提供更为广阔的空间。

关键词：网络教研，教师专业化发展，信息技术

中华人民共和国教育部在 2018 年 4 月 13 日发布的《教育信息化 2.0 行动计划》中明确指出，通过实施《教育信息化 2.0 行动计划》，到 2022 年基本实现"三全两高一大"的发展目标，即教学应用覆盖全体教师、学习应用覆盖全体适龄学生、数字校园建设覆盖全体学校，信息化应用水平和师生信息素养普遍提高，建成"互联网+教育"大平台，推动从教育专用资源向教育大资源转变、从提升师生信息技术应用能力向全面提升其信息素养转变、从融合应用向创新发展转变，努力构建"互联网+"条件下的人才培养新模式、发展基于互联网的教育服务新模式、探索信息时代教育治理新模式。

一、网络教研催生了教师研修文化

网络教研是一种在国家基础教育改革理论思想和新一代信息技术理论观点的统一指导原则下，以网络技术为载体、以互联网信息技术平台为主要教学手段，以网络教研互动平台技术研发为有力支撑，以促进教师的专业素养发展提高为最高目的进行的专业教研学习与技能研修活动。教师个体或其他群体基于学校文化环境的建设、区域整体文化的发展，提升自身修养和自身专业内涵全面发展，以其体现一种开放、共享、平等、共进与和谐共处的校园活力与交流两种方式，实现了专家团队与普通教师、教师群体与专业教师队伍间有机交叉互动，更好地进行富有个性化需求的课程教学以及教学与指导、研讨、沟通、交流、培训结合的课程研究活动。

网络教研使传统学科教研思想方法手段与教育信息技术更紧密有效结合、并真正在继承传统学科教研方法基础上创新并发展的一种新型的教科研方式。它还催生出了一个高效、开放、和谐、民主、平等的学科教研文化与教学研修的文化，开辟起了引导教师进行专业能力成长教育的两条新途径，有效务实地促进了教师的专业成长。这是一场对“互联网+教育”的检阅，更是一次对“信息时代教育变革”的展望！云智网络教研蓄势而发，应运而生。

基于此背景下，我区开展的“1+1 双师课堂”云智网络教研模式便起到了抛砖引玉的作用，即“录播名师”+“直播导师”共同打造的网络双师课堂，通过云智网络教研活动引领师生快捷、方便地实现教与学。它体现了便捷性、实效性和可操作性，突破了以往教研会议时间与空间上的限制。“云”教研——根据所需随时随地开展研讨，“智”教育——举全区教师之“智”，融“慧”贯通，共研互学。对教师自己的专业实践及专业的发展规律进行反思性探寻。可扩展操作性已通过研发团队多年的研究不断被论证与完善，形成起了一条行之有效的课堂教学运行反馈机制，确定了今后的网络互动教研模式。

(一)教师的队伍建设是发展教育事业的主要力量

学校办学方向正确与否、教育质量的高低,主要取决于教师。《中小学教师职业道德规范》提出:“教师要严谨治学,树立优良学风,刻苦钻研业务,不断学习新知识,探索教育教学规律,改进教育教学方法,提高教育教学和科研水平。”这说明了教师专业发展是提升办学品位、促使学生健康成长、保障基础教育改革发展的重要条件。

(二)教师的科研水平是提升教学质量的主要因素

教育教学质量的提升,需要依靠教师群体的共同努力,相互学习和互动提高。教育部正司级巡视员、基础教育课程教材发展中心主任朱慕菊提出:“用现代网络技术搭建教研新平台,改造现有教研模式,开创多主体、跨时空、低成本、高效率的教研新途径——网络教研,这在我国新时期基础教育发展中是一项新型探索性的工作,富有深刻的内在价值和长远意义。”拓展中小学教研时空,创新教研模式,优化教研方法、提高教研效益,有效整合各地中小学教师的力量,促进不同地域的教师开展跨越空间的教研活动,使广大教师实现与同行、名师、专家在线交流、探讨、合作、学习的愿望,促进自己的专业成长。这是一项新型探索性的工作,网络教研不仅是一种参与形式,而是一种行为变革,更是一种思维创新,它对教研的动力、教研的质量和教师专业化的成长产生深度催化作用。

(三)教师的专业技能是保障教学质量的有利条件

网络教研不仅能与市、区教研室、学校的实际教研工作有机结合,网上网下,相辅相成,起到互为依托、相互促进的作用,而且能有效地引导教师主动参与教学研究活动,构建教师与教研员、专家、学校领导、技术支持人员之间的平等、合作关系。这有效地解决了教师参与教研限额问题,大大发挥了地方学科带头人的作用,减少了教研管理的中间环节,活化了教研形式,优化了教研过程,强化了教研服务。达到了资源高度共享,提高了教研效益。特别是网络教研具有不直接面对面的优点，更具挑战性与批判性与学术探究，可以最大限度地发挥参与者的主动性、积极性，既体现个性，又强调协作，显示出一种平等互利的现代理念。从而实现教研和研修方式的根本转变，强化了教师专业性和教育性两方面，满足了不同层次、不同需求的教师的个性化要求。

（四）教师的探究能力是优化教研活动的研究机制

教师的探究能力是教研的基础，关注个人知识生成，关注个人隐性知识的显性化，后者是教研的本质，关注个人知识的传播，实现个人知识向供分享的技能、公共知识的转化。教师参加科研活动的最大作用，就是能有效地提高自己的素质。“网络教研”是以促进教师专业发展、有效应用信息技术及环境构建、优化教研活动，整体推进课程实施，形成可持续发展的教研文化为目的。开展网络教研，不仅能有效组织一所学校、一个地区中小学教师共同参与网络教研活动，而且能最大限度地优化和活化教研活动的形式，形成“人人、天天、点点”都可教研的生动局面，提高广大教师参与教研的积极性，使教师在研究状态下进行反思性的实践，促进自己现代教育技术应用水平和收集、处理、应用信息的能力与研究水平、专业技术水平的提高。

二、网络教研促成了教师专业成长

教师的专业化培养是要求教师在整个教学职业生涯周期中，通过进行专业技术训练和终身学习，逐步学习教育技术专业领域的基础理论知识论与工作技能知识，并在未来教育专业学习实践中获得不断提高自身专业素质，从而成为一名真正合格的专业外语教育实践工作者的必经过程。网络教研为满足交流研讨过程中的各类教学需求，提供了系统教学保障，把教师个人的自我发展成长和反思、教师集体生活中的师生同伴之间友爱和互助、专家学者们的专业与研究和引领等三种力量最大化。专家组成员和指导教师、教师助理和授课教师均可以同时通过网络和教研互动平台适时、快捷地针对各类知识信息进行最充分高效的资源共享与交流。他们不但可以仅针对某一个知识点的相关资源、教案、课件，灵活轻松地进行各种学习操作，同时还可以选择性地把这些文化知识内容作为教育素材，整合归纳其教学内容、方法、习惯、特点用于组织教学，使得同样的知识内容经过多样性的组织之后，形成了更加富有现代教学意义的知识整合，实现充满个性化的教学需求。

(一)网络教研提高了教师的信息技术素养

网络教研活动对学校教师素养的持续提高有着潜在的优越性和可直接促进的作用。在网络远程教研系统，这种全新开放的、数字化的远程学习网络环境中进行的研修，对教师自身学习教育理念方法的实践革新亦有相当重要的影响。网络互动教研系统使一线教师可以从传统的教研培训活动中走入信息时代，促使广大教师纷纷从原有的传统专业活动模式逐步转向信息化、数字化的专业活动模式。网络教师初次参与网络公开课教研活动，需要熟悉和利用网络教研平台中常用的一些功能，比如说掌握各种数字信息技术工具、掌握数字信息进行检索、加工提取与分析利用信息的一般方法和一些常见的教学媒体选择与开发的方法。教师对信息技术工具的使用将会提高教师的现代信息技术应用水平，其学生运用现代化教育信息技术水平的教育意识方式与情感态度、知识技能、应用与创新合作将会进一步加强。网络教研平台应该处于一个网络相对开放的网络环境，它应该不仅是为网络教研系统搭建提供了一种网络技术支撑，更能延伸至更加开放的网络空间，为教师研修、交流合作提供更加广阔的舞台。网络教研可以开展学术合作活动与学术交流，与各学科专家、教育技术专家就先进教育信息技术领域的成果应用项目进行项目交流合作，与中小学教育信息技术管理服务人员交流，就学校教育技术装备管理工作进行信息沟通，与学校技术人员共同在课程教学及资源开发的项目设计、选择实施与成果开发利用等相关方面上进行技术合研作咨询与学习交流,还能有效利用互联网技术与广大学生家长就专业学习进行信息交流,与众多家长就学生情况进行面对面交流。

(二)网络教研提升了教师的资源利用能力

网络互动教研,打破了"时空""环境"的时间限制,互动式的网络互动教研资源已经越来越成为促进教师有效学习课程的一项有力学习工具。通过网络课程研讨也可以极大提高教师正确获取教学资源和合理有效利用专业教学实践资源需要的学习能力,以及本专业教师对学习资源有效筛选利用与高效整合的能力,使每位教师们在日常教学管理工作中都能够做到充分收集、甄别、整合、应用与自身学科直接相关的教学资源管理系统,以进一步优化网络教学资源环境,对各类教学资源和活动、教学管理过程等进行有效管理。同时,在对教学任务目标要求描述、教学内容结构层次分析上均能够做出正确把握,并都能根据学生特点、教学模式和课程教学的条件设计教学内容与活动,开展现代信息技术教育与信息技术课程资源的整合,探索现代信息技术知识与学科课程知识整合创新的各种有效学习途径。为高校学生提供了各种运用新技术方法进行实践锻炼的机会,并通过有针对性的现场指导教学和老师对每位学生的有效评价,让学生参与整个教学过程的评价。

(三)网络教研促进了教师的专业水平发展

网络教研是与教学实践紧密结合的,它来源于在教学实践中的困惑。教师不仅可以把在教学中遇到的问题通过 QQ 等与同行教师、教研员交流讨论,对相关问题、现象或进行咨询、提问,或进行答复,或表明自己的观点,自由发表心声、与专家对话、了解各家观点、解决存在的问题,在反复沟通中,促使个人进行教学反思。还可以把教学体会、教学反思、个人感悟进行经验总结,与同行进行共享,有利于促进教师发表真实的回应与质疑,这些都促进了教师进一步反思,实现了从现象观察到问题研究的跨越,促进了教师的专业化成长。

三、探寻思考

教研活动是进行一线老师对教学理论、理念研究、教学技能与技巧进行交流的重要手段，也是一项主要由教师参与的学习研修活动。网络教研是教研存在的一种形态，其活动的主体是教师，活动主要影响的是教师，目的是促进教师的专业化发展。因此，网络教研是以教师的发展为本，必须确立教师在教研工作中的主体地位，让教师成为教研的主人。

开展网络教研的目的是有效地促进教师专业发展，提高教学研究的质量和效益。因此，在加强网络教研、提高网络教研水平的同时，有效利用网络教研去促进常规教研，充分发挥传统教研在“点”教研方面的优势，发挥其面对面交流的长处，提升整体教研的水平。

教研活动的成败取决于组织者的策略和教研活动过程。网络教研既强调自主学习，更强调协作学习，共同成长。因此，组织者必须制订明确的研讨主题，设计合理的活动程序，做好必要的物质准备，并善于在活动过程中捕捉各种重要信息，积极引导研讨，发现典型的、有价值的问题，使研究紧紧围绕主题展开，逐步深化。

网络教研团队的构建，应该是一个“终身学习型”团队、“反思交流型”团队和“互助协作型”团队。这样，才能形成一个强有力的合作团队，去开展丰富多彩的团队网络研讨活动，在团队中去领悟、去感受、去发展，从而满足不同层次教师的需求。

参加活动的教师，应根据研修的主题，结合自己的工作，认真思考，畅所欲言，相互切磋，互相交流，达成共识，提高研究的深度和研究的力度，从而达到共同提高的目的。

总之，网络教研是一种知识的流动，是一种知识的共享，是一种知识的创新。网络教研以促进教师自我表现为动因，实现着跨区域、大范围、多层面的交流和相互的影响，对于促成教师的自我实现与成长有着传统教研所不能替代的作用，它必将成为现代教师研修的一种极其重要的方式。因此，正确认识网络教研的作用，明晰网络教研的特点，把握网络教研的基本原则，创建灵活多样、扎实有效的网络教研活动模式，对促进网络教研的发展，促进教师专业素养的提高起着重要的作用。

天津市和平区教师发展中心教研室　张祖光

小学英语“网络研修+区域教研+线上教学指导”三位一体网络教研应用模式的研究

摘 要:随着网络使用便捷化程度的迅速提升,恰逢新冠肺炎疫情的关键时期,网络大时代下教研方式转型升级势在必行。网络研修、区域教研、线上教学水平的提升成为疫情期间教师发展的新的增长点,同时更是促进研学一体化,促进教师教学理念更新的有利条件。为有效利用网络平台,提升英语教师网络教研的参与度和实效性,新冠肺炎疫情期间我们探究出“网络研修+区域教研+线上教学指导”三位一体网络教研应用模式,这一模式的应用将更加贴近一线、贴近课堂、贴近教师、贴近学生。希望通过“三位一体”网络教研应用模式的介绍与推广,广大教师与其他区域教研部门通过在线研讨、在线教学和教育论坛,实现同伴互助,共同提高,发挥其最大效益。同时也能为老师们创造一种积极和谐的学习环境,成为越来越多老师们耕耘的花园、精神的家园、成长的乐园。

关键词:网络研修,区域教研,线上教学

新冠肺炎疫情发生以来,学校、教师和学生响应教育部、市教委、区教育局号召:学生们在家开展好“停课不停学”活动。作为教师的我们不断地学习如何操作授课软件、学习如何录制微课、学习如何利用网络布置作业、评改作业、学习如何使用会议软件开展教研活动,等等。

如何帮助教师攻破技术难关?如何做好线上教研活动?如何指导教师做好线上教学?是教师义不容辞的责任。笔者时刻将“守初心、担使命、战疫情”牢记心中。于是笔者在反复学习、不断实践中探究出“网络研修+区域教研+线上教学指导”三位一体网络教研的应用模式。

一、网络研修，保驾护航
——架起跨时空的沟通“桥梁”

教育是一盘棋，教师们在和疫情博弈；教育是一种使命，教师们在坚守初心；教育是一种耕耘，教师们在期待花开。在这场没有硝烟的战役中，教师们用行动展现责任与担当，用爱与真诚守护孩子的成长。作为一名小学英语教育行业的先行者，就应该坚守服务使命，在特殊形势下用网络研修的方式为教师“线上教学”保驾护航。

网络研修借助于积累了巨量课程资源的网络平台，与不特定的教师就彼此感兴趣的教育教学问题进行分析与探讨。如果把没有参与教研的教师比喻成“徒步者”，把使用传统教研的教师比喻成“骑马者”，那完全可以将使用网络教研的教师比喻成“驾乘者”。“希望能有更多的机会参加一些高质量的教研活动，学习更多的知识”，这是天津市和平区众多一线教师的心里话。教师们已开始意识到自己专业发展的重要性，专业发展的自主意识正在形成。

网络研修模式中的学习，一改传统的、呆板的传授模式，科学遵循动静结合的原则。一方面为教师提供高质量的静态资源，另一方面坚持以教师为主体，利用市级平台、专家讲座、问卷星、博客、在线答疑、讨论板、感言区、微信群等多种交互媒体提供动态助学，通过案例学习、问题探索、交流研讨、自我评价等方式帮助教师构建自主学习的环境，促进自主学习的文化，最终形成和平区英语教师研学共同体。

新冠肺炎疫情期间，通过网络研修，突破了教师与教师之间小范围、短时间互动的局限性，使普通教师与异地未归津的教师们一路同行。通过网络研修，组织老师们聆听了专家的讲座，拜读高水平的文章，使一线教师的理论与实践相互促进；教师与教师之间的互动，使一线教师之间的经验和优势得到互补。

二、区域教研，共享资源
——实现优质资源的互通有无

天津市和平区英语学科区域教研的工作总体思路是：以“个体提升、片区联动、整体推进”为目标，以“整体考虑、长远规划，区域划分”为板块，以“校际交流、主题研讨、网络研修”为载体，以“同伴互助、专业引领、反思调整”为手段，以“资源共享、缩小差异、均衡发展”为宗旨。主要以“线”“片”“体”三结合的方式推进和平区区域教研。

新冠肺炎疫情期间，和平区教师发展中心举行多次区域在线教研。为了提升老师们的英语基本功，每次教研时间，利用腾讯会议软件组织老师们进行晨读15分钟左右的英文语篇。一是提升英语口语水平；二是借此机会学习一些小知识（包含疫情常识、生活常识、文学常识、历史常识等）。此外，利用国家、市级网络平台，创建网络教研工作室，组织教师观看、学习省部级、市级“一师一优课，一课一名师”获奖课例，提升教师的专业成长及网络教研水平。

微信群内每位教师坚持每人每日打卡，从我做起！按微信头像排列顺序每人每天发一个学习英语语法的小口诀、记某一个单词的小窍门、我认为最值得考的一道题、小阅读理解、脱口秀、绕口令、英文小诗，等等。目的是让老师们在疫情期间不放松学习，相互学习！互相监督！

常规教研网络化，网络教研常规化。让教研插上网络的翅膀，教研因网络更精彩。

三、线上指导，助力师生
——打造网络教学的精品云课

新冠肺炎疫情期间，在严谨周密的组织下，在和平区全体英语骨干教师的通力合作下，和平教师发展中心运用EV录屏软件共同完成了12周的“和平区英语精品云课”,共计微课 74 节。打造出和平区的英语精品课程,以供和平区全体师生及河北省师生使用。网上课程启用后,受到了社会的高度关注,得到来自家长、同仁、学生的一致好评,通过问卷星的回访,大家们纷纷表示受益良多,并回复了上万条好评。这与老师们同心协力、并肩作战、不分昼夜的奋斗精神是分不开的:推荐确定录课教师—选择确定资源推送内容—研讨备课—撰写文案—修改文案—修改 PPT—修改微课—上传资源……疫情无情人有情,隔空隔面不隔爱!我们的感人故事有很多很多,许多老师都在自己的岗位上默默无闻地耕耘着、守护着,也许他们已经忘记了“我是谁”?但却永远清醒地记得“为了谁”。

教师虽不像白衣天使那样奋战在第一线,但教师同样为学生、家长及社会贡献了自己乃至家属们的全部力量。教师们放弃了“儿女情长”,奔向了“大爱无疆”。

四、横向整合,纵向衔接
——共绘网络思政的“全景图”

教育的本质是“教书”和“育人”。两者同等重要。忽视其中的任何一部分都是教师的失职。但是长时间以来,由于课时紧,重课程书本内容等原因,很多教师在教学过程中往往忽视“育人”这一环节。作为信息通道,英语带我们看到了更大的世界;作为社交手段,英语给我们带来了潜在的机会。而思维方式的差异往往决定着人生格局。我们多一种思维方式,才会多一份人生可能。

小学是学习语言的黄金时期,所以教师更有责任在教学中深刻挖掘英语课程中的德育思想,在立德树人的理念下精心设计具有启发性、价值性的一些问题,引导小学生去思考,在学习知识的基础上同时提升了学生的核心素养。

虽然在特殊时期,但每一位教师的微课录制都没有忘记习近平总书记对教师进行学科思政的嘱托,每一位教师的微课都将思政教育无痕渗

透。每一节微课录制的诉求点都是:思政教育五分钟,素养提升一辈子!案例分享如下:

这是一节词汇教学课,旨在培养学生的听说读写能力。作为认知工具,英语更加需要更新思维方式。从英语的认知视角来观世界,再来反观母语所塑造的世界,我们会打开全新的思维方式。在大量输入信息的同时,进行必要的思政教育,用新时代中国特色社会主义思想铸魂育人,引导学生增强"四个自信",厚植爱国主义情怀。这一课例学习目标主要是掌握五个颜色单词:red, yellow, blue, green, orange。在 Warming up 环节中,通过让学生欣赏耳熟能详的《我和我的祖国》歌曲,观看我们祖国多姿多彩的风景,为引入话题和提问颜色做好铺垫。在 Presentation 环节中,通过多样的教学活动引导学生会认读这些单词、会提问颜色的句型。然后在 Practice 环节中,通过一些练习活动,巩固学生对这几个颜色单词的掌握,同时在活动中,向同学们展示了几个学生比较熟悉的国家,比如中国、美国、利比亚的国旗图,这些国旗颜色很鲜艳,很丰富。利用这些国旗开展一些活动,既能巩固这节课的关于颜色的单词,又能扩展学生的知识面。

与此同时,使学生了解中国和美国的关系,了解中美关税贸易战等话题。培养学生的爱国主义精神,提高学生的政治敏锐性活动环节。比如出示中国国旗图片,先让学生观察国旗的图案和颜色,然后提问:What colour is it? 引导学生用所学单词和句型回答。让学生说出国旗的颜色以及图案,然后通过 There are five yellow stars in it. It is yellow. 我们要热爱祖国,热爱国旗,在升旗仪式上要庄严、肃穆。立正站好。不能嬉笑打闹。告诉学生在任何地方看到国旗都应该立正、敬礼。最后简单普及国旗的一些知识,引导学生知道国旗颜色为什么是红色的,一颗大的星星和五颗小星星分别代表什么等。帮助学生树立正确的世界观、价值观、人生观。最后让学生学画国旗。同学们在愉快的学习过程中即巩固了知识又激发了爱国主义精神。

另一节是五年级的单元教学整合微课,课题是 illness。教材是按照

Kate 生病时"向老师请假—去医院看病—同学来探望"的顺序编写,满足了学生交流生病话题的基本语言需求。在主题单元教学整合中,我们在课文真实情境创设的基础上,又给学生增加了师生情、医患情和同学情,同时又增设了课文中没有涉及的病因的探究、身体感受的表达以及父母的关爱之情,将思政教育无痕浸润到小学英语课堂之中。

为使生病话题更真实完整,思政教育更加充盈课堂,便于学生准确表达身体感受,我们增设了 Period 4 Penelope catches a cold 这一绘本教学。该绘本讲述了 Penelope 在雨天玩耍后生病,妈妈体贴入微地照顾直至病愈的经历。它在本单元的教学中起到承上启下的作用,不仅创设了完整的故事情境,复现了本单元的核心词汇和句型,更结合生活实际,拓展了病因、描述自身感受等语言知识,在真实语境中培养了学生用英语做事情的能力,而且通过有效的提问和引导,培养学生热爱母亲、感恩母亲的育人情怀。轻松阅读后,还培养了学生的逻辑思考、预测推理能力,以及听说读演能力。通过多方视角反思问题,开发学生批判思维,培养学生英语学科素养,养成影响终身的良好品质。

与此同时,又与本微课教学内容有机融合,教给学生疫情期间自我防护的方法及注意事项(如口罩的正确佩戴方法、洗手的流程、身体素质的提升等)。与学生实际生活紧密联系,将思政教育落地生根。

五、同研互学 共进双赢
——构建英语教师研学共同体

自启动"停课不停学"方案以来,按照学生的学习规律以及现状,为了丰富学生们疫情期间的学习生活,教师举全区之力,集思广益创新网络教育教学新方法,充分利用网络教研平台和专用百度网盘,众多老师纷纷为学生制订有效的学习方案及丰富多样的学习方式,同研互学,共进双赢。经梳理整合,将和平区疫情防控期间线上教学的 12 条锦囊妙招与老师们分享:

“疫”学课堂:组织教师及学生认真观看、学习和平区精品云课视频+校本特色微课视频,并认真做好笔记。

耳朵课堂:学生们一天的大部分学习时间都需要用眼睛,建议采用耳朵课堂形式培养学生英语听力的学习+复习,从而解放眼睛。

思维导图:老师们可以带领学生采用思维导图方式梳理英语知识的重难点,从而做到知识脉络的有效整合。

错题集思:准备一个错题记录簿,帮助学生分析课堂和作业练习中出现的问题,为学生们找出“病因”,从而“治病救人”。

书法协会:举办小小书法家比赛,加强学生书写规范性的训练。

学练解析:适度练习、讲解一些学科练习册的部分练习题。但决不允许搞题海战术、填鸭式灌输等方式开展复习工作,绝不允许增加学生的课业负担,以调动学生积极主动的学习方式,保质保量地完成每节复习课。

答疑解惑:每日提前安排好具体时间为学生答疑解惑,做学生成长的引路人。

体悟真情:可以通过师生互动、生生互动、生师互动对课本或绘本任一主题进行英语会话、角色扮演。例如,五年级有一个生病单元,充分发挥学生想象力,与当前疫情相结合,老师可以与同学进行结对会话,提前准备后进行展示,从而体现出本单元医患情、亲属情、师生情、同学情,等等。

人文活动:组织学生开展丰富多彩的英文活动——英文诗歌、歌曲、歌谣、绕口令、手抄报等。为学生搭建起展示的舞台,丰富学生在新冠肺炎疫情期间的课余生活。

朗读君卡:每天朗读一篇文章,打卡积分,从而培养学生语音、语调、语感的提升。

知识胶囊:普及与新冠病情相关的知识并英语表达,如正确戴口罩的方式、正确洗手的方法等,既普及了知识,又提升了英语水平。

读书联盟:利用居家时间,组织教师、学生组建读书联盟会,多读书,读好书。

为使和平区的线上教学内容更加精准完美，辐射面更广，在每次区域线上教研中都会拿出一节优质微课，供老师们进行评析，同时请所有老师提出优点与不足，通过问卷星网上测评方式写出各自意见与建议，群策群力，以便使全区英语教师更好地提升。

总之，“三位一体”网络教研应用模式为教师们打开了一个敞开、明亮的世界。疫无情，义有情，让我们一道披荆斩棘，共克时艰，为小学英语教学事业再创辉煌！

天津市和平区教师发展中心　张祖光

聚焦核心素养的小学英语单元整体教学设计

摘　要：随着2022年版义务教育英语课程标准的颁布实施以及素质教育的不断深化改革，在对学生的培养中，教育部门和学校越来越重视学生核心素养的培养。核心素养是指适合时代发展需求的个人终身发展的能力和品格，教育教学实践的最终目标就是培养学生的核心素养落地。开展指向核心素养的小学英语单元整体教学设计研究，就是以小学生的实际及社会需求为出发点，结合具体案例探讨如何开展单元整体教学设计，培养学生的英语学科核心素养，从而实现课堂实践与培养学科核心素养创新融合的过程。

关键词：核心素养，单元整体教学小学英语

一、指向核心素养的小学英语单元整体教学的背景和意义

学科核心素养为我国基础教育改革向着核心素养时代发展提出了新要求。新课标颁布以来，英语作为一门语言类学科，整体知识体系的构建对于学生英语学习至关重要。在小学英语教学中，单元整体教学是小学生英语知识体系构建的一种重要教学方式。通过单元整体教学能够让学生系统地学习英语，对英语有更为全面的掌握。通过探讨单元整体教学的意义，结合人教版《精通英语》四年级下册第一单元整体教学设计的案例，具体阐述基于学科核心素养进行单元整体教学设计的途径与方法，以期能对教育同仁有些许借鉴意义。

二、指向核心素养的小学英语单元整体教学的内涵和体系

在素质教育的全面推进下，为顺应时代发展的需求，对学生核心素养的培养已经成为众多教学科目的教学重点之一，英语学科也不例外。语言类学科的学习注重知识的连贯性以及系统性，所有的知识都应该是串联起来的，不能脱节。就像盖一栋高楼，从打地基到整体框架的构建，再到混凝土的浇灌，每一个环节都至关重要，都不可或缺。小学英语教学同样如此，教师需要注重对学生知识体系的构建，以及知识的引导和拓展。每个单元都贯穿着相同的知识链，能够将整个单元的知识串联成为一个整体，有利于学生对知识的理解与记忆和英语知识体系的构建。教师在英语单元整体教学中，需要将整个单元的内容合理划分课时，在确保单元整体教学内容不脱节的情况下，保证子课时教学的效率与质量。教师在制订单元整体教学方案时，除了考虑不同课时之间的连贯性与渐进性，还应充分考虑语言类学科的语用性和实践性，遵循英语学习的规律，不能断章取义而导致教学效果低下。

三、指向核心素养的小学英语单元整体教学设计的途径和方法

新课标指出要对教学进行整体设计，充分考虑语言学习的渐进性和持续性，强调学习过程，重视语言学习的实践性和应用性。单元整体教学设计具有整体性、渐进性、循环性，符合语言学习的规律，体现了素质教育理念，有利于英语课程标准要求的达成。因此，开展单元整体教学能够有效促进学生语用能力的发展和人文素养的提升。

下面就以人教版《精通英语》小学四年级下册 Unit 1 Welcome to my new home! 为例，从课程理念、课程内容、课程实施以及学业评价四个视

角阐释如何以核心素养为导向进行小学英语学科的单元整体教学设计。

(1)单元整体教学的指导思想和设计理念

基于对新课标的深入理解和内化提炼,以学科核心素养作为导向,我们把握教学主线,选取教学内容和组织教学活动,力求整个教学实施的过程中不断监测教学流程是否围绕主题意义探究展开,活动设计是否偏离逻辑,以及学生是否能创造性地表达个人观点等,从而适时地进行调整。

我们为 Welcome to my new home! 这一单元的教学设计确立了如下指导思想:

单元整体教学设计围绕"Home——周末作客到'我'家"这一主题展开,关注单元内各文本之间的联系,在主题意义探究引领下设计层层递进、环环相扣的学习活动,使学生在知识的建构中形成对 Welcome to my new home! 的深层认知、态度和行为取向,推动核心素养落地课堂。

(2)适切进行再构文本,搭建单元内容框架

本单元的再构文本是在"尊重教材"基础上开展的,不偏离主题是本单元文本再构的首要特点。利用教材原有语言适切地再构和补充资源,同时能够较好地兼顾文本的延续性。这样的文本既适切于教材,又适切于学生和课堂。教师的教学不局限于按部就班的教材和课程安排,而是根据学生的实际能力,挖掘教材大系统的相关知识点,加工、整合、再构。

基于此,本单元整体教学内容围绕"Home——周末做客到'我'家"这一主题展开,通过创新融合、前后关联、知识构建设计出五个子主题语篇:了解房间分区、置办居家用品、装饰布置房间、邀请客人稳居、打造梦想之家。五个子主题设计有层有次、丝丝入扣、层序分明。如下所示:

语篇一是小学生家庭日常对话。Bingo 家新购置了一套现代公寓住宅,为熟悉新家的空间环境,Bingo 的妈妈带领他进行了参观。该对话呈现了 bedroom, living room, kitchen, bathroom 和 study 等表示家庭空间的新词汇,引出了要学习的目标语言 There is ... 及 There are ... 等语句,利于学生介绍自己的家居状况。

语篇二是家庭日常生活对话。通过对 Bingo 新家中卧室和客厅里家

具的讨论，引导学生尝试介绍不同的房间设施，增强自我管理的意识，养成良好的生活习惯。涉及介绍房间设施的词汇，如 sofa, armchair, bed, TV, desk, chair 等。同伴间运用对话中的核心语言，如 Look at... There is/are... 介绍房间和房间内的设施。

语篇三是小学生 Bingo 与母亲的日常生活对话。本课延续前两课时的教学情境，继续带领学生们参观 Bingo 的新家。通过 Bingo 和妈妈布置、装饰新家的真实场景，引出要学习的核心词汇 clock, kite, ball, picture，学习在真实生活中运用本课的功能语句 There is/are... 交流、介绍房间物品陈设，学会合理、美观地进行室内布置。

语篇四是基于“稳居”这一主题展开的对话。Bingo 邀请 Li Yan 来参观他的新家，Li Yan 准备了 picture 作为稳居礼物，以“为 picture 找到合适的摆放位置”为线索，展开对话。在对话的过程中帮助学生体验真实的稳居语境，养成良好的人际交往习惯。涉及介绍房间的词汇：study, kitchen；介绍房间内陈设物品的词汇：computer, fridge, picture。在参观不同房间的过程中呈现了本课核心语言 What's in the study? There is a new computer。

语篇五是关于 Bingo 好朋友 Li Yan 梦想之家的小短文。由于父母工作的需要，Li Yan 跟随父母来到天津生活。得知要租房子的消息后，Li Yan 向妈妈介绍了自己心目中的梦想之家。通过了解 Li Yan 的梦想之家，培养学生良好的生活习惯和家庭责任感。并在学习句型 I can... with my... together 和探究家的必备要素的活动中明白家的真正意义，培养学生热爱家人、爱护家庭的意识以及勇于探究、解决问题的能力。

本单元的五个语篇从不同视角体验家居生活，单元内各语篇与单元主题之间，以及各语篇之间都相互关联，构成五个子主题，即“了解房间分区”“置办居家用品”“装饰布置房间”“邀请客人稳居”“打造梦想之家”，子主题之间呈显性关联。各课时围绕单元主题和子主题展开，课时之间既相对独立，又紧密关联，同时体现层次性。语言学习渗透在主题探究中，学习活动由浅入深，理解性技能与表达性技能协同发展，形成基于主题的结构化知识(见下图)。

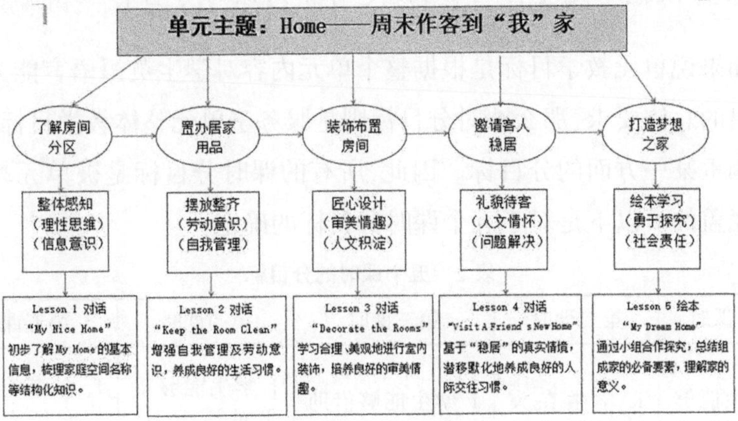

图1　单元主题内容框架图

(3)高位总览,合理确定单元整体教学目标

表1　单元整体教学目标、话题及课时安排

单元整体教学目标	话题及课时安排
本单元学习后,学生能够: 1. 基于对话语篇的学习,结合家居房间的真实情景,运用所学语言简单描述各个房间及室内家具陈设的名称、特征等。	1. 对话 My Nice Home(1 课时)
2. 基于家居的真实情境,运用核心句式介绍、询问、猜测房间设施及物品所摆放的位置,并做出相应的回答,养成良好的生活习惯。	2. 对话 Keep the Room Clean (1 课时)
3. 在习得关于“家居生活”语言的基础上,联系自己丰富多彩的实际生活,邀请好朋友做客自己的新家,通过表演,形成礼貌待客的意识。	3. 对话 Decorate the Rooms(1 课时)
4. 在设计自己未来新房间的情境中,运用核心语言介绍自己未来理想的家居,养成勇于探究的品质,树立团结合作的意识。	4. 对话 Visit A Friend´s New Home (1 课时)
	5. 绘本故事 My Dream Home (1 课时)

(四)依托单元整体目标,设定有效的课时分目标

如果说单元教学目标是根据整个单元内容对学生英语语言能力发展所提出的总体要求,那么课时分目标则是服务于单元整体教学目标,为了达成侧重某一方面的分目标。因此,所有的课时分目标是被单元教学目标所涵盖的。以下是对于五个课时分目标的确定:

表 2　五个课时的分目标

第一课时	第二课时	第三课时	第四课时	第五课时
1. 学生能够在参观新家的情境中,获取与概括 My Home 的基本信息,梳理家庭空间名称等结构化知识。 2. 学生能够提炼对话语篇的信息结构,按照分析问题和解决问题的思路,尝试向他人介绍自己的家庭空间。 3. 学生能够利用项目制作和调查研究活动思考家庭空间布局,并适时评价他人设计,培养理性思维。	1. 学生在头脑风暴的活动中,能够借助思维导图尝试介绍不同房间设施; 2. 学生在调查询问同学家里的房间及物品摆放的过程中,能够运用本课核心句型 Look at... There is/are...介绍家居用品,并在参与的过程中增强劳动意识。 3. 学生在谈论家居用品的情境中,介绍家具电器的摆放位置,增强自我管理的意识,养成良好的生活习惯。	1. 学生能够借助插图,音视频等资源理解文本内容,听说认读单词 picture,并熟练掌握 clock, kite, ball 的认读与拼写,了解如何装饰、布置房间,唤醒学生们的审美情趣。 2. 通过创设与妈妈一起布置新家的情境,能够运用 There is/are... 句型介绍室内陈设,学会合理、美观地进行室内装饰及布置。 3. 能够在小组合作制作、布置房间并运用所学语言进行介绍交流的实践活动中,培养学生动手能力、团队协作能力,增强学生们的爱家情结。	1. 学生能够基于对话学习,结合邀请客人来稳居的真实情境,运用所学语言简单描述自己家的房间及室内家具陈设名称。 2. 学生能够基于邀请朋友稳居的真实情境,运用核心句式介绍、询问房间设施及物品的摆放位置,并做出相应回答,养成良好的人际交往习惯。 3. 学生能够在习得有关"家居生活"的语言基础上,创编对话、邀请好朋友做客自己的新家,通过创设对话表演,形成礼貌待客的意识。	1. 在李艳向妈妈介绍自己梦想之家的情境中,能正确理解故事内容,并熟练运用 There be 句型模仿中介向李艳介绍合适房源,初步感知家意义和承担家庭责任。 2. 在帮助李艳出租老家房子情境中,通过合作学习,完成出租海报,培养学生的勇于探究和解决问题能力。 3. 在介绍自己的梦想之家的情境中,结合家庭实际情况,规划自己最想要的家,深刻意识到家人才是使家最温馨的原因,培养学生热爱家人、爱护家庭的意识。

（五）创设多元语境，回归“单元整体”，设计教、学、评一体化活动

内容和目标确定之后，教学活动及评价活动的设计就是关键。《新课标》指出，英语学习活动观是落实英语学科核心素养的主要途径。基于具体语言的教学，教师要以帮助学生建构语篇小单元以服务大单元的整体建构为目标，从学生已有的主题知识和经验出发，设计从学习理解到应用实践，再到迁移创新的主题意义探究活动，引导学生梳理结构化知识，把握语言重点，将逐步生成的语篇小单元整合到大单元整体的体系中，使师生从广度到深度上探究单元整体成为可能；之后基于活动观展现教学活动设计，力求体现有层次、有逻辑和有内在关联的学习活动和评价活动。

本案例中，教学活动的设计遵循了小学中年级段学生的认知规律和思维特点，从学生生活经验出发，学习活动由浅入深，由具体到抽象，不断帮助学生将对文本的理解和思考提升到更高水平。在单元整体设计下，以学生课程核心素养的培养为出发点，围绕“Home——周末做客到‘我’家”这一单元主题，对单元内各语篇材料进行了深入的理解和研读，挖掘语篇中蕴含的育人价值，在主题意义和语篇内容之间建立关联。在深入分析、解读单元内核心语篇素材的基础上，整合单元内各板块学习内容，搭建具有整体性和结构化特征的内容框架，进行单元整体教学设计。教师引导学生在探究各语篇主题意义的过程中，形成对“家”的认知。例如，第一课时教学活动及语用设计为：学生在参观新家的情境中，获取与概括 My Home 的基本信息，梳理家庭空间名称等结构化知识；第二课时教学活动及语用设计为：学生在谈论家居用品的合作任务中，介绍家具电器的摆放位置，增强自我管理的意识，养成良好的生活习惯；第三课时教学活动及语用设计为：通过创设与妈妈一起布置新家的情境活动，介绍室内陈设，学会合理、美观地进行室内装饰及布置；第四课时教学活动及语用设计为：主人公邀请朋友稳居，在介绍、会话中养成良好的人际交往习

惯;第五课时教学活动及语用设计为:通过绘本阅读在介绍自己的梦想之家的情境中,结合各自家庭的实际情况,规划自己最想要的家,深刻意识到家人才是使家最温馨的原因,培养学生热爱家人,爱护家庭的意识,进而达成课程育人目标。

学生通过探究意义和解决问题,整合性地学习和运用语言知识,将零散的知识内容有意义地联结起来,建构起连贯、体现整体性的知识结构,并将其迁移到新情境中,解决新问题,深化对单元主题的认知,实现了跨学科知识的融合,有效促进了课程核心素养的发展。

(六)拓展多元评价资源,挖掘单元主题所蕴含的育人价值

评价是英语教学的必要组成部分。教师在教学和评价活动中,分层、分段评价学生在新知识建构、语言运用、思维发展、核心素养形成过程中的外显行为。下面列举几条本案例中有代表性的评价要点:

学生能在介绍中国传统民居的情景中,通过项目制作活动进一步巩固核心语言知识。

学生能在调查同学家里的房间及物品摆放的过程中,运用本课核心句型介绍家居用品。

学生能借助任务单,学会运用对话中核心语言与同伴进行交流,学习合理进行室内布置,并表达对房间的喜好。

学生能基于“稳居”的真实情境,进行绘画创作、运用所学语言谈论自己理想中的家,从而达到语用输出。

学生能借助图文信息,通过思考问题、图文配对、寻找信息差、角色扮演、故事复述等活动,理解家的意义,加深对家的认识。

以学科核心素养为导向的 Home 单元整体教学的结构化知识,学生整合性地运用新的知识结构,逻辑连贯地表达对“Home”的新认知,评价了学生的“爱家”行为。教师通过思维导图、问题回答、小组展示、项目制作等评价工具,关注学生行为表现,评价学生学习状况,从多维度开展综合性评价,监测学生生成基于主题的单元整体教学的过程,及时指导和反

馈,确保核心素养目标落地生根。

四、结语

在“双减”政策的背景下,指向核心素养的小学英语单元整体教学具有较强的实用价值。在小学英语单元整体教学设计中,教师要从单元整体出发积极应用单元整体教学方法;科学分析每一单元教学内容,提取话题;结合单元整体教学目标,合理制订层层递进的课时目标;适当进行文本再构;有效设计相应的课堂教学活动;拓展文化内涵及评价资源;引导学生踊跃参与到解决问题的过程中,从而实现学生语言运用能力的提升、文化内涵的理解、多维思维的培养,真正将英语学科核心素养落地生根。

天津市和平区教师发展中心　张祖光

“SEE 英语”立体课堂研学模式初探

摘要:义务教育英语课程标准(2022 年)致力于发展英语学科核心素养,实践英语学习活动观,完善英语课程评价体系,最终落实立德树人根本任务。本文依据小学英语教学设计和实施的特点,倡导构建“SEE 英语”立体课堂研学模式,以实现培育小学生英语学科核心素养的目的。

关键词:“SEE 英语”;立体课堂;小学英语

引言

“SEE 英语”立体课堂倡导“先学后教,以学定教;研学融合,巧拨精释”的教学策略,从而构建立体课堂研学模式。“SEE 英语”立体课堂旨在让每一个学生体验到成功,激活每个个体的生命力量,让每个个体感受到学习的快乐。构建“SEE 英语”立体课堂研学模式应该有基本的流程:导学知惑研学解惑—用学去惑。

一、“SEE 英语”立体课堂研学模式的内涵

什么是“SEE 英语”?“SEE”即主题式(Subject)、体验式(Experience)、探究式(Exploration)。将“SEE 英语”融入立体课堂构建研学模式,就是让每个教学环节充分挖掘学　的主体地位,激发学　的认知兴趣和思维,强调学习的过程,突出知识的创新和应,与深度学习的理念有着异曲同之妙,不仅能够给予国内科学教育提供启发和借鉴,　且能够促进

深度学习的落实和实践,促进小学英语教学的变　和学　英语学科核心素养的培养。

二、"SEE 英语"立体课堂研学模式的主要特征

(一)先学后教,为"学"铺就助跑跑道

"预学"跟传统意义上的"预习"相比,是整个教学过程的一个重要组成部分,所有的预学都配有"研学案",预学内容科学确定,预学的量恰当安排,预学形式个性化地设计,预学活动有效地组织,预学成果有意运用。学生不是"零起点"进入课堂,而是带着收获携着问题怀着兴趣,凭着热情进入积极主动的学习状态。

(二)以学定教,为"学"设计最佳方案

在学生依据研学案完成预学后,教师通过多种方式了解预学情况,根据学生预学中的问题,设计教学方案老师在学生学的基础上教,针对学生学的过程中出现的问题有的放矢的教,根据学生学的需要的"雪中送炭"的教,即高效的教。

(三)"研学"融合,凸显立体课堂的研究性

所谓"研",就是以问题为中心。"研学融合"就是以学生的学为主线,学生必须在自学的基础上对所学新知质疑,提出自己的问题与假设,然后经由小组合作,共同探讨问题的解决方法,最后通过全班的讨论、交流、点评、质疑、争辩形成研究结果可以说自主合作、尝试探究、点拨评价贯穿学习过程的始终,学习充满了研究性。

三、"SEE 英语"立体课堂研学模式的教与学

(一)以 Subject(主题)为"帆",舵领航、指明方向
——导学知惑

教师根据学生实际基础以及教材内容,确定主题、重构文本,编制"研学案",并确定学习目标,设计学习任务。学生课前或课内先自学或预学新知,并将学习过程中遇到的疑难问题先记录下来,然后在小组内部交流,解决遇到的一般性问题。教师根据多种途径了解学生已学情况,达到会学的不教,对学生不会的共性问题进行归类。下面以人教精通英语五年级上册第三单元为例。

本单元以"职业"为话题,学习有关职业的相关词汇及句型学生能够介绍自己家人的职业,询问他人的职业,并畅谈自己的职业理想。同时,通过本单元"职业"主题的学习,培养学生树立正确的职业观和人生观,即:有益于社会,有益于他人的职业(Valuable Jobs)。

本单元的 Fun Facts 是一篇世界幽默大师 Charlie Chaplin 个人信息电影风格角色特点和艺术成就的文章。本课是 Unit 3 My father is a writer. 的最后一,是对本单元职业话题的总结和补充。文章对喜剧演员的介绍趣味性同时拓宽了学生的文化视野,从学生已有的知识经验出发,引导学生探索早期电影的艺术风格,感受国际幽默大师的艺术造诣。本文是一篇记叙文,因此确定本节课为一节阅读课。基于对文本的深度解读,从教学评一体化角度设计如下教学目标:

1. 观看名人的电影视频,在问题链的引领下学生能够展开讨论,讨论不同职业的价值,了解不同职业的工作内容。

2. 完成有关卓别林思维导图的任务,在问题链和相关视频的辅助下,学生能够进一步了解卓别林的外貌特点、影片特点、职业成就,并能通过导图简单介绍描述卓别林。

3. 中国哑剧表演大师王景愚与卓别林的外貌、作品特点和职业成就，增强学生文化自信用学过的语言介绍描述中国哑剧表演大师王景愚以及京剧大师梅兰芳，使用学过的语言进行小组活动，如制作角色表演等，并在活动中树立学生自己的职业理想为之努力的积极思想。

（二）以 Experience（体验式）为“桨”，任务驱动、融合共情——研学解惑

Experience（体验式）英语课堂教学就是要给学生带来新的感觉、新的刺激从而加深学习的记忆和理解使语言学习的过程转变成一种创造、运用语言的体验过程让学生在体验中学习完成学习任务。在教学中教师是组织者和参与者学生是参与者和承担者师生双方结合起来才构成教学。学生是教学活动的中心教师设法引导学生发挥其主体作用在体验教育实践中促使学生不断产生新的经验新的认识和新的能力形成积极的人生态度促进其个性成长“鼓励学生通过体验、实践、讨论、合作、探究等方式发展听、说、读、写的综合技能。”在英语研学实践中教师要努力将体验教育融合于小学英语教学中，为学生答疑解惑。

该语篇通过引导学生学习世界幽默大师查理 • 卓别林的生平事迹，挖掘故事背后所蕴含的文化内涵，使学生了解中西方文化差异、人文生活习俗、历史常识等。通过对比和观察图片，观看卓别林的电影片段，领悟卓别林扮演的流浪汉的角色的意义，感受其扮演角色的幽默之处，欣赏卓别林崇高的艺术成就。让学生们理解每一个职业都有它自身的价值，感受不同职业的魅力，树立自己的职业理想，激发其职业热情和努力锻炼职业能力的精神。从而增强跨文化意识树立远大职业理想。

（三）以 Exploration（探究式为“舱”，学思结合、用创为本——用学去惑

义务教育英语课程标准（2022 版）强调，践行学思结合、用创为本的英语学习活动观。秉持在体验中学习，在实践中运用，在迁移中创新的学

习理念。学习理解类活动是基于语篇的活动,包括感知与注意、获取与梳理、概括与整合等活动。探究学习是小学英语学习的一种重要方式,学生以 Exploration(探究)为方法,对形成良好思维品质、提高语言能力和发展学习策略都有积极的作用。

本语篇阅读教学,贴近学生实际生活,将本节课主题设定为人物传记。作为单元的最后一部分,阅读的作用是让孩子通过阅读开视野,了解文化知识,发展阅读技能。从素质教育的要求和学习语言的特点看,五年级英语教学重视培养学生的阅读能力以及文化意识的培养。只有通过大量阅读,才能积累大量的词汇、结构和句型,扩大知识面,培养语感,提高对文字的反应能力。因此,本节阅读教学应着重培养学生从主题意义上去阅读,锻炼根据上下文分析理解词意等能力,通过阅读进行意义建构,在与文本相互作用的过程中、在理解、思辨的过程中,培养学生的语言输出能力和良好的信息获取能力,改进阅读方式、发展阅读技能,提高阅读能力。

四、结束语

“SEE 英语”立体课堂研学模式提倡学生通过身动、脑动、心动,提升学习参与度。此模式能够促进学　在认知领域、　际领域和我领域的发展,并能够有效解决小学英语教学中重知识轻思维,重结果轻过程的浅层化问题,将有助于小学英语学科教学模式的转型和课程标的落实。

参考文献

[1]谭理. 从“扁平化”到“立体化”:小学英语课堂教学提问的问题与对策分析[D]. 湖南师范大学,2020. DOI:10. 27137/d. cnki. ghusu. 2020. 000714.

天津市和平区教师发展中心　张祖光

基于学科核心素养下的小学英语课堂中“教学空白”设置的实践研究

摘　要：在培养学生核心素养的背景下，“教学空白”这一教学模式的设置对于小学英语课堂教学有着积极的推动作用，可以更好地提高学生主动获取知识的能力，充分调动起自主学习的主观能动性，在积极的思维空间中探索新知识的广阔，对于学生学习有着至关重要的作用。因此，将“空白”设置在学生交流乃至师生教与学互动之中，适时、适地且适量地发挥“激趣、创境、拓思、语用”的空白教学模式功能，引导学生化被动接受为主动汲取，在学习全过程中保持积极的心态和思考的状态，从而达到全面培养学生核心素养的目的。

关键词：核心素养，教学空白，小学英语课堂

课堂是学生获取知识的主渠道，学生是学习的主体。在课堂教学中科学地留下一点“空白”，对于激活学生的思维，激发学生的学习积极性起着积极的作用。英语教学中的“空白”现象，顾名思义就是在课堂中出现的短暂“停歇”现象，是指在课堂中，学生的语言或思维出现的无声或者停顿。空白设置的主体是教师与学生。留有“空白”就是在课堂教学中，教师要多给学生自己独立思考、相互研讨、互相交流的机会。只有让学生通过探索、研究得到的知识，学生才能记得牢固、学得扎实。但是现在课堂教学中教师往往是独霸课堂时间的比较多，留给学生探究、交流的时间少，本应该是学生说的话，都被教师代替了，学生连表达的机会都没有，那还怎么谈得上学生能力的培养、核心素养的提升呢？所以，在课堂教学中，教师要多给学生留有“空白”，让学生自己去获取知识，促进能力

的提升和学生素质的培养,引导探索思维机制,激发思维的创造性和主观意识,真正成为课堂的主人。那么如何将学生探索求知的兴趣调动起来,设置“空白”教学模式是否可以提高课堂效率呢?

一、在导入新知时留下“空白”,激起学生探索新知的兴趣

美国心理学家布鲁纳提出:“学习兴趣的激发是由学生对学习材料产生兴趣的意识倾向,其源头是主观产生学习动机的自觉动力。”兴趣是主动学习的前提条件,由其作为求知求学的先决条件,在平日教学中激发学习兴趣,主动构成教学手段中最高效的教学模式,培养学生活跃的主观能动性,使之养成自觉动力,这样我们就能抓住学生,充分调动学生的积极性,帮助学生酝酿起进入本课堂的心情,这是上好一节课的关键之所在,而且对于整个教学工作的成败也起着决定性的作用。因此在导入新课时,既要迅速抓住学生的注意力又要使学生作为主动参与的角色参与到教学之中,这就要适时地运用一定的“空白”更能使学生充分发挥探索新知的兴趣。

例如,课堂教学圣诞节“Christmas Day”时,其中教学关键词汇为:Christmas Presents(圣诞礼物),Christmas Card(圣诞卡片),Christmas Tree(圣诞树)等。原本按部就班的教学模式由我扮演的圣诞老人形象而激发出课堂小高潮,在上课时出其不意地从教室外面走了进来,学生的注意力全部集中在盛装出席的老师身上,作为圣诞老人的我向学生们打招呼:“Hello, everybody. Welcome to our Christmas Party. I am Father Christmas. 大家好,今天是圣诞节,欢迎来到我们的圣诞晚会上来,我是圣诞老人。现在,我要派送许多圣诞礼物,如果想要得到礼物,你就必须思考几个问题:在圣诞节中,我们要有哪些东西呢?”这时同学们为了得到礼物认真思考,积极回答。他们的好奇心一下子就被调动起来了,同时为导入新课也做了铺垫,这样下面的课也就可以游刃有余地进行下去了。

二、在学习、演示、操作时留下“空白”，帮助学生建立表象

小学生的思维主要以具体、形象思维为主，他们对知识的掌握一般要经历“感知、表象、抽象、概论以及运用”四个步骤。其中，最重要的途径是表象，正是它连接着感知与抽象，也是有效培养学生思维能力的一个重要途径。在教学中，运用演示、操作有助于学生思维，让学生回忆教师演示的动作以及自己的操作过程，这样对于语言的记忆更加清晰、明确。

在教学工作中较为模糊的教学方式是以抽象的公式教授给学生，在教学过程中很难建立起直观感受，学生恐怕实难接受，也不容易记住。例如，在教授“现在进行时”的时候，我借助多媒体来演示一场足球比赛。“你知道这个正向我们跑来的是谁吗？”大家纷纷地说“罗纳尔多”，我紧跟着就边演示电脑，边问罗纳尔多：“What are you doing?”他回答说：“I am playing football.”同学们会很快地接受这个句型。此时我又设计了一个教学“空白”，让学生问问表演各种动作的人物，问完后，让电脑回答。他们自己进行操作，记忆得会很深刻。然后我又设置了一个教学空白：“请同学们回忆起你是怎么问的，电脑中的人物又是怎么回答的？”由于演示声情并茂，形象直观，学生兴趣浓厚，很快就发现一种规律：现在进行时的动词后要加“ing”，并能准确地由现场直播的足球比赛了解到现在进行时，它是用于某一个具体的时间正在进行的动作，所以这个教学重难点也就不攻自破了。

三、在指导学生读课本时留下“空白”，引发学生思维

培养学生自主学习能力是现代教育理论综合知识体系中的核心思想，教育界对其重要性的指导思想日益增加，而指导学生阅读课文是培养

学生自学能力的一个有效途径。众所周知,编者在编写教材时,不可能将全部意图在教材中加以说明,因此这就需要教者通过深入钻研教材,准确把握教材编者的意图后,再引导学生将隐蔽的知识挖掘出来,使含蓄的知识得以展现,进一步培养学生的智力因素与非智力因素。教师要将设置“空白”投放到教学的环节之中。例如,在阅读教材的时候,引导学生推敲教材中的“空白”,使其有意识地加深对教学内容的理解,营造出一种自学新知的氛围,全面提高学生自学能力,在潜移默化之中开拓学生的思维定式,化被动学为主动学。

例如,在教学“单复数”时,书中只出现了这样几个词的复数:pens, watches, boxes。学生虽然也知道变复数的规律,但是如果教者不做深入地钻研,仅仅掌握这几个词的变化规律是远远不够的。我注意激发学生的思维,留下一个空白:“你能不能把我们前面学过的名词,根据我们的这个规律变一下复数呢? 比一比,看谁总结得多。”这样,学生不仅掌握了这三个单词的复数形式,同时也掌握了成百上千的单词复数,即使以后再出现新的复数单词,同学们也不会感到陌生了。

四、在课结束时留下“空白”,
让学生回顾学习过程,总结学习方法

教学过程本质上是一个认识过程。从某种意义上说,这个认识过程是一次探索、发现和再创造的过程。在此过程中最为重要的是学生独立感知知识由无到有的获取过程,并在经历完整过程之中产生自我消化吸收的完整体系。平时教学中,在课堂结束时,我经常设置“空白”、引导学生回忆自己的学习过程,既复习巩固了本课堂所学的知识,突出了重难点,又扩大了学生的课外知识。

例如,在教授“职业”这一课时的单词:driver, farmer, teacher, doctor, nurse, policeman 等时,我在课的结束时提出一个问题:同学们,哪位同学可以将爷爷奶奶爸爸妈妈的职业用英文描述出来呢? 这时,同学们纷纷

举手回答，从这个本来是教师总结却变成学生回顾，不仅巩固了本节课的重难点，同时又出现和学会了一些新的单词，例如，barber，manager，waiter等。这样做，可以帮助学生从一点一滴的零散知识的学习中悟出学习的规律，逐步掌握一些学习的方法。与此同时，随着学生知识结构的日益完善，学生的学习能力将会逐步的提高。

五、在课后分析和思考时留下“空白”

首先，通过探究，使学生养成对待学习要持严谨的科学态度，有发现问题、分析问题并且解决问题的能力，提高活学活用的知识运用能力，但是这是一项艰巨的任务是需要大量的实验探究，理论规整并结合当下教育形式为我今后的教育教学工作留下空间，在课后分析和思考时留下“空白”教育教学理念。

其次，探究是一项独特的学习能力，对于学生来说是尤为重要的，学习的过程就是探究新知形成、分析、提出见解最终形成独特学习风格的过程，同时探索也正是开拓创新的必经过程。探究的结果也是开拓创新的基础。所以作为教育工作者的我们给学生“留白”的空间尝试探索，留下“思考”的时间，才是实现追寻自我学业之路的重要举措。

再次，教师应当指导学生掌握收集更多、更好资料的方法。教师应当启发和引导学生，使他们进行联想、对比、分析问题，对在讨论中表现并不活跃的学生不要进行指责。进行分层教学，给学有余力的同学留下“空白”，留下提升的空间；给暂时学习困难的同学留下“空白”，留下夯实基础的空间。

纵观教育理论综合知识体系，我们得知，自由意志是个人能力的重要指标，自由思考决定个人创造能力的发展方向。在教育教学工作中，细心观察学生学习的特质特征、年龄特点以及心理变化，根据学习教材的知识特点和教学环境，主观有意识地设置“教学空白”，有利于高效调动学生的思维模式及发展趋势，对于主动获取所学知识有着极为重要的意义。

因地制宜地设置课堂教学空白为教师与学生的交流提供了更加广阔的空间,不仅如此,对于学生与学生之间的交流也有着丰富多样的形式,使学生的思维能力得到了发展。

最后,希望广大教育工作者都可以引入“留白”的教学理念,从学生出发全面实现以人为本的原则,实现素质化教育的根本目标,培养学生学习主观能动性,自主学习,主动建立发现式学习和探究式学习,真正使学生快乐学习每一天!

天津市和平区教师发展中心 张祖光

未雨绸缪话“双减”，别具匠心置“作业”
——深化主题丛单元分层作业设计，切实减轻学生作业负担

摘　要：“造物无言却有情，每于寒尽觉春生。千红万紫安排著，只待新雷第一声。”随着教育部“双减”新政的落地与实施，教师迎来了教育变革的新时代，同时也做好了迎接新挑战的准备。和平区全体小英教师坚决贯彻落实中共中央办公厅、国务院办公厅《关于进一步减轻义务教育阶段学生作业负担和校外培训负担的意见》，以天津市教委、和平区教育局的工作文件精神为纲领，以“新”为切入点，以“智趣”教学模式为引领，以聚焦作业设计为工作中心，探索以学生发展为中心的教学模式，促进学生的全面发展和健康成长。

关键词：主题丛，单元分层作业，减负增效

一、真问题，亟待解决

经调研，我们发现在日常教学中的作业设计存在以下问题：

（一）重知识，轻能力

在作业的设计上，很多教师只重视知识的落实，大量的默写、练习等笔头作业，使英语学习变成简单的抄抄写写、记记练练，大大降低了学生的学习兴趣。而适当的口头作业、实践作业，可以有效矫正学生语音语调，提升语言运用能力。

（二）重形式，轻质量

与第一个问题恰好相反，一些教师注意到设计作业需要关注趣味性和创新性，设计一些手抄报、英语剧表演等创新型作业，但往往过多关注形式、忽视内容，使得手抄报变成图画比赛，英语剧变成了化装舞会，英语学科的性质没有得到很好的体现，作业效果不能达到预期，学生的思维品质也无法得到提升。

（三）重布置，轻反馈

有些教师一般都是检查作业完成与否，至于作业质量和效果如何，实际上无法得到有效反馈，久而久之，学生对作业的认真程度也会下降，最后导致恶性循环，不利于学生提升自我学习能力。

（四）重统一，轻个性

每个学生的学习能力、个性特长都是不同的。在作业的布置上实行“一刀切”，可能会束缚优秀学生的发展，增加暂困生的畏难情绪，同学们的个性特点也得不到很好的发挥。

二、真思考，共研支着

（一）理清作业整体思路

在认真学习“双减”政策的基础上，我区英语教师结合学科特点，围绕“作业减负”开展大讨论：

在作业设计上：作业的功能有哪些？基础知识和技能巩固性作业应该如何设计？如何设计实践性、跨学科等创新性作业？

在作业布置上：面对学生的差异化，如何布置分层作业？如何控制作业量？

在作业批改上：如何改进作业批改形式，提高学生高质量作业完成和改错的积极性？

在作业指导上：如何在课堂上对作业进行有效指导？如何实现作业中问题的查缺补漏？

大家集思广益，出谋划策，在作业设计上力求体现典型性、层次性、针对性、综合性、多样性，通过基础作业、弹性作业、实践作业、选做作业实现分层布置，做到少而精。

（二）提高分层作业设计质量

英语作业是学生学习和使用英语的延续与反馈，注重优化的作业体验模式，可以有效激发学生的认知潜能，帮助学生提高语言运用能力，引导学生学会学习，从而更好地掌握好英语。借此次市级教研的“东风”，基于主题从单元课程教学理念的学习，仅代表和平区骨干教师共研互学，共同磋商后的尝试与实践，与大家分享我区分层作业设计的3个招法，不妥不当不详之处敬请批评指正。

1. 招法适用学段、主题、班级规模

适用学段：小学五、六年级。

适用主题：规则（Rules）。

班级规模：中、大班教学。

2. 学生语言水平

学生能理解和运用学校与日常生活、文体活动等相关话题的表达。

学生的认知能力和逻辑水平有所提高，能对自己所做的事情进行反思，完成评价，或对人物所做的事情进行判断分析。

通过本单元的学习，学生会正确使用所学英语表达校规、家规和社会规则等，能够理解规则的意义和适用的场景。

3. 三个招法设计与实践步骤

(1) 招法一——星级作业，妙趣横生

单纯地让学生抄写单词、语句，朗读或背诵容易让学生进入被动学习

的状态,不能激发他们动脑思考。在规则的学习过程中,教师设计趣味性、综合性作业以促进学生的思维发展,加强对规则意义的理解,提高规则意识。在本单元语言学习的过程中,可以根据学生的理解水平,逐步布置分层的趣味星级作业:

一星作业:学生判断8幅图片中的行为对自己是否有益,将序号填写在横线上。__________ is/are good for you. ________is/are bad for you. 教师重点考查学生在主题从单元课程整体教学中关于规则的理解、判断和分析能力,为后期深度学习夯实基础,适用于第1—2课时。

二星作业:学生观察四张图片中人物的行为,写出想对他们说的话。教师选取学生们学习生活中的实例,引发他们的思考,启发思维,学以致用。他们可以使用祈使句,也可以使用 You should/shouldn't... 和 You must/mustn't... 等来表达规则,从而提高英语语言综合运用能力,适用于第3—4课时。

三星作业:学生仔细观察图片中各个人物的行为,找出不妥的行为,为他们制定规则。教师选择的4张图片中人物较多,学生可就一张图片写出多个规则,考验学生的观察能力、思维能力和语言运用能力,形成批判质疑和自我管理意识,适用于第5—6课时。

(2)招法二——成长作业,档案记录

在下校调研听课中,我发现学生学习兴趣、学习能力不同,他们对于作业的喜好、完成度和质量都不同。在"双减"和主题从单元整体教学的背景下,作业设计一方面要体现出主题意义探究的过程,知识习得内化的过程,以分层作业为评价推进单元整体教学的进程;另一方面,分层作业设计还要满足不同学生学习需求,因材布置作业,最大限度地发挥学生的主观能动性,利用好学生最近发展区,在合作中巩固知识,运用知识,提升能力,发展思维。

我区智慧校园平台研发的素质评价提供了便捷的平台。它是由教师、家长、学生一起高效、全面地记录学生道德品质、学业水平、身心健康、艺术素养、社会实践等方面的成长作业档案。在每一个匹配指标下都有详细的划分。例如,思想道德(行为习惯、人格品质、思想信念、公民素养),艺术素养(艺术感知和艺术表现),身心健康(人际交往、自我认知、运动技能和体质健康),社会实践(技术应用、问题解决和劳动意识)和学业水平(基础知识和基本技能、学习能力和学习态度)。

继续以主题丛单元话题 Rules 为例,教师根据不同学生的特点匹配了思想道德和社会实践的作业。主题为 Rules in Our Life,从“I can”的视角学生可以根据自身水平任选题目如下:

A. I can find these rules in our life. (我能寻找生活中的规则,并拍照提交)

B. I can obey these rules. (我能对所学规则的遵守程度进行五星自我评价)

学生可以将自己完成的作业发布在智慧平台,供全区学生互相分享,取长补短,同时也记录下学生自己成长的点点滴滴。此项作业旨在引导学生走近生活,观察生活的方方面面,激发探索欲望,用发现的眼睛去寻找规则,并反思自己是否遵守了这些规则,从而形成勇于探究、自我管理意识。

(3)招法三——阶梯作业,创新设计

结合布鲁姆的目标知识分类,作业形式从 remembering, understanding, applying and analyzing, evaluating 和 creating 等方面进行有梯度地落实主题丛单元整体教学目标和课时目标。在单元整体教学中,每课时作业按照“读写识记”——“迁移运用”——“创造评价”为梯度递进。在教学中可以采用 homework ladders 的模式来构建单元作业。

表 1　阶梯作业设计

	阶梯作业设计
第一阶段(读写识记)	理解记忆本单元主题单词及主题句式
第二阶段(迁移运用)	在人教精通版五年级下册第三单元学习中,结合主题丛单元主题意义分别布置以下分层实践活动: 1. Discuss class rules with your classmates or home rules with your family. Make a list of rules and share. 2. Please find and write the rules in the park, library, street, subway, museum and so on.

续表

	阶梯作业设计
第三阶段(创造评价)	Make signs of home rules, school rules or social rules. 学生们利用身边的废旧材料,充分发散思维,开发想象力和创造力,动手创作标识牌或海报,提高学生的创造实践能力!

通过以上阶梯作业设计,促使学生们在新的具体情境(班级、家庭、社会场景)中以不同的形式创编、归纳、制作规则,进行高级认知活动。这些作业并不是枯燥的、重复的书写、朗读作业,而是让学生们在做中学、在学中用,在实践过程中塑造优良品格。

三、真行动,砥砺奋进

英语学科的核心素养要求我们教师在英语教学中从培养“全人”的角度,改变脱离语境的知识学习,将知识学习与技能发展融入主题、语境、语篇和语用之中。而作业是课堂的延伸,是学生独立自主的学习过程,也是培养学生可持续发展能力的过程,布置有效作业,是“提质减负”的一个重要切入口。

英语作业设计的改革任重而道远,需要我们每位教师潜心钻研,努力改善目前的不良态势。“教者若有心,学者必得益。”教师在布置作业时,应做到因课而异,因时而异、因人而异,要把自己由主演变为导演,把学生由配角变为主角,精心设计,提高学习兴趣、优化作业质量,为每一个学生的终身发展和全面发展奠基。

树立崭新的作业理念,让每一位学生在“提质减负”背景下多一点空间去探索,多一点时间去思考,多一点机会去体验,多一点自由去呼吸,真正实现作业“量的减负,质的增效”。

天津市和平区教师发展中心　张祖光

小学英语课堂生成性资源的把握

摘　要:教育是心灵与心灵的对话。在教师与学生、学生与学生合作、对话、碰撞的课堂中,会生成丰富、鲜活的教学资源,这些动态的教学资源一经教师巧妙运用,就会使一堂传统的课灵动起来,并焕发出生命的活力。本文将从捕捉并巧加利用小学英语课堂教学过程中的生成性资源的角度,提出一些优化小学英语课堂教学、改进学生学习方法和转变课程功能的策略,希冀能对广大教师有些许启示与帮助。

关键词:生成性资源,预设,小学英语课堂

由于传统英语教学观念的束缚,教师一贯以教材为主,忽略了对学生创新意识的培养。面对新的教学内容,仍然是先明确教学目标,围绕这个目标设计相应有效的教学环节,小心翼翼地将学生引到自己预设的圈内,即使有一些自主的活动,也是在教师事先设计或圈定的范围内,为某个教学环节服务。淡化甚至漠视属于学生本应该拥有的个性世界、学生独特认识中的真实答案,让课堂失去了灵性的涌动。新版《义务教育英语课程标准(2022 年版)》已经颁行,课标指出要合理利用课程资源是有效实施英语课程标准的重要保证。英语课程资源包括英语教材以及有利于发展学生综合语言运用能力的其他教学材料、支持系统和教学环境等,除此之外,还应包括人的资源,如人与自我、人与社会、人与自然三大范畴。而人的生活经历,情感体验和知识结构都可以成为宝贵的课程资源。可以说,学生资源蕴藏在每个学生的生活经历和学习体验之中,也隐藏在他们丰富的情感和活跃的思维之中。其中,课堂动态生成性资源是学生资源不可忽视的一部分。

课堂教学的过程是一个动态建构的过程,会衍生出丰富的教学资源。教师应对这些动态的教学资源巧妙运用,精心预设,捕捉契机,促进课堂的有效生成。在小学英语课堂教学中,教师要善于做到:把握动态生成的有效“落点”;捕捉学生学习情感的“兴奋点”;设计有效问题“开放点”以及善待学生英语学习的“错误点”,推进生成性进程,从而促进小学英语课堂的精彩。

课堂教学中突发的意外和亮点,正是我们不断生成的宝贵资源。在“双减”政策的背景下,这些宝贵的生成性资源成为打造高效英语课堂和激发学生的创新意识的良策。如果我们能充分利用这些资源,去点燃学生的生成智慧火花,那么我们的小学英语课堂必将熠熠生辉。

一、问题的提出

目前,教师通常只是根据选定的教学资源、按照既定的教学步骤、施行传统的教学方法来完成预设的教学任务。于是课堂教学中,教师忽视了学生的生活、经验、情感、价值、突发事件等因素,限制了学生的创造性思维、积极性和主动性,也使得学生的情感意识等非智力因素很难被调动起来。

二、生成性资源的定义

基于此,课堂生成性资源在课堂教学中就显得尤为重要。课堂生成性资源是指教师通过备课也未曾预测到的课堂情况、状态、事件等的课堂动态生成资源。课堂动态生成要求教师从课堂的具体情境出发,及时且灵活地调整课堂的教学流程和思路,而不是机械性地按照事先预备好的思路和结构去安排教学。教师应凭借自身的素质,根据学生学习的情况,把教学中人的、物的、精神的诸多因素有机地结合起来,以对之进行灵活地调控,积极引导教学活动不断更新,生成新的超出原计划的教学流程。

也就是我们常常说的,新课改下的新课堂常常有不曾预期的精彩。

生成性教学提倡教师积极面对教学过程中各种偶发的事件,及时合理调整教学的运行方向,以促进学生更好地学习。要利用各种课堂资源,采取教学智慧来达成我们应有的教学目标。生成性教学作为一种新型的教学形式,以强调教学各要素的平等对话、追求真实互动、重视偶发事件和充分张扬师生主体性和创造性为基本理念,充分体现新课改的精神和新课标的实践要求。

三、生成性资源对高效课堂的意义

充分利用动态生成资源,对于高效课堂的意义,主要有:第一,充分发挥教师的智慧,将突发事件、状况等引入一个积极的情境,保持课堂的高度灵活性,打造和谐轻松的课堂氛围。第二,利用生成资源有利于发挥学生的主动性和积极性,让学生积极参与到课堂学习中来,强化了学生的自主学习能力。第三,有利于学生积极思考,主动探究体验,大胆想象,对于学生的创新意识和探究意识的培养具有重要意义。

四、生成性资源的价值分析

作为教学哲学的生成性教学,把自身的教学价值观、认识论、知识观和方法论融合为一体,从关注学生的整体发展、全面发展和持续生长入手,反思教学的意义和价值。它有助于实现生成性教学理论本身的清晰与明辨,是对技术理性下"预成论"教学观的批判与超越,是教学从本质主义思维向关系思维的转变,对教育教学理论和实践都具有重要的价值。

当代教学理论已经表明,教学是教师在具体情景中以知识为抓手与学生展开的关系性交流和意义构建的实践活动。当教师实施并思考自己的教学时,便是在不断创造新的知识,进而可能创生出个人的教学理论。

当学生在教师的帮助下,凭借自己的理智思维去展开以知识为脚手架的思维之旅时,学生就开始构建自己的认识并提升知识对他们的意义。

五、开发和利用生成性资源的前提

营造开放的课堂教学氛围,促使课堂生成性资源的产生在和谐开放的课堂氛围中激发学生的学习兴趣,展开想象维的翅膀。通过建立新型的师生关系,学生可以积极参与课堂教学,并在教学中迸发出新思想、新见解和新问题。这样一方面培养了学生的创新意识和思维能力,另一方面也让课堂的生成能力不断加强。

树立动态生成意识,主动捕捉和利用生成性资源开发和利用动态生成资源的首要前提是更新教学观念,树立动态生成意识。课堂教学过程是师生共同发展的过程,是一个不断生成问题、不断解决问题的过程。教学的艺术有时可以简化为教师把握预设与生成的艺术。

在“预设”中要体现教师的匠心,在“生成”中要展现师生智慧互动的火花。常言道:水常无华相荡而起涟漪,石本无火相击而生灵光。应该就是这个道理。

六、小学英语课堂生成性资源的教学实践

新课程背景下的课堂教学,不再是教师一成不变地上演“教案剧”,而是师生、生生、生师之间不断互动而生成的精彩华章,是师生积极互动、共同交往、共同发展的一个动态过程。因此,核心素养理念下的课堂教学,要求教师对文本进行静态的弹性预设,同时,更要追求课堂现场的动态生成。

(一)精心预设,促进生成——生成因预设而牵动

凡事预则立,不预则废。教学要想达到预期的效果,必须进行充分的

预设。这就需要全方位的备课,备课是动态延伸的过程,有始无终,对整个教学活动的预设是从备课的开始。但强调动态预设并不是否认教学预设的重要性,教师有备而来,顺势而导,才能有真正的生成。这种预设越充分,生成就越有可能,越有效果。预设是对生成的丰富、拓展、延伸,没有高质量的预设,就不可能有十分精彩的生成。

1. 备课要备设想,给生成留出可能

课堂上那美丽的生成真正源于教师对新课标的深刻理解。教师在教学设计时,要吃透教材,了解学生,备课时必须预想更多的可能,充分考虑会出现哪些情况,每种情况如何处理,再作出相应的教学安排。教师采用框架式备课,预设多种可能性的预案,就能为课堂教学活动的展开设计多种通道。这样,有利于教师在课堂上发现学生提出的有价值的问题,适时捕捉学生瞬间信息,体验学生的情趣,使自己轻松地解决课中出现的各种可能。

【案例 1】在一线做教师时,笔者曾经执教过一节人教版精通英语六年级下学期 Lesson 9 Asking the way,新授"a primary school 和 a middle school"时,在备课时,我预设了这样一个问题:"Can you tell me the name of our school?"学生回答:"It' s Experimental Primary School."我继续创设对话:"Do you like it ? Why?"(这是一个即兴的问题)S1:"Because it' s very beautiful."S2:" Because there are lots of good teachers."对于这个回答,我倾听并迅速作出了判断,笑着继续问:"Lots of good teachers? Am I?"这一问题巧妙地将一个学生的创意回答转变为全体学生的财富,是有效的课堂生成。这个环节是我课前没有预设的,但是一个非常宝贵的资源生成了。

学生很响亮地回答:"Of course!"(此时我有点感动了,灵感也迸发出来)接着说:"Oh, thank you! I love you, do you love me, too?"一下子拉近了师生间的距离。我顺势说出:"I' m very happy to hear that. I should try my best to be a better teacher. You must do better, too. Then make our school more and more beautiful."随后,我将这一句引到"a middle school"的教学

中:“I think you will finish your primary school and go to middle school soon.”我又说:“It’s the last term in primary school. So it’s very important. What should we do?”学生回答之后,我总结:“Yes. You must work hard. I think you will do better in English.”

评析:这一环节中,学生与教师进行了真诚而热烈的对话,达到了预设的教学目标,还收获了意外的惊喜。我并没有按照原来的教学步骤走,其中有内容和过程的生成,但在备课留出了设想,同时也给生成留出可能。在渗透德育教育的同时,既复习了前面单元所学的知识重点,又将对学生核心素养的培养落地生根。通过创设不同的对话情境,引导学生深入参与,同时充分发挥学生的智慧,学生的表现欲望得到了最大的满足,个性得到了极大张扬,将课推向了高潮,提升了教学的灵活性和针对性,拉近了师生的共同情感,促进了师生的共同发展。

2. 备课要有弹性,给生成留出空间

只有弹性的教学设计才能走进学生的内心世界,我们在预设时不妨开放一些,为课堂生成留下足够的空间。在进行教学设计时,建议可以在教学过程的旁边增加一栏,预设可能出现的问题与应对策略,或者可以设计几个活动的板块,根据教学的需要随时穿插、变化。

【案例2】三年级下册的英语课 Food and drink,在课的复习部分,教师设计了一个“a guessing game”的游戏,其基本程序是:教师先在黑板上画一个圆圈,让学生猜猜老师将画什么,学生可能会猜 egg、sun 之类的东西;教师再加一笔,学生再猜;最后教师再加一笔,出现了谜底——apple。这位教师想当然地认为学生会一步一步地猜,将所学的圆形物品轮番猜一次,如 orange,egg,sun,cake 等,这样既可以营造热烈的课堂气氛,提高学生的兴趣,又可以复习所学的单词。但是,她万万没想到,刚画了一个圆圈,下面就有不少学生直接大喊出答案:“Apple.”教师一怔,笑容在“意外”面前凝固了,游戏也草草收场,根本没达到应有的效果。

评析:显然,这位教师缺乏精心的预设。其实,这个导入完全可以成为精彩的一环。只要教师课前多预设几个方案,如学生猜苹果,就画橘子;学生猜太阳,就画蛋糕等。还可以画学生猜不到的东西,如猫脸、橡皮等,甚至画其他的物品,如西瓜、足球等。这样,不就能复习到多种已学物品,提高教学的有效性了吗?

【案例 3】教师预设活动是引导同学们用本节课相关活动讨论周末计划并制作天津元素明信片。在交流中,学生说出 We'll show the foreign friends around Tianjin. 非本课活动。教师随机应变将预设活动改成:为夏令营中外国小朋友制定游览天津计划并制作明信片,教师机智巧妙进行调整。

(二)捕捉契机,精彩生成——课堂因生成而美丽

捕捉偶发事件,就是要善于将那些通常被认为是干扰课堂教学的事件,巧妙地转化为积极的动态教学资源,服务于课堂教学和实现教学目标。在课堂教学中经常会有个别学生因为这样那样的原因游离于课堂教学之外。如何处理才能既不伤害学生的自尊心,也不影响整个的课堂教学气氛,是非常值得我们研究的。

1. 面对偶发事件,巧然以待,淡化问题

【案例 4】这是一节三年级上册 Colours 的英语课,在师生互相问候之后,陈老师准备引入 colour 的学习内容。这时,一个小男孩问陈老师能不能给他一支粉笔。虽然陈老师很纳闷,但还是满足了他的要求。只见这个孩子举起粉笔,对着全班同学大声问:"Look! What's this?"这个莫名其妙的问题让陈老师愣住了,不过老师随即一笑,反问道:"Would you tell us?"小男孩神气而自豪地说:"Chalk.""Yes. It's a piece of chalk."陈老师赶紧接过话茬,并把"Chalk"这个单词写在黑板上教学生认读,然后从粉笔盒里盒出各种颜色的粉笔引入正题:"Look, so many pieces of chalk. So many colours!"

评析:这节课中,没想到这个小家伙的一番"卖弄",竟让陈老师这堂课原定的导入环节弃之一旁,巧用偶发事件,使课堂水到渠成。

【案例 5】在本节课 4 分 03 秒生生之间进行角色扮演时,一个孩子紧

张中忘记了自己的角色,老师引导并带领同学们向他打招呼,课堂出现意外情况,可以将这些意外情况运用起来,实现灵活生成。

2. 面对质疑,顺水推舟,还问题于学生

在课堂上,学生在学习新知识的过程中会产生一些疑问,教师应当鼓励学生提出质疑,在讨论交流中解答疑惑,满足学生的求知欲望。通过课堂质疑,原本一些模糊不清的知识点也变得清晰起来。

【案例 6】一位教师在教学精通英语六年级上册 Unit 2 What's your hobby ? 互动问答活动时,突然有一位学生问:"Excuse me, Miss Wang, what's your hobby ?" 听到这个问题,王老师因势利导引出话题:"I have two hobbies. Please guess."学生的情绪一下高涨起来,争先恐后猜测。T:"Let me tell you. Nancy and I have the same hobby. You can ask her now."

评析:王老师在面对学生的突然提问时,没有正面直接给出答案,而是顺水推舟,还问题于学生,有意识地把它变成教学资源加以利用。

【案例 7】在教学 What colour do you like best? 句子时,在师生互动过程中,突然有个女生起立问:"Excuse me, Miss Ma. What colour do you like best?"听到这个问题,Miss Ma 思考了一下,既然学生参与讨论交流的积极性这么高,何不把这个问题交给学生,让大家去猜一猜呢? 于是 Miss Ma 因势利导引出话题:T:"I have two favorite colors. Can you guess?"学生参与的欲望马上高涨起来。S1:"You like red and black, I think."S2:"You like white and yellow, I think."S3:"You like white and black, I think."S4:"I'm sure you like green and white."学生们争先恐后猜问……T:"Well. Let me tell you. Li Tao(一名学生) and I have the same favorite colors. You can ask her now. S5: I see. You like yellow and white. Because Li Tao is my good friend, I know him well."T:"You're clever."

评析:本片段的精彩之处在于 Miss Ma 面对学生的突然提问,没有直接给出答案,让学生通过间接询问他人寻求他人帮助,完成既定任务,催生出一次教学活动高潮,既精彩又高效,何乐而不为呢?

3. 面对偏差，不急纠错，追求课堂和谐

课堂是允许出错的地方，我们的教学过程中，很多时候会碰到一些小的偏差和插曲。学生因不懂或似是而非而出现错误，错误的出现方便教师更好地了解学生，所以真正的课堂会因错误、发现、探究、进步的良性循环而充满活力。只要善于充分挖掘并善加利用错误这个资源，让学生在纠正错误中掌握新知、开启智慧，就能促进学生的个性发展。

【案例 8】在教学“There be”句型时，大部分学生能够在口头上熟练地使用这个句型，可是一到笔头上就会漏洞百出。他要求学生采取小组合作的方式，以“超市”和“动物园”为假设，用“There be”句型办张小报，并在全班开了一次鉴赏会。“Jenny 一组的句子写得真不错！”“Mike 一组的设计很好，画得多精致呀！”见学生品头论足，李老师因势利导地对学生提出了新要求：“让我们当一回客观公正的评委，在挖掘每一份小报优点的同时，看谁能够找到其中的错误？”此时，学生们把眼睛睁得大大的，生怕疏忽了任何一个细节。很快，有几个学生就开始向李老师通报错误的数量了。于是一场别开生面的“新闻发布会”大门就自然打开了。

评析：学生在互相纠错的同时，又给予分析与订正，真正做到了知其然，且知其所以然。

【案例 9】本课例选自精通英语六年级下册第一单元第七课时，教师力图通过层次递进的语言活动在探讨中国北方春节和南方春节习俗的异同中复习与夯实一般过去时的相关语言知识，并激发热爱祖国文化的积极情感。在此段课例中，一位同学在生生互动中没有给出正确的问题，教师没有打断他们的展示，也没有忽视学生的错误，而是在展示完毕后，引导学生改正错误，体现了教师时刻以学生为中心的教学理念。

【案例 10】在教学精通英语六年级下册第七课 health 和 healthy 时，有些学生经常分不清。有一次在听课中，王老师让小组同学编写对话，有个学生构思不错，但是又犯了这个低级错误，王老师决定利用这个小小的失误让学生分清这两个单词。王老师先在课堂上表扬了这位学生构思不错：I want to eat health food，because I want to be health and healthy is very important for everyone. 她不怕麻烦，把这句话逐词写在了黑板上，并故意把 health 写得特别大，并要求学生们好好学习，全班学生都笑了起来。这个学生很不好意思地跑到上面把 health 改成了 healthy，把 healthy 改成了 health.

评析：本课这位老师以身示范，带头给了掌声，同时叮嘱学生：以后写句子一定要仔细啊！学生点了点头，后来班里再没有人犯过这个错误。

【案例 11】本课是人教版《精通英语》六年级上册第五单元 Revision。故事新授环节设计 Ask and answer 活动，生生互动，发散思维，提出并回答问题。教师对现场生成中出现的语言错误进行及时引导和巧妙更正，激发语言表达欲望，促进学生对故事的理解。

4. 面对创意思维，及时捕捉，放飞智慧梦想

课堂上精彩的生成体现的是学生的非常规思维。而对学生的非常规思维善加培养，就是创新思维的起点。创新思维的培养过程，就是在教师引导下学生发现问题、提出问题、分析问题、解决问题的过程，也就是学生在独立学习时发现问题，又能大胆地提出问题、善于分析问题和解决问题的思维活动过程。生成作为创新的前提，合理地加上有效条件，必能促使创新能力的形成。

【案例 12】《精通英语》六年级上册 Unit 6《Seasons》，主要讲解四季、天气及人们的活动。这课与学生生活联系紧密，若想使课堂精彩、高效，就要使课堂动起来，让学生思维活跃起来。为此，刘老师设计了一个调查活动(Do a survey)，问一问：Which season do you like best? Why? 学生在交流互动中，既能巩固新知，又调动了已有的知识储备，在运用中建构了知识体系，更可贵的是同学们在真情交流中共享了思维碰撞出的生成资源。以下是几处较为精彩的创新：

T：Which season do you like best? Why?

S1：I like summer best. Because I can swim with my friends.（一些学生在点头）

S2：I like summer best, too. Because I don't have classes. I can watch cartoons at home.（此时，许多学生在笑着点头称赞）

S3：I like winter best. Because the Spring Festival is in winter. I like the Spring Festival very much. I can eat a lot of delicious food. I can also get some lucky money.（此时，同学们哄堂大笑。）

评析：本节课课堂教学在师生交流和学生合作讨论的过程中，有时候学生的想法，解决问题的方式会与众不同、具有一定的创意性，虽然不太符合常规的逻辑，但是细想之下确实有其可取之处。对于创意型的课堂生成性资源，教师要特别小心翼翼地捕捉，如果创意不错，就要从正面予以发掘，帮助学生放飞智慧的梦想，如果不正确，也要予以鼓励并指出不足，保护了学生的创造积极性。

【案例13】本节课是一节来自天津市和平区万全小学张鹤老师的课，本节课基于多元目标理念中的语言交流目标、思维认知目标和社会文化目标，根据购物主题情景，融合和美万全集市课程文化，创设出和美集市招募超级助手的购物子集主题。孩子们利用身边废旧物品完成“环保即时尚”的服装制作，在语言生成、交流、分享过程中，自然交际购物目标用语，锻炼学生的动手能力外，顺势引导孩子形成良好的环保生活理念，体会环保生活之美，带领孩子们体验和美万全的集市购物之旅。

课堂偶发事件出现后，教师首先迅速判断其教学价值，准确、及时地捕捉到这些生成性资源并对其加以合理利用，将使课堂不断涌现精彩、鲜活的画卷，这些“节外生枝”将成为促使课堂进行的有效生成性资源。偶发教学动态资源如果教师能善加利用，不仅能提高学生的学习积极性、优化课堂教学效果，还能使学生兴趣盎然，收到意想不到的效果。

（三）巧用资源，灵动生成——学生因生成而智慧

1. 巧妙利用课前情境型资源，营造良好的教学氛围

心理学研究表明，当学习内容和学生熟悉的生活实际越贴近，学生自觉接纳知识的程度越高。根据这一特点，在讲授新内容之前，教师应该借用生活实例，为学生创设与教学内容有关的情境，以引起学生的好奇与思

考,激发学生的学习兴趣和求知欲。

【案例14】聆听五年级英语课中,正当预备铃响要上课时,一名听课教师路过班级,询问一学生是否班里有多余的椅子。这位同学很大方地把椅子拿给了这位教师。于是作课教师巧用了这幕场景与这位学生进行了对话开启了本节课的导入:

T:Do you know the teacher?

S:No. I only know she is a teacher.

T:What was she asking?

S:She wanted to borrow a chair.

T:OK. You did very well. You behaved politely.

评析:这样的导入真实有效,为课堂教学营造了良好的学习氛围,使学生能够自觉地关注对话的内容,并为接下来用间接引语转述提供了语言材料。

2.巧妙设计问题"开放点",创设生成空间

问题是思考的前提,没有问题就没有思考。在小学英语课堂教学中,教师要善于根据教学内容给学生创设开放的问题,并以此作为学生英语学习的"向导",从而创设生成性的学习空间。这样,学生就能够在英语课堂上进行"自由发挥",进行自主探索,从而生成英语课堂的精彩。

【案例15】这是一节绘本教学课,主题为Star sign,教师用自己的生日作为课堂导入。

T:My birthday is on January 16th. What is my star sign?

S:January 16th. Your star sign is Capricorn.

T:Great. How do you know that?

S1:Capricorn is from Dec. 21st to Jan. 20th.

T:Yes, you're right. Do you know what my characteristics are?

S2:Maybe you're a patient person.

S3:I don't think so. I'm Capricorn, too. but I am impatient.

T:Emm, I am thoughtful. I always work hard to be successful.

评析:本课教师试图通过大家感兴趣的话题——星座及性格分析作为问题的焦点,先以日期带出星座,然后提出:“What is a Capricorn like?”这一问题,引导学生进行思考。通过多个学生对这一问题的解答,不难总结出这一星座的特点。同理我将 Capricorn 的教学方法推及其他星座的教学。最后提出探究性的问题:“What is your star sign? Does your star sign match your characteristics?”并引导学生小组间展开访问:“Do you believe what your star sign says about you?”这个探究学习旨在让学生通过互相访问、调查,并对搜集到的信息进行思考分析,使英语在思考下得到真实的运用。

此案例中,正是因为教师在课堂上在尊重文本的基础上给学生设计了开放性的问题,给学生的英语学习提供了明确的方向,这样,学生在学习的过程中就具有更强的自主性,从而开展了有意义的英语语言训练与思维活动,促进了英语素养的综合提高。

3. 充分利用质疑型资源,激发主动探究精神

在英语课堂中,学生可能会对某些知识内容或语言结构提出质疑,这是学生积极思考的表现,教师应予以重视。传统教学中,教师不注重学生的不同想法和见解,或者以不回答置之,或者以批评置之,这些都严重阻碍了学生的创新性思维的发展。

在课堂上应鼓励学生有不同的见解,并善于倾听学生的质疑和阐述的理由。这样,学生的思维得以展现在大家的面前,教师就能发现学生的问题,并做有的放矢的引导,从而实现课堂的高效。

【案例 16】本片段选自人教版《精通英语》五年级下册 Unit 3《We should obey the rules.》Lesson 17。本节课教师面对学生的疑惑中突出展示了在操练和生成环节,学生在教师的示范、引导、纠错、助推下熟练地运用本课核心语言知识参与游戏、自主表演、完成海报的设计与介绍的过程。

4. 重视课堂观察,收集资源,巧妙利用

课堂观察是教师获得实践知识的重要来源,也是教师在特定的情境

中用以了解学生、调控教学进程以动态生成教学资源、分析教学方法的有效性、了解教学与学习行为的基本途径。它是一种重要的课堂教学研究方法，我们可以对一整节课的教学情况进行观察，也可以对某一情境或节点进行重点观察。这样通过课堂观察，对教学行为进行分析与反思，从而能够从多种渠道获得信息，并进行必要的判断和选择，及时开发和利用课堂教学资源，不但可以提高教学效果还可以不断提高我们的教学能力。

【案例 17】许老师在教授三年级第三单元“颜色学习”时，就很好地运用了课堂上的即时资源，在教授颜色单词时，她设计了一个抢答游戏，在黑板上写上颜色单词，并在黑板的托台上，单词的下面摆放了对单词相应的物品，物品都是学生提供的学习用品，当时学生可兴奋了，都想自己的物品被选上，游戏的规则是，教师说物品，学生抢答物品的颜色单词，这个游戏是分组比赛，当时课堂特别活跃和刺激。

针对复习巩固颜色单词许老师认真观察学生的衣着，及时调控，涉及了一个游戏，当老师说到一种颜色时，学生穿了这种颜色的衣服就要立刻站起来，学生对这个游戏非常热衷，许老师当时也被学生的童真感动了，有的学生只要发现自己的衣服里有一点点我提到的颜色都要站起来，而且还用小手指着衣服上那块地方。

评析：许教师的课堂观察具有即时性、选择性和多元化的特点。课堂观察是捕捉课堂动态生成资源的重要途径。一个课堂观察能力强的教师能够大致对教学的难易程度、教学速度是否适当作出判断，同时对学生的课堂行为表现做到心中有数。

【案例 18】这是一节人教版《精通英语》三年级下册 Unit4《Do you like candy?》Lesson22 的视频截取片段。该片段展示的是学生在学习并反复操练了本节课的单词、句型的基础上，通过小组合作的方式，为大家展示自己的开心农场，运用学过的知识，表达自己对食物的喜好。在小组生成展示环节，学生能够很好地运用所学知识表达自己的喜好，但是缺乏相互之间的沟通与交流。这时，教师自然融入每个小组中去，用简单的语句串联起小组成员间的对话，并且及时反复强化 I like 后面跟可数名词复数这个学生特别易错的知识点。教师在这个生成环节进行角色互换，把自己变成学生，更加真实地理解学生生成所学知识时的重难点和易错点，更利于教师对学生更有针对性地指导和帮助。

5. 合理利用课堂偶发资源，知识强化与情感教育双赢

在我们的课堂教学中，经常会发生各种偶发事件，产生让教师始料未及的新问题。很多教师将这些偶发事件、问题视之为课堂的“最大干扰”。如果灵活地利用偶发教学资源，应学生而动，应情境而动，借助其积极有效的一面，调整教学方案，适时引领，把它作为资源加以利用，能让教师、学生的思想和教学文本碰撞，迸发创造的火花，产生新的学习需求，使课堂出现更多的让人记忆深刻的闪光点，使教学取得出乎意料的效果。下面几个案例将从捕捉小学英语课堂上的生成性资源，从而渗透安全、理想、环境、爱国主义情感等方面的情感教育阐述了教育源自课堂生成性资源。

【案例 19】渗透安全教育

这是小学英语五年级的一篇课文，主要内容如下：

Mr. Green: Who's the boy in the tree?

Yang Ling: Let me see. Wow, he's Liu Tao.

Mr. Green: Come down, Liu Tao.

Liu Tao: All right.

Mr. Green: Don't climb trees again.

Liu Tao: Yes, sir.

这段对话的教学要求是学生能听懂，会说和会读日常交际用语 Who's the boy in the tree? Come down ... All right. Don't climb trees again. Yes, sir.

在教学中，可以以简笔画为辅助手段，分三部分教学。第一部分，教师先画了一棵树，教学 tree，再画一棵树，教学 tree 的复数 trees。接着在其中一棵树上画了一只鸟，问学生：“What can you see?”学生回答：“I can see a bird.”然后问学生：“Where's the bird?”学生运用以前学过的知识自

然而然地回答:“It′s on the tree.”这时,教师在另一棵树上画一些苹果,告诉学生:“They are on the tree. But the bird is in the tree.”“The leaves are on the tree. But the butterfly is in the tree.”学生通过对比明白了树上长出来的东西用 on the tree,停留在树上的东西用 in the tree。此时教师顺势编了一个口诀心法区分 on the tree 与 in the tree:鸟儿树上追追追,苹果树上坠坠坠,外来用 in,内生用 on,切记切记要切记。第二部分,教师画了一个小男孩在爬树,问:“Where′s the boy?”学生答:“He′s in the tree.”“Look, he′s in the tree. He′s climbing the tree.”老师边说边做爬树的动作,教学 climb,climb the tree,climb trees。在教学 climb trees 后,便抛了个问题给学生:“If you see a boy in the tree, what would you say?”一些学生回答:“Don′t climb trees.”还有的学生说:“下来,危险。”虽然学生们不会说英文,但此时可以适时、适度教学:“come down”,并拓展:It′s dangerous!同时复习有关 come 的词组:come in ,come here,come home 等。还有男生说:“快点爬,加油 come on!”对于这个生成性的资源,教师马上进行追问:“Why did you say ”“come down?”学生的回答很天真:“抓鸟!”“Why do you want to catch the bird?”学生答:“好玩,It′s interesting。”“When you catch the bird,the bird flies away. But you fall down, what do you think? Is it interesting?”那个学生听后吐吐舌头。通过这段对话,教师顺势教育学生:不要爬树,不要爬窗,不要爬桌椅,安全第一! 第三部分,教师回到课本,分角色朗读并表演。最后,请学生模仿对话编一组新的对话并表演。其中一组编的对话如下:

A: Good morning, B.

B: Good morning, A.

A: Who′s the boy on the desk?

B: Let me see. Wow, he′s C.

A: Come down, C.

C: All right.

A: Don′t climb the desk again.

C：Yes，madam.（madam 是从电视上学来的）

评析：俗话说得好，安全记在心，平安走天下。这位教师时时刻刻把安全挂在嘴边，让孩子们从小树立安全意识，防患于未然！通过这段对话的教学，学生们的安全意识有了新的突破！

【案例 20】渗透理想教育

每个人都有自己的梦想，或大或小，或实际，或离地万里。那对于一个暂困生来说，A 同学也不例外。A 同学，对于四年级所有的老师来说是无人不知，无人不晓的，仅仅因为他是暂困生。他的作业从来都是见不得人的，他写的作业类似于"天书"。或许，也只有他看得懂吧！正因为学习有困难，他像一只离群的大雁，没有人关注他，没有人在乎他，也没有人理解他！但在这节课上，他却成了一个焦点。缘由如下：课堂上，教师教学了有关职业的各种单词，在教学完后，教师做了一个调查，20 年后，你想做什么？在问了一些同学后，教师进行统计："How many boys\girls want to be a\an . . . ?"在问道："How many boys want to be a driver ?"除了 A 同学之外，没有一个同学举手。于是，所有的同学都嘲笑他：他居然只想成为一名普普通通的驾驶员。他很惊讶、很难过，于是低下了头。"If you want to travel around the world, you can invite A to drive a bus. Let´s invite him to take us to travel around the world, OK?"学生听不懂，教师又用中文说了一遍："20 年后，我们请 A 同学带我们全班一起去环游世界，怎么样?"学生听了很兴奋，回答："好！"A 同学也抬起了头。"So, from now on, you must work hard！A 同学，从现在开始，你要好好学习，按时完成作业。"虽然课上，他什么都没说，但是一下课，他就跑来问该教师默写怎么改，改好后还拿到办公室给老师批。其他老师开玩笑："A 同学现在要好的么！"是啊！或许举手只是他的一个无意识的动作，但是同学们给他的："请他带全班去旅游"的话语却是令他震撼的；主动要求改默写的行为却是实在的！"一种理想，就是一种力！"罗曼 · 罗兰说得真好。

评析：本节课，这位教师对学生的理想教育，巧妙借势引导，无痕渗透，可谓润物细无声！

【案例 21】渗透环境教育

一节四年级的英语课上,孩子们正在专心致志地学习句型:What´s in\on\under\behind...? There´s\There are...这两个句型。忽然一只小鸟飞到教室里,B 同学的桌上。B 同学迅速抓住了小鸟,原本安静的教室一片沸腾。小鸟受到惊吓,拼命挣脱,随后飞到讲台上、黑板上、窗台上等地。看着同学们叽叽喳喳的情景,要想回到原本学习的情景中显然非常困难。教师随即请同学们回忆鸟儿待过的地方,并用现学的句型 What´s in\on\under\behind...? There´s\There are...来谈论。同学们的学习效果不但没有减弱,反而更好地掌握了这两个句型。再操练完后,教师适时引导学生:"Why does the bird fly here?"学生议论纷纷:"小鸟也想学英语;小鸟没有家;外面的空气有污染,小鸟受不了……""如果是小鸟也想学英语,说明老师的课很精彩,同学们学得很有兴致。可是如果小鸟没有家,怎么办?外面的空气有污染,小鸟受不了了怎么办?""我们可以帮小鸟造几个房子,然后把房子挂在树上,让小鸟住;不要砍伐树木;让钢铁厂不要排放有颜色的气体;不要让工厂排放有污染的水……"

评析:本节课,这位教师智慧扭转课堂"危机",巧妙利用动态资源对学生进行保护环境的教育,并把环保标语慢慢地出现在了学生身边,与学生实际生活零距离接触,贴近生活,贴近实际。

【案例 22】渗透爱国主义情感教育

报纸上、电视上、网络上谈论最多的话题莫过于"钓鱼岛事件"了。众所周知,钓鱼岛是我国领土不可分割的一部分,而在《精通英语》五年级上册第三单元中介绍学生杨玲的房间时提到 There´s a map of the world on the wall。其中 a map of the world(一张世界地图)是一个新授词组。在教学这个词组时,教师出示了一张世界地图,教学 a map of the world,同时还请学生指一指,Where´s China\Japan\America\Korea?接着出示中国地图,并教学 a map of China,引导学生在地图上找一找中国、日本、台湾和钓鱼岛,并介绍为什么钓鱼岛会成为日本人的抢夺目标。有趣的是,学生提出:我们中国的地图形状像雄鸡,而日本的地图像一条虫。孩子们的爱国热情被激发了。梁启超曾说:“少年智则国智,少年强则国强。”

评析:这节课中,教师将思政教育沁润丰盈于英语课之中,如花在春,如盐在水。从娃娃抓起,从小培养学生爱国主义情感,让他们成为新时代最棒接班人!

【案例23】渗透爱国主义情感教育

此片段为新授后的拓展环节,教师以教材内容为支点,带领学生拓展观看中国健儿在国际赛场上“夺冠”的精彩场面,帮助学生利用已建构的语言支架,以小组合作进行会话的形式,描述“夺冠”场面,表达观赛感受。

在小组合作结束后,教师紧紧抓住学生在表达观赛感受时情感上的兴奋,及时调整备课预设的目标,机智灵活地提问学生:“How do you feel after watching these wonderful moments?”学生们随着“夺冠”情节的推进,表达:“They are great! I feel excited!”教师随即追问道:“Are you proud of China?”学生整齐划一地答道:“Yes!”将课堂气氛推至高潮,真切体会了运动精神,为中国运动健儿所取得的巨大成就而感到骄傲自豪,在心中埋下了爱国的种子。

【案例24】拉近师生间情感教育

在教师引导下 birthday party 的准备环节由本课的蛋糕等食物过渡到装饰的采购的拓展,通过 shopping list 学生用已学词汇巩固本课主要句型,在图片和老师引导下学生进一步产生对父母的同理心,完成巩固练习,并思考我们对父母如何表达爱呢?教师对孩子们的想法逐一总结深入,由简单地做家务,取得好成绩,再到给父母一个拥抱,让父母切实感到我们的爱。但在上课中,突然间学生说道 give a hug 时,教师并没有弃之不理,而是对其中一个孩子进行了一个深情拥抱,让孩子们也感受到了老师的爱,爱意无处不在,教师在用心培养,身体力行地去感召,让六年级学生能真正领悟到爱与被爱的幸福以及与自己所要承担的家庭责任。

课堂上的精彩往往会在不经意的细微之处生成,看似偶然,却是必然。说是偶然,那是因为课堂教学中会有太多的难以预测;说是必然,那是因为这种意外生成的美丽往往特别垂青那些对教学真正投入的老师，上帝往往将这样的机遇赐予那些将课堂教学视为生命的老师。课堂上学生给教师带来的“始料不及”，其实往往是对教师提出的挑战，更是为教师超越自我创造条件，而关键在于教师是否能让那短暂的一刹那的“生成点”发光。切实关注课堂中的突发事件与生成。叶澜教授曾经说过：“要从生命的高度，用动态生成的观点看课堂教学。课堂教学应该看作是师生人生中一段重要的生命经历，是他们生命的有意义的构成部分，要把个体精神生命发展的主动权还给学生。”一个具有生命力的英语课堂总是充满着动态资源的生成，教师只有把握时机，精心呵护不断闪现的生成性资源，学生的思维空间才能得以拓展，课堂上才会不断出现美丽的生成。因此，让我们在这种和谐与民主、合作与探究，充满冒险与刺激的课堂中去探索那未知的一切。

新课程理念要求我们的教学不应该是一个封闭的系统，而是不断生成的动态系统。知识不应该是一个简单的知识传授与接受的过程，而是一个如原始森林般充满着神秘与未知的复杂生态系统；课堂不应该是课本剧的彩排现场，而是珍视学生获得学习能力，并且能在课堂及时生成的课程。我们在通过对课堂的合理预设与平等对话的基础上，让“生成”出现在每一节英语课堂上。

生成性资源教学理论的提出：“不是为了发明一种新的教学方法或是教学模式，以便更好地控制学生”或者是以此作为“体现新的课程与教学理念”的标志与根据，而是确立一种新的教学理念，实现教学从单向度的知识转为关注学生的整体、全面发展，从控制走向关系性的交往实践，从而使教学成为幸福生活的一部分。

小学英语课堂中生成性资源的把握与利用，不仅是一种教学智慧，在某种程度上也是对英语教师自身素养的一种考验。我们在平时的课堂教学中要做一个有心人，只要我们积极关注课堂教学中每一个有益的细节，有效利用课堂中的生成性教学资源，理智地对待课堂中所出现的意外，发展学生的潜能，提高学生学习英语的兴趣，让学生积极参与到英语学习中来,多关注学生,相信学生,对学生多一点肯定,少一点否定;多一点宽容,少一点压抑;多一点耐心,少一点苛求,在课堂中善于捕捉细节,随机应变,创造性地加以发挥应用,这样我们的小学英语课堂就会亮点不断,精彩不断!

天津市和平区教师发展中心　张祖光

新课标下小学英语教学有效融合情感教育的探究

摘　要：新课标下，小学英语教学中情感教育作为非常重要的教学因素。教师在课堂教学中要不断激发学生的学习兴趣，重视给学生渗透情感教育。小学生是学习的主体，其情感能够对学习效果产生直接的影响。因此，教师需要利用合理的方法，实施情感教育，让学生更加积极主动地学习英语。

关键词：新课标，小学英语，情感教育

随着国家教育体制改革的不断深入，素质教育得到了快速推进，越来越多教师重视情感教育的作用和地位。尤其在《义务教育英语课程标准(2022年版)》颁行以来，在教学实践中融合情感教育，优化教学设计与实践，关注学生学习过程的情感态度体验，对教学效果和学生学习行为产生一定的积极影响。探究情感教育和小学英语教学的有效融合对于推进小学英语教育改革进程起着关键性作用。因此，我们需要根据时代要求和实施新课程改革的条件，正确有效地将情感教育引入学生英语教学中，以鼓励学生从不同的角度理解英语，加强学生对英语学习和英语未来发展的理解。

自从经济全球化以来，英语在国家间的交流中扮演着越来越重要的角色，并已成为国家间商业贸易的可靠语言支持，但是对于我们国家而言，英语一直是一个薄弱的环节，人们之间英语水平差异比较大。因此，我们需要从小学开始重视对学生的英语教学，以提高小学英语水平，进而

提高全民英语的整体质量,促进英语学习的发展。在小学英语教学方面,传统教学方式无法满足创新型学生的需求。因此,我们需要深化小学生的情感教育,以鼓励小学生更加积极、自觉地学习英语,这是提高小学生英语水平的关键。被应试教育大环境所影响,在英语教学中,学生的成绩往往会被教师过分看重,而学生在学习过程里所需要的情感需求很容易被忽视,这不仅容易让刚接触英语的小学生对英语产生一定的陌生抗拒情绪,而且他们的身心也得不到很好的发展,对于英语的学习兴趣随之下降。所以,英语教师需要充分引起重视,重视学生的情感教育,加强教学效果。小学英语教学不仅需要教授英语知识,更要从中渗透进行情感教育。现阶段在小学英语教学里还是存在着部分教师采取传统教学法、学生的情感需求不能被保证等问题,对英语教学造成一定的阻碍。所以,教师在英语课堂里进行情感渗透的时候需要构建和谐友好的师生关系,采用合理评价体系的同时,也要完成自身多元化角色的转变,通过更好地关注学生的情感需求的方式去提升整体的英语教学效果。

一、小学英语教学有效融合情感教育的目的与意义

新课标下,小学英语教学中情感教育作为非常重要的教学因素。教师在课堂教学中要不断激发学生的学习兴趣,重视给学生渗透情感教育。小学生是学习的主体,其情感能够对学习效果产生直接的影响。因此,教师需要利用合理的方法,实施情感教育,让学生更加积极主动地学习英语。

随着小学英语的改革发展,教师在进行教学时不应该再以知识能力培养为主要目标,在教学里注重加强情感渗透也是很重要的一部分。在英语课堂里融入情感教学,学生的兴趣度不仅被激发了,也更有利于建立和谐的师生关系。因此,本研究基于现状,对现阶小学英语教学现状进行了分析的同时,也出了相关的教学策略。

二、小学英语教学有效融合情感教育的背景与内容

（一）情感教育的现状

尽管社会各界都在积极推动实施情感教育，但由于受传统教学观念的影响，情感教育的实际应用情况并不乐观，即使有些学校开始引入情感教育，传统教学模式也不容易改变，特别是短期内难以改进。情感学习无法得到有效实施的问题主要源于两个方面：一是教学观念，二是教学能力。在教学观念上，尽管许多学生和教师能够适应时代的发展趋势，并积极地将与情感教育有关的某些内容纳入他们的教学中，但他们潜意识中仍然沿用传统教学方法。在教学过程中某些细节方面，仍在不知不觉中使用传统的教学方式。例如，在某些情况下，教室气氛过于活跃，教师往往会忽略学生是课堂的关键要素。为了控制课堂有序性，教师被迫充当知识传播过程中的主体，因此它又回到了传统的教学模式。在教学能力方面，由于许多教师长期扎根于教学，他们缺乏情感方面的知识。坦率地说，教学工作者往往通常具有强大的研究能力，但是他们的精神和情感世界相对单调，因此无法准确地阐明和培养学生的情感。

（二）情感教育的积极作用

"学习的情感因素会阻碍或加速语言的习得。"这充分说明情感因素对于语言学习的重要性。另有研究表明，学生学习水平的高低，成绩的好坏，部分取决于学生的智力，包括观察能力、思维能力、想象能力、理解能力、认识能力等；一部分取决于情感因素，如学习观念、学习态度、个人心理情绪等。而在英语学习中，情感因素对学生的影响表现得更为明显，这是因为英语的教与学更多地依赖于情感交流来达到相应目的，因此，在小学英语教学中注重情感的培养与提升，对于调动学生学习积极性，提高英

语学习效率具有重要意义。

就小学英语学习中的情感而言,主要表现在小学生对英语这门课程的喜爱与接受程度,表现在学生进行英语学习时带有怎样的态度与情绪,以及对于英语学习付出了怎样的努力。即当学生对英语这门学科产生感情,发现了英语学习的乐趣,他们就会积极主动投入到英语学习活动中,并为此付出更多的努力。但分析总结以往教学经验我们发现,多数小学生不接受、不喜欢英语学习,究其原因,是由于小学阶段学生学习能力、认识水平相对较低,再加之英语对他们而言较为陌生,因此许多小学生害怕学英语、羞于张口说英语,这一问题衍生出的结局就是小学生语言基础十分薄弱。

1. 提高学生学习英语的开放性

尽管新时代更加强调开放性的概念,但我国许多偏远地区的学生仍然保持传统的封闭思想,特别是在某些农村地区。这些学生经常与外界缺乏交流,因此他们的性格往往比城市学生要内向,不利于开放式交流和学习英语。因此,我们需要根据学生的实际情况,将情感教育引入学生的学习过程中,积极教育学生,同时开创各种课堂教学方法,使学生更自信地交流和学习英语。同时,要注意对难以理解的知识点进行详细说明,以提高学生对英语的理解,避免某些学生因学不进去而产生焦虑。为了更好地促进学生学习的开放性,最有效的方法是加强学生沟通。教师可以根据课堂中课文的内容组织学生进行角色扮演活动,例如,在讲关于“四个季节”的知识时,可以引导学生用他们的想象力描述每个季节的特征,并告诉他们在一年中的不同时间要穿什么衣服,以及他们在什么时候穿什么,这可以促进学生的交流,并鼓励他们在英语上进行情感投入。

2. 提高学生学习英语的热情

为了更好地确保开发和使用学习英语的技能,最直接和有效的方法是激发学生对英语的兴趣。只有增强学生对学习英语的兴趣,才能激发学生对英语学习的认识,并更好地促进学生对英语的理解。激发学生学习热情的有效教学方法是引入情感教育。为此,我们可以采用一些方法,比如分析和理解学生在不同阶段的心理状况,并将教学内容引向学生的内心世界,比如在讲授“生日”这节课时,教师可以问班上其他同学是否有人过生日,然后选择要过生日的同学问他们是否想要参加生日聚会,在生日聚会上想要做什么之类的问题,充分激发学生的思维能力,将现实生活案例带入到英语学习当中。

3. 小学英语课堂教学现状

(1)部分教师采取传统教学法

小学处于英语基础学习的重要阶段,在教学的过程需要对英语各方面的能力进行培养,教授的内容和范围都是十分广泛的。虽然随着新课改的不断深入,很多教师都开始逐渐转变自己的教育观念,更加注重对学生实际运用能力的培养。但是毕竟传统教学方法带来的影响是比较久远的,还是存在着部分教师为了完成任务采取“大满灌”的教学方式,继续自己当成课堂的主体,这种方式看似关注到每个知识点,但实际上学生的专注力持续时间并不久,得到的教学效果依旧十分有限。

(2)学生的情感需求得不到保证

英语作为外来语言,和我们熟悉的中文不一样,小学生一开始接触很容易由于不熟悉产生抗拒。再加之现实生活中很少有很好的外语环境,很多学生只能够在学校里面的英语课堂中才有练习英语的机会。教师的忽视再加之缺少语言环境,学生的情感很难从中得到满足。再加上英语学习里面有较为机械的单词记忆和相对复杂的语法概念,如果这个时候教师再不加以引导,只会更加剧了他们对于英语的陌生和恐惧。

三、小学英语教学有效融合情感教育的实践与效果

情感教育对英语教学的质量有着巨大的影响,是英语教学的重要组成部分。解决学生的情感问题可以帮助学生挖掘潜力,并成为改善学生学习成绩的关键。同时,深入的情感教育可以在师生之间建立和谐的关

系,鼓励相互交流和沟通,从而优化教学效果。此外,情感教育将提高学生的自我意识,有利于学生更好地情感控制和自我激励,增强学生的学习能力,从而提高学生的学习成绩。因此,应注意情感教育在小学英语教学中的积极作用和影响,以优化英语学习效果。

(一)构建起和谐师生关系,在互动中渗透情感教育

小学英语教师要主动关爱学生,加强与学生间的互动交流,全面了解学生的学习情况与实际需要,对学生的发展充满信心,让学生可以在教师的鼓励下信任教师,愿意与教师倾诉,积极主动提出学习当中碰到的问题,构建起和谐的师生关系,为加强学生学习动机,提高学生学习自信心非常有帮助。小学英语教师要重视改善师生关系,密切重视学生的学习过程,提高专业能力,用自己的言行举止潜移默化地影响学生,让学生以教师为榜样。教师能够利用宽严相济的教学方式,对学生学习中碰到的难题,坚持鼓励为主的原则,挖掘学生的潜能,激起学生的求知欲望,让学生主动展开学习。在和谐师生关系的基础上,提高学生学习效率,为学生未来更好地学习英语打好基础,并且在师生互动当中为学生渗透情感教育。例如,学习 Module 3 Unit 1 Have you got the Harry Potter DVDs? 之前,教师对学生提问:“Do you like Harry Potter?”吸引学生的注意力,与学生一同讨论有关哈利·波特的话题,加强互动调动起学生的情感,让学生产生良好的英语学习体验。然后教师将本节课的知识引入进来,从而激发学生的学习兴趣,对教学内容产生较大的好奇心,急切地打开课本进行学习,配合教师完成教学目标,提高学习效率。

(二)营造出良好教学氛围,在情景中促进情感教育

作为英语教师,要重视在课堂教学中营造出好的教学氛围,在情景中促进学生情感教育。比如讲解 Will you help me? 这节课时,课本中重点介绍了“Fangfang 帮助 Daming 制作风筝当作送给表弟的礼物”的过程。然后教师让学生们回想自己在实际生活当中给予过其他人怎样的帮助?

或者在生活当中受到其他人怎样的帮助？通过学生之间的交流，让学生们树立起互帮互助的意识。之后，教师能够采用角色扮演的形式，让学生们再现课本情景，通过创设真实的教学情境，营造出充满浓烈气息的情感氛围，帮助学生在这样的氛围中产生情感共鸣，这样不仅可以让学生掌握基础英语知识，还能够获得情感上的体会，获得思想上的升华。此外，教师还能够利用多媒体给学生们呈现出乐于助人的短视频，给学生们营造出温馨的学习氛围，促使学生更直观地感受到为他人提供帮助后的情感。通过视频中人物的行为调动起学生的情感，培养出学生良好的道德品质。

1. 加深课堂中的情绪表达

在准备课程时，教师不仅需要了解本节课的基础知识，考虑学生学习时可能会产生的困难和疑虑，而且还需要分析学生的思想和感受，并利用他们的生活经验来尝试情感教学，加入自己的情绪表达，从而真正地理解课堂主要内容。

2. 教师要主动表达情感

教师想要进行情感教学，必须通过自身的情感影响学生的情感变化，可以说，教师的智慧是能够为学习困难的学生找到问题、解决问题。因此，正确回答问题的学生不仅要说“好！太好了”，也要向学生提出不同层次和类型的问题，以唤起学生的学习热情。如果教学过程顺利的话，教师可以把自己的情感传递给学生，树立榜样作用，这无疑会影响学生的学习效果。

3. 使用面部表情传达情绪

教师在上课时必须充分发挥英语的非语言优势，并使用无声语言（手势、姿势等）来适当地补充课堂语言并与学生互动，以便学生可以轻松地理解教师的意思。例如，当一个教师想要说：“请回答问题！”“请举手！”教师可以同时举手演示，同时用等待的眼神看着课堂里的学生们。当教师说“一起……”时，可以伸出手掌并鼓励大家一起说……长此以往，学生将能够理解这些无声语言想要表达的意思并达到“无声胜于有声”的效果。

（三）组织丰富英语实践活动，在课外拓展情感教育

学习英语的意义是帮助学生掌握语言能力，便于学生展开交流。所以，在小学英语教学中实施情感教育，不仅可以在课堂当中进行，还能够将情感教育引入课堂外，利用课外时间进行英语实践活动，让学生灵活运用所学英语知识，丰富学生课外生活，在课外深化学生的情感体验。例如，在学习 He worked in an office 这节课的时候，主要是学习采用一般过去式谈论过去的事情，教师在课堂教学中要先帮助学生掌握基础知识，然后训练学生利用一般过去式的能力。然后，让学生利用课下时间，用本节课所学英语句式询问父母过去的工作，让学生能够更好地了解父母，在下次上课时向教师与同学介绍，从而加深学生对父母的爱。另外，在学习 Module 9 Unit 2 Mum bought new chopsticks for you 这单元的内容后，通过阅读“Simon 写给 Daming 的信”，能够轻松地体会到 Simon 一家人的热情以及 Simon 与 Daming 之间深刻的亲情。让学生在课后时间也给自己的一位亲人写一封信，信中表达出自己对他的感情，之后在课堂当中念给教师和同学。通过这样的实践活动，让学生更好地表达出自己对亲人的感情，从而实现课后拓展情感教育的目的。

（四）积极开展科学合理评价，升华学生的情感教育

新课标背景下提出教学中要重视过程评价，推动学生发展。小学英语学习是一个语言交际的过程，也是比较复杂的心理过程。由于小学生生理与心理发育并不成熟。因此，在小学英语教学当中，教师要重视学生的情感体验，利用科学合理的评价方法，激起学生的学习兴趣，加强学生的学习效果。小学英语课堂当中教师能够利用学生喜欢的语言来评价学生的表现，如“very good，wonderful，Im proud of you”等。另外，还可以进行小组与班级评比“进步之星”“学习之星”等。对于一些后进生，教师要利用发展的眼光看待他们。与此同时，学生也能够参与到评价当中来，展开生生互评、学生自评等，还能够让家长参与评价。将学校、家长、教师与学

生联合起来，实现多元化的评价，提高学生学习英语的自信心，促使学生体会到学习的乐趣，保持更大的动力投入到英语学习当中来。

小学生对于英语的学习态度很大的一部分都是来源于教师的评价。所以老师在进行教学的时候，要采取合适恰当的教学评价体系，尽量选择宽容理解具有鼓励性质的评语对的表现进行点评，给予充分的尊重，保护他们的自信心。例如，当学生无法回答挥着答案错误时，老师不可对他们进行言语上的辱骂，而是使用要使用合理的评价体系，采取循循善诱的话语进行鼓励。比如老师在对湘少版课文五年级课文"What's your hobby?"进行教学提问的时候，如果学生的回答差强人意，教师可以尽量选择鼓励性的语言。例如："翻看书想想还可以怎么回答呢？""没关系，相信你下次一定会注意到这个问题！"也要多使用"Good job, well done"等夸奖性词汇给予学生充分的鼓励，帮助他们树立自信心。在这种方式下，小学生不仅能收获心理上的慰藉，也更好地促发他们学习积极性。除此之外，老师还可以采取利用积极的评价体系鼓励学生参加学校里面的英文朗诵、表演等各种竞赛，通过鼓励学生积极参加竞赛的方式，一方面学生的英语学习兴趣能够被从中提升，另一方面也能加强学生的英语综合能力，提升教学的有效性。

（五）教师完成多元化角色转变

在小学英语教学中渗透情感教育时，教师不能再单纯作为一个"教育者"的角色，更要适应完成多元化角色的转变，以不同的角色关注学生的情感需求，通过以不同的角色和学生相处，可以从中更好地调整教学计划和主要目标。比如说教师可以在小学英语教学中将自身的角色定位为"榜样"，榜样的力量，对爱模仿的小学生来说，可以起到很好的示范作用。在日常的英语教学里面，我们不难发现的是，很多学生看到老师对英语由衷的热爱，就能够深深地爱上这一门学科。因此教师可以通过移情的方法去感染学生，首先展现出自身对英语的执着和热爱，从情感上引发共情点，引发他们对于英语学习的热爱。又比如老师可以将角色定位为学生的“好朋友”，以这个角色拉近和学生的距离，以谈话交流的方式他们分享兴趣爱好，围绕他们所喜爱的英文歌谣故事等进行热烈的讨论的同时，也可以给他们推荐一些感兴趣的绘本，能够丰富他们的课外活动的同时，也加强了英语教学的效果。通过教师自身进行多元化的角色转变，能够更好地渗透满足学生在学习英语情感上的需求的同时，也能帮助老师及时发现解决问题，对于老师的教学来说也是十分有利的。

（六）教师要以温情感染学生

教师是学生学习活动中的引导者，要想让学生感受到英语知识的感情色彩，教师需在日常英语教学中注入自身美好情感，始终带着热外、负责、专注等美好情感进行英语教学，通过有效带动自身情感加深学生对应用学科的感情，最终实现英语情感课堂、高效课堂的有效构建。中国有句老话，叫“亲其师，才能信其道”，这句话形象直观地说明，学生往往会因为喜欢某位老师而热爱某门课程，也会因为讨厌某位老师而厌烦、抵触对某一学科的学习。鉴于此，英语教师要提高教学效率，就需通过相关策略赢得学生的喜爱与认可。就小学生而言，他们认可、接受某位教师的原因或许很简单，就是这位教师要有丰富的学识，有幽默风趣的语言，能尊重自己的想法，愿意与自己交朋友。鉴于此，在小学英语教学中，教师要注重情感的投入，要经常使用温柔热情的语调，对学生投之以期待赞许的眼神与亲切友好的微笑，并运用丰富的面部表情与肢体语言向学生准确表达出自己对学生的期望与关爱。在情感教育视角下，教师还需注重与学生的友爱互动，教师要结合学生的课堂表现，多找学生交谈，了解学生在学习中的困难，并给予适当的鼓励与引导；在日常教学中，要多鼓励、肯定学生，多对学生说“Very good！”等鼓励性的话语，培养学生学习英语的积极性，激发学生学习英语的上进心，让学生可以开心学英语、快乐说英语。

四、结语

在新形势下，推进小学英语教学与情感教育的有效融合势在必行，这是顺应教育改革发展的必然趋势，也是提高教学质量、促进学生全面发展的有效途径。小学英语教师要在各个环节渗透情感教育，采取多样化情感教育策略激发学生的英语学习兴趣，拉近师生距离，营造良好的师生关系和教学氛围，为学生提供丰富多彩、趣味十足的英语学习平台，逐渐帮助学生树立起正确的价值观念和学习目标，养成良好的学习习惯，端正学习态度，转变对英语学科固有的看法，让学生真正喜欢上英语学习，感受到学习英语带来的快乐和实用价值，成为学习的主人。

天津市和平区教师发展中心　张祖光

“双减”背景下小学英语作业减负增效的思路研究

摘　要：落实立德树人根本任务，建设高质量教育体系，必须强化学校教育主阵地，必须深化课堂教学改革，必须在作业布置的科学合理上下功夫。在这样大环境下，如何让小学英语作业更好地发挥诊断、巩固、学情分析等功能，是我们亟待解决的问题。基于此，尝试探索“双减”背景下小学英语作业减负增效的思路。

关键词：“双减”，小学英语作业，减负增效

2021年7月，中共中央办公厅、国务院办公厅印发《关于进一步减轻义务教育阶段学生作业负担和校外培训负担的意见》（简称“双减”），提出“全面压减作业总量和时长，减轻学生过重作业负担”。事实上，作业一直是教育领域中关注的焦点，它既是学生学习活动的重要组成部分，又与学校教学质量有着内在关联，还直接影响着家庭对学校教育的关注。“双减”背景下，许多小学校开展了作业改进的实践探索，但如何改变当前一些学校学生作业数量过多、质量不高、功能异化的现状，切实减轻学生过重的作业负担、满足学生个性化的作业需求、有效发挥作业育人功能，仍然是当前关注的重点。

作业布置是为做好学校常规教育活动及整个教学工作过程管理和组织工作过程上进行的另一重要工作活动安排环节，是对教师课堂布置与其他教学与组织活动内容布置的再一重必要组织和合理补充。做作业，是每个学生永远摆脱不了的枷锁。但这种实际教育问题往往多是由于过

去一些传统旧式学校的作业内容安排与作业时间安排得数量过多、质量控制也不到位、功能严重异化，既发挥不到教师在教学过程中温故知新的最佳效果，又往往直接占用浪费掉了学生需要的宝贵的学习、锻炼、休息、娱乐的时间。长期以来，义务教育学校特别是小学存在“三点半”放学现象，这一政策的初衷是为学生减负，但没想到，校内减负校外增负，而且校外增加的负担处于失控、失管的状态。那么，小学英语作业改进是落实“双减”政策的必然要求。学校要切实减轻学生过重的作业负担、满足学生个性化的作业需求、有效发挥作业育人功能，就必须在作业改进实践中坚持全面育人的基本导向，处理好作业“质”与“量”的平衡、加强作业促进学生基础发展与满足个性需求之间的协调，把握作业改进与学校教育其他要素之间的内在关联。具体而言，教师要明确作业改进的意义，探索“计划—实施—反思”的作业改进闭环；专业教研组之间要加强互动教研，探索“标准+”持续作业系统的整体设计理念与整体实施路径；学校要建立、调整、完善持续作业系统协调、存档、交流合作和监督评价反馈机制，加强学生作业质量统筹及管理。

落实立德育树人根本任务，建设高质量教育体系，必须着力强化学校思想教育主阵地，必须深化课堂教学改革，必须在作业布置的科学合理上下功夫。在目前社会大环境背景下，如何让学生作业更好地去发挥其诊断、巩固、分析、归纳等功能，是我们亟待解决的问题。基于此，尝试开展“双减”背景下小学英语作业减负增效的思路研究。

一、兴趣是影响学生作业质量的前提条件

作业其实就是学生对所学习的新知识内容的一种预习、巩固、总结、拓展和延伸，有关教育规定中对学生作业内容的要求是学生“用自己喜欢的方式”“养成良好的习惯”等，小学阶段正是学生培养各种兴趣爱好和养成良好的学习习惯的关键期。研究发现：只有学生对所布置的作业感兴趣，才能更快更好地完成。所以作业的设计是影响学生作业的兴趣

与品质的关键,这就需要老师在布置作业时,必须设计一些既满足学生兴趣爱好,又能根据教学要求、富有创新意义的练习和活动。

自主式作业。让学生依据现有教材,根据其自己实际的所学知识水平,体验自己独立设计完成作业,切实促进学习者个体独立学习能力目标任务的达成。

绘画式作业。绘画是儿童的天性,小学生一般能结合一些生活经验,用点、线、面画出一些简单而又能说明问题的图形来。图文并茂不但可以使学生语言写得很丰富、流畅,还能充分发挥学生丰富的想象力、绘画动手能力及审美表现能力,使学生在生活各个方面上都得到充分发展。

表演式作业。小学生心中每时每刻都渴望表现、表达自己丰富的情绪以及求知欲望,尤其是孩子在对课文中人物所能被描述的语言、动作、神态、情境变化中进行的各种动作表演,更是感到趣味盎然。

搜集式作业。从课程内的知识向课外知识迁移,从学习课本内容向生活实际转移,让学生通过搜集,进入外面精彩而广阔的世界。

合作式作业。合作式学习的教育目的之一是使每个年龄段的孩子都要参与学习规划,成为学习的主人,而并不只是作为"听众"和"观众"。

二、设计层次性作业是关注学生个性差异的具体表现

要想让不同层次的学生都能在完成作业的过程中获得成功的体验,教师就必须采取作业分层的策略。

作业量分层。作业实行"作业套餐"制——"规定作业"+"自选作业"。"规定作业",人人必做,题题必做。"自选作业",本着"跳一跳才能摘到果子"的原则,发挥学生自主性,根据学习兴趣、学习需要,自己选择,独立完成。

作业难度分层。针对学生能力有差异的客观事实,通过找准每类学生的最近发展区,制定基础、发展、创造三个目标,给他们创造自我发展和

提高的平台。

完成作业时间分层。各类课程必须关注学生个体差异,在完成作业时间上分层要求,能有效保障后进生"吃得了",优生"吃得好"。

三、构建开放而有活力的作业新形式,是有效发展学生潜能的关键

根据学习内容改变作业的形式,让学生乐于完成作业,从而使其有发挥自己个性的可能。

生活性作业。陶行知曾说:"生活即教育。"社会、生活为学生提供了一个广阔的空间,这些都是学习资源,都可以成为作业内容。

活动性作业。设计各种活动性、实践性作业,让所学课堂知识及时与家庭生活实际需求相结合,用平时所学课堂知识实际去分析、解决社会生活实践中面临的具体实际问题,有利于小学生增长新知识、培养生活能力。

延伸性作业。作业内容可从课内延伸到课外,学生通过搜集、查阅、整理资料,完成对知识的迁移和拓展。

四、个性化作业设计是促进学生学科素养提高的重要手段

从调研实际情况看,"双减"政策的出台将对促进学生学科素养主要有三个方面的影响:一是学校主阵地作用更加突出。政策对学校的作业管理、课后服务等做了规范,特别是对如何从严治理和全面规范校外培训行为作出了明确要求,使课外培训机构审批更加严格、培训服务行为更加规范、运营监督更加有效,从政策层面控制了校外培训行业的火爆性发展局面,让学校进一步肩负起促进学生全面发展和健康成长的主责。二是学生和家长负担明显减轻。"双减"政策的出台,大幅度压缩了各类校外

培训机构从业空间，减轻了学生过重的作业负担，从时间、精力、经费投入等方面降低了学生和家长在教育上的压力，进一步倡导了理性教育，并将持续给“学区房热”“名校热”“培训班热”降温。三是教育“内卷”现象有效缓解。以往，教育中相互消耗、无意义的踩踏式竞争、题海战术等现象大行其道，对孩子和家长造成了严重的生理和心理负担。“双减”政策针对这些突出问题进行了规范，这必然会使教育“内卷”现象逐步得到缓解。

基于如此，通过布置一系列生动有趣形式多样的英语作业，孩子们会乐于关注社会，捕捉各种感兴趣的话题，记下生活新鲜的生活体验及获取成功体验的成功快乐。培养激发了学生自身的科学创新实践意识，促进了自身的综合人文素质，使其健康全面地发展。当然，学生还需在学习内容来源的可丰富性、形式设计的灵活多样性、评价机制的多元性层面上认真思考，力求真正实现提高英语作业形式的多样化及高效性，让作业能够成为全面培养能力和全方位发展培养学生能力间的另一座桥梁。

五、“双减”背景下小学英语作业改进中的三个核心问题

“双减”新政策自颁布试行以来，许多学校和区域就“减轻学生过重作业负担”开展了各种有益研究探索，但当前仍面临“减少作业会不会影响学生的学业成绩”“如何设计分层作业”“教师作业设计能力不够怎么办”等困惑。归纳而言，小学英语作业改进必须关注以下三个核心问题：

（一）控量提质：把握作业“质”与“量”之间的平衡

“双减”政策强调要“分类明确作业总量”，确保小学一二年级不布置家庭书面作业，可在校内适当安排巩固练习；小学三至六年级英语学科书面作业平均完成时间不超过60分钟。对作业总量的规定无疑是为了更好地减轻学生负担，但其同时往往也容易带来很多教师的共同困惑：对班

级作业执行总量限制的有效控制，是否会直接降低课堂作业实施质量？影响学生真正的整体学习活动效果？

英语作业的“质”与“量”并不是正相关。作业数量会影响作业质量，但并非作业数量越多，质量就越高。已有对于作业数量的研究往往与学生的学业成绩相关，具体表现为两种关系。一种认为不同年龄段学生的作业数量与学业成绩的相关性不同。哈里斯·库帕的研究表明，对于小学生，成绩的提高与作业量没有关系，因为作业通常不会提高成绩。另一种认为作业量与学业成绩呈曲线相关，即当作业时间达到最佳时长时，学生成绩最好，一旦超过这个时间会下降。这说明作业时间与学习成绩不是绝对的正相关，必须有一个合适的限度。由此可见，作业数量与学业质量并不呈现正相关，对作业数量的控制，并不必然地影响学生学业质量。

对作业“量”的适度控制是为了更好地提高作业的“质”。作业质量的衡量标准不只是学生学业成绩。“双减”背景下小学英语作业改进是为了促进学生的全面发展。高效的作业不但要促使学生更好地掌握专业知识与专业技能、训练思路与掌握方式，还要引领学生形成积极的价值观，培养学生的自我管理能力与实践能力等，而这并没有简单通过作业“量”的提高才能达到。适量的英语作业不仅有助于促进学生学习，培养学生自制力、独立性和责任心，还有助于提高学校教育质量、促进家校合作；而过量的英语作业不仅会给学生带来消极影响，尤其是机械化的无效作业和重复性的枯燥练习会因为给学生造成学习压力、剥夺学生的闲暇生活而导致学生生厌，甚至对学习产生抵触情绪，直接影响师生关系、亲子关系。所以，“双减”背景下，明确小学英语作业总量并加以适度控制，提高作业设计质量，才可能真正促进学生全面发展。

小学英语作业控量提质的关键在于“整合”。“控量”不是盲目减量，更不是完全不要作业。要在有限的作业时间之内，最大限度地发挥作业的全面育人功能，关键在于“整合”。从内容上看，作业既要关注不同学科知识之间的联系，又要重视知识与学生个体生活经验的整合，还要体现学校所学知识与社会整体发展的关联。究其实质，作业不应因为学生每天所学不同而被割裂为孤立的内容,而要在“分散”中强调不同知识的内在关联。从形式上看,作业要实现学生眼耳手口的整合,既有书面作业,又有口语表达,还要有动手操作。正如杜威所说,“作业的方式也很多,除了无数种的游戏和竞技以外,还有户外短途旅行、园艺、烹饪、缝纫、印刷、书籍装订、纺织、油漆、绘画、唱歌、演剧、讲故事、阅读、书写等具有社会目的(不是仅作为练习,以获得为将来应用的技能)的主动作业。”但是,“整合”的基本原则是,作业要围绕具体目标,依据学生的认知逻辑和学科的知识逻辑进行结构化设计,以便在有限的作业时间内,最大化限度促进每位学生思维过程的全面参与程度和积极情感体验的深度投入,绝不能仅为了整合内容而整合。

(二)增加选择:作业设计在促进学生基础发展水平与充分满足学习者个性需求能力之间有效地协调

“双减”政策强调“提高作业设计质量”,“鼓励布置分层、弹性和个性化作业”。这是为了避免作业“一刀切”,通过可选择的作业既促进所有学生的基础性发展,又满足学生的个性需求。虽然不少学校在尝试和探索分层作业、弹性作业,但随之而来也产生了一些问题:一是选择指向作业的数量,而不是作业的质量,可选作业未能体现出思维的梯度和方式的差异;二是学生自由选择之后,有教师发现选择挑战性作业的学生越来越少;三是作业可选之后,作业讲评成为难题,因为既要指导面向所有学生的基础性作业,又要分析针对部分学生的个别化作业,课上有限的讲评时间很难满足不同学生的需求。鼓励分层、弹性和个性化作业的初衷是增加作业的选择性,以此促进学生全面而个性地发展,但当作业可选之后,却在促进学生普遍发展和满足学生个性需求之间失去平衡。解决这个问题的关键在于“选择”,既要确保学生会选,又要让学生可选,还要促进学生选择。

一是学会自选。分层、弹性和个性化作业发挥作用的基本前提是学生认同作业选择,并具有选择作业的能力。因此,首先要让学生认识选择性作业的意义。学生自主选择作业的实质是为了让作业与学生的兴趣、能力等更“匹配”，从而更好地促进每个学生的发展。学生应该认识到，合理地选择作业，不是为了少做作业，或者获取更好的成绩，而是为了减少重复的无意义学习，更好实现个人发展。因此，学生对作业的选择，一定要着眼于个人真实的发展水平，否则选择就会失去意义，甚至会阻碍个人发展。其次，要培养学生的选择能力，学生既要能够客观地评价自己，又要具有自信、自律、自强等品质，不断地对自己的学习策略进行调整，对学习结果进行反思，在完成有难度的作业中实现个人的持续进步。

二是作业可选。教师只有设计科学合理的分层、弹性和个性化作业，学生才可以选择。因此，可选的关键就是教师能合理地设计可选作业。这首先需要教师明确作业分层分类的依据。作业的纵向分层，主要是以学生的思维水平为划分依据，不同作业内容体现了思维能力的不同水平，并呈现一定的梯度和层次；作业的横向分类，主要以学生的认知风格为划分依据，如根据场依赖和场独立区分为独立作业和小组作业，根据言语与表象区分为文字作业和画图作业等。作业分层分类的标准应清晰合理，作业内容要能体现相应的梯度和结构。但是，无论什么层次和类型的作业都应该围绕具体的目标来设计，其根本目的是促进学生的发展，并与课程目标具有内在的一致性。

三是鼓励促选。“促选”不是指教师督促或者要求学生作出某种选择，而是通过引导、讲评促进学生的积极选择。一方面，教师不能完全放任学生自由选择，而是要根据班级总体情况积极引导学生作出有益个人发展的选择。既可以是教师推荐、学生自主选择，也可以是教师与学生共同协商选择，还可以是以小组形式领取作业任务、组内成员自行协调。另一方面，教师在对可选作业进行指导时，在课堂上重点讲评基础性作业，对于有挑战性的、个别化作业着重分析思路；在课下可以根据学生个别化需求进行面对面的作业指导。教师在作业指导中不仅要帮助学生解决认知上的困惑，还要鼓励学生不断努力、敢于挑战更高层次、不同类型的作业。

（三）协同推进：作业改进与学校教育其他要素之间的联动

作业改进是“双减”政策的必然要求，但其有效性往往受制于多个因素，包括教师的作业设计能力、课堂教学水平、学校管理制度、教研组织力、考试评价等。为此，“双减”政策强调，要大力提升教育教学质量，强化配套治理。这也就意味着“双减”背景下小学英语作业改进是一个系统的、多方协同推进的复杂实践过程。

首先，作业内容改进本身就应具有高度系统性。它涉及作业设计、作业实施、作业评判、作业指导等环节。改进作业设计，关键在于通过整合与分层设计，有效地控制作业数量，确保作业对学生全面发展及个性发展的积极作用。作业实施包括教师布置作业以及学生对作业的完成，一方面，教师对作业的布置要清晰明确，便于学生理解；另一方面，教师要积极引导学生在完成作业时加强自我管理，有意识地培养自己的自律意识和自学能力。教师要及时评判作业并全面分析原因，既要明确作业所反映的学生知识学习现状，尤其是思维水平和学习方法，还要把握学生对待作业的态度。教师指导学生作业的方式应该是多样的，既有课堂上面向所有学生的集体讲解，又要有针对学生个体的当面分析；作业指导不仅要让学生明白应该是什么，还要懂得为什么以及如何用。

其次，作业改进与学校教育其他要素具有关联性。作业并不是对课堂教学的补充，而是课程教学的一个有机组成部分，因此，作业目标和内容与教学的目标和内容具有内在的一致性，也受到教学评价的直接影响；教师是作业设计、作业评判和指导的重要主体，教师的作业观以及能力素养直接影响着作业改进的有效性；作业虽然主要是学生自主学习的过程，但作业改进的推进、具体实施与学校管理制度密切相关。所以，作业改进涉及学校多个方面的协同，若只关注作业本身，不能对其内在环节和相关要素进行系统分析，则很难真正减轻学生过重的作业负担。

最后，作业整体改进是一个校本化实施的复杂实践过程。教师要设计一套高质量学生作业的前提应该是对学生的充分了解，只有基于学生的思维发展水平、能力现状和个性需求,才可能设计出体现整合性、具有结构性和层次性的作业。但是,每所学校的校情不同,育人目标和办学理念不同,学生的家庭背景、发展现状、发展需求以及可获取的作业资源都不相同,作业改进的具体思路和策略也应该有所不同。因此,作业改进必须“因校制宜”,教师要根据本校学生特点,恰当设计作业并进行有效指导。

六、“双减”背景下小学作业改进的实践策略

作业标准化改进项目涉及教师、学生、家长、学校机构和服务区域机构等多个责任主体。我们要充分鼓励学生、家长积极自觉参与作业课程改进中来,重视老师家长个人对中小学生作业课堂改进意见的积极建议,强调教研室对小学生英语作业教学改进任务的指导、引领、统筹、协调。但仅仅就课堂教学实践环节而言,明晰教师的和明晰学校教师的职责任务依然是指导当前阶段小学英语作业改进的重点。

(一)教师队伍:明确意义,探索“计划—实施—反思”的作业改进闭环

教师是作业改进的直接主体,让教师明确作业改进的意义是首要任务。教师应该认识到,作业改进不是为了片面减少作业时间和作业量,也不是单一为了让学生更好掌握知识、以便于取得更好的成绩,而是为了更好凸显作业全面育人功能,通过作业更好实现学生在知识技能、思维方法、情感态度、实践能力等方面的发展,促进学生的自我认识和自我管理。改进作业的过程也是教师提升自我、实现专业发展的过程。

首先,教师要对一段时期内的作业改进有明确计划。作业改进与教学改革相辅相成,教师必须基于课堂教学计划来改进作业。既要根据课时、单元、学期的教学安排,结合单元重点、同单元不同课时的目标来考虑作业改进的具体目标;又要基于教学实践中发现的问题,明确作业改进重

点。比如某初中物理教师在教学中发现学生实验操作能力欠缺,就设计相关作业有针对性地加强。

其次,教师在作业改进中要"上下结合"。自上而下,基于"双减"政策要求,既要提高作业设计质量,关注作业的结构性、层次性、整合性;又要重视对学生作业指导的针对性和有效性。自下而上,关注学生的体验和感受,及时把握学生在作业中出现的问题,了解学生对作业内容、时间、难度、方式等的建议。

最后,教师要及时对作业改进情况进行反思。既要反思作业本身——作业是否发生了变化,这样设计和指导是否可行,是否能真正促进学生发展;又要反思课堂教学——教师在学生作业中发现的问题,应该及时通过课堂教学得以解决。在此基础上,教师对下一个阶段作业改进再次计划、实施和反思,由此形成一个循环反复、持续推进的"闭环"。如某小学三年级语文组教师结合单元主题"金秋时节",将秋游、绘画、写作、查阅文献等方式结合起来,设计找秋天、画秋天、写秋天、记秋天的系列作业,教师发现这样的作业不仅能促进学生对秋天的理解和感悟,还激发了学生的学习兴趣,为下一个单元作业设计提供借鉴。

(二)教研组:加强教研,探讨"标准+"作业的设计与实施

作业改进不是教师单打独斗能实现的。正如"双减"政策所言,要"将作业设计纳入教研体系",通过教研组共同研讨来推动作业改进。

教研组要通过教研来设计一份"标准"作业。虽然同教研组内不同教师所面对的学生不同,但针对同一所学校同一学段学生,同组教师可以通过研讨,设计一份高质量、适容量的标准化作业。这份标准作业既可以是在借鉴基础上的适当改编,也可以由本组教师"原创",但组内应该对这份作业经过仔细的分析研讨,甚至亲自"下水"做一遍,确保这份标准化作业的科学性与合理性。在此基础上,每个教师根据自己班级学情对这份标准作业的内容和方式进行适当调整,并在教研活动中提出所要调整的具体内容及缘由,供教研组评价判断其调整是否合适。

此外,教研组、备课组还要加强作业改进方面的交流,既可以分享经验,相互启发;也可以提出作业改进中的困惑和问题,通过深度研讨,集思广益,在解决问题的同时进一步推进学科教学的改进与优化。如有的学校提出教研组必须审核教师设计的作业,尤其要把握作业的难易程度、所需时间、容易出错的地方和适宜的学生群体,以保证作业适量且具有针对性。如北京陈经纶中学嘉铭分校小学数学教研组,通过教研提出"四挖掘"的数学作业:挖掘绘画性作业,让学生设计对称图形、画思维导图;挖掘游戏性作业,重视七巧板、九连环和扑克牌的运用;挖掘生活性作业,鼓励学生调查分段计费和储蓄;挖掘专题性作业,设计沏茶问题、植树问题等。

(三)学校:完善机制,加强作业统筹管理

学校是健全作业管理机制的重要主体,作业改进离不开学校的统筹管理。具体来说,学校推进作业改进要重视四种机制的完善。

一是作业协调机制。学校要了解各学科作业容量与质量,通过各学科组协商和总体协调,合理预估作业容量,避免总量过多,同时鼓励各学科组教师协同合作,设计跨学科整合性作业。

二是作业存档机制。学校要及时把各学科组设计的优秀作业汇总保存,并进行基础性作业、实践作业、易错作业等类型标注,为作业的持续改进和优化建立相应资源库。

三是作业交流机制。作业改进过程中难免会遇到各种问题,尤其是教师、家长和学生从自身立场出发,对作业有不同的观点和看法,这就需要学校构建相应机制,推动参与作业改进的各方主体沟通交流,以此来解决问题、达成共识。如上海市静安区教育学院附属学校建立两个"举手"制度,一个是学习委员"举手",学习委员如果认为当天作业总量过多,可以举手向最后一位布置作业的教师提出减少或者免除该学科作业的要求;另一个是家长"举手",当家长认为孩子在认真做作业的前提下,无法完成当天作业,可以向班主任申请延后完成作业。

四是作业评价机制。学校老师要注意定期对各学科作业进行综合评价，随时发现和改进教学中有的突出问题，及时予以调整，确保教学作业完成的质量。此外，学校内部还要将进一步研究完善学校相应科目的班主任、教师校本培训辅导制度、教研指导制度、课堂作业教学与管理反馈制度建设等，为作业、教学改进方面提供最有力的支持。

七、结语

落实国家“双减”相关政策，需要学校、教师、家长、社会等多方面部门共同发力，齐抓共管，密切配合，只有这样，才能实现教育减负、提质增效的目的。

天津市和平区教师发展中心　张祖光

教法与学法创新篇

基于信息技术培养语文核心素养的方法探究

摘　要：随着科技的发展，以计算机技术和网络技术为代表的信息技术，已逐步渗透到社会的各个领域，教育领域也不例外。最令人瞩目的莫过于信息技术与学科的整合。在信息技术广泛地应用于语文课堂教学之时，很多问题也接踵而至。如何有效地运用信息技术，构建以语言学习、师生对话、自主体验为中心的课堂呢？本文就信息技术应用的现状以及如何在语文课堂教学中有效地运用信息技术培养学生的核心素养做一初步的探讨。

关键词：信息技术，语文课堂，核心素养

《语文课程标准》指出："要努力建设开放而有活力的语文课程。拓宽语文学习和运用的领域，注重跨学科的学习和现代科学技术手段的运用，使学生在不同内容和方法的相互交叉、渗透和整合中开阔视野，提高学习效率。"

随着科技的发展，现代信息技术和信息资源被广泛地应用于语文课堂教学。这一应用优化了教学过程，使课堂教学的实效性得以大幅度提高，学生学习的兴趣得到进一步激发，课堂效率和教学质量都得以提高，可以说，现代信息技术使语文课堂焕发了勃勃生机，提高了语文教学效益，培养了学生良好的语文素养。但是，随着课程改革的深入和现代信息技术的发展，课堂教学中信息技术应用存在的问题也接踵而至，其负面影响不容忽视。因为其涉及方面比较庞杂，现仅就课堂教学谈几点思考。

一、现代信息技术应用的现状

(一)过分使用现代信息技术的现象

现在的语文课堂逐渐出现了一种倾向,那就是,无多媒体课件不欢。有的教师在40分钟的课堂教学过程中,有近半节课的时间在使用多媒体课件观看视频、图片。大量精美的图片和视频,刺激着学生的感官,分散了他们的注意力,占据了本该在语文课堂上静心思考、读书的时间,也剥夺了学生更多地与文本对话的机会,使语言文字的训练弱化,违背了语文教学的本质。更有甚者,有的教师,整个课堂都在使用课件展示,有的课件竟多达几十页,如此大的信息量,"水过地皮湿",根本不利于学生的阅读和消化。

(二)滥用现代信息技术的现象

多媒体的使用原则是,该用则用,绝不滥用。有的教师盲目地使用多媒体教学,并没有起到激发兴趣,突破重、难点,突出中心的作用。如在语文课堂教学中,呈现在大屏幕上整段的课文内容,大段的书后作业,而这些学生课本中本有的内容,完全可以通过看书学习,这种信息技术的应用基本上是流于形式的。还有的完全是"拿来主义"的原则,不考虑学生的学情以及本节课的教学目标,直接从网上下载课件使用,这类课件良莠不齐,需慎重使用。况且,其内容不一定适合教师的教学意图,自然效果堪忧。

(三)以现代信息技术取代其他教学手段的现象

教学手段是师生教学相互传递信息的工具、媒体或设备。传统的教学手段主要是教科书、黑板和挂图等,而现代信息技术手段则更多地指向多媒体网络技术。随着现代信息技术的应用,完全可以通过投影或阅读课本来实现的简单的简单方式变得更加复杂，课堂教学中完全可以通过面对面交流来实现的交流讨论也几乎消失殆尽。殊不知，现代信息技术只是手段，而非目的。传统教学手段的优势，并不可全盘抹杀，反之，它的实用性和有效性在某些时候并不逊于多媒体技术。

针对以上存在的问题，应如何有效地利用信息技术，使其既能起到辅助教学的目的，又不流于形式呢？

二、课堂教学中信息技术的有效运用

（一）调动学生的兴趣和学习热情，奠定情感基调

兴趣是一种情趣状态，是力求认识某种事物与参与某种活动的心理倾向，并伴随专心致志和愉快情绪两种心理状态。良好的学习兴趣可以使语文课堂学习变得生气勃勃。著名心理学家皮亚杰在他的儿童认知发展的研究中，曾提出一个适当新颖的原则，他认为呈献给学生的材料和学生过去的经验既要有一定的联系又要足够新颖，能产生不协调和冲突，这样才能引起好奇心，激发认识兴趣，启迪思维。那么，恰当使用多媒体信息技术，提供与教材紧密联系的新奇有趣的材料，就可以达到激发兴趣、调动学生积极性的有效作用。

六年级部编版上册语文《灯光》一课通过一件对灯光往事的回忆，歌颂了革命先烈的献身精神，说明了今天的幸福生活来之不易。现在的学生们很难理解课文中郝副营长为了理想而抛头颅洒热血的行为和壮举。为了使学生们自然进入课文所描写的情景和情境，教师采用了观看璀璨的华灯下的天安门广场、人民大会堂和人民英雄纪念碑图片这样的引入方式。天安门广场大多数学生去过，人民英雄纪念碑也应该见过，这些与学生的已有经验有一定的联系。再由纪念碑到碑文再到碑文中反复提到的“人民英雄”，自然而然地把学生带进了那个战火纷飞的岁月，奠定了整篇文章严肃、庄重的情感基调，激发了学生的学习兴趣，铺垫了主题，为

进一步学习课文奠定了基础。

在执教部编版三年级下册语文三单元《元日》一课时，为了使学生尽快地进入课文的情境，教师在课件中以图片和视频的方式呈现了过年时学生们贴春联和门神，家庭聚会，写对联，包饺子的场景，并配上了活泼喜庆的音乐，一下子把学生的记忆拉回到喜庆欢乐的过年场景中，为古诗的学习奠定了情感基调。课件中所呈现的画面内容与古诗中的传统节日习俗丝丝相扣，也为后面对古诗内容的理解与学习做了铺垫。这种多媒体课件的使用就是实用而有效的。

(二)利用信息技术的交互性，使学生更好地参与到学习活动中来，营造以学生为主体的课堂教学环境

部编版六年级上册语文《灯光》一课，教师两处使用了交互式白板的功能。一是在初步了解文章背景的时候，设计了三个资料袋，分别是作者简介、时代背景和写作背景。学生可以自由选择感兴趣的方面，点看相关内容。二是在感知大意、直扑主题这一环节中，使用白板的拖拽功能，学生把相关的人物描写拖拽到相应的段落。这两个环节的设计都使用了白板的交互式功能，学生通过自己动手把自主读书后的成果呈现出来，极大地调动了学生的积极性，营造了以学生为主体的课堂教学环境，构建了动态生成的课堂。

信息技术的交互性，在作文教学中体现得最明显。作文点评课上，教师在白板中呈现学生的作文，由学生自主评价或同学间相互评价。经过充分讨论后，学生在教师的指导下在白板上使用勾画、圈改等功能，把作文修改的过程完整地呈现在课堂中，这一教学活动，体现了以学生为主体的课堂教学面貌，形成了以体验表现为中心的课堂，促进了教师、学生、文本诸要素之间灵活多样的交互活动，使信息技术的效果达到了最优化，学生的语文素养更是在潜移默化中得到了有效的提升和发展。

（三）利用信息技术形象性和动态性的特点，突破教学中的重点和难点

部编版三年级下册《纸的发明》一课，教学难点是理解蔡伦造纸的流程。突破这一难点，除了反复诵读，体会语言之外，利用多媒体课件动态性和形象性的特点，播放关于造纸过程的视频，调动学生的多种感官功能，更直观形象地了解到造纸的整个过程，再结合课文中语言文字的描述，自然而然就突破了这一难点。这远远比教师枯燥的讲解和几张干巴巴的图片更为有效。

《灯光》一课的重点和难点是理解郝副营长所"憧憬"的内容与他的英雄壮举之间的联系，理清课文的表达顺序。为了突破难点，突出重点，利用视频呈现郝副营长点燃那本书照亮前进道路的情景，并配乐两个"多好啊"的段落朗读。既直观地呈现了英雄的壮举，凸显了人物的形象，给学生以震撼和感染，把学生的情感体验推向高潮，又用两个"多好啊"自然地过渡到郝副营长的"憧憬"。把这两部分内容有机地结合，使学生在看、读中体会两者之间的联系，自然地体会到郝副营长的壮举来源于他的"憧憬"，进而感受到英雄为了理想而英勇献身的崇高精神品质，使中心得以深化。

（四）充分运用信息技术容量大的特点，增强课堂的容量

信息技术的有效运用，可大大增加课堂教学的容量，提高教学效率。学习完《猎人海力布》一课，向学生推荐阅读其他的民间故事，当精美的书籍封面和书中的精彩片段呈现在大屏中，学生的读书热情一下子被调动起来，并由课内阅读向课外阅读延伸。

《灯光》一课的结尾"总结全文、升华主旨"部分再次呈现了人民英雄纪念碑。利用白板的功能，实现了英雄图片的循环播放。选取的英雄人物和场景都来源于学生学习过或即将学习的课文：李大钊、狼牙山五壮士、长征过雪山的场景、董存瑞、《军神》一课中的刘伯承，里面既有像

李大钊那样的革命先驱,又有无数的像郝副营长那样的无名英雄。这些图片串起了一个又一个英雄的故事,勾勒了一个又一个鲜活的人物。这样的展现,不仅扩展了课堂的容量,整合了相关课文内容,还把本篇课文的学习推向了又一个高潮,使主题进一步深化:让我们铭记他们,英雄应该铭记,历史不该遗忘。

三、信息技术应用应遵循的原则

(一)信息技术应用应遵循辅助性原则

运用信息技术教学,首先应明确它在整个课堂教学中的地位是“辅助”而不是主体。学生永远是学习的主体,教师是学生学习的引领者。语文课堂教学永远是教师、学生和文本之间的对话,是思维碰撞的火花,而信息技术永远是辅助、和谐课堂的工具。虽然它的功能很强大,但不可以完全代替其他教学手段。

(二)信息技术应用应遵循生本性原则

任何教学手段都是为教学服务的,这是信息技术使用的根本性原则,而学生又因为所处社会环境、家庭环境、地域环境以及家庭文化背景、年龄心理特点、个性差异等潜在因素的影响,呈现出不一样的学习特质。在信息技术的使用过程中,应充分考虑学生的因素,恰当而有效地使用多媒体,才会达到最佳的效果。例如,在古诗、古文教学中,总有一个环节是介绍作者。有的教师完全不顾学生的认知水平以及已有经验,把教参中的内容全盘照搬,以文字的形式呈现在大屏中,学生看得云里雾里,不知所云;反之,有的教师,创造性地进行了删改,课件中所呈现的内容,符合学生的认知规律,或是小动画,或是小故事,学生理解起来就清楚明了了。

(三)信息技术的应用应遵循适度性原则

俗话说,过犹不及。任何教学手段的使用,都应遵循适度性原则。因为每一种教学手段,都有它的优势和不足,信息技术的使用也是一样。恰当地使用,能达到事半功倍的效果,反之,不仅学生会出现审美疲劳,达不到预期的教学效果,教师本人也会因为过度关注多媒体的使用而阻碍教学设计意图的达成,甚至偏离教学主线。

《基础教育课程改革纲要(试行)》指出:"大力推进信息技术在课堂过程中的普遍应用,促进信息技术与学科课程的整合。充分发挥信息技术的优势,为学生的学习和发展提供丰富多彩的教育环境和有力的学习工具。"

在课堂教学这一主阵地,只有坚持现代与传统相结合,信息技术与教材相结合,恰当而有效地运用现代信息技术,才会使我们的语文课堂成为培养学生语文核心素养的主阵地,而这样的课堂也必将为教育教学改革带来新的契机。

天津市实验小学　阎虹

基于核心素养的英语作业优化设计初探
——思维导图的运用

摘　要:思维导图是以图解的形式和网状的结构,用于储存、组织、优化和输出信息的思维工具,其被引入教育领域以来,对多类教育教学过程产生了积极影响。本文将思维导图这一思维工具引入小学英语作业之中,从课前预习和课后复习两方面出发,尝试进行小学英语作业的优化设计和布置,最终促成学生英语核心素养的养成。

关键词:核心素养,思维导图,作业设计

一、问题的提出

义务教育阶段英语课程的总体目标是:通过英语学习,使学生形成初步的综合语言运用能力,促进心智发展,提高综合人文素养。英语学科的核心素养包括语言能力、学习能力、思维品质和文化品格四个维度,其中思维品质是思考辨析能力,包括分析、推理、判断、理性表达、用英语进行多元思维等活动。

在我们现实的小学英语教学中,常常会遇到这样的状况:许多学生非常地用功,在课堂上认真听讲,详细地记下每一条笔记,甚至是老师说过的话,课后更是努力地完成一项又一项的作业,花费了大量的时间在学习上。然而,最终的结果是:其学习能力并没有随着努力而有较大层面的提升,成绩一直处于中游水平。原因何在?是因为他不努力、不刻苦?还是因为他不是天才?没有优良的遗传基因?不,最根本的原因在于“他不

会思考”。

把思维导图引入小学英语作业之中,可以使不同学生的思维特点得以体现,它强调教师的启发作用,把学生主体放在了更重要的位置,引导学生独立思考,发展了学生的思维能力,尤其是发散性思维能力。

二、核心概念

(一)思维

思维是人脑对客观现实的概括和间接的反映,它反映的是客观事物的本质及其规律性联系。思维是人类认识的高级阶段,它是在感知基础上实现的理性认识形式,概括性和间接性是思维的两个基本特征。分析和综合,以及它所派生的抽象、概括、比较、分类、具体化和系统化是思维的基本过程。而思维的存在总是体现在一定的活动过程中,主要是问题解决的活动过程中,问题解决是思维活动的普遍形式。

小学生的思维是其智力的核心部分,小学生思维的发展,是其智力发展的标志和缩影。发展小学生的智力,主要就是对他们思维能力的培养和训练。

(二)发散性思维

发散性思维是思维的一个种类,东尼·博赞认为发散性思维(发散“一词”,意思是“向各个方向传播或移动”,或者从一个既定的中心向四周辐射)指来自或连接到一个中心点的联想过程。非线性的自由发散是发散性思维的最大特点。

我国学者多认为发散性思维是与聚合思维相对应的一种思维模式,具有很强的灵活性,是最能代表创造性的特征。例如,王雁在《普通心理学》这部书中指出:“发散性思维又称求异思维、辐射思维,是从一个目标出发,沿着各种不同途径寻求各种答案的思维。”

(三)思维导图

思维导图是发散性思维的表达,是人类思维的自然功能。它动态的形状和形式,是模仿了显微镜下的脑细胞,它促使大脑快速、高效、自然地工作,它被称为大脑的瑞士军刀。东尼·博赞在《思维导图使用手册》中这样定义思维导图:思维导图是以图解的形式和网状的结构,用于储存、组织、优化和输出信息的思维工具。思维导图有四个基本特征:注意的焦点清晰地集中在中央图像上;主题作为分支从中央图像向四周放射;分支由一个关键图像或印在分支上的关键词构成,比较不重要的话题也可以以分支形式表现出来,附在较高层次的分支上;各分支形成一个相互连接的节点结构。思维导图往往是由一个中心词而展开的,在中心词的指引下,不断地展开联想,使思维不断地深入,最终形成一个网状的导图。其中的关键词和关键图像是思维导图创作的触发器,具体的记忆被抓拍出来,新的想法被激发出来。色彩、图画、代码和多维度是思维导图绘制的元素,它们使思维导图更美观,更富有趣味,更具有特性。同时,这些元素使我们的创造力、想象力和回忆信息的能力得到了增强。

可以说,思维导图既是一种图形,又是一种工具。它以图的形式作为载体,对思维过程进行引导和记录,最终把思维的全过程展现出来。

三、小学英语作业思维导图式作业设计

下面,我将从课前预习和课后复习两方面出发,具体说明我是如何把思维导图运用于小学英语作业的设计和布置之中的。

(一)思维导图在学生预习作业中的运用

课前预习包含着两个方面的含义,一个是预先学习,指的是预先学习的内容;另一个是预备学习,指的是预备好学习的状态。传统的预习作业,通常要求学生采用读课文,标出生单词的方式进行。这样的预习仅仅

是能让学生知道课文的大致内容,而不能对课文中的重难点进行提炼和总结,学生更不可能把以前所学过的旧知和即将学习的新知联系在一起,往往忽略掉了一些看不懂、不明白的问题。从而导致课前预作业成为一种形式而没有达到真正预习的目的。

在教学中,我根据教材特点和学生英语学习的特点,改变这种传统的布置预习作业模式(读课文、标出生单词),通过辅导学生绘制预习思维导图的方式,来帮助学生进行课前预习,使学生的预习行之有效。在课前辅导学生绘制思维导图时,采用两种方式进行。

第一种是模板式,在新课时采用。上课之前,我把新课所涉及的一些思维导图关键词和简单框架展示给学生,学生根据教材内容去补充导图,并在关键词的启发下展开联想,把自己想到的和想知道的内容在导图上标注出来。这个简单的思维导图框架就像导航一样把即将上课的学习思路展示给了学生,学生在它的带领下进行预习,上课时就能更加贴近教师的教学思路,明确所学习的内容,有效提高课堂听讲效率。而教师通过学生的预习导图也能更容易找到学生的疑惑点,在课堂上进行有针对性的讲解。下图是人教版《精通英语》六年级下册 Lesson13 的预习思维导图模板(如图 1 所示)以及学生在模板基础上所绘制的预习思维导图(如图 2 至图 5 所示)。

图 1:Lesson 13 预习思维导图模板

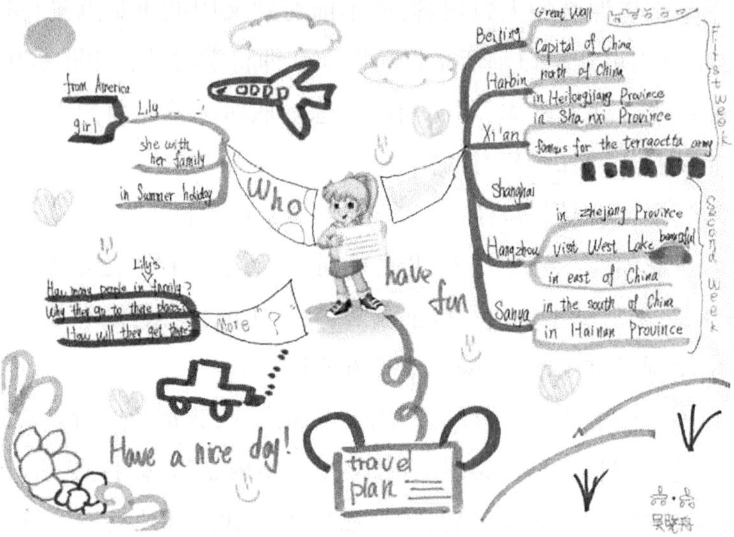

图 2:Lesson 13 学生预习思维导图

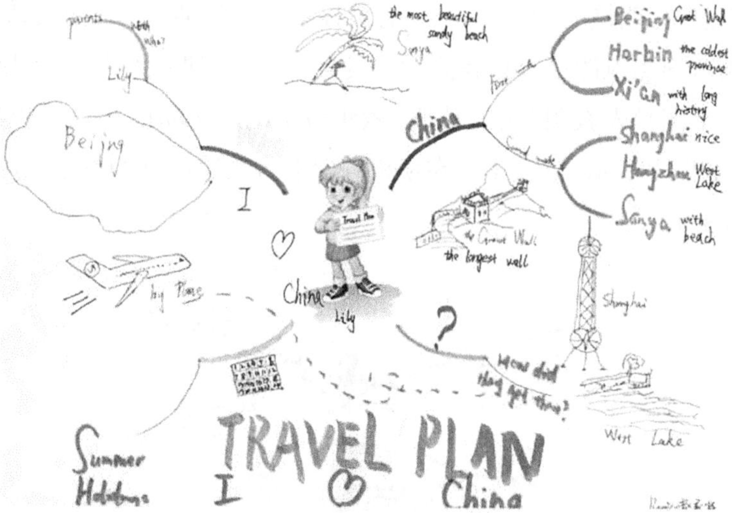

图 3:Lesson 13 学生预习思维导图

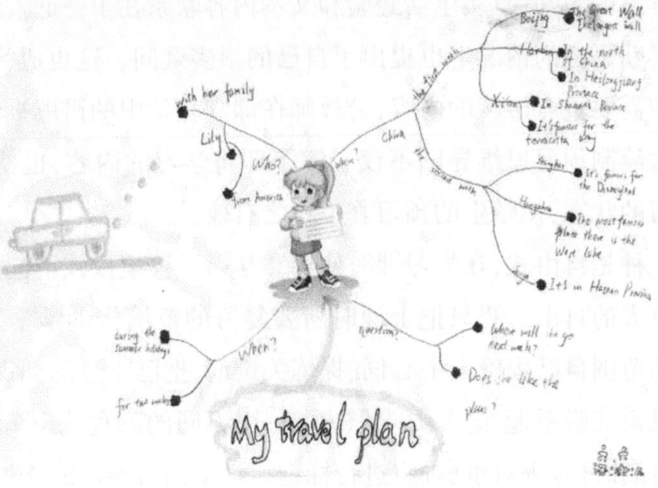

图 4:Lesson 13 学生预习思维导图

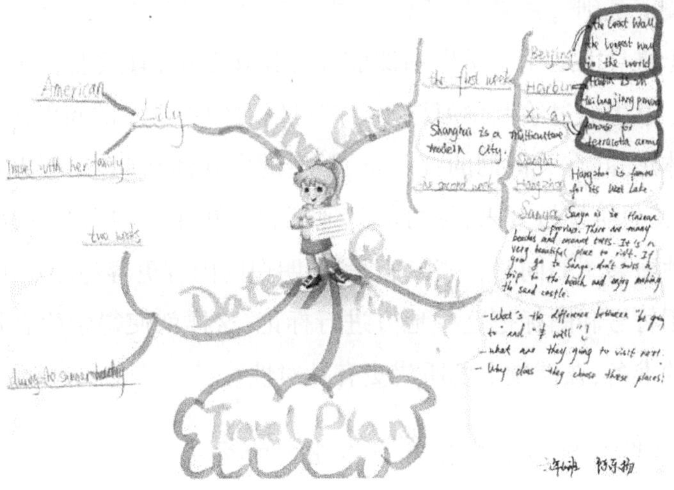

图 5:Lesson 13 学生预习思维导图

在本课教学前,我以课本中 Lily 的图片为中心主题启发点,以“Who, China,日历图标”为关键词给出了学生预习模板。学生在预习模板的启发下,最大范围地寻找出课文文本及图片中所蕴含的相关信息,理解文本并绘制出预习思维导图。从所绘制出的预习导图中,不难发现,在不断填充关键信息的同时,学生们概括出了本课的中心主题——Travel Plan。同时,学生们在关键词的启发下进行了进一步的联想,把已经学过的旧知和即将学习的新知、真实生活经验和文本内容联系在了一起。与此同时，学生在不断思考的情况下也提出了自己的很多疑问。这也成为教师在课堂教学中需要重点讲解的内容，为教师在课堂教学中的讲解提供了参考。学生通过绘制预习思维导图不仅了解了即将学习的内容，也使学生预备好了学习的状态，使学生的预习真正行之有效。

第二种是自由式，在复习课时使用。与第一种模板式不同，自由式给了学生更大的自由。我只把上课时所要复习的范围告诉学生，让学生根据复习的范围自己去确定中心词、提炼关键词，把已学过的知识点按照自己的思维模式联系起来，形成导图框架，用不同的颜色来对知识进行分类，用图标和符号来对重、难点进行标记。学生们所绘制的这种自由式的预习思维导图可以在课堂上进行小组分享和讨论，为小组思维导图的最终形成奠定基础。

把思维导图运用于学生的课前预习作业之中，有效改善了学生的预习效果。学生通过绘制预习思维导图可以对即将学习的新课进行一个初步的整体感知，在关键词的提示下，学生的大脑活跃起来，积极地调动知识储备，使思维发散开来，尽可能广地把和新知相关的内容联系在一起。在构建预习导图的同时，一些疑问和不明白的内容更容易浮现出来，学生可以利用符号和图标把这些地方进行标记，这样就使得学生在课前做好了学习的准备，在课堂上的听讲更有针对性。

（二）思维导图在学生复习作业中的运用

复习作业的完成就是学生把自己把所学的知识真正变成自己的知识，然而，现实却是学生在做复习作业时，只是简单地机械记忆，缺乏对知识的再理解、再思考和重新组织。这样就使得学生所学的语言点、知识点在其脑海中是杂乱的，没有一个体系，在这样的状态下学生当然不可能知道自己所学知识的缺失在哪。

把思维导图运用于学生复习作业的布置，可以从两方面着手。一方面是通过复习思维导图式笔记来帮助学生对知识进行识记。一节课后，在对学生进行作业布置时，可以把背课文、默单词的作业转换成复习思维导图式笔记。这样，当学生进行复习时，学生看到的不再是一篇生硬的对话或是一个个看似毫无联系的知识点，而是一幅思维导图。这幅导图就是学生和教师共同完成的课堂笔记。下图是学生利用思维导图最终整理出的一份笔记（如图 6 所示）。

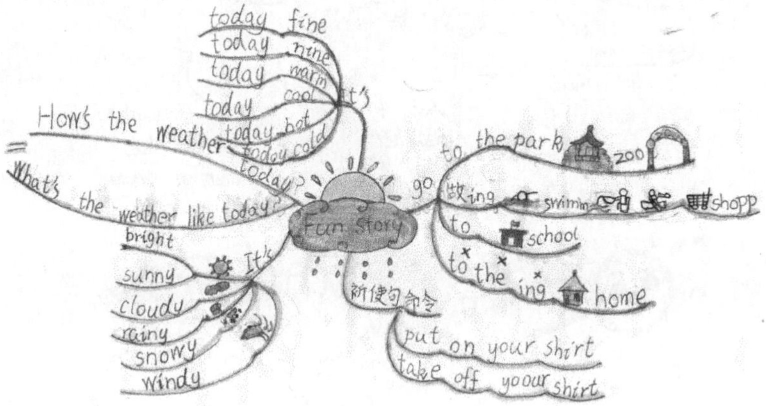

图 6：思维导图式笔记

通过导图，学生不仅能够看到这堂课所学的知识点，更能关注到它们彼此间的联系，最重要的是通过导图，学生可以很容易地回忆起课堂情景，这样就有效地强化了知识点在学生脑海中的印象。另一方面就是帮助学生建立自己的英语知识体系，方便学生查找和完善自己的知识漏洞。学生的思维是千差万别的，每一个学生都有着自己独特的思维模式，适合自己的就是最好的。经过一段时间（一个单元或一册书）的学习之后，在布置复习作业时，可以让学生以一个单元或一册书为单位，通过绘制思维导图的方式进行复习。具体布置及实施方法是：首先，学生从一个中心主题出发，使大脑的发散性思维活跃起来，用线条、图标、符号把所掌握的知识点联系起来，形成初步的复习导图。其次，学生通过参考教材、练习题和课堂思维导图笔记对导图进行第一次完善。最后，以小组为单位在组内展示导图，并对各自的导图进行讨论，学生根据讨论的结果对自己的导图进行二次完善。下面几组图是学生以单元为主题绘制的复习导图。

图 7-9:学生以 Unit 4 Weather 为主题绘制的复习导图

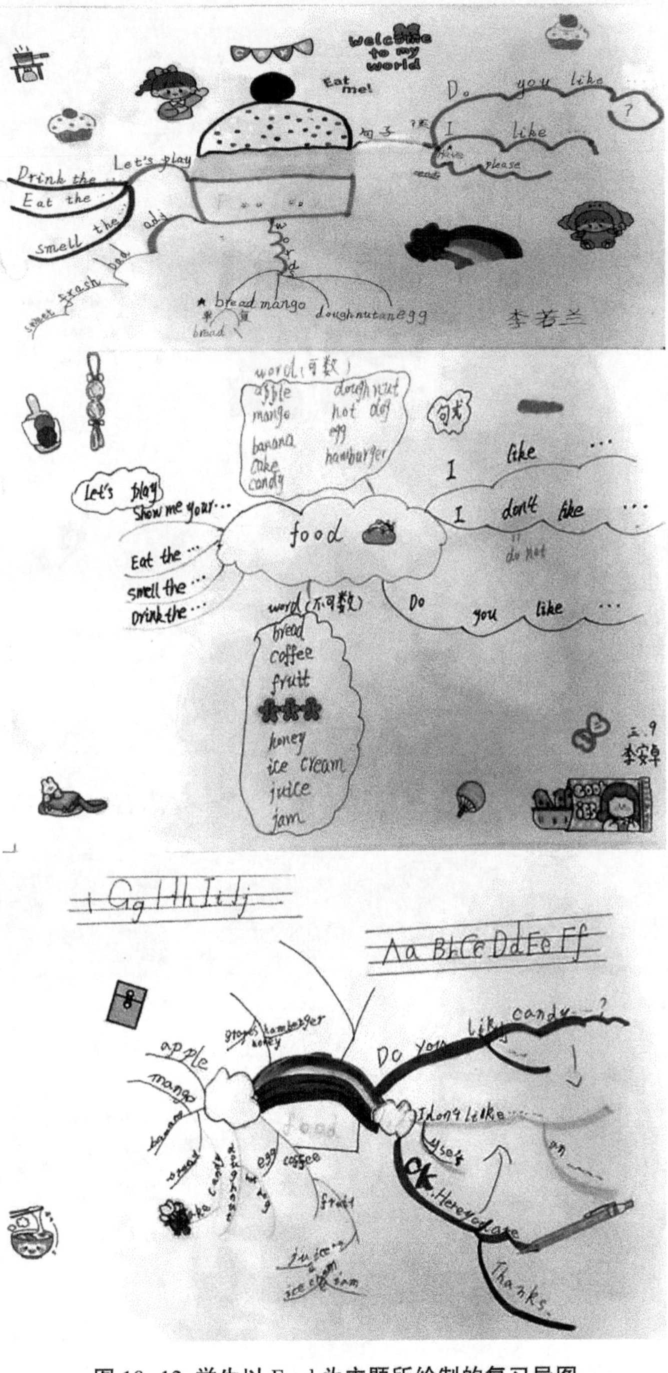

图 10-12:学生以 Food 为主题所绘制的复习导图

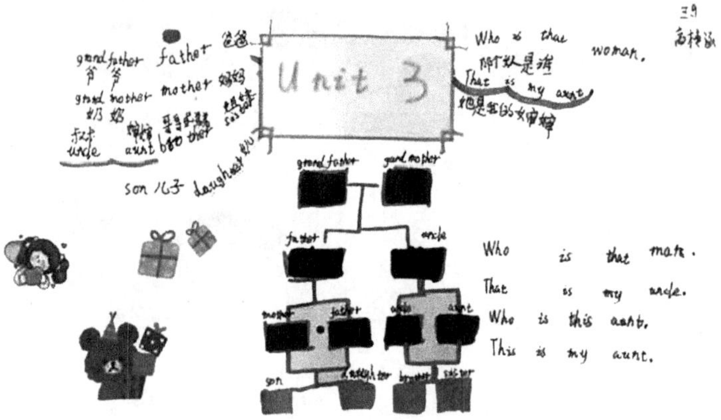

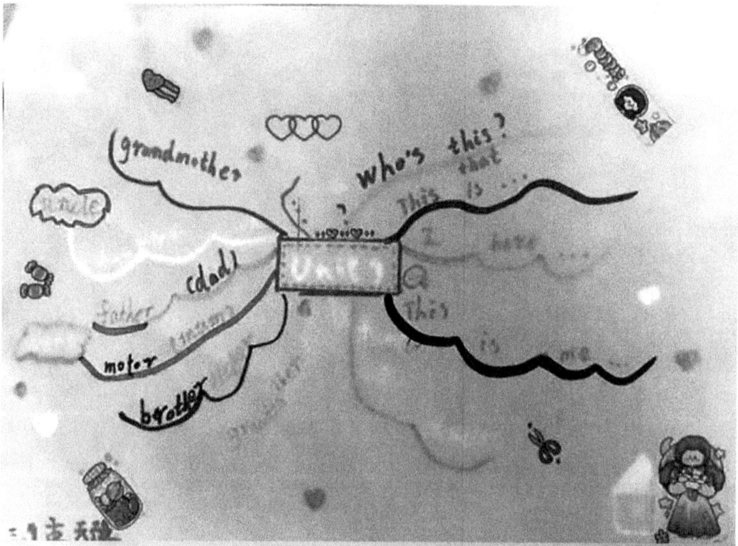

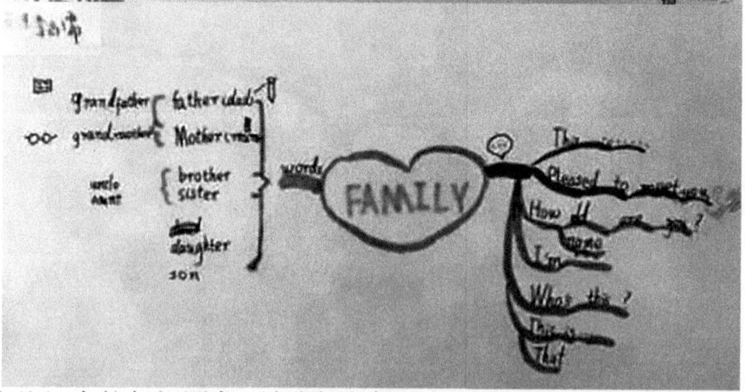

这几组中的每幅图各不相同，它们不仅包含了各单元的知识点，更包含了学生自己对所学知识的理解和思考。学生通过提取和整合信息，用

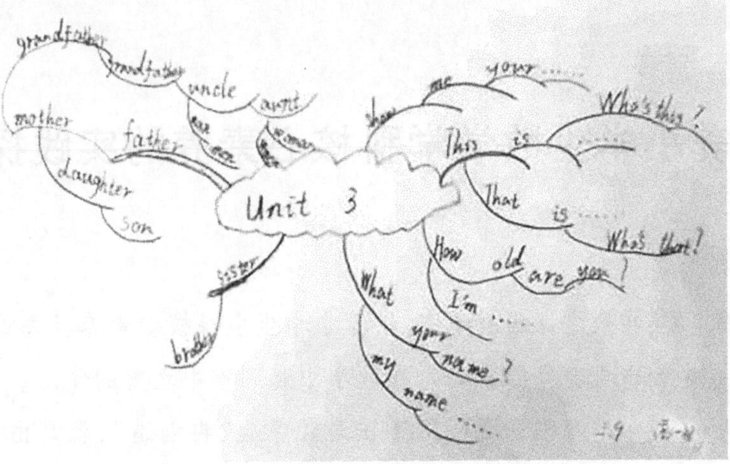

图 13-16:学生以 family 为主题所绘制的复习导图

自己喜欢和易于理解的方式构建出自己独特的知识体系,这样的梳理过程不仅提高了学生的复习效果,也促进了学生进行复习的积极性。

英语学科的核心素养要求我们在英语教学中更加重视改变学生的心智和生活,从培养“全人”的角度来考量。把思维导图这种思维工具运用于学生英语作业之中,具有巩固延伸、培养发展、反馈修正的作用,能体现出学生英语学习的思维和语言感知过程。

天津市实验小学　冯璐

培养小学生数学学科核心素养的实践探索

摘　要:在数学课程教学中,培养小学生学科核心素养至关重要,其中,为学生创造机会去探索更是在教学中起到重中之重的作用。弗赖登塔尔认为,数学学习唯一正确的方法是让学生“再创造”,就是由学生自己把数学知识发现,归纳总结或者创造出来;教师的任务是引导。帮助学生实现这种“再创造”,一条很重要的途径就是要让学生在数学学习中经历知识的探索过程,培养和发展学生的探索意识和探索精神,提高学生认知能力,增长才干,锻炼意志,这是培养学生核心素养能力的很重要一种表现。培养学生核心素养就要使学生在一定问题情境中不断解决问题,在不断地揭示矛盾和解决矛盾的过程中实现再创造学习,更好地渗透学生学科核心素养的培养,为实现立德树人这一教育的根本任务而努力。

关键词:数学核心素养,探究,实践探索

一、研究背景与理论依据

核心素养指学生应具备的适应终身发展和社会发展需要的必备品格和关键能力,突出强调个人修养、社会关爱、家国情怀,更加注重自主发展、合作参与、创新实践。核心素养是学生在接受相应学段的教育过程中,逐步形成的适应个人终生发展和社会发展需要的必备品格与关键能力。它是关于学生知识、技能、情感、态度、价值观等多方面要求的结合体;它指向过程,关注学生在其培养过程中的体悟,而非结果导向。数学学科核心素养:数学抽象、逻辑推理、数学建模、直观想象、数学运算、数据分析。在数学抽象核心素养的形成过程中,积累从具体到抽象的活动经

验。学生能更好地理解数学概念、命题、方法和体系,能通过抽象、概括去认识、理解、把握事物的数学本质,能逐渐养成一般性思考问题的习惯,能在其他学科的学习中主动运用数学抽象的思维方式解决问题。

二、创新探究与实践探索

(一)在提问中去探索

问题是“接生婆”,它帮助孕育新思想的诞生。孔子说:“学贵有疑,小疑则小进,大疑则大进。”陶行知还说过:“发明千千万,起点是一问。”质疑是创新的开始,是孕育探索未知世界的摇篮。创设问题情境时,应注意从学生已有的生活经验和知识背景出发,既要让学生感觉到所面临的问题是与旧知识、旧经验有联系的。同时又是新奇的,富有挑战性,使学生在提问下想去思考和探索,但又感觉到自己知识的局限性,使学生处于想知而未全知。想都知又想学的状态,激发学生探索欲望。

例如,在讲亿以内数的读法时,我一开始让学生先读万以内的数,学生怎样读,应注意什么,然后把天津市人口数写出来,让学生试读怎样读,个级万级有什么相同点和不同点,充分让学生发言,我没有马上评价。而是让学生自己举例来验证,学生很快发现有的是错误的,接着让学生再读亿以内数时,哪些地方容易出错儿,应注意什么,这样整堂课都是让学生自己去探索新知识,也激发了学生的好奇心和求知欲,使学生注意思维,记忆集中起来,进入了最佳状态。

(二)在自学中去探索

以学生为主体的核心素养是以学生的思维为主体,为此必须给学生以广阔的思维空间,给他们以充分的时间去探索,使学生能根据自己已学的知识,把新旧知识联系起来,情不自禁地进入探索新知识的状态,这一重要途径就是自主学习。

例如,在讲三年级数学,一个因数是两位数乘法,对有零的问题时,我一上课,让学生自己讲课,但有一个条件是必须有零,很快四种类型都出来了,比如 20×58,21×580,21×508,20×580 这样他们对自己编写的题。很有兴趣感和自豪感,很想探索一下自己出的题的结果是多少。于是,我让学生利用已学的知识自己做,很快做完。有的同学很认真,马上告诉我,这几种题用原来的方法并不简单。应有简便方法,自己又试着做。我一直没告诉他们怎样简便。等大部分同学发现新方法时,我让学生打开书看书 23 页到 30 页,然后他们都明白了,并且还不容易出错儿。这样,学生在整堂课中都在试一试的活动中去探索新知识,在自主学习中解决问题,提升了学生分析问题和解决问题的核心素养能力。

(三)在活动中去探索

心理学家皮亚杰说:"活动是认知的基础,智慧是动作开始,再加上小学生注意力不集中的特点,应把数学的死知识活起来,让学生在活动中去探索,这样有利于培养学生创新精神。"设置活动是学生借助已有的知识技能,调动多种感官参与,对新知识主动探索,从而初步学成,从而初步形成表象,形成较为清晰的感知认识。

例如,在讲梯形面积时,每人先发了两个大小完全相同,涂有不同颜色的梯形,向学生提出能不能用以前学过的方法来推导梯形的面积公式这个问题,分小组动手手中学具,把梯形转化成以前学过的图形,推导梯形的面积公式。有的小组直接拼成平行四边形,有的把梯形剪成两个三角形,有的剪下来再补,再凑成长方形或平行四边形。通过以上一系列的剪拼活动,使学生应用多种不同的方法。推导出梯形的面积计算方法,这样通过学生努力探索。求异创新,渗透学生有创新意识的核心素养。

(四)在练习中去探索

练习是把平时相对独立的知识,特别是把带有规律性知识,以在线整理和归纳等方法串起来,进而加深学生对知识的理解,从而真正落实学生由感性到理性、由具体到抽象、由现象到本质。

例如，在讲完一个因数是两位数乘法时，我特意设置了这样几道题，11×11，25×11，34×11，45×11，让学生在习题课上做，学生算着算着停下来说，我可以直接说答案，他探索出来这样的数的积的特点：首位和末尾是前一个数字是前一个因数的数字，中间位是这两个因数的和，接着又让他们做 89×11，55×11，78×11 等，再让学生练中找规律。这样学生在练中进一步地悟出算理，同时使学生逻辑思维能力又得到了锻炼，真正将核心素养落地生根。

综上所述，长期培养学生数学核心素养，要让学生在探索中实践，这样学生在课堂上不仅学会了做，而且学会了在做中学，更有利于学生自己在尝试解决问题和独立探索发现规律的过程进行多角度、多方位思考和探索，充分展示个体分析，比较归纳、判断概括、创新的过程，从而将知识的探索、认知掌握的过程表现为问题的不断解决。因此，在培养学生数学学科核心素养的今天，更应改变课堂上传统的方法，给学生提供探索新知的机会，通过引导学生经历获取知识探究的实践过程，获得自我欣赏，这种成就感会激励学生产生再次探索的欲望。同时，根据教学内容和学生的实际水平，不断创设探索形式，变换探索途径，使学生由会探索转变成爱探索，这就有了创新的机会和可能，相信一次次小的提升，终将促进学生核心素养的提升。

天津市实验小学　李英

浅谈教师如何在对学生的教育中加强导向性

摘　要：教师在对学生的教育中引导学生将注意力放到正向思想，燃起孩子心中的火花才是最有效的教育。在班级管理中构建民主管理模式，使学生具有高度责任感，激发孩子们的向善热情；在教学活动中传达正向教育思想，形成互帮互助的习惯；在平时善抓教育契机，做好思想工作；在面对特殊学生时，与他们心理链接形成共情，逐渐把学生引向正能量。

关键词：正向思想，导向性，向善热情，心理链接

学生教育管理工作中的导向教育，就是唤起学生主体意识，发挥学生的主体精神，挖掘学生自我教育、自我约束、自我完善的内在动力，帮助学生树立自信、自谦、自爱、自强和朝气蓬勃的人生态度，从而促进学生健康成长。作为一名教师，我们在教育生涯中难免会有一些头痛的经历：接手纪律散漫的班级，遇到难以管教的学生。如果我们仅仅做到公正评价，严厉指责，很多时候只会让学生情绪度降低，产生对抗心理，很难收到理想的效果。教师如果能够理解学生们的心理，在教育教学中加强导向性，引导学生将注意力放到正向思想，燃起孩子心中的火花才是最有效的教育。

一、在班级管理中加强导向性

班级管理是一门技术，教师在班级管理中加强导向性，会使班级的工作井然有序，形成良性循环。

我在班级管理中引导学生发挥主体作用，参与班级管理中，极大地调

动了每位学生的积极性，班级的各项工作不断进步，改变了以往班级工作过于僵化、千佛一面的局面，取而代之的是和谐、公平、人性化的班集体。

如开学初，我组织学生制订班集体奋斗目标，每位学生都参与，都提出自己的建议。通过集中评选制订出这样的目标："自强自立，严格遵守班级纪律，认真搞好班级卫生，勇于创新，争创星级班。"在我的指导下，由学生干部带领全班同学制订和落实班级工作计划，并由学生及时验收计划的完成情况，认真填写各项工作计划完成情况记录表。在班级管理中我构建了民主管理模式，努力使班集体成员形成主人翁意识，具有高度的责任感。

我按组要求学生轮流布置板面，每两个星期一期，版面安排、艺术插图均由同学自己设计，内容形式不能雷同，应结合班内实际情况和学校重大活动进行编排。从班级奋斗目标的制订，工作计划落实记录表和内容丰富、形式多样的板报可以看出：学生只要长期处于教师的这种创造性学习环境的导向，其独立探索的创造个性才会在潜移默化中逐渐养成。

教师在班级管理中加强导向性，还可以激发孩子们的向善热情。我教育每个学生要有一双发现他人优点的眼睛。每天如果看到同学做的事值得你学习，就把这件事写在便条上投入信件箱，每周的班会上像抽奖一样让学生抽出三个纸条，在全班同学面前大声读出同学的事迹。被抽中的孩子可以得到奖品和掌声。孩子们对这项举措抱有极高的热情，班内能主动做好事和学习他人优点的学生越来越多。

二、在教学活动中加强导向性

课堂教学是师生互动的主阵地，教学活动不仅是传授知识，也是传达教育思想的重要媒体。

我特意安排班里每个孩子都有各自负责的职责岗位，这样既能发挥班级小主人的工作热情，又培养了孩子们的责任心和做事能力。就拿"小组顾问"来说，孩子们课上有遗留问题或作业有不会的题目，可能不方便随时找老师去问；有的孩子较内向，单独找老师讲题会紧张……他们都会求助于“小组顾问”，顾问会耐心地把解题思路进行详细的讲解，不但通过讲题对这类题目记忆，而且锻炼了自己的表达能力。提出问题的孩子也会茅塞顿开，养成不存滞留问题，随时解惑的习惯。我给孩子们分析这种行为，如果讲题的孩子会解这道题，如同他有1，给他人讲一遍，记得更深，思路更清晰，他有了2，给另一个人再讲一遍，他有了3，1生2，2生3，3生万物……这样在帮助别人的同时，自己牢牢掌握了所学知识。

教师有意识地导向，使班内互帮互学的现象蔚然成风。教师对学生进行的这种委任，其目的在于促使学生自觉地承担责任，积极地解决问题，同时也教会学生如何为人处世。孩子们渐渐懂得帮助他人也是在帮助自己，予人玫瑰，手有余香。

我为加强学生的口算能力，经常带领他们玩“三八二十四”纸牌游戏。上课伊始，我用三四分钟时间带领全班同学一起比赛，抢答成功的同学成为“计算小能手”，可以骄傲地站到教室前面。我教育学生，自己胜出后要把成功的机会留给其他同学，如果大家都没算出结果，要挺身而出及时救场。比赛结束，全班同学给前面的“计算小能手”鼓掌……通过这样的活动，引导学生学会勇敢表现，学会互助谦让，学会鼓励赞美。教师在教学活动中有意识地加强导向性，使学生在提高计算能力的同时，良好的思想品德得到了培养和巩固。

三、捕捉教育契机加强导向性

教育契机是指在教育过程中，事物发展或转化的关键性的环节。教师善于捕捉教育契机，加强对学生的思想引导，往往能收到意想不到的效果。

例如，六年级小升初考试结束后，毕业生欢呼雀跃的身影，学生撕掉卷子甚至课本，喜迎“自由”的镜头比比皆是。我抓拍了几张狂欢照片和一张微信中的截屏为对比，展示给我正在教的非毕业班学生。截屏的内容是整整齐齐码好的一厚沓卷子，用彩带精心捆绑，上方有这样几句话：老师们很辛苦，这是他们批改一年的卷子，我不舍得扔，永珍藏……我对班里学生讲：这个学生是我刚送走的毕业班的总分状元，和同届很多同学比，她并不聪明，也没有拿过很多奖项，但这个孩子竟然能脱颖而出，有点出乎大家的意料。当看到这张截屏时，大家似乎都明白……我让孩子们讲讲，你们感受到了什么？孩子们个个眼睛放亮，高高举起小手，争先发表看法，一致说这位同学珍惜老师的劳动果实，说她能够换位思考，以自己做作业的辛苦推想出老师的辛勤付出，也说到她能体味到老师的辛苦，因此做卷子时一定很用心……

从他们的发言中，我知道他们理解了有德才有才的含义。教师要有一双捕捉教育契机的慧眼，用好契机，加强导向性，会使学生产生心灵震撼。

四、面对特殊的学生加强导向性

德国教育家第斯多惠说过："教育的艺术不在于传授本领，而在于激励、唤醒、鼓舞。"作为教师，正是在赏识学生的才能，激发学生的潜能，增强学生的自信，使他们感受自我力量不断增强的过程中，推动其进步的。

我在刚刚接任六年级某班的数学教学任务时，一个叛逆的男生就让我很惊讶。他会大胆地拦着校长解决问题，事情没解决不让校长离开；会在同学们中午吃饭时大声嚷嚷说大家吃的是猪食，会在课上看小说，对老师管教置之不理……

我在任何时候都坚信先谈感情，再谈教育。在数学课上我一直关注他，抓住他思维能力强又好为人师的特点，多给他发言的机会并不断地鼓励赞扬，经常夸他是一颗闪亮的数学之星并诚挚地邀请他当我的助教。他在课上讲题我带头让同学们为他鼓掌并握手表示为他骄傲；他在课下辅导同学，我引导孩子们称呼他为"小赵老师"并感谢他的帮助。不少同学在学习上有困惑就会主动找他讲解，他始终很热心也越来越自信。他上课放下了课外书转为专注地听课，与同学的矛盾越来越少，偶尔犯错对于我的批评教育也逐渐能接受。我感到在不断导向正能量的过程中，这个叛逆的孩子已悄然改变。

有人说教育的本质是一个心灵唤醒另一个心灵，当教师能够走入学生的内心，与他们心理链接，共情，加强他们对于正向思想的注意力，才能影响改变个体。

一名好的教师应对学生的管理有导向作用，用师爱的温情去融化他们“心中的坚冰”，让学生在愉快的情感体验中激发正向的思想。作为教学工作的先锋，我们是持火者，应给孩子们开一扇窗，敲开一扇门，让光亮洒进来，助力学生成长成才。

天津市实验小学　齐玉娟

双语教师教学能力构建探究

摘 要:近年来双语教学迅速在我国义务教育阶段盛行,并且在短时间内取得巨大进步,各个学校为了更好地开展双语教学活动,开始加强对双语教师教学能力的构建与提升,但是受到各类因素的影响,目前我国双语教师教学能力构建水平还不到位。本次研究即基于这一背景出发,从不同视角探究双语教师教学能力构建情况,通过理论与实践结合的方式,以实际问卷调查结果为基础,深入分析双语教师教学能力构建过程中面临的主要问题,最后在定量分析的前提下提出优化双语教师教学能力构建效果的具体策略,促进双语教师教学能力的全面构建。

关键词:双语教师,教学能力,调查分析,构建策略

一、双语教师教学能力的相关概念界定及理论基础

(一)双语教学

双语教学是指教师同时利用本国母语和第二语言开展的教学活动。双语教学过程中主要是通过双语教师将两种语言同等地应用在听、说、读、写等教育环节。

(二)英汉双语教师

英汉双语教师就是指同时具有利用英语和汉语开展教学活动能力的教师。

（三）双语教学能力

国内外专家学者对双语教学能力的概念进行了不同层面的研究与探索，各个研究人员对这一概念的定义也不尽相同。从不同研究人员的观点来看，双语教学能力即为双语教师完成双语教学工作时的综合能力，具体表现为双语表达、设计、组织、实施及评价等能力。本次研究中涉及的双语教学能力指教师在开展双语教学过程中可以熟练使用母语即汉语与国际语言英语开展听、说、读、写、译及顺利交流，最终完成教学活动的能力。

二、双语教师教学能力构建现状调查与分析

（一）调查对象

有研究表明，我国不同地区的双语教师教学能力构建情况存在明显差异，为了详细调查当前我国双语教师教学能力构建现状，就以国内各个地区的小学双语教师为调查对象，采用电子邮件及微信等方式在网络上为各个双语教师发放调查问卷，获得一手信息资料，经过回收整理与分析之后，全面了解各个双语教师教学能力的构建情况。

（二）调查方法及内容

本次调查采用的是问卷调查法，主要设计了七大方面的问题。一是双语教师的基本信息调查；二是教师双语表达能力调查；三是教师双语教学设计能力调查；四是教师双语教学组织能力调查；五是教师双语教学实施能力调查；六是教师双语教学评价能力调查；七是教师双语教学创新能力调查。

（三）调查结果分析

本次主要发放了 600 份调查问卷，回收到 580 份，有效问卷为 550

份,有效回收率为91.67%。

1. 双语表达能力调查与分析

双语教师自身双语表达能力在开展双语教学活动中发挥着重要作用,双语表达能力也是双语教师应该具备的基础性能力之一。语言是师生交流的关键媒介,也是促进教学活动顺利进行的核心工具,一名优秀的双语教师必然具有良好的双语表达能力。

在接受调查的双语教师中,表示自己能灵活运用双语的人数占据近70%,其余教师则表示自己无法灵活运用双语,这些教师大多认为虽然自己具有一定的双语运用基础,但是受到教材、教育目标及学生接受能力等因素的影响,在开展教学活动时还无法在英语与汉语间切换自如。

2. 双语教学设计能力调查与分析

双语教师的教学设计能力对双语教学效果有决定性影响,教师必须具备全局性眼光,合理把握双语教学活动核心,制定全面系统的双语教学方案,以科学有序的态度一步步依据教学设计实施教学过程。因此,双语教师的教学设计能力就代表了其对教学活动的综合把握与控制能力。

从调查结果中可以看出,双语教师的教学目标以促进学生的全面发展和为学生学习打基础为主,教学内容的选择依据以双语教材为主,教学方案设计方式以教师间合作设计及利用网络资源完成设计两种方式为主。

3. 双语教学组织能力调查与分析

双语教师的教学组织能力是实施双语教学方案的重要前提,如果教师无法科学组织双语教学活动,双语教学效果便无从谈起。

从调查结果可知,在开展双语教学活动时,首先以讲授法为主,其次为小组讨论法和游戏教学法。在双语教学活动中使用电教设备的数量较多,选择通过教学模型的数量仅次于选择电教设备的人数。在开展双语教学活动中使用详简结合的双语教学方案的教师人数最多,这样可以有效突出重点和难点,合理把握教学内容。有一半以上的双语教师都没有形成自身独特的教学方案设计风格,因此在开展双语教学组织活动时也缺乏个性特色,还有30%左右的双语教师在一定程度上形成了教学方案个性风格,仅有8%左右的双语教师形成了自身独特教学方案设计风格。这表示双语教师教学方案设计与组织能力还需进一步提高。有37%的双语教师表示基本能调动学生的积极性,仅有16%的教师明确认为自身可以完全调动学生的积极性,还有近一半的教师表示不清楚在双语教学中能否调动学生的积极性,这表明大多数双语教师对自身双语教学组织效果并不十分了解,也说明当前国内大部分双语教学组织活动开展效果不太理想。

4. 双语教学实施能力调查与分析

教学实施是开展教学活动的核心环节,从调查中可以发现,在双语教学活动中,经常和偶尔为学生布置双语教学环境的教师比例仅占两成,表明大部分双语教师布置双语教学环境的意识较弱,为学生营造双语语言环境的观念不足。只有12%的双语教师表示自己能完全做到体态与双语内容的有机结合。有一半以上的双语教师大部分时间都是使用汉语开展双语教学活动,只有不足一成的教师在双语教学活动中以使用英语为主。

5. 双语教学评价能力调查与分析

任何一种教学活动都需要及时做出考核与评价,通过教学评价可以帮助教师发现自身教学期间出现的问题,制定有效策略改善相应问题,教学评价的方式有很多种,不同教学活动需要结合自身特点及实施情况选择最佳评价方式。

从调查结果可知,有七成双语教师都表示不会在双语教学活动结束后针对每个学生的学习情况进行评价,主要是因为教师自身精力与时间有限,整个班级内的学生数量较多,难以一一评价。有七成以上的双语教师在教学活动中都没有使用评价工具,主要是因为教师开展的评价活动不多,即使偶尔开展教学评价也只是利用口头提问或检查作业情况等方式完成评价,不会专门借助特定的评价工具。有一半以上的双语教师都表示自己在双语教学活动中经常困惑,还有37%的双语教师表示有时困惑,引起这一状况的因素包括很多,可能与各个学校双语教学要求不清晰有关,也可能与教师自身综合教学实力无法满足实际教学需要有关,还可能与双语教学效果长期难以达到预期水平有关。大部分双语教师提出自己进行教学反思的原因是为了完成学校规定的任务和提高自身教育能力及专业实力,这表示双语教师的教学反思缺少良好的主动性,双语教师开展双语教学反思的驱动因素不明确。

6. 双语教学创新能力调查与分析

双语教学创新能力是双语教师在职业生涯中保持可持续发展的关键能力,如果缺乏创新就意味着失去良好创造力和开发新教学方式的能力,不具备创新能力的教师势必会在短时间内就被其他教师超越。

从调查结果可以看出,双语教师在组织双语教学活动时以集体活动为主,还有些教师采用小组活动的形式,只有极少数教师会通过个别指导的方式组织双语教学活动。有六成以上的双语教师会在教学活动中使用多媒体。有近40%的双语教师表示自己经常尝试新型双语教学方式,这些双语教师的年龄普遍偏低,具有很强的探索心和尝试欲,也愿意接受新知识和新技术。

三、提升双语教师教学能力构建效果的策略建议

双语教师的教学能力对双语教学效果有决定作用,因此必须合理审视当前我国双语教师教学能力现状,找出其中存在的实际不足,并在此基础上进行改善,完成对双语教师教学能力的全面构建。笔者经过大量理论研究与调查分析发现,可以从以下几个方面着手,找出影响双语教师教学构建的明显因素,再有针对性地改善此类因素,大幅提升双语教师教学能力构建效果。具体包括政策、学校、教师、教育四个层面。

(一)政策层面:建立与完善双语教师教学保障制度

政府政策在双语教师教学能力构建过程中发挥着重要作用,政府颁

布实施的教育政策属于各级教师成长的关键保障。双语教师教学能力的构建是当今我国教育界的核心任务与重要改革内容,为了提升双语教师教学能力的构建速度,政府必须从不同角度建立与完善双语教学的教学保障制度,通过制度加快双语教师教学能力构建进程。政府可以针对当前我国双语教师发展现状,制定一系列与其相关的政策制度,比如可以出台"双语教师资格认证"政策,要求双语教师必须经过相关资格认证之后才能真正进入教学岗位,这样可以在最大程度上保证双语教师队伍的综合实力,在双语教学过程中发挥更大作用,为社会培养出更多优秀的双语人才。

(二)学校层面:优化双语教师教学能力发展平台

对于双语教师而言,学校是其展现自身能力的平台,也是促进自身发展的媒介,所以,学校的文化氛围及综合特点都会影响双语教师教学能力构建状况。必须客观分析每种因素对双语教师教学能力的影响程度,再制订有针对性的改善措施全面优化学校文化和环境,为双语教师教学能力的发展提供更好的平台。

1. 校长角度

校长是影响双语教师教学能力构建水平的核心因素之一,校长的引导与影响对双语教师教学能力的发展有重要作用。可以充分发挥校长的引领者作用,以全面科学的政策带领校内的双语教师不断提高自身教学能力,并通过自身实际行动为双语教师做好良好示范,在双语教师构建自身教学能力时给予良好的信任与支持,鼓励他们在不断摸索中解决所有问题,从根本上提升自身教学能力。与此同时,校长还应该在双语教师构建自身教学能力时提供有针对性的指导,带头开展相应的学术研究与实践。

2. 学生角度

由于学生对汉语和英语的掌握水平不一样,双语能力也处于不同层次,为了避免这一情况对双语教师开展教学工作带来的影响,可以将不同水平的学生安排在不同的班级,并为各个班级提供相应的双语教学活动,这样能够为双语教师开展教学工作创造有利条件,也能保证良好的双语教学质量。

(三)教师层面:优化双语教师教学能力发展平台

双语教师教学能力构建效果与教师自身因素直接相关,教师因素是影响这一构建过程的内在因素,所以双语教学能力的构建水平最终还是由教师自身积极性决定。为了提高双语教师教学能力构建效果,必须努力提高双语教师的积极性,使其在构建教学能力时有良好主动意识和探索热情,并且遇到问题时有足够的耐心和意志力处理问题,能够实现对自我言行的控制,同时还能深入其中,自主探索及尝试创新型双语教学手段。可从以下几个方面提高双语教师自主构建教学能力的积极性。

1. 提高自我认同感,树立教师为双语教学奉献的目标与信念

自我认同感是双语教师得以持续发展和进步的重要前提,也是双语教师专业成长的内在动力之一。如果教师认可自身职业对整个社会发展的重要性,并有通过自身实际行动展现育人风采的信念,就能在强大的精神支持下为双语教育做出巨大贡献,也会在双语教学能力构建中展现出自身的主动性。

2. 提高自我监督感,完善双语教师的自我反思能力

只有具有良好的自我监督意识,并在双语教学工作中及时监督与反省自我,双语教师才能逐渐构建出更强的教学能力。从根本上而言,教学反思是双语教师检验自身教学理论与教学实践契合度的重要工具,同时也是促进自身成长的关键环节。通过教学反思,双语教师可以重新审视自身在双语课堂上的教学行为,及时吸收更具创新性的双语教学手段,在恰当的时机开展双语教学改革,一步步改善双语教学质量,这样也能逐渐构建自身更强的双语教学能力。

3. 提高合作互动性，加强与同事及专家的共同交流

双语教师在构建自身教学能力的过程中不能只依靠个人力量进行，而是应该及时与同事交流合作，共同制订符合实际教学需求的课堂方案。也可以向有经验的双语专家学者求教成功经验技巧，积极学习他人的新理念和新方法，及时引进前沿的双语教学理论，以更具长远性和全局性的眼光看待双语教学活动，在长期交流互动中逐渐展现自身优势，形成具有个性化的双语教学模式。

（四）教育层面：开拓更加多样化的双语教师培养渠道

要想构建更具竞争性的双语教学能力，必须加强对双语教师的培养，可以从职前培养与职后培训两个方面强化对双语教师的教育效果。无论哪种教育模式，都需要设置科学合理的教育课程，采用符合双语教师特点的教育内容与教育形式，适当借助教育培训机构完成对双语教师的培养。

1. 双语教师职前教育培养

双语教师要想真正在教育岗位上发挥作用，自身必须具有良好的双语应用能力，可以将理论知识通过双语教育转化为教学实践。当学校选拔双语教师时，需要重点选择具有一定双语教育理论知识的人才，并且对将要入职的教师开展教育培训，使其初步了解双语教学过程中需要掌握的技能。在职前教育培养的过程中需要为双语教师提供一定实习机会，或者直接在培训课堂上安排不同双语教师分别演示教学过程，提高其灵活运用双语的能力。

2. 双语教师职后教育培训

教师必须保持不断学习才能成长，并在教学领域中占据有利竞争地位。尤其是双语教师更需要不断提高自己，才可以更灵活地运用双语开展教学活动。因此，要进一步规范培训者的培训方式，制订科学合理的培训内容，采取更具实效性的培训方式，确保职后培训要点可以直接在双语教学活动中落实应用。

四、结语

经过深入调查与研究，笔者深刻感受到构建双语教师教学能力的重要性和紧迫性，双语教学质量高低主要取决于双语教师的教学能力，因此必须全面了解影响双语教师教学能力构建的各类因素，并合理控制这些因素，以实现对双语教师教学能力的系统构建。

天津市实验小学　宋丹

体验式小学语文教学模式策略探究

摘　要:语文的教学方法。如果只停留在听说读写的方式教学,学生被动学习,很难走进文字深处,那么用体验式教学方式,可以很好地解决这个问题。学习语文应该是能够调动学生眼、耳、口、鼻、手、脑和心而进行的语言文字感悟和输出的一项活动,但是传统语文教学方式往往采用的是被动活动的教学方法,而体验式教学方式就是用主动的体验方式寻求更真实的感悟,孩子们在具体体验过程中,感悟和表达。

关键词:体验式,教学法,语文教学

一、什么是体验式教学法

体验式教学法是通过学生在教师设置的教学环节中,展现和学生自身息息相关的生活,通过眼、耳、口、鼻、手、脑和心全方位的体验过程,并进一步获取知识的教学模式。体验式教学模式和传统教学模式相比,它更强调教师引领学生自发地在进入的情境中,主动吸收知识的过程,让学生从中获取更深刻和个性化的感知。

二、体验式教学法的理论依据

从研究儿童认知基础看,它主张主体通过信息加工方式建构对客体的认识,认识的支点是置于整个社会历史文化背景中的个体经验,强调的重心是学习主体(学生),他们是信息加工的主体以及知识意义的主动建构者,主客体相互作用过程中,学习者完成了个人知识结构的图式组合与

重构，并发展了自己的一套知识观、学习观和学习者观点。这称之为建构主义知识观。

建构主义认为，知识是学习者在一定的情境下，即社会背景下，借助其他人的帮助，利用相应的学习资料，通过意义建构的方式而获得的。其实，由于语文学习主要是进行语言的学习，就要在一定的情境下，通过人际协作活动而实现的，所以建构主义学习理论为体验式教学模式提供了理论依据。语文教学中，学生获取知识的能力取决于其建构意义的能力，也就是说学生获得知识的多少是取决于他们根据自身经验去建构有关知识意义的能力，而不是取决于其记忆和背诵教师讲授内容的能力。

建构主义知识观的课堂体验活动就是学生同化外部世界知识的桥梁，教师上课教授的内容和书本知识是学生基于自己的经验背景在特定的情景中的释放吸收过程，是与他人合作协商的结果，学生对知识的“接受”只能依靠他自己的建构来完成，学生的学习是对知识的理解，也是对知识的分析、检验和批判。

知识应用要放到具体体验情景中，不能简单传授，所以，体验式教学模式为学生提供了不断深化的过程，学生在整个过程中占据主导地位。

三、为什么在小学语文课堂上要进行体验式教学

课改很多年，以学定教，将学生放在教学第一位等这样的观点一直是教师所追寻的准则。但是，我们真的理解学生吗？知道他们怎么思考问题吗？为什么在成人看来十分简单的问题，到了学生那里能够理解的却少之又少，一节课上几名同学能夸夸其谈，在教师看来就仿佛全班都懂了。真正检验全体学生学习效果的方式似乎还是停留在一张张考试卷上。其实《数学》教材很早就已经从题目设置上更加注重与生活的相关联，教学方法也大多用学生实践体验的方式进行学习。近两年，《语文》新教材也做了大刀阔斧的改革，我们发现新教材无论结构还有内容都更

加贴近孩子现在的生活。我们在教学方法的研究上,是否也跟上了教改的步伐,用和孩子的生活方式更贴近的方式进行教学。有人说,我们的语文教学模式已经有现代信息技术的科学手段帮助学生体验理解更深刻广阔的内容,但现代信息技术无论多炫目,那也只是辅助学习的工具,也只停留在让孩子们用眼睛去看他人搜集的图片、视频,用耳朵去听他人总结的声音,受他人的感染。这些他人带给学生的感受,理解感悟得再好,也已经带有他人理解的色彩,不能让孩子们真正能从内心去感受自己阅读到的文字的魅力和内涵。而体验式的教学方式却能引领学生自发走进文字,激发出每个孩子对文字不同的理解。

语文的教学方法。如果只停留在听、说、读、写的教学方式,学生被动学习,则很难走进文字深处,那么用体验式教学方式,可以很好地解决这个问题。学习语文应该是能够调动学生眼、耳、口、鼻、手、脑和心,进行的一项语言文字感悟和输出的一项活动,但是传统语文教学方式往往停留在被动活动的学习方法。体验式教学方式就是用主动的体验方式寻求更真实的感悟,孩子们在具体体验过程中,感悟和表达。

四、体验式教学法在语文教学中如何实践

几十年前我上小学时的一次品德课竞赛令人记忆犹新。比赛前,各班能言善辩的“精英”们都被派了出来,大家都信心满满,仿佛怎样刁钻的试题也难不倒大家。就这样大家来到了考场,同学们抱着赶紧抢个好座位的心情,争先恐后地冲进教室,我在进门前却犹豫了:门口歪七扭八地躺着几把笤帚。这多碍事!我俯身将他们扶好后才迅速走进教室。我想大家听到这一定都知道比赛的结果了。这其实就是品德竞赛的第一道题。见到老师打招呼,接着试卷说谢谢,双手接物等考题不露声色地出现。而这些行为已经被考官们悄悄地记录下来。若干年过去了,这次比赛结果我已模糊,而它的教育效力却对我一直都有深刻影响。我想这就是体验式教育的巨大作用。

其实,我们的语文学科教学运用这种体验式教育方式,也可以持久收效。俗话说,凡事亲身经历了才有真情实感,那么就让我们为孩子们创设一些能够做的体验式教学活动。

以下就是一些在教学中的思考和实践效果。

(一)表演式体验法的使用

对于文章中一些词语的理解,可以进行即兴表演式体验。

教学《普罗米修斯》一课时,课文对宙斯因普罗米修斯盗走火种,只简单地交代了一句:宙斯气急败坏。一般教授学生理解“气急败坏”这个词语,会用请解释一下“气急败坏”的意思,用字面意思解释这种方式,然而这种解释使词语意思只停留在词语表面。怎样让学生真正体会这个词语的含义?我这样设计:第一步,让学生们先表演气急败坏的样子。这样先调动孩子的兴趣,再请几位学生用语言描述他的表演。但大多数学生只停留在表情的描写上。可是,有的学生还是词穷,不知如何表达。于是第二步设计派上用场:请为“气急败坏”配上插图。孩子们都是天生的灵魂画手,“气急败坏”的样子纷纷出炉,虽然形态各异,但都极其生动地表达了这个词语的意思,此时,很多孩子就明白了从五官上描写气急败坏,甚至“脸色铁青,面红耳赤”这样的词语也跃然纸上。有的孩子在体验画作的过程中受到启发,不止在表情上表达了“气急败坏”的意思,还画出气急败坏的人的动作,将动作活灵活现地表现出来。

夸张的漫画书写体验引发学生的极大兴趣,我又引导学生们思考,“气急败坏”时,周围环境又是怎样的呢?于是学生又纷纷将环境描写加入其中,衬托“气急败坏”,比如,气得直跺脚,将桌子都掀翻了。

第三步设计:你们生活中会因为什么而生气呢?什么情况才会令你气急败坏哪?这样与生活体验的结合,就让学生会有深度思考:为什么作为神的宙斯要生这么大的气哪?于是,教学重回文本,但理解变成了感悟。学生对课文的深度探究拓展到了了解《荷马史诗》中的人物关系,学生由一词体验了完整的语文学习过程。

（二）戏剧式体验法

再深一步的体验就是课本剧的指导。演一演课本剧的方法并不新奇。但体验式教学方式就要全方位，又有重点、有时效的进行。在《西门豹治邺》的教学中，课本建议根据"阅读链接"中的剧本开头改编课文，并演一演这个故事。学生们听说可以演课本剧，都十分兴奋。但是表演可不是个简单的工作。我在完成课文第一课时的基础上，将重点放在改编剧本，建立剧组两项工作上。通过对剧本改编的指导过程，学生真正体验了人物，走进人物内心世界。抓住西门豹的言行，揣测编写出文中省略的人物内心描写。讲这些在课上讨论出来，根据内心世界的分析将人物的语言动作神态编写细腻，形成可执行的剧本。在一组组演、评、辩的过程中，体验不同角色的内心世界，学生们既是文章中的角色——演员，还兼任导演，编剧，道具，统筹，布景，观众 ，评论员等不同身份。表演后有评价，在评价中，学生对人物的理解更加准确，学生通过一系列完整的体验过程，对文字本身的探究也更加主动和深刻。

（三）巧用其他学科完成体验过程

如学习《夜间飞行的秘密》一文时，在初读课文的基础上，要求学生画出三次实验过程的简图。孩子是天生的灵魂画手，通过作画的体验，反复阅读揣摩文章中文字含义，用不同风格的简图，表现了蝙蝠夜间飞行的原理，但是一次画作，并不能完全准确，在一次次学生作品的评析中，一次次通过课文文本为依据为图画纠错中，学生会渐渐发现文字表达的严谨性。用绘画的方式完成对文字严谨性表达的体验过程，既有趣新鲜，又突破了学习的难点。

但用其他学科体验完成语文教学目标，必须符合教学实际，切不可生搬硬套，弄巧成拙，这种与其他学科的体验关联必须与学生对文本的体验相结合，因为我们进行的是语言课，不是科任课，它仅仅是我们寻求体验的一条途径而已。

(四)针对不同的课文类型进行体验式教学设计

游戏类习作指导:一单元的内容,都是关于童年中的游戏内容。可以真正带孩子们去参与游戏项目。

在教授四年级上册课文《陀螺》一课时,通过表格,记录文中人物抽打陀螺时的动作语言神态心理活动。补充一栏,自己抽打陀螺时的特殊心情。课后布置亲自体验游戏的作业,请学生选择自己最擅长的游戏项目进行实践体验,再将表格中的游戏项目进行更替,填写表格,记录过程。将课文和习作结合,体验游戏的快乐过程中,通过观察人物游戏过程,及时记录动作、语言、神态,表达自己真实的心情。一单元的游戏感悟指导环节,在真实游戏体验中,指导学生写作,亲自的体验中使写作教学得以落实。

(五)巧用历史资料,将学生置身于历史环境中,完成情感体验

第一步:将背景资料和学生现实生活体验相关联。

教授《为中华之崛起而读书》时,周恩来 12 岁时听伯父说"中华不振"。当时发生了什么,通过背景了解旧中国屈辱的历史。

这个环节设计时间短,但授课前一定当作预习作业布置下去。

教授《为中华之崛起而读书》时,理解周恩来励志原因,我抓住书中出现的周恩来少年时期感受"中华不振"的时间点,布置了预习作业:1910 年前后,中国到底发生了什么?学生带着疑惑,亲自去了解事件的历史背景。课上,学生们带着自己搜集的历史资料,结合图片向大家介绍了文章中的这一段历史背景。真实体验了"中华不振"。当一幅幅孩子们亲自找到的图片被播放出来,愤怒,屈辱纷纷涌上孩子心头,情感的体验完成了。

第二步:情感体验设计——我为什么而读书?

一位位像周恩来一样有志向的志士在年少时立下志向,才有了我们今天祖国的兴盛。孩子们,在祖国兴盛的今天,你们的宏志又是怎样的?

可以续搜集新闻资料，了解祖国现在的发展情况，写下你们的志向，在走进历史的教学体验中，充分发挥学生的主动性、积极性与参与性，激发学生学习的兴趣，培养学生思维的方法和能力，也有利于开发和利用学生课程资源。

（六）体验式教学应是与时俱进的体验

教学三年级语文上册《铺满水泥道》。如何让学生深入理解水泥道上，泥泞不堪的路面上，落叶怎么还会美？那么就借助自然环境去体验，来到操场上，上节预习课。秋风瑟瑟，落叶纷飞，正是体验萧瑟之美的最好时机，我带领学生亲自到操场的大梧桐树下，在秋风吹落的时候去感受落叶之美。学生们分成几组去观察，针对叶子去制订观察目标。一阵大风吹过，学生们从叶子的静态美，逐渐发现秋风下的动态美，声音美，发现了更多特别的美，在真实的环境体验后，优美的文字流于笔下的同时，《铺满水泥道的》的别样美也更好体味。

（七）体验式教学中善用新闻时事

“问渠那得清如许，为有源头活水来。”若干年前我们的教学理念还是学生需要一瓢水，教师需有一桶。慢慢地，自来水、纯净水都有些落伍。其实，生活知识永远是与时俱进的，新闻时事就是教学中教师和学生教学时最鲜活的水。

教学《为中华之崛起而读书》时，明白了中华不振的原因，再看今朝，了解现在中国的强大，懂得只有祖国强大了才能不受欺辱的道理，民族自豪感油然而生。

教学三年级语文作文单元，写建议书。学生最为难的是提建议。学生们亲自搜集新闻事实，鲜活的新闻资料反映了生活中的诸多问题，写作素材和解决事情的建议也应运而生。

（八）善用学生试错过程进行体验式教学

俗话讲，“失败乃成功之母”，但只有重视失败的体验，找准失败的原因,找到解决的办法才能化失败为成功。上复习课时,经常有学生不审题就答题,无论怎样强调也不起作用。尽管我们把他人的错误经验分享给学生,学生们虽有所改正,但收效不大。于是我设计了这样一个体验试错的教学环节:一张试卷出了密密麻麻一片题,但在卷首设置了只写名字不作答的要求。答卷时间只有短短5分钟,大部分学生因急于做题而忽视了审题要求,只有很少一部分学生经受住审题的考验。这样的体验经历让学生们大呼受骗的情况下却牢牢记住了审题的重要性。

梳理课文脉络,进行划分段落是语文课上经常做的事。划分段落前,我会请学生们分别表达自己的观点,却不置可否。让学生们通过在文中为自己的观点找依据的方式进行辩论。亲自体验的经历其实就是思考的过程,在辩论中掌握了划分段落要有依据的方法,也养成了严谨思考的习惯。

五、采取体验式语文教学时还应关注哪些问题

(一)俯身站在学生的角度设置体验方式,起身站在成人的高度引导学生思考问题

体验式教学不是突发情景的简单设置,是有预设的。体验式教学模式是由学生体验环节中产生情感体验后的思考,教师要对学生进行正确价值观的引导。学生来自不同的家庭,所受家庭价值观影响不可忽略,因此,教师要依据对学生的了解做好预案,对学生的价值观进行正确引领。教学时由于真实的体验,不同的学生会有截然不同的思维结果,甚至价值观出现偏差。因此,教师要做好备案。教学《胡萝卜先生的长胡子》一课,有一个发散性思维的训练环节:还能用他的长胡子做什么?不出所料,那名胖胖的满脸写着我要出个馊主意的小男孩带着坏笑举手了。不让他表达只是杜绝了他影响教学效果,却没有对他进行正确的价值引领。因此,我在教学环节中设置了价值观的引导:你们发现大家用长胡子先生

的长胡子有什么共同点了吗？帮助他人。聪明的你们一定能想到更多帮助别人的方法。这样潜移默化下，学生们的思维发散的同时，价值观也得到正确的引领。因此设计体验式教学环节要做好对学生的预设，首要任务是了解学生。

（二）体验式教学的过程是渗透思政教育的最佳时机，避免了说教性，扣帽子式的语文教育功能

教学《扁鹊治病》这篇课文，教学目标是能够复述故事。为了完整复述故事，需要帮助学生将课文用时间为线索串联其内容，因此，我设计了一个给蔡桓侯写病历的教学环节。病历中先设计了看病日期和病情以及治疗方法这三个项目。利用病历梳理时间顺序，帮助学生复述课文后，我让学生将病历右下角医生署名写成自己的名字。学生在觉得新奇有趣的情况下进行了署名。这时我问学生，此时你就是能救治病人的医生，有什么感受？学生说："我很骄傲，我有了高超的医术。"那么蔡桓侯为什么还是不治身亡？有的学生说："哎，再高超的医术，固执己见，病入膏肓的病人，我们也帮不了！""蔡桓侯是君王，病轻的时候他不让治，病重肯定治不好了，那还不杀了扁鹊。"有了真切体验，学生感悟出故事中。我抓住机会追问："那么现今社会，你如果遇到这样的病人会怎样做？"学生们纷纷表示会耐心劝告，摆事实讲道理，甚至有的还要通过家属做病人工作。情感体验达到既定效果，我继续评价："如果说钟南山、张伯礼等抗疫中的医生们是现代神医扁鹊，那么你们就是未来的扁鹊，因为你们不但正在努力学习治病救人的方法，更具备高尚的医德。"听了我的评价，学生眼中流露出自豪而又憧憬的眼神。我知道，语文教学中的思政渗透虽无声却有形。课堂上体验做一名医生的教学环节一举两得，既激发了学生在语文教学梳理内容的热情，还起到了思政渗透的作用。不但让学生们懂得了医术重要，医德更重要的道理。让学生们陶冶了道德情操，也丰富了生命内涵。

人们常说，一千个读者眼中就会有一千个哈姆雷特。那么我相信，一

次语文教学过程，学生们会有不同的体验感悟。为学生创造纯净的语文学习环境，引领学生去感悟语文的魅力，正是体验式教学法带来的最独特、最真实和深刻的感受。

天津市实验小学　王传红

核心素养融合发展的小学英语课堂教学实践研究

摘　要：最近几年，经济的加速发展给我国教育带来了更为广阔的发展空间。为了适应经济社会发展，多年来教育部不断坚持改革制新。目标是要紧跟时代步伐，发展适应社会的高质量教育事业。因而核心素养一词开始在教育界崭露头角，教育部门强调要注重学校灵动课堂的设立。加深核心素养与教学过程的融合，高质量发展我国教育事业。本文着重研究分析小学英语“灵动课堂”发展学生英语核心素养的现今状况，针对灵动课堂发展过程中的问题提出三点建议。

关键词：灵动课堂，核心素养，教育发展

我国教育事业近些年来一直在不断地进行创新教育改革，目的是在当今时代找到适合学生发展教育进步的方针政策，最终实现习近平总书记所说的教育兴国人才强国战略，所以从小学开始就要高度重视对人才的培育。而对于小学英语这门学科的学习，教师要做好英语素养的培养工作以助于学生能够积极调动主观能动性来克服学习过程中所面临的挫折困难，更好地培养自身的核心素养，这样在利于学生全身心发展的同时也实现了促进我国教育事业进步式发展的目标。

一、关于灵动课堂的简述

(一)灵动课堂概念

所谓灵动课堂,就是要摆脱传统意义上老师讲授学生学习的顽固的死板的授课模式,通过调动课堂愉悦氛围来使学生的大脑思维活跃起来,通过老师对于知识的热情点燃学生的学习热情。要时刻注意学生在课堂中主体地位的提升,弱化教师主导力量,开展以学生为本,老师为辅的授课模式。这就是灵动课堂的主要内容,教育部之所以引用"灵动课堂"于教学之中,是因为它的三点优势。

(二)灵动课堂优点阐述

1. 相互合作学习

灵动课堂区别于传统课堂就是能够充分发挥学生的主观能动性,而不是被动接受老师所教授的知识,学生主动搜集资料进行知识点的学习有助于做到知其然亦知其所以然,而且通过老师把不同知识点分配给每个同学,然后同学之间进行相互合作学习,这样的灵动课堂设置能够有效地提升学生对于知识理论的吸收接纳速率。

2. 注重个性培养

教育的原则是要以人为本,学生在合作学习的过程中也能培养不同的个性人格,避免出现传统教育模式下的共性人才。国家对于人才的需要也不是单一的,需要通过教育过程中的个性培养激发学生们的潜能,而灵动课堂可以做到这一点。

3. 课程高效有序

老师可以作为总结知识点,辅助更改错误知识点的角色和同学们在课堂中共同学习,促进课程进度高效有序进行。弱化教师课堂主导地位,能够更好地培育学生的探索精神,创新精神,增强学生自主学习能力。

二、小学英语“灵动课堂”有助于发展学生英语核心素养

（一）小学英语“灵动课堂”现今学校内应用情况

我国大部分地区的小学学校在英语课堂上已经开始使用“灵动课堂”教育模式，老师通过多种多样的方式进行引导。例如，设计不同的情景让学生自觉搜集展示相关资料进行英语学习；或者弱化课上课下界限，把英语的语言思维方式运用到生活之中，使之充斥于日常同学之间的沟通交流之中。但是，任何新事物的产生都将面临诸多发展问题，针对这些问题，及时提供解决方案进行改进，才会符合事物发展前进规律。灵动课堂处于应用初期，会面临英语教师授课模式转变困难，学生个体化接受困难，资料查找途径狭窄等问题，针对这些问题，以下提出三点建议。

（二）当前问题解决策略

1. 周期性教师课堂培训考核

引进灵动课堂，教师作为主力军首先要试着接受这种新型的授课模式，由于过去长时间采用传统英语教学模式使得教师接受困难，教育部可以组织小学英语授课教师进行培训，让老师对于新兴课堂有更加深入的认知，启发老师的灵动课堂设计思维，并且在集体培训后进行抽查考核，检验英语课堂应用情况。

2. 密切关注学生反馈

小学生作为一群相对活泼的授课对象，传统英语教育会浇灭孩子天马行空的思维火花，禁锢孩子的自由探索的天赋，而对于这种灵动课堂英语授课模式应该是比较易于接受的。但与此同时也要密切关注学生在英语课下的反馈，做到及时发现问题解决问题。

3. 拓宽英语资料查阅途径

学校可以通过设立移动图书馆，英语文化角等方法拓宽孩子们查阅英语资料的途径，辅助灵动课堂的有序进行，并且积极倡导孩子们共享资源，做到共同学习共同进步。

三、将“课程思政”融入“灵动课堂”的每个环节

思政教育是对学生进行思想、政治、道德、法律和心理健康等方面的教育，它是学校教育工作的重要组成部分，与智育、体育、美育等相互联系，彼此渗透，对学生人生观、世界观、价值观的形成具有重要的导向和推动作用。思政教育的目的是使学生热爱祖国，拥护党的领导和确立坚持中国特色社会主义事业的理想信念，具有为人民服务、为社会奉献的使命感和责任感，逐步树立正确的世界观、人生观、价值观。教书育人是教师的基本职责，在核心素养的背景下，英语教学有了新的目标和要求，英语教师需要将“课程思政”的理念渗透到“灵动课堂”的各个环节中，强化学生的思想道德素质，并引导学生树立正确的价值观念，养成良好的行为习惯，促进学生实现全面发展。首先，教师应该明确“课程思政”的内涵以及重要性，并为学生提供适宜的英语教学方案，激发学生对英语学习的兴趣。其次，教师还应该将课上与课后相结合，从学生的心理、情感、能力等方面出发，增强英语教学与思政教育的融合性，在平日的英语教学中，充分挖掘教材的内容，挖掘思政素材，如英语教材中以下几个思政融合点：敬师长，关爱他人；讲文明、讲礼貌；爱护动物，保护环境；营养膳食，注重垃圾分类。我们要善于发掘、注意创新，采用形式多样的教学手段，通过组织丰富多彩的课外活动进行教学，从而融情感品质于英语语言的学习过程中，为学生点亮理想的灯，照亮前行的路！

本文通过研究分析小学英语“灵动课堂”厘清学生英语核心素养的现状，针对灵动课堂发展过程中的问题提出对教师方面进行周期性教师课堂培训考核，对学生方面要密切关注学生反馈，在资源查找方面应拓宽英

语资料查阅途径这三点建议。表明英语这一学科在“灵动课堂”的影响下才能最大限度地实现语言的魅力，提高小学生对于非母语语言的学习信心，增强学习兴趣，培育核心素养。

天津市实验小学　曹晶

在“五育融合”育人实践探究中发展核心素养提升小学生抗挫折能力

摘　要：每个人都有积极的心理潜能和自我向上的成长能力，提高学生的抗挫折能力，能够帮助学生健康成长。文章从探究育人实践路径，发展学生核心素养；全面掌握学生情况，有效实施心育干预；丰富心育实践形式，提升学生抗挫能力分享在“五育融合”育人实践探究中发展核心素养提升小学生抗挫折能力的实践探索。

关键词：五育融合，核心素养，小学生，抗挫折能力

抗挫折能力是指当个体遭遇挫折和逆境时，有较高的承受能力，能够忍受、排解、应对，并能够保持或者尽快恢复平衡的能力。面对挫折时，如何更好地提高抗挫折能力，将挫折转化为积极力量帮助学生成长，是非常有必要的。正确地面对挫折，将其当作动力，能帮助学生开发潜能，提高能力。每个人都有积极的心理潜能和自我向上的成长能力，提高学生的抗挫折能力，能够帮助他们更好地成长。而抗挫折能力培养不是凭空发生的，要依托活动而实现，在与团队的实践研究中，探究新形式、新路径、新方法，新举措，尝试在“五育融合”育人实践探究中发展核心素养提升小学生抗挫折能力，有些许实践体验与感悟。

近代教育家思想家，对于“五育并举”是有实践基础的。而“五育融合”概念的提出源于2018年习近平总书记在全国教育大会上提出的“五育并举”重要思想，全教会提出：努力构建德智体美劳全面培养的教育体系。至此，立德树人、“五育并举”成为全体教育人的共同目标。2019年

发布的《中国教育现代化2035》进一步提出：……更加注重学生全面发展，大力发展素质教育，促进德育、智育、体育、美育和劳动教育的有机融合。“五育并举”强调德智体美劳缺一不可，这是对教育的整体性或完整性的倡导，“五育融合”则着重于实践方式，致力于在融会贯通中实现“五育并举”。在这个意义上，“五育并举”和“五育融合”是理想与实践、目标与策略的关系。五育融合彰显了一种实践形式，这是一种独特且重要的育人实践。

一、探究育人实践路径，发展学生核心素养

德智体美劳“五育”从体系“立起来”，到各育“强起来”，再到五育“通起来”“融起来”，需要理性架构与深入的探索研究。新时代“五育融合”育人实践探究是培养全面发展时代新人之必需，是教育体系内在的要求。其独特价值在于突破了以往育人的理念边界、思维边界、方法边界、价值边界和话语边界。它作为一种交互的、多维的育人理念，是对教育“守初心、践使命”的全新阐释，其依托课程载体实现知识传授与价值引领的无缝对接，是实现学生核心素养下的抗挫折能力的重要遵循。

教育中的人是活生生的生命主体，这种生命是人的自然生命、社会生命、文化生命和精神生命的统一体，凝聚着身体、认知、情感、审美的聚合元素，而活动劳作则是人生命状态发展成熟的基本机制。

“五育融合”是在新时代“五育并举”的基础上，以提高学生核心素养为目标，以对五育中不同学科、不同领域、不同学段的内容、知识、思想、经验，以适合学生发展的方式有机融合为一体的活动过程，是一种创新育人方式的实践模式，指向学生核心素养的养成。

“五育融合”实践路径是指为达成德智体美劳五育融合在教育教学过程中的途径、工具、方式、方法、模式、策略的总称。五育融合实践路径从广义上讲，是学校、社会、家庭协同育人的路径；从狭义上讲，是学校文化融合（文化价值与制度系统）、课程融合（课程体系、跨学科融合课程与教

学)和劳动与实践活动融合。

根据国家对新时代立德树人的根本要求、学生心理的发展规律、党和国家推进新时代德智体美劳工作的战略部署,通过构建融合育人模式,完善心理课程实践,创新教学方法,推动积极情绪下小学生抗挫折能力,在“五育融合”育人实践探究中推动核心素养实践研究。

二、全面掌握学生情况,有效实施心育干预

在个人成长的早期,接受良好的挫折教育,对学生的身心发展,知识结构的完善,战胜困难的意志具有重要的意义。但实际情况是当下小学生抵御挫折能力普遍较低,缺乏有效的应对机制和措施,造成这种情况有多种原因。本研究从客观、主观两大方面来分析影响因素。从客观方面看,无法预料的自然灾害、不可抗力的疫情,社会上的限制与竞争,家庭里对子女的过度呵护、学校里固有的唯分数论等都会造成较低的抵御挫折能力。而主观上,不合适的抱负水平、不良的归因倾向、个人动机的冲突,身体健康等原因。这些都是小学生抗挫折能力不足的原因。小学生挫折教育应该是在教育者帮助指导下,对处于不利生存处境的个体给予人文关怀,帮助其全面认识和理解挫折,寻求应对挫折的有效策略,培养良好意志品质,提高应对挫折的承受能力。

但是,小学挫折教育却存在很多问题,除了挫折教育普遍存在的问题外,对小学生挫折教育的研究相对大学生和中学生要少得多,现阶段对于小学生挫折主要集中在教育理论的研究,面向实际的、具有可操作性的途径、方法、措施很不丰富。很多方法上有意义的研究却不适合小学中低年级学生的特点,比如一些自我监控训练的研究,适用于初中生或者更大龄的人群。因此,结合小学生年龄特点,加强针对他们的挫折教育的研究,尤其是具体措施和教育途径方面的研究是很有意义的。

任何事物都是充满矛盾的两面性,挫折也不例外。我们在受到挫折消极的影响时,也要从中看到挫折所带来的积极影响。

提高小学生的挫折承受力，在思想教育方面，教师和家长首先要帮助小学生正确认识挫折，树立积极的挫折观。正确认识挫折，就要认识到挫折两面性：人生不可能一帆风顺，每个人都不可避免地会遭受挫折。挫折是一种普遍存在的心理现象。挫折在对人产生消极影响的同时，也对人的成长和发展起到了积极的推动作用。其次，教师和家长要采取积极有效的方式，培养小学生正确的自尊观，通过其正确自尊观的影响，来促进其耐挫力的提高。有了正确的自尊观，当小学生面临顺境时，才能居顺思逆，保持清醒的头脑；遇到逆境时，才能积极面对，恰当分析，正确处理。

在智育的培养中，教师应引导家长更新教育观念，营造民主、开放、和谐的家庭氛围，建构合理的家庭教育模式。通过突破学科学习的壁垒，提高抗挫折能力。

在开展体育锻炼中，培养孩子的自信心和使命感，让他们在心理上有承受各种挫折的准备，这样，当真正面临挫折时，孩子们就能更加冷静，更加客观。教师不仅要在课堂内潜移默化地培养学生的耐挫力，还要在课后的体育锻炼中给予学生适时的指导和帮助。

在美育实践中，教师通过丰富的美育实践活动，开展挫折教育，帮助学生们形成正确的挫折观，从而能在学生面临挫折时把消极影响最大化降低，提高其挫折承受力。

劳动教育与抗挫折能力的提升关联密切，自 2022 版劳动新课标发布以来，对小学生不同年段应掌握的劳动技能、劳动习惯、劳动品质、劳动精神都更加明确，在劳动实践中搭建舞台锻炼学生的意志，培养学生良好的心理抗压素质和适应挫折环境的能力。

小学生在成长的过程中，作为自我意识以及世界观刚开始发展成熟的个体，很多事情是他们难以抵挡的。针对小学生遇到的挫折认知不正确、教育渠道不丰富、挫折实施不顺利等问题，我们通过课堂主阵地、课内外活动主渠道、家校携手共育等手段，让学生正确认知挫折；开发资源，拓宽挫折教育渠道；在“五育融合”育人实践的探究中提高小学生抗挫折能力。让孩子在“五育融合”育人实践的体验中，度过美好的小学时光。

表 1 “五育融合”活动体系目标

项目	目标
德育	培养具有抵御挫折的人格素养发展
智育	依托学科教学,认识学习如逆水行舟,挫折是普遍存在的
体育	通过课内外体育锻炼,提升意志品质,有不怕失败的勇气
美育	通过艺术熏陶,学生个体具有化解矛盾的能力,懂得悦纳自己
劳育	养成劳动的习惯、培育劳动品质与精神,懂得劳动创造美好生活

三、丰富心育实践形式,提升学生抗挫能力

(一)完善健全组织保障,整体谋划心育建设

在学校党总支的领导下,学校建立健全了工作领导小组,形成了由党总支书记任组长的学校心育工作管理队伍;完善了学校心育实施队伍;融合了学校心育参与队伍。工作形成了立体化、网络化管理格局和内外结合、齐抓共管的新局面。

成立了学校“学校心育指导中心”,工作有计划、有实施、有总结,定期召开工作会议,建立档案资料,保证学校心育工作经费投入。与社区及相关单位共建共享学校心育实践资源库,努力打造育人共同体。

(二)立足家校抓实心育,守正创新提升水平

1. 用“一者一员”实现家校心育管理

建立班级家长志愿者服务队,明确服务目的、服务内容、服务职责、服务分工和服务评价。班级家长委员会每班 5 人,进而推选 1 人为校级家委会委员。再推选出校级家委会常务委员 9 人,负责家校心育工作的宣传、联络与沟通。每学期召开专题会议,集中研究解决家庭教育的突出问题。

2. 用“一校一课”助力家校心育联动

学校聘请家庭教育专家、心理教师、有丰富教育经验的班主任、社区工作人员组成家庭教育指导队伍。通过家长学校将先进的家庭教育理念与家长分享。达成有针对性地学习、思考、实践,从而转化成科学有效的教育方法。家长学校每学期有授课大纲,开展两次以上学习。为家长提供幼小衔接课程、行为习惯培养课程、心育课程等。依托系列课程,指导家长进行有效的家庭教育的学习体验。

3. 用“一台一访”促进家校心育深入

设立家校互动平台,用信息技术架起家校互通的快速路,通过网络平台,延伸学校教育至家庭,小手拉大手传递教育思想,宣传教育活动,汇聚高尚精神,传播中华优秀文化,让家长参与其中。

开展全员家访工作,不仅有班主任、所有任课教师进行入户家访,疫情期间继续做好线上家访。校长、全体行政也与班级结对子,一同深入家庭开展家访工作,建立班级家访台账,对于重点关注学生采用“一生一策”“一生一档”的管理帮扶,针对性做好育人工作。

(三)依托活动深化心育,注重宣传抓好落实

1. 开展家长开放日活动

将家长请进课堂,让家长了解学校的管理,教师的工作,孩子的风貌,以提高家长关注教育的意识,明确家校共育立德树人的培养目标。

2. 开展家庭教育宣传活动

依托“家长心理课堂”,请专家开展专题心理健康教育知识普及课,运用微信、公众号、等网络信息化途径搭建家校沟通平台。让家长及时了解学校发展情况、学生成长动态以及新形势下家庭教育的新情况、新问题展开研讨,提高教育的针对性、指导性,家校合力达到育人良好效果。

(四)打造特色亲子活动,家校携手五育融合

建立“童(同)悦”亲子活动体系,就家庭教育中的共性问题和突出问

题进行交流，开展九项亲子活动系列，以此来增进亲子和谐关系。通过五育融合的丰富多彩的活动，给每个孩子搭建成长的舞台，帮助家长切实转变“唯分数论”等错误的教育观念，尊重孩子的客观差异，科学定位孩子的教育成功标准，帮助家长缓解教育焦虑情绪，营造积极正确的家庭教育氛围。积极宣传法治教育，指导家长履行监护人职责，强化法律意识和自我防护意识。让家校在交流与分享中使教育观念得到融合，思想得到碰撞，引发情感上的共鸣，获得教育的共赢，发展学生的核心素养。

“童(同)悦”亲子活动系列既优化亲子关系，形成朋友、导师、伙伴型关系，又使亲子关系的种种样态和谐积极，有助于家长陪伴指导孩子养成良好的行为习惯，促进身心健康成长，热爱学习、热爱生活、热爱生命，自强自立。帮助家长收获“陪孩子慢慢长大”的智慧，唤醒生命的自觉。

“童(同)悦”亲子活动体系开发了9个内容(见表2所到)：

表2 “童(同)悦”亲子活动体系一览表

活动名称	活动时间	活动内容	活动目标	活动形式	活动成果
亲子书信	2月	开学寄语	制定新学期目标	写信	书信集
亲子运动	3月	体能技能锻炼	增强体质	家庭锻炼	亲子运动会
亲子种植	4月	春天—播种	生命体悟 责任担当	家庭小种植	绿植展览
亲子职业体验	5月	了解社会职业	了解家长职业与辛苦	我上一天班	体验沙龙
亲子阅读	6月	选书-读书	培养阅读习惯/阅读量	家庭读书角	诵读作品
亲子“创客”	7—8月	生活小创造	培养创新 动手创造	爸妈和我一起搞发明	发明作品
亲子守礼	9月	讲家庭礼仪	营造家庭文明	家庭的仪式	仪式展示
亲子孝敬	10月	传承优秀家风	关爱双亲	传递关爱	故事会
亲子评价	12月	我要对你说	表达内心感受	量表	评语集

在“五育融合”育人实践探究中发展核心素养提升小学生抗挫折能力，尚面临诸多问题与挑战，我们希望通过“五育融合”理念拓宽课程通

道，探索“五育融通”的课程“立交桥”，通过课程融合为养育学生核心素养助力，为学生健康成长做加法和乘法。基于发展核心素养的“五育融合”育人实践探究，让学生在体验中成长、在成长中发展，使学生既拥有高尚的品德、创新的思维、健康的体魄、良好的审美，良好的劳动习惯，又拥有积极的心绪抗挫折能力，这才是我们教育为之奋斗的目标。

天津市实验小学　刘雯

探索学校劳动教育课程体系建设 达成学生核心素养融合发展目标

摘　要:根植于中华优秀传统文化的劳动教育,是中国特色社会主义教育的重要内容,更是推动“五育”融合,培育德智体美劳全面发展时代新人的基本抓手。文章从落实劳动教育文件精神,加强师资队伍建设;探索劳动课程体系建设,发挥课堂育人功能;尝试劳动教育评价方案,落实核心素养目标三方面阐述探索学校劳动教育课程体系建设,达成学生核心素养融合发展目标的实践探索心得。

关键词:劳动教育,核心素养,融合发展

在中华民族的历史长河中,劳动作为传统美德,代代相继。根植于中华优秀传统文化的劳动教育,是中国特色社会主义教育的重要内容,对于推动劳动创新、建设教育强国意义重大,更是推动“五育”融合,培育德智体美劳全面发展时代新人的基本抓手。在学校劳动教育实践中,努力探索学校劳动教育课程体系建设,达成学生核心素养融合发展目标。

一、落实劳动教育文件精神,加强师资队伍建设

在学校党总支的带领下,教师充分认识到劳动教育的先导性、基础性和全局性的地位,牢牢把握劳动教育“树德、增智、强体、育美”综合育人价值的深刻内涵,凝聚强化劳动教育是必修课、必答题的思想共识,充分发挥学校在劳动教育中的主导作用,积极传播劳动光荣、创造伟大的思想,促使学生牢固树立“劳动最光荣、劳动最崇高、劳动最伟大、劳动最美

丽”的理念,培养学生具有勤俭、奋斗、创新、奉献的劳动精神,掌握基本劳动技能,形成良好劳动习惯。

学校根据学生年龄特点及实际情况,制订了学校劳动教育实施方案,让工作有计划,实施有依据,总结有反思,反思促提升,切实落实劳动教育的各项新要求新举措,在全校形成了浓厚的劳动氛围。

加强师资队伍建设,成立了劳动教育领导小组,形成了由党总支书记、校长任组长,全体行政任组员,分管主任主抓,德育、少先队、劳动学科组共同合作的管理团队。专兼职劳动教师,以队伍建设为抓手,以教育科研为支撑,以劳动实践为载体,以培养学生核心素养为目的,积极开展丰富多彩、形式新颖的主题劳动教育系列活动和竞赛活动,全面提高学生的劳动素养和创新能力,不断创新劳动教育模式。教师通过参与赛事,提升专业水准,在天津市第一届小学劳动教育案例遴选活动中,劳动必修课和劳动融合课案例分获精品课、示范课荣誉。

二、探索劳动课程体系建设,发挥课堂育人功能

学校在一至六年级开齐开足劳动教育课程,立足于学校教育、家庭教育和社会教育相结合,通过老师们的引领、家长的帮扶以及亲自实践体验,厚植学生的劳动情怀,引导学生逐步学会劳动知识、掌握必要的劳动技能,形成正确的劳动观念。

(一)制订学段劳动目标,进阶培养劳动核心素养

依据义务教育2022年版劳动课程标准、《天津市关于全面加强新时代大中小学劳动教育的若干措施》文件精神,根据学生年龄特点,制订了学校各学段劳动教育目标及内容。

小学低年级:以个人生活起居为主要内容,开展劳动教育,注重培养劳动意识和劳动安全意识,使学生懂得人人都要劳动,感知劳动乐趣,爱惜劳动成果。树立自己的事情自己做的意识,培养集体荣誉感,关爱生

命,热爱自然。

小学中高年级:以校园劳动和家庭劳动为主要内容开展劳动教育,体会劳动光荣,尊重普通劳动者,初步养成热爱劳动、热爱生活的态度。增强生活自理能力和勤俭节约意识,培养家庭责任感,增强公共服务意识,初步学会与他人合作劳动,懂得生活用品、食物来之不易,珍惜劳动成果。

(二)调整优化课程设置,打造特色劳动实践课程

劳动课堂是学校劳动教育的主阵地。劳动课采取"课上学习——课上、课下实践——成果展示分享——媒体分享交流"的教学模式。每一节劳动课的设计不仅注重知识讲授,更注重实践指导,在激发劳动兴趣,培养劳动技能,养成劳动习惯,提升劳动素养中达到立德树人的目的。

根据不同学段的学生特点,结合学校自身资源优势,与课程整合,自制劳动学具,打造以"五育融合"为主要内容的特色劳动教育课程。

1.从横向上,将劳动课程分为四个模块

学校对劳动教育课程进行了规划,做到:思想教育与劳动实践、日常劳动与主题劳动、国家课程与拓展课程、集中劳动与分散劳动"四个结合",依托"家庭、学校、自然、社会"四个途径,将培养学生"正确的劳动观念、必备的劳动技能、积极的劳动精神、良好的劳动素养"作为学校劳动教育的总目标,从"劳动价值观课程、劳动体验课程、劳动实践课程、劳动社团课程"四大领域对劳动课程进行了细化,结合实际构建了我校特色劳动教育的课程体系。

模块一:劳动价值观课程,课堂劳动认知与制作(劳动认知、手工艺制作、木工、家庭服务)。

模块二:劳动体验课程,校园劳动实践(班务劳动体验、校园卫生保洁、校园岗位劳动体验、校园种植及美化)。

模块三:劳动实践课程,社会劳动与家庭劳动体验(家务劳动、社区志愿者服务、亲子职业体验、学农劳动实践)。

模块四:劳动素质拓展课程 (校本素拓课程)。

2. 从纵向上，分设小学低中高各学段

每个学习阶段包括课堂、学校、家庭、社会四个模块，内容涵盖了校园劳动、生活劳动、社会实践、服务劳动。

3. 学校将劳动教育纳入学校督导评价的重点项目

从课时落实、专用教室、场地管理、教师备课等维度制订评价标准，定期进行专项调研和反馈。

（三）渗透融进教育教学，整合学科劳动体验实践

结合学校劳动教育体系建设，以课堂为主阵地，以劳动教育主题活动为载体，开展各种主题实践活动。在具体的实践活动过程中运用各学科所学知识，开展劳动教育活动和劳动体验，强化知识的实际应用，引导学生运用所学知识解决实际问题，以塑造正确的劳动价值观、传递劳动知识、学习劳动技能、端正劳动态度和培养劳动习惯。

（四）开发创设实践场所，营造浓厚劳动教育氛围

学校因地制宜，积极创造条件拓展劳动教育空间，建设学校劳动专用教室、拓展活动空间和校内劳动实践场所。充分发挥校内劳动场所育人功能，借助专用教室，依托课后服务、素质拓展课程安排以劳动技能为方向的兴趣课程，由专兼职教师带领学生进行劳动实践体验。

设立校园劳动志愿服务岗，建立班级区域责任制，开展“我的校园我的家，整洁环境靠大家”活动。校园志愿服务中，学生在社会化、人性化、科学化的育人环境中潜移默化接受劳动教育，涵养了劳动核心素养。

1. 趣味木工课，发展创意思维

学生通过制作模型掌握测量、计算用料、锯料、钻孔、粘接、调试结构、调试传动系统、调试电路等内容，训练学生的劳动技能技巧。

2. 陶艺工作坊，培养匠心精神

学校的“陶艺”工作坊始建于 2012 年，是四年级的校本课程，同时开

设素质拓展精品社团,形成普及与提高相结合的劳动技术课程。指导学生学习泥塑技能技巧,在玩泥土的过程中感受陶艺泥工的魅力所在。

3. 劳动实践基地,精进劳动技能

学校与青年职业学院、天津农学院等校外劳动实践基地签订合作协议,多措并举,为学生搭建劳动实践平台。让学生在田间地头的体验中,真切感受劳动之乐,礼赞劳动之美,点亮劳动之光。

4. 劳动竞赛评比,提升劳动技能

每周安排 1 小时的校内劳动,即班级、校园志愿服务,引导学生积极参与校内劳动实践,并且在亲身劳动实践中习得劳动知识,学会劳动技能,培育劳动情感,提升劳动素养。

在班级开展相关劳动评比,评选"班级劳动之星",让"热爱劳动、劳动最光荣"的理念入脑入心。在劳动实践中,使孩子们个个成了爱劳动、爱班级、爱学校的好孩子。结合德育课堂,开展"庆丰收,感党恩""学习身边模范,弘扬劳动精神"等活动,让劳动小课堂和实践大课堂有机融合,落实学生核心素养。

(五)实施家校携手共育,落实家庭劳动任务清单

发挥家庭教育的协同育人功能,针对学生的年龄特点和个性差异,每周为学生设计家庭劳动任务清单,如洗碗、洗衣、扫地、整理内务等力所能及的家务活儿,逐步形成学生家务劳动常态化运行机制。开展"每天 20 分钟小家务""养出最美的花"等活动。利用寒、暑假开展家庭劳动实践课堂活动,和学生分享居家劳动任务清单的同时,与家长携手,在保证安全的前提下,帮助孩子较快掌握基本的生活常识与技能,采取多指导不代劳、多鼓励不责备、勤监督善总结的方法,让孩子们在崇尚劳动的良好家风中,通过家长们日常生活的言传身教、潜移默化,使孩子养成从小爱劳动的好习惯,落实核心素养。

家庭育人课堂中,开展"同做家务活,共做一餐饭"劳动主题实践活动,让孩子积极参与家庭卫生清洁、整理收纳,从洗衣、做饭、洗碗、拖地、

叠被、整理房间等生活技能入手，通过一根线、一粒米增强劳动能力，激发劳动创新意识；在一伸手一弯腰中，让孩子热爱生活，感受生命的温度。

活动开展以来，收到了很好的效果。孩子们通过参与力所能及的家务劳动，逐渐养成了健康的生活态度，掌握了必要的劳动技能，提高了自理能力，减轻了家人的操劳，增进了亲子感情，培养了孩子的责任心。亲子饶有兴趣地共同参与，一起营造愉快劳动氛围，感受劳动乐趣，家校携手合力，达成核心素养的养成。

在家长学校分享中，与家长达成理念共识——不要再让孩子“帮家长”做家务了，而应更新理念为——每个人都是家庭成员，家务活儿，家庭成员都有责任和义务去做。我们只是在做我们应该做的事情。家庭中，除了爱，还有责任与担当。

亲子职业体验沙龙是在学校传统亲子教育活动的基础上，结合新时代发展特点逐渐形成的品牌活动。其目的是让孩子们从小能在心灵深处产生对父母及其职业的钦佩之情，进而转变为成长历程中弥足珍贵的职业向往。通过亲子职业体验，让学生们了解和感受家长的职业，领悟劳动最光荣，同时为孩子们普及社会职业相关知识，教育孩子们成为未来担当社会责任的职业人。

（六）用好校外教育资源，丰富创新劳动实践体验

充分利用素质教育实践基地、研学实践教育营地以及其他社会资源，结合志愿服务和社会实践要求，学校积极开展“我是小小志愿者”劳动主题教育活动。在教师的指导下，带领学生来到社会大课堂，通过劳动志愿服务系列活动的开展，鼓励学生积极参与社会活动，以自己的劳动满足社会及他人的需要。鼓励同学们从现在做起，从小事做起，从点点滴滴做起，弘扬“劳动最光荣”中华传统美德，感受“劳动创造美丽生活”的真谛。

三、尝试劳动教育评价方案，落实核心素养目标

学校根据学生的实际，制订了劳动教育评价方案，评价以发展性评

价、激励性评价为根本宗旨，结果性评价与过程性评价相结合，采取每天自评，每周互评，每月劳动教师、班主任小结，学期末总结表彰等评价方案，不断强化劳动教育理念，促进良好劳动习惯形成，关注学生劳动素养的养成。

在评选劳动达人、技能达人中，关注学生日常劳动行为、阶段性劳动素养和未来发展，培育学生的劳动观念、劳动习惯、劳动能力、劳动品质和劳动精神，让学生成为更好的自己。

新时代，学校将进一步优化劳动教育体系，以核心素养为导向强化劳动课程的育人价值，将劳动观念和劳动精神教育贯穿学校教育全过程；以核心素养为导向构建劳动课程体系，给学生提供丰富的实践机会，用课程和活动引领学生，获得有积极意义的价值体验；以核心素养为导向改革评价考核方式，实现以劳树德，以劳增智，以劳强体，以劳育美的目的。在教学与实践中，不断创新劳动课程教育模式，引导学生厚植劳动情怀，提升学生的核心素养。

天津市实验小学　刘雯

红色影视资源融入道法课堂

摘　要：将红色影视资源融入道德与法治课程中，弘扬主旋律，这既是新时代对教育的要求，也是道德与法治课程的教学目标之一。在教学中，应当充分发挥红色影视资源立德树人的教育价值。

关键字：红色影视，立德树人，核心素养

一、明“知”——胸中有墨始作画

“知”是一切学习的基础。正确的道德认知是道德行为实施的起点，也是形成良好道德的先决条件。道德教育蕴藏在一个个有趣的活动中。因此，教师在备课的时候，不仅要抓住各个学段学生的心理特征，还要创设各种各样的情境，把一切可利用的资源充分利用起来，共同为道德与法治的课堂服务。红色影视资源应成为道德与法治教学的重要组成部分，教师灵活利用课程资源，改革单调、机械的资源呈现形式，恰当地引入学生熟悉、喜欢的红色影视资源，让学生真真切切地感受到自己身边红色影视资源的魅力，并从中得到领悟与启示，从而实现文化育人的目的。

（一）挖掘——半亩方塘一鉴开。

如何采用学生感兴趣的方式将红色影视资源融入课堂，在学生的心中播撒下红色文化的种子呢？

例如，笔者教授的《欢欢喜喜庆国庆》是《道德与法治》二年级上册第一单元第3课第一课时的内容。本课的主要任务是引导学生能以积极的

态度了解自己的祖国，懂得国庆节的含义和由来，对革命先烈满怀感激与敬意，尊敬努力建设国家的各行各业的劳动者，进而增进自己学习的内在动力。力图让学生从细节做起，珍爱国旗、国徽，会唱国歌，懂得基本的礼仪，做到行为文明。本课的影视融入目标：知道国庆节是新中国的诞生日，了解新中国诞生的革命人物故事；知道国旗、国徽、国歌是国家的象征，懂得尊重国旗、国徽、国歌的基本礼仪，并在日常行为上有所体现；理解人人都在为国家强盛而努力，国家是大家的，劳动者是值得尊敬的，我们都为国家的强盛而自豪。

（二）开发——千条万条绿丝绦。

做好资源缝合，红色影视融入路径。

本课我精选的影视融入资源有：歌曲《今天是你的生日》、影视《开国大典》、影视《国庆节阅兵式》。

把红色影视以重复式融入方式运用于教学当中。

（三）创“情”——未成曲调先有情

教师采用科学的手段和恰当的方式，使学生成为课堂学习的主人和学习的主体，寓教育于活动之中，是道德与法治课程活动化教学的特点。在教学中，学生在贴近真实的情境中身临其境地感受文化的内涵与魅力。

1.尽情表达——让情感迸发

在教学活动中，创设情境对学生理解教材可以起到事半功倍的作用，可以进一步激发学生学习的兴趣。例如，笔者教授的《欢欢喜喜庆国庆》一课。

片段1：祖国妈妈的生日。

谈话导入：你们喜欢过生日吗？为什么？你的生日是哪一天？我们每个人都有自己的生日。我们的祖国妈妈也有自己的生日。提问：祖国妈妈生日是哪一天？

欣赏：播放歌曲《今天是你的生日》。引导学生通过歌词理解国庆节活动,进而引出下面的内容。

2. 智慧分享——让体验丰富

红色教育一直是道德与法治课中不可或缺的一部分。红色教育可以让学生的性格变得更加正直,思想变得更加高尚,能够进一步提升学生的价值观。最后,学生通过谈自己的感受来赞美祖国,从而将红色教育认知上升为道德情感,为转换道德行为奠定情感基础。

片段2:欢度国庆。

谈话导入:每年十月一日都要放假过国庆节,为什么呢? 国庆节,庆祝什么呢? 人们都怎么庆祝呢?

通过和学生们的交谈,二年级的学生们年龄较小,提起国庆,学生的脑海中可能会闪现“放假”“游玩”等字眼,他们不清楚国庆节本身的含义以及国庆节对中国人意味着什么。

通过重复式播放影视资源《开国大典》,通过观看影视,循序渐进地对学生们进行提问与讲解,让学生们理解国庆节包含了很多含义,绝不仅仅意味着放假和游玩。通过引导学生理解国庆节的由来,培养他们对革命先烈的尊敬与感激,理解国家象征的神圣性。引导学生理解国庆节的由来,明白新中国来之不易,感恩与崇敬革命先烈,珍惜和热爱当下的生活。

通过播放影视资源《国庆阅兵式》,通过观看国庆节的阅兵式,首先让二年级的学生们感受阅兵盛大的场面,感受祖国的强大,从内心迸发出对祖国的热爱之情。之后,教师让学生说一说自己看到的欢庆国庆节的场面,这有利于培养学生的观察能力和感受能力,进而放手让他们自己去设计怎样来庆祝国庆节,怎样为祖国妈妈献上一份生日礼物,充分调动了学生们的参与热情。

二、立“行”——绝知此事须躬行

学生头脑中已经形成的正确的道德理念和道德情感,需要通过各种活动来加以巩固和深化,进而形成良好的道德和行为习惯。教师可以将红色教育融入道德与法治课程教学中,创编新颖的教学内容,编写富有特色的红色校本教材,把红色文化作为学校课程的延伸;打造红色文化本土课外实践基地,课堂内外相互融合,将爱国主义教育渗透到学生的日常活动中,让学生的一言一行都彰显红色文化教育的功效;提供给学生更多的亲身体验、参与实践的机会,实现学生零距离地与红色资源进行沟通交流,让学生真切地感受到红色文化蕴含的丰富历史意义以及独特的时代价值,从而实现思想与行为的统一。

片段3:国旗,国歌,国徽。

引导学生懂得国旗、国歌、国徽是国家的象征,对于二年级的学生来说,爱祖国、爱人民很容易成为空洞的口号。引导学生通过实际行动来表达对祖国的尊重与热爱,如认认国旗、找找国徽、学学升旗礼仪等具体活动,重在引导学生理解国家的尊严,理解国家象征的神圣,以此体现对祖国的热爱,并让学生懂得爱国要从实际行动做起。

二年级学生年龄较小,本课的教学通过形象生动的影视资源的良好融入,通过本课的学习,培养学生们的国家意识、爱国情感。学生们的家国情怀是需要培养的,生活在今天的学生们,要了解新中国的来之不易,珍惜今天和平而幸福的生活,怀念为新中国的建立而流血牺牲的先辈;要珍爱国旗、国徽,会唱国歌,学会用自己的方式庆祝国庆节,从生活中小事做起,体现爱国情怀。如来到珠江革命烈士亭,在缅怀先烈的同时,也为学生的人生涂抹上一片暖色调,为学生的未来搭建红色文化的基石。在这样的一些活动中,学生还可以借助笔墨抒发自己的情怀,把自己想对烈士说的心里话吐露出来,用心声表达对烈士的崇敬和热爱,从而激发爱祖国、爱人民、爱党的美好品格。

总之,通过道德法治课很好地落实核心素养的培养,从道德认知教育到道德情感唤起再到道德行为实施,红色影视资源融入小学道德与法治教学的实践路径,层层递进,充分发挥了红色文化资源内含的育人价值,提升了道德与法治教育的实效性。

天津市实验小学　曹晶

核心素养下小学英语“小组合作”学习模式的探究

摘　要:本文通过对核心素养下的小学英语合作学习的研究,依据核心素养的四大维度,全新设定了新的合作学习的分组方法,合作学习如何贯通整节课、合作学习应注意的问题以及评价的参考几方面进行探讨。如何让学生在小组合作中起到主导作用为研究内容,利用信息技术与课程整合的方式进行小组活动最终来增强学生运用语言的能力,使学生不只停留在课本之中,通过各种学习方式落实学生的语言能力、学习能力,学会相互合作探究,发挥学生的主观能动性。

关键词:小组合作,自主学习,相互合作,主观能动性

一、引言

我国课程改革积极倡导自主、合作和探究的教学模式,以促使学生学习方式由“被动”向“主动”转变。合作学习教学模式是一种通过小组合作来增进学习者学习效果的教学方法。《新课程标准》提出学习者的核心素质是指学习者在掌握本学科后应获得符合终身成长和基本生活要求的必备品质和基础技能,培养学习者核心素质应符合新时期经济社会和人才的基本要求。语言学科的核心素质一般分为:语言水平、生活能力、思想素养和知识技能。

小学英语新课程标准中倡导了体验和实践的参与合作研究与互动交流的高效学习活动方式。本文通过对小组合作学习的探究,为落实学科核心素养提供积极的探索。小学英语低年级语言教学容易变成教师示范

学生反复跟读,教师播放音频学生再反复练习的机械性教学模式。中年级学生在学习课文前观看视频,学生进入情景直至回答出老师提出的问题。高年级则是以教师的教为主体,注重词组语法教学,学生课上极少参与讨论研究,只是单纯地倾听教师的讲解,记录笔记,完成练习。这种模式不利于学生广泛和深入地参与到学习过程中,只对少部分学习能动性较高的学生,对英语学习有着浓厚兴趣的孩子起到一定的作用,而大部分学生不但没能达成培养英语语言能力的教学目的,反而会导致学生主动学习能动性的丧失。本研究以天津市实验小学低年级学生为研究对象,本着以“学生中心”(student-centered)的教育理念,结合信息技术工具开展英语课程的合作学习模式。通过对新学习和旧经验的整合,本着发挥学生的主观能动性,从小组合作学习出发,以小组合作学习分组的方法、小组合作学习的始终贯通、小组合作学习应该注意的几个问题以及小组合作学习的评价几个方面进行探究。从而促进学生整体的有效学习,使学生们的学习更广泛,更主动有效。

二、小组合作学习分组的方法

不同分组学习的学习方法其实有很多种,小组活动中可以根据自己感兴趣的内容,或根据不同阶段的学生情况进行分组。小组里的小组成员也可以不断进行调整。做到几乎所有的孩子随时都有一个成为适合自己的合作伙伴的学习机会,使大多数学生都愿意参与小组合作,使小组学习合作的内涵更广,我主要采取了以下这几种分组合作的方法:

第一,在课堂教学过程中把班级所有学生根据全班不同学习程度同学的知识搭配学习情况而分成相应的若干学习小组。

每组人中首先选出一些相对优秀一点的学生来当小组长。然后他们会再把班上其他的同学来分配一下,最后一个环节也是这其中最重要的最后一小环,一定要严格地把班里中剩下的那些相对英语的学习相对困难的学生也全部分配到各组。

第二,在教授对话内容环节中我会先根据每次对话练习的难易再次将所有学生均分为了两三人一组。

这样更利于让他们巩固以前学过知识内容,而且有时还希望通过这种形式进行自由搭配或者分组来进一步增加这些学生对新知识学习的兴趣。学生们在进行自由结组时都会尽可能依据他们自己的习惯、学习能力水平和语言学习去找他们认为可以共同合作的伙伴,这种合作模式可以让他们的交流更加主动,这样合作还能让他们的谈论话题的真实内容显得更加生动丰富。

三、小组合作学习的贯通

1. 热身阶段

小组合作学习从始至终贯通在教学的始终,小组间的学生们组织发起的各种实践活动从头到尾贯通于整节课的实践教学之中。在课程教学与准备的阶段,热身运动的合作学习过程可以积极创设良好的学习环境氛围,使大多数学生更能以一种乐观积极愉快的心理状态顺利进入课堂,为尽快地投入到本堂课的学习起到重大作用。

2. 复习阶段

复习模式中师生的小组合作式学习形式也会很重要。用 ICT 合作学习模式开展英语口语教学过程,学生不但开发了自己的学习策略,而且他们的英语口语能力得到了充分提升。以快乐英语第三册中 Unit Three《This is our school》为例,在学习单词时采用小组两两合作的互相学习复习方式。教师利用教学白板把单元知识内容制作成各种有意思的课堂游戏。例如,制作趣味分类、分组竞赛、判断对错、记忆卡片等。用多种游戏对所学单词、句型进行复习巩固。在课堂活动时,学生们积极参与,基础一般的孩子通过小组成员的帮助也能顺利完成活动,白板的使用使大部分学生能主动参与到课堂复习中去,通过对以前学习知识的再叫醒,为即将学习的新知识做了更好的准备。这种教学合作形式积极有效地创造了教学氛围,也为创设新知识营造了另一个相对较为活跃的新知课堂和学习氛围,从而有利于使低年级学生尽快地进入新知课堂的学习状态环境中,让学生以更为积极活跃的状态进入新课内容的学习。

3. 新授阶段

在新授阶段重点内容是教师针对学科重难点,依据教学的基本步骤、具体目标,明确地去引导学生怎样进行各小组之间合作交流学习。在这个过渡阶段小组学生之间的合作学习变得非常重要,小组之间经常互相帮助,互相监督检验也能够有效促进他们对所学的新知识进一步巩固。特别是一些上课时没注意到的细节,没仔细记录笔记的学生,以及一些接受事物能力表现稍有差距的学生在这个学习环节可以查漏补缺。

4. 巩固强化阶段

新知识呈现完毕后,教师会采取其他学习方式加以练习。如情景对话,在线情景演绎,故事短剧表演,"开小火车练习"等,这同样也是"合作互动"教学新模式下的一项重要环节,它同样是学生小组与教师之间进行互相联系学习、互相合作竞争、互相帮助促进的教学过程。教师应学会让每个学生主动来课堂做起小主人,通过分组的活动如探讨、谈论、激励、云端新挑战等各种方式来使学生们踊跃在"互动"课程中,使新知识得到巩固。教师应引导孩子们,在最适当的时机加以点拨或指导。以快乐英语第三册的一单元 Toys 为例,把学生分为 6 人为一组来进行拍手或说唱,评论其中哪个组学生说唱得最棒。像这样把学生分为小组来合作进行练习并以游戏活动为主的课堂教学模式极大调动出了一部分学生学习的积极性,也有效培养了一些学生的集中注意力。教师还可以利用白板教学展示学生们自己的玩具,给学生创设真实情境在体验中学习。孩子们可以自由结组录制小视频,介绍自己喜欢的玩具,在介绍过程中与人交流,了解玩具的材质,学会与他人分享,懂得与同伴合作。

四、小组合作学习应该注意的几个问题

1. 教师自身的自我监督与行为规范的作用十分关键

在进行教育教学实践活动的时候，老师必须能够对学生每个教育过程都实行一种更加严格有效的自我监控，这样学生才能够更加高效地来完成整个教育教学过程的各个环节。尤为重要的是，课后要求各组教学小组长署名并监督检查学生学习的歌曲歌谣的说唱，对于高年级学生来说课文笔记内容是否落实作业练习是否加以改正。而老师在课后一定要主动鞭策教导小组长进行课后的复查以及签字纠正记录。这样教师们既能够节约出给学生上课检查的大量时间又能够有效进行学生课后的互检，并且随时随地进行自查，从而有效地做到查漏补缺补差，并且做到了课后不会落下哪一位学生。

2. 教师们自己在参与课堂或教学的活动环节过程中所应承担的教育及指导亦不可少

在班级组织及课堂讨论活动这个环节教学中作为教师要特别注意：当他们在进行班级的合作讨论或集体对话讨论等小组教学中常会遇到那些性格较胆怯、羞涩或内向些的孩子或者成绩相对一般的学生。因为有的学生平时不太愿意与他们交流沟通，这时教师就要注意适时有效地去给他们安排一个语言交流的机会，激发来自学生自身内在的学习语言的积极性和热情。

3. 一定要提前认真找好自己每组的领头兵

我经常把每一个学科学习中表现比较突出的积极努力认真的班级学生选作组长，这样每时每刻都最能很好地激发他们较强的集体责任心和积极向上的战斗力，使他们总觉得只要相信自己的能力，只要付出努力自己就可以担当组长。

五、小组合作学习的评价

小组成员合作性学习效果的主要评价参考标准也是如何对一个小组合作进行全面评价的重要条件。合作可以促进教师及时掌握每个学生的小组学习情况,及时地调整好合作与教学的策略,促进教学合作更顺利、有效地进行,也是帮助促进各小组及合作学习者自觉反思检讨自己学习合作行为方法是否有效,帮助他们在实践中自主探索形成合作与学习新策略。

1. 评价过程要充分贯穿在合作活动学习开展的工作全周期过程当中

评价目标是评价过程的总方向,表现性评价目标与教学目标的一致性越高,就越能在教学中得到反馈,有利于促进教学,落实“教学评一体化”。在对整个的合作教育活动工作中必须及时、适时有效地进行评价,活动进行前后进行综合评价。主要还是围绕课堂预习完成的学习情况,合作活动中根据每位学生及时解决自身问题时的思维能力方法和积极态度及时给予学生评价。恰当的课堂评价还能够做到时刻地提醒其他学生要注意好好听课不开小差,也能帮助每个学生提高自身的有效学习效率。

2. 评价学生要注重考虑每位学生个体的个别的差异

将多元化价值作为核心的理念,关注学生的多元智能,从而对学生能够更加全面、透彻地了解和评估。认可学生之间的个体差异,并通过多方面、多层面的评价标准来实现对学生的关注,充分发掘学生的学习和适应潜力,进而给予正确的引导和激励,使每一位学生都能够寻找到适合自己的发展途径。教师适当地予以评价、批评引导、给予表扬,要综合考虑到学生个性的个体与差异。对部分英语方面学习表现较差、缺乏自信心的低年级学生应以正面表扬或鼓励方法为主。鼓励这部分学生敢于开口,大胆地表现自己,使其能够逐步树立起良好学习信心。

3. 评价方法多应选用表扬,正强化,慎用,负强化

表扬鼓励能够提供给每个学生积极的语言学习兴趣,给以充分肯定正向强化,从而能够巩固提高并进一步发展培养学生健康的语言学习动机。对小组学习活动结果优缺点进行积极适当针对性的强化评价,能充分增强学生的学习动机,对改进英语学习活动起到直接的促进作用。各种研究实验数据表明,对于语言学习活动结果,正面的优缺点评价效果通常最好,但针对性不强的正面评价效果相对较差;而注重成绩而没有得到任何积极评价的效果最差。

六、结语

小组合作学习的效果:以我校二年级某班为例,将分组式合作及探究练习法运用于学校学生平时的课堂当中。学生的学习积极性得到了提高。通过培育学生小组学习的带头人,增强同学合作交流效率,并重视组织学生开展形式灵活有趣的学生小组活动激发求知欲。学生们的情绪都十分激昂。经过学生近半学期来的活动实践,学生的口语能力已有了十分明显的提高。特别让人感到惊喜的则是这次通过小组的合作与学习让一些学习基础一般和上课不能跟上节奏的学生也在分组合作环节中得以及时学习并且能够巩固知识补缺补差,稳中上升,激起他们学习和阅读的积极性,课堂氛围也逐步活跃了起来,进一步地培养他们主动学习的能力及自觉学习的习惯。

实践可以证明,小组合作学习活动能有效地体现了学生自身主体性,充分发挥了优等生群体的骨干带头的作用,并同时给能力一般的学生及时必要的指导,从而达到了很好的教学效果。另外,小组合作学习活动真正可以使班级氛围活跃起来,使学生会学、乐学,而且教师通过课堂小组成员师生间的互相合作,共同参与教育活动,使学生能在一个个充满合作机会的小集体及大群体的互动情境中学会沟通、学会互相帮助、学会分享。学生整体的文化知识、知识技能、情感态度等方面都得到健康和谐发

展。核心素养下的这种学习模式不但促进了学生的全面发展而且为学生构建了愉悦的学习氛围,也使学生广泛深入地参与到学习过程中来。

天津市实验小学　刘莹

英语配音活动在英语口语教学中的实践探索以及对提升学生英语学科核心素养的意义

摘　要:小学阶段英语学习培养的重点,应着力于学生用英语进行交流的能力和兴趣上。但是在应试教育的环境下,小学英语教育始终无法做到以口语教学为主。本文致力于探索提高学生口语能力的途径,将英语配音活动融入小学英语教学中。学生通过沉浸式的配音学习体验,深入理解配音角色,体验外国文化,最终能够达到提高英语运用能力和交际能力的目的。本文将从三个方面进行阐述:小学英语教学现状的不足;英语配音活动在小学英语口语教学中的实践探索;英语配音活动对提升学生英语学科核心素养的意义。

关键词:英语配音活动,小学英语口语教学,第二课堂,可理解性输出,英语学科核心素养

教育部在《教育部关于积极推进小学开设英语课程的指导意见》中明确提出,小学开设英语课程的基本要求是:小学英语教学要重视激发和培养学生学习英语的兴趣,培养一定的语感和良好的语音、语调基础,引导学生乐于用英语进行简单的交流。防止和纠正以教授语音和语法等语言知识为主的做法。

近年来随着现代技术的发展,各种英语学习软件纷纷涌现,为英语教学提供了很多实用的音像资源。其中也包括一些英语配音软件,如"英语趣配音""英语模仿秀""流利说"等。英语配音活动在小学英语教学活动中也越来越受欢迎。

一、小学英语教学现状的不足

随着世界各国经济、文化等方面的往来越来越密切,人们对于语言无障碍交流的需求也更为迫切。近 20 年来,小学英语教育发展的势头迅猛,很多孩子接触英语的年龄也日趋降低。但是纵观目前小学英语教学的现状,依然存在一些不尽人意之处。

(一)以笔试为主的考试导向,导致口语教学始终束手束脚

虽然教育部在指导意见中明确指出,小学英语教学的侧重点是要培养学生一定的语感和良好的语音、语调基础,引导学生乐于用英语进行简单的交流,而并非以教授语音和语法等语言知识为主。但是不少学校和教育机构都出现了抢跑的现象。一方面,学校按上级规定使用的教辅资料多为书面练习,且部分练习题难度明显高于课本内容。为了帮助学生顺利完成配套练习,老师不得不讲授更深层的语法内容。此外,在目前大部分的选拔考试中,英语笔试依然占据主要地位。另一方面,“双减”政策落地前,部分教育机构枉顾小学生的学龄特点,超前讲授过难的语法内容,学生常常出现张冠李戴的情况。面对这样的状况,老师只能抽出时间对同学们的错误进行纠正。虽然现在老师已经越来越重视对学生英语听力和口语能力的培养,但受以上种种原因的综合影响,口语教学始终束手束脚。

(二)英语课时受限,第二课堂开发不足

目前,天津市小学三至六年级的课时为每周三节,仅占每周总课时 36 节的十二分之一。在每节课的 40 分钟内,必须完成复习、新授以及配套练习讲解。此外现在教育部门要求书面作业尽量不留做家庭作业,而是在课堂完成,这就导致老师需要在本就不够富裕的课时中,每节课至少再留出 15 分钟的时间给学生完成作业,并进行讲解。这样一来,留给每位

学生在课堂上进行口语操练的时间被大大压缩。在这样的现实条件下，教师需要调动学生的主观能动性，积极开发英语第二课堂，弥补英语教学课时受限的问题。

（三）大部分传统口语教学方式很难对学生的口语输出质量作出有效评判

在小学英语口语训练方面，比较通行的方式是先带领学生跟读、模仿；然后组织学生以小组合作的方式进行角色扮演；最后将之前学过的内容与新授内容相结合，创编新的对话。即使近年非常流行的戏剧教学，也与传统口语教学方式存在同样的缺点：学生容易按照自己的发音习惯进行输出，纠音过程较为漫长且不易监督。也有人建议学生多看英文原声电影，进行积累和模仿。但实际在观看电影的过程当中，学生仅能听懂影片中极少部分内容，主要是依靠字幕的帮助。所以看英文原声电影通常仅为学习者提供了语言输入条件，却缺乏输出通道，而英语电影配音活动，则为我们提供了一个非常好的选项。

二、英语配音活动在小学英语口语教学中的实践探索

（一）结合课文动画，组织学生在课堂上体验英文配音

天津市小学三年级所使用的英语教材为人教精通版，其课程教学素材光盘中包含有每篇课文的视频动画。播放视频动画的过程中可以选择“配音模式”，还能进行角色选择，学生可根据视频中出现的课文字幕进行配音。

笔者在教学实施过程中发现，如果只是让学生照着课文朗读，包括分角色朗读，他们兴致并不高，只是被动地接受。但如果是要分角色进行动画配音，学生则积极性高涨。而且孩子们对于角色的语音语调非常敏感，

特别是一些特殊的语调,如机器人、老爷爷、小婴儿等。他们每次都会兴致盎然地对其进行模仿,且惟妙惟肖。

(二)开辟英语第二课堂,组织学生课外参加配音活动

第二课堂是相对课堂教学而言的,就是指在第一课堂外的时间进行的与第一课堂相关的教学活动。由于目前小学英语教学课时受限等多方面因素,学生在课堂上进行口语训练的机会比较少。在这样的情况下,第二课堂的开辟就变得非常必要了。笔者利用学校的素质拓展课,引导学生参加配音活动,对课程内容进行更深入的拓展,达到学以致用的效果。实施方案主要分为以下几个步骤。

1. 结合课程主题,挑选适合的英文配音视频

在“英语趣配音”等配音手机软件中有成千上万的视频选择,语料极其丰富。对于身为配音新手的同学们来说,学习材料的选择至关重要。首先,视频内容必须健康积极向上。其次,基于小学生的年龄特征,视频类型最好是新奇有趣的动画片,这样比较容易引起他们的兴趣。最后,配音内容难度需适中,过难或过易都容易导致学生丧失兴趣。

美国语言学家克拉申认为,只有当习得者接触到“可理解的语言输入”,才能产生习得。也就是说,如果想要学习者有所进步,必须保证他们能够理解绝大部分所输入的语言材料。根据这一理论的指导,教师须谨慎选择给学生拓展的配音片段。既不能过于简单,这样不利于学生产生新的习得;也不能过难,如果学生无法理解材料的大部分内容,则更容易丧失学习兴趣。可以选择跟课程内容相关的话题,配音片段中的词汇最好绝大部分是学生已经掌握的,同时包含一些新词或新的概念和文化。

例如,英语人教精通版教材小学三年级下册第三单元《This is my father》主要学习的是家庭成员。完成课堂英语教学后,笔者在“英语趣配音”手机软件中输入“家人”关键词,搜索出来非常多相关配音视频,最终挑选出动画片《寻梦环游记》中的一个小片段。

2. 学生观看完整影片,了解文化背景

教师确定好配音片段后,先布置学生课余时间观看影片,了解影片故事的来龙去脉。美国教育心理学家布鲁纳认为,新知识的获得是一种主动的、积极的认知过程,这种认知过程以已有的有关知识和经验所构成的认知结构为基础。在配音开始前,学生可以通过观看完整影片获得初步感知、了解文化背景、理解人物情感,这些都对之后的配音活动非常有帮助。

3. 分析配音片段,帮助学生理解台词

相较于课本中的语言,电影语言往往更接近日常生活交际。此环节是语言的理解和吸收阶段,主要是为学生课后的自主配音训练做铺垫,扫除知识性障碍。教师须讲解片段中的新词、难词,帮助学生分析长句型,讨论语言背后的文化现象,引导学生关注人物原音的语音语调。

笔者所挑选的《寻梦环游记》片段内容是:主人公的太奶奶想起了自己的爸爸,并且拿出了自己收藏的信件等。原文为:

-ELENA? WHAT'S WRONG, *MIJA*?

-NOTHING MAMA. NOTHING AT ALL.

-MY PAPA USED TO SING ME THAT SONG.

-HE LOVED YOU, MAMA COCO. YOUR PAPA LOVED YOU SO MUCH.

-I KEPT HIS LETTERS, POEMS HE WROTE ME, AND... PAPA WAS A MUSICIAN. WHEN I WAS A LITTLE GIRL, HE AND MAMA WOULD SING SUCH BEAUTIFUL SONGS.

对于本班大部分学生而言,该片段中的大部分词汇和句子他们都理解,但文中斜体部分的词句还需要老师讲解,主要因为他们还没正式学过动词的过去时态。根据心理学家维果斯基提出的“最近发展区理论”,教学应着眼于学生的最近发展区,为学生提供带有难度的内容,要遵循让学生“跳一跳摘果子”的原则,调动学生的积极性,发挥其潜能。该片段对于本班大部分学生来说应该就属于“跳起来能摘到的果子”。

4. 小组分角色合作配音，反复模仿，输出高质量语言

对于非母语的英语学习者而言，“开口说”往往比“听懂”更难，而由于课堂时间有限，同学们开口表达的机会也被大大减少。在配音软件的帮助下，学生能利课余时间，增加进行输出训练的机会。

笔者所挑选的《寻梦环游记》片段共 1 分 20 秒，被配音软件切分为 8 个小节，每小节从 2 秒到 8 秒不等，其中有 3 个角色，各角色难度不一。老师首先给学生分组，然后同学们可根据喜好及自身英语水平挑选角色。在角色分配完成后，同学们在课后自行反复模仿练习。学生倾听角色原音的发音后，进行模仿并录音，然后立即就能回放自己的录音。这让学生能够第一时间对比自己的发音和原音的区别，并自主地纠正自己的错误。有时为了到达理想的效果，甚至是为了获得更高的软件评分，学生就会不停地重说、重录。在这个过程中，学生的听说能力不知不觉中就获得了提升。

5. 配音成果品评，选出“配音之星”

学生合作完成配音作品后，老师在班里给同学们播放欣赏。同学们热情高涨，看到自己的作品被公开展示也非常兴奋。老师播放完一个作品后，就让同学们互相评价，找出这个小组值得自己学习的地方。接着由同学们自主投票，选出自己心中最喜欢的配音作品。老师对每次配音活动的“最佳配音作品”获得者都发放一张小奖状，以资鼓励。最后，笔者会将同学们的配音作品推荐至学校的配音作品展播平台。同学和家长们都能看到展播的作品，这也受到了家长们的欢迎。

三、英语配音活动对提升学生英语学科核心素养的意义

英语学科核心素养主要包括语言能力、文化意识、思维品质和学习能力。针对英语课堂教学存在的诸多不足，英语配音活动在很多方面都提供了解决方案，对提升学生英语学科核心素养有着重要的意义。主要表

现在：

在语言能力方面，英语配音活动训练了学生发音的标准性。学生在配音的过程中，不仅能接受优质的语言及语音输入，而且能够立刻进行语言输出，并即时检测发音的标准性。

在文化意识方面，配音素材涉猎广泛，能帮助学生更广泛地接触到国外文化。英语配音片段涉及社会生活、人文、科学探索的方方面面，学生在不同的角色体验中，可以很好地拓宽知识面，也能学习去理解并尊重文化差异。

在思维品质方面，各大英语配音软件的英语配音片段，大多截取自优秀的影视作品。这些作品制作精良，台词考究，为学生提供了非常优质的语境。帮助学生学习用英语进行多元思维等活动。

在学习能力方面，在配音活动的进行过程中，学生的听说能力能够得到极大提升。而且当其中的台词和语言表达被同学们内化吸收后，他们的表达能力也会进一步提高。而且学生在配音作品中需要互相配合，合作学习。同学们的这种相互磨合，共同进步，也能增强孩子们的团队合作意识，对他们的性格产生潜移默化的影响。

四、结语

鉴于小学英语课程的主要任务就是培养学生的兴趣和语音、语调基础，那么教学重点也应该放在培养学生用英语进行交流的能力和兴趣上。教师也应该要转变传统的教学观念，合理利用好现代社会提供的丰富教学资源。英语配音活动在小学英语教学中的应用，就能够辅助学生及教师实现该阶段课程任务。因此，在小学英语教学中融入配音课程是非常可行的。

天津市和平区耀华小学　刘畅

指向学生核心素养发展的小学英语高效课堂的策略探究

摘　要：当今社会的教育目标是培养学生的“核心素养”，它不是传统意义上的以成绩为评价标准的培养目标，而是一种综合素质，是在知识经济、信息化时代面对复杂的、不确定性的现实生活情境时，运用所学的知识、观念、思想、方法，解决问题所表现出来的关键能力与必备品格。小学阶段，是人的核心素养发展的关键启蒙期，而如何发展学生的核心素养，使学生能够将来成为社会结构中的中流砥柱，即责任担当者、问题解决者、优雅生活者和终身运动者，是小学阶段教育者的重要研究问题。本文以如何发展学生的核心素养为核心，深入探讨通过构建小学英语高效课堂来达成目标的具体策略和方法。

关键词：核心素养，高效课堂，学科整合，全面发展，高阶思维

一、高效课堂的概念

高效课堂，是指教育教学效率或效果能够有相当高的目标达成的课堂，具体而言是指在有效课堂的基础上、完成教学任务和达成教学目标的效率较高、效果较好并且取得教育教学较高影响力的课堂。实施高效课堂教学模式的效果可以从以下两个方面来体现：一是效率的最大化，也就是在一节课堂教学的时间内学生的受益量，主要表现在课堂容量，课内外学业负担等；二是效益的最优化，也就是学生受教育教学影响的积极程度，主要表现在兴趣培养、习惯养成、学习能力、思维能力与品质等诸多方面。“高效课堂”在教学时间、教学任务量、教学效果三个要素方面有突

破,概括为:轻负担,低消耗,全维度,高质量。高效课堂的基本特征是“自主建构、互动激发、高效生成、愉悦共享”。衡量课堂高效,一看学生知识掌握、能力增长和情感、态度、价值观的变化程度;二看教学效果是通过怎样的投入获得的,是否实现了以学生为主体,培养学生学习的主动性;三看师生是否经历了一段双向激发、教学相长的愉悦交往过程。

二、构建小学英语高效课堂的具体策略探究

(一)运用“主题丛教学”模式进行单元整体教学
——以四年级下册第一单元为例

在人教版三年级英语教材中,每个单元都有一个主题,如国家、数字、颜色、动物、天气、家居、规则等,每一课时都是相关主题的几个单词和一篇对话。传统的英语教学是以“每课时、每课书”为单位,进行针对这一课内容进行课堂教学,这样学生在一节课的时间内只能学习几个单词和几组对话,也无法通过简单的几个单词或几句话就能获得情感、态度及价值观上的体验和升华,因此不能高效地利用课堂时间,对单元知识进行整体认知和学习,出现了知识“碎片化、零散化”的现象。教师应该更新教育教学理念,将传统的课堂教学融合“主题丛教学”模式理念,重新设计单元目标,做一个“树状”规划图,从而可以完整、系统地进行单元整体教学,切实实施高效英语课堂教学模式,让学生在一节课的时间内,从不同方面吸收英语知识和达成思政目标。

以四年级下册第一单元《*Welcone to my new home*!》为例,教师应先设计单元目标,以目标为导向进行课堂授课计划,从而保证学生每节课都能达到高效学习的效果。本单元的目标可以分为五个方面:学生能够在中西方房屋结构的介绍中感受到不同的文化差异;学生能够基于对话语篇的学习,简单描述各个房间及室内家居的名称、特征等,并能够区分公共空间以及私人空间;学生能够基于家的真实情境,准确描述物品的所在位

置,培养良好的整理物品的习惯;学生能够在邀请他人做客的情境中,运用所学核心句式介绍自己的家,树立礼貌待客的意识;学生能够结合以上所学内容,设计自己未来的新家,培养对家和家人的热爱之情。基于以上五个目标,可以将本单元划分为五课时,第一课时学生既可以学习介绍房屋的英文表达句式,又能了解中西方在居住方面的差异,从而引导学生热爱祖国、热爱家乡、热爱中华文化,在这一节课的教学时间内,学生不仅仅能学会房屋摆设的几个单词 bedroom, tv, sofa, armchair, living room, bathroom, table 等,还可以灵活地介绍这些物品。一节课的时间,不是单调讲授两三个单词并把时间都浪费在重复性、机械性的教学工作上,而是将家居的单词展现给学生,通过中西房屋结构的对比,给学生展示两幅不同的图片,激发学生的兴趣,让学生通过"找不同"这样的游戏,激发学生自主的学习兴趣,那么单词的记忆并不只局限于课堂,可以运用到生活的各个方面,这就体现了高效课堂的意义。第二课时是进行本单元语篇的学习,基于上节课的基础,让学生在情境中学会家居的单词后,结合本单元的句式,引导学生介绍自己家里物品的摆放位置,并不只是传统教学中的针对这一课书的内容而机械性地学习几句话,浪费了课堂教学的时间。每个学生都喜欢自己的家,享受着家的温暖,基于此,让学生运用 There is a new... This is my... That is my... 等句子,带着情感介绍自己的家,除了学习到语言知识,还能引申到德育教育,分清私人区域和公共区域,比如自己的卧室可以摆放自己的私人物品,但是客厅是家人公用的场所,不能将自己的物品在客厅内无序地堆积摆放,避免学生形成"自私自利、以自我为中心"的不良品格,这是本节英语课堂高效教学的具体体现。第三课时让学生整合一个单元的单词和句型,介绍自己家里物品的具体摆放位置,帮助学生树立规则感和秩序感,引导学生形成整理好自己物品的良好生活习惯,这将伴随学生未来的学习和生活,从而体现了在本节英语课堂上切实实施了高效课堂模式,即学生习得的良好习惯影响一生。第四课时是邀请别人到自己家中做客,学生可以以"小主人"的身份,用 Welcome to my... This is my... 等介绍自己的家,学会礼貌待客、诚信待人的良好品质,让学生了解和别人相处的正确方式,多交、广交挚友,对学生的成长和未来的发展有着重要的作用。第五课时是激发学生的兴趣,让学生自己设计平面图,设计自己的新家,帮助学生建立美感和空间感,同时引导学生形成爱护家人、关心家人的良好品质,利于学生日后和家人的相处,为学生的幸福搭建重要的桥梁,这是高效英语课堂的重要意义。

通过以上举例说明,体现了英语高效课堂的具体实施策略之一,即运用“主题丛教学”模式,将单元整体的知识和德育目标共同传授给学生,让学生通过一节课堂教学的时间,从知识、能力和德育三方面共同得到提升。

(二)将英语学科和其他学科在课堂上有效整合,促进学生“德智体美劳”全面发展

英语高效课堂的具体实施策略之二是进行学科整合,即一节英语课的时间,适时、适当地融合其他学科的教学内容和教学方式,促进学生的全面发展。

例如,英语学科和语文学科的整合,以新蕾版《快乐英语》教材为例,在讲授 Let’ s fly a kite 时,在学习 kite 这个单词时,融合中华传统文化中“纸鸢”的内容,激发学生的兴趣,给学生讲授“纸鸢”的故事,并教授诗句“儿童放学归来早,忙趁东风放纸鸢”,引导学生想象其中的画面,保护学生的童真,学习古诗词和传统文化中的内容,将语文和英语学科有效整合,在有限的教学时间内,同时学会了语文和英语两学科的知识,体现了高效课堂的意义。

英语和数学学科的整合,体现在很多主题的教学中。最简单的例子就是在学习数字 One, Two, Three. . . , Eleven, Twelve, Thirteen, Twenty, Thirty, Fifty, One hundred 等时,可以通过游戏的方式,让学生用英语做数学题。低年级可以进行“数一数”和“加减法”,高年级可以加入加减乘除混合运算,将英语学科和数学学科有效地整合在一起,同时也可以加入语文的知识,比如教学生数字“壹、贰、叁”等中文的大写写法,并给学生

说明阿拉伯数字和中文写法的异同点,了解汉字写法的优点,引导学生树立文化自信,培养学生的爱国意识。

英语和体育学科的整合,可以体现在课堂游戏中。例如,在任何主题的学习中,都可以玩 Play basketball 的游戏,教师准备两个小球和两个小篮子,模拟打篮球的场景。找两个学生进行比赛,说出五个关于动物的英文名称,然后把球投入篮中;或说出十个关于水果的英文单词,然后把球投入篮中,以此类推,有效地提高学生的学习兴趣,既让学生学习了英语知识,又锻炼了学生的手眼协调能力以及精细动作和大运动的发展,在英语课堂上锻炼学生的体质,保护学生的视力,促进学生知识能力、人格品质和体质健康多方面的发展。

英语和美术、音乐、劳动与技术学科的整合,也是可以广泛地应用到课堂之中。例如,让学生听单词后画简笔画、唱英文儿歌、听歌换歌词、自己动手做一本单词书等,都是将英语学科和其他学科有机地融合在一起,不仅仅学习英语知识,还能培养学生的美感、欣赏美的能力、音乐鉴赏能力和动手能力等。

通过以上举例说明,具体阐述了如何将英语学科和其他学科有效整合,仅仅 40 分钟的课堂教学时间,不能浪费一分钟,应当高效地运用课堂教学时间,让学生在"德智体美劳"全方面得以发展,并渗透到学生的日常生活中,对学生未来的发展有着重要的作用,体现了英语高效课堂对学生的深远影响。

(三)充分利用课堂教学,引导学生自主学习,教师与学生教学相长、共同进步

实施英语高效课堂的策略之三是引导学生自主学习、培养学生解决问题的能力,同时实现"师生共同学习、共同提高"的良好效果。新时代教师要培养的是具有"高阶思维"能力的实用型人才,即学生会分析、解决和处理问题。传统的"低阶思维"只是教学生知识,培养学生认知能力,而祖国的发展更需要的是责任担当者和问题解决者,因此在课堂教学

中,要培养学生分析和解决问题的能力,真正引导学生自主学习、善于发现问题、理智分析问题、高效解决问题。

例如,四年级上册第四单元,在讲天气这一单元时,可以让学生根据不同的天气,想象遇上不同的突发情况。在设计情景中,开始是 It's sunny today, Let's go to the park. 中加上突发情况,如突然下雨,引导学生思考如何解决这个问题,贴近学生的生活,培养学生处理突发状况的能力。

教师可以让学生做 Presentation(展示),让学生想象可能发生的各种问题,并做一个计划书,进行小组合作,集思广益,共同商议和解决问题。在此过程中,教师也要观察学生的表现,学习学生身上的创新点和想象力,因为成年人的思维和儿童有着非常大的区别,在听学生做 Presentation 时,教师经常可以惊喜地发现学生看问题的出发点和解决问题的创新办法,这就实现了"师生共学、教学相长"的良好效果。

国家的发展离不开人才的培养,教师是培养人才的重要渠道,因此教师的职业素养和职业道德尤为重要。在以上达成的高效英语课堂中,教师也需要更新自己的理念,学习到创新的知识,当教师队伍整体素质提升,势必将培养更优秀的人才,这也是高效英语课堂的重要意义,即培养学生的同时,持续地培养教师,为祖国的蓬勃发展打下坚持的人才基础。

三、基于学生核心素养的发展,构建小学英语高效课堂的重要意义

通过以上对构建小学英语高效课堂的具体策略探究,将理论运用到实际教学中去,以此来培养学生运用所学的知识、观念、思想、方法,解决问题所表现出来的关键能力与必备品格,真正实现发展学生的核心素养,对学校教育有着重要意义。

教师利用好以上所述三个教学策略,构建高效英语课堂,可以让学生在课堂中学习到各方面的知识,有效进行学科整合,运用有限的时间创造无限的价值。学习的知识是固定的,但是能力是具有巨大可开发的潜力

的,每个学生能力不同,教师要通过高效课堂,让每一个学生参与其中,在校内的时间让学生最大限度地汲取知识的养分、培养优秀的品质,真正发展学生的核心素养,为国家培养全方位人才。

四、结语

实施高效课堂的策略不仅仅有本文阐述的三个方式,还有很多方法在不停地探究和研讨之中。本研究的重要意义,是在培养学生核心素养的目标指引下,教师应树立"高效英语课堂"的重要理念意识,不断地挖掘能实现高效英语课堂的各种方式,可以采用网络学习、集体教研、实践探索等多种方式,不停地更新自己的教育教学理念,切实将英语高效课堂的效果让每一个学生吸收,培养全面发展的人才,为国家的发展储备人才资源,让教师和学生都有飞跃的发展。

天津市和平区耀华小学　黄萌萌

浅析如何在小学英语课堂中提高学生的兴趣教育并有效渗透德育教育的研究

摘　要：小学生们由于年龄比较小，而且正是智力迅速发育的阶段，所以很多小学生会有一些情绪化的表现，而这一时期正是影响孩子性格形成的关键期，因为这一阶段会影响孩子一生的学习。而在中华上下五千年的历史长河里，“文能提笔安天下”“文以载道”等可以说是国人以文兴国的理论根基，也是德与道最有效的统一。因此，在小学英语教学中，教师除了推动兴趣教学，努力激发和培养孩子们的兴趣之外还要注重孩子们的品德教育，这样才能有效推进孩子们德智的全面发展。

关键词：小学英语教育，德育，质量，兴趣激励

英语作为一门语言学科，是将来用以与人交流所不可或缺的工具，而小学英语正是打好英语基础的关键时期。英语教学作为学科教育的有机组成部分，以运用为本质特征。而语言学习是一个枯燥乏味的过程，传统式教学会将孩子们的兴趣消磨殆尽。这与小学生好奇心强，模仿性强的宗旨有些背道而驰的意思，我们作为老师不能为了教书而教书，就像在教育界被流传得最广的一句话：兴趣是孩子最好的老师。对小学生来说，只要是自己感兴趣的东西就有去学习的欲望，一旦没有兴趣就会降低学习的效果。因此，在小学教育过程中使用丰富多变的教学手段和灵活有趣的教学方法来提高孩子们的兴趣，是需要英语教师们去实现的事实。而与此同时，德育也是小学教育中需要打好基础的关键时期，小学生们的好奇心强，不愿意听那些烦琐复杂的道理，因而如何通过有趣的方式来进行德育并取得良好的效果也成为小学教师道路上的一大难题。教师们应该

注意孩子们的品格是否有向坏的方向转变,有则诫其改之,无则劝其加冕。"成才先成人",因而品德教育也是在教学过程中占着非常重要的地位。

一、兴趣教育的内涵

兴趣是一种积极的情感,因此在把握兴趣的同时还需要带上自己的感情色彩,它主要指的是教师与学生在教学过程中达到精神上的交流,包含教师用关爱来唤醒潜藏在孩子们身上的积极情感;也包含了孩子们在学习过程中对求知的渴望与探索精神。细化到英语教学上,兴趣教育既强调英语教学是一种强调语言本身特质的传授和训练,又能促进学生情感交流和潜能的开发,注重对学生们的社会交际能力培养。

二、小学英语课堂中开展兴趣教育的策略与方法

想培养并激发学生们对学习英语的热情与兴趣不可一蹴而就,而需要一步一个脚印,慢慢来。教师在互动过程中占据着主导位置,是兴趣教育成败的关键。所以教师在教学过程中应当积极发挥自己主导者的角色作用,从多个方面入手,使学生善于学习,快乐学习。

(一)创造兴趣化情境

作为一名小学生,在学习英语的过程中,小学英语教学对学生一生的英语学习起着至关重要的奠基作用。而此时,教师如果仅仅给学生灌输知识,忽略了学生们的情感感受,那么给予孩子们的心理上和学习上都会带来不好的影响,甚至会让学生们抵触英语,甚至放弃英语。为了防止这样的问题发生,教师在教学过程中应当尽可能多地通过自己的想象力为学生们创设运用英语的情景,让学生在这样的环境下自由地进行学习与运用,感受到英语的语言魅力。打个简单的比方,在上有关"水果"英文

的课程时,教师可以在课前准备好一部分水果的实物在课堂上与孩子们进行互动,并且在每一节课后提前告诉学生们下一节课会学习什么,让学生们养成课前预习的好习惯。然后在实物教学的环境下,拿出不同的水果让学生们来回答,答对了则直接将水果奖励给学生,答错了则好好鼓励学生,在这种情境下,学生们不仅学起来饶有兴趣,甚至效果也非常的理想。另外,在某些能够通过游戏来学习的英语情境,让学生们自告奋勇地分组扮演对话中的角色,进行情景再现。在这样轻松愉快的情境下,不仅能满足学生的心理需求,而且在游戏过程中使学生们不知不觉就掌握了知识,使教学难度大大降低。

(二)善于利用各种多媒体设备

兴趣教育讲究生动有趣,以轻松的方式来学习。而现如今的教学模式中,多媒体技术作为一种新型的教学手段,在其慢慢被普及的过程中,能让学生们在相对有趣和轻松的环境下接受和掌握新的英语知识。通过多媒体的表达方式,能把丰富多彩的视觉效果、听觉效果、感觉效果更加直接地呈现在学生们面前。这样不仅能让学生们的认识能力和知识能力提高,更能有效地节省相应课程的教学时间,把枯燥的语言学习变成有趣的视觉冲击,听觉震撼。例如,在教学有关交通工具的内容时,教师可以利用多媒体设备将各种不同的交通工具展现在学生面前,并且将它们的引擎和喇叭声播放给学生听,这样学生们不仅能知道每一种交通工具的用途,还能增加自己的见识和眼界。在教学有关人体器官的英语单词时,教师可以先利用多媒体设备找到各种不同的器官,然后在课堂上通过侧面形容让学生来猜是人体的哪个部位,最后通过多媒体设备揭晓答案。不论教授什么内容,只要能通过这种直观并且不失乐趣的形式来展现,就可以让学生们在轻松活泼的氛围中进行交际性练习,这便是兴趣教育,而这种教育取得的效果是传统课堂所望尘莫及的。

(三)开展课堂小比赛

把比赛引入英语课堂,就是给兴趣教育的引擎里增加了发动机,通过迎合小学生们好胜心强的特点,使枯燥乏味的语言教学变得争先恐后,让每一位学生尽情展现自己的闪光点。就像单词教学可以让两个小组成员比赛谁读得更快更好,对话教学可以让两个小组成员比赛谁将情景还原得更加真实。这样寓教于乐的小比赛,不仅能增加学生们的学习动力和积极性,还加强了学生们学习的自觉性,大大提高了学习效率。最后,英语教学不仅仅局限于课堂上,生活中的每一个细节都可以课内外结合来进行学习,彻底激发学生们的学习热情。

三、如何将德育教育渗透在英语教学过程中

英语学科教学时主要使用的语言是英语,所以不像思想道德这门课程直接用中文给他们讲道理,只能通过自己的行为让他们接受潜移默化的影响,而德育可以从三个层面来进行,分别是课堂前、课堂中、课堂后。

(一)课前潜移默化,在不知不觉中对学生进行德育

从英语文化知识中引入谚语,古语,伟人说过的话等等来对学生们进行德育。就拿谚语来举个很简单的例子:其广泛流传于民间,言简意赅,反映了大部分人的生活实践并且富含丰富的哲理。就拿歌德来说,他说过的谚语很多都被人们沿用至今。“自由与命运只垂青努力的人”,我相信每天给学生们来一句谚语,慢慢地他们就会被这些语句所包含的哲理潜移默化地影响着,并且在不知不觉中被这些谚语鞭策着,这些语句对学生具有一定的激励作用,有利于他们提高思想品德修养,并为他们的健康身心素质奠定了良好的基础。

(二)课上回归教材,在指导施教中对学生进行德育

英语课本上的内容有限,因而想通过教材本身对学生进行德育是比较困难的。所以我们可以从教材上延伸到一些课本外的知识。例如,学习颜色的时候,“Flower is colorful”由此引进颜色的概念,然后引申到花的

颜色,这样学生们不仅会学到颜色的英文单词,更是可以了解一些花的英文单词,甚至引申到每一种花的花语。在这样丰富多彩,生动有趣的课堂活动上学习英语,不仅可以帮助他们把基础巩固,还可以让他们开阔眼界,提前让他们被国家的美和爱国主义熏陶。

(三)课后延伸兴趣,在休闲快乐中对学生进行德育

英语教师不仅在课堂上要善于利用优美的语言和生动的教学方式,在课后也要营造轻松友好愉快的氛围,培养学生们的学习动机与兴趣。教师可以在课后给学生们播放一些原声外国电影,一些蕴含了哲理的英文歌曲,这些对学生们的成长都有一定的影响和帮助。歌曲的语调和韵律可以陶冶学生们的情操,电影的主旨可以告诉学生们一些丰富的生活哲理,增加学生们对交际的信心和勇气。这样不仅让学生们学习了英语知识,甚至还能让他们发展自己在英语这一块的兴趣爱好。

四、结语

小学英语教学是一段艰难的路程。如何开展兴趣激励教学正是挡在提高学生综合素质的一大难题,并且对教师自身的综合素质有一定的要求,笔者相信在未来的教学道路上,教师可以做到针对不同的教学内容设计不同的教学方法,来帮助学生们提高学习技能的同时,也同时教会他们做人的第一步,这对于我与学生都是一个不小的挑战。

天津市和平区鞍山道小学　张琳

“双减”下的小学英语课堂的高效建构模式

摘　要:“双减”背景下,通过大单元整合,跨年级整合,跨学科整合,提高课堂教学质量,从语言能力,学习能力,思维品质,文化意识四个维度全面提高英语核心素养,从而在小学课堂英语上真正实现核心素养的落地生根。

关键词:五育并举,核心素养,“双减”,减负增效,科学整合

一、理论依据

为了深入贯彻党的十九大和十九届五中全会精神,切实提升学校育人水平,持续规范校外培训,有效减轻义务教育阶段学生过重作业负担和校外培训负担,2022年7月24日,中共中央办公厅、国务院办公厅印发了《关于进一步减轻义务教育阶段学生作业负担和校外培训负担的意见》(以下简称《意见》),是教育部门针对义务教育阶段提出的减负政策。

该《意见》指出通过精简作业量来减轻孩子的作业负担,并且通过整改措施来整治校外培训的乱象来减轻孩子的校外培训负担。简称“双减”。该政策有针对性地建设高质量教育体系,将学校教育视为教育的主要途径,同时规范培训机构,拟建构拥有良好生态的教育,促进教育资源的合理有效地利用,提升学生学习的效率,从而促进其健康快乐地成长。

通过实施“双减”政策,学生的学业负担能够得到有效减轻,学习兴趣迅猛提高,促使学生德、智、体、美、劳全方面发展,有助于教育目标的达成。

然而,对于教师而言,“双减”政策应该减量不减质,反而应该在增加质量的基础之上促进教学效果的提升。具体原因如下:

“十年树木、百年树人”,学校是孩子进入社会前的加工厂,承载着传播科学知识、提升思想品质、坚持普遍真理,塑造祖国未来的重任。在教育教学的过程中,我们更应注重对学生独立能力的培养,对其个人的生活能力的锻炼,方便其更好地融入国际社会,与国际接轨。此外,我们还应该注重培养学生独立思考能力、自主学习能力、创新精神和实践能力,有效提升其综合能力,促进学生核心素养的提升和养成。

此外,在教育的过程中,我们决不能以分数作为衡量教学成效的唯一标准,反之,我们自身必须强化让教育为国家与社会而服务的意识,将为国家培养合格建设者和接班人作为我们奋斗的目标和持续不竭的动力,将主要精力放在提高学生综合素养能力上。

二、减负增效,提高课堂质量。

在平时的教育教学的过程中,我从以下三个方面进行教学模式的初探,旨在建构“双减”政策下的小学英语高效课堂模式,使英语课程变得更加多样化、多元化、富有生机,从而更加高效地实现教学目标和学科育人目标。

(一)大单元整合,生成高阶思维

小学英语教材将同一个主题的内容编排在同一个单元之中,旨在帮助学生系统学习同一个英语话题,提升学生对于知识的集中了解和掌握,并且在此基础之上形成对知识的延展和迁移,实现知识的有效理解和利用,最终促进学生创新能力的培养,实现高阶思维的生成。在教育教学的过程中,我们可以通过整合一个单元中所学的话题,将这个单元内容进行重新组合,按照从易到难,层层递进的教学方式,使每一课与每一课之间既有相互的联系,又能引导学生实现对知识由浅入深地理解和学习,从而有效地提升课堂教学效率,落实“双减”政策。在此过程中,我们在规划单元教学和单元下的每一课教学的过程中,要牢牢把握教学的核心,以提升学生的思想意识为起点,促进学生品行的养成,从而能够使其做到言行一致。

例如,人教版《精通英语》五年级上册 Unit 1《We have new friends.》中涉及有关于人物家乡和住址的英文表达等内容。针对这一单元的内容,学生们在四年级已经系统地接触过,因此对于国家的表达方式也比较熟知。在备教材的过程中,我将本单元进行重组,利用四个课时对本单元的话题进行教学,每课时既独立又相互联系,每个课时设有该课时的教学目标,能力目标,德育目标以及教学重难点,通过不同教学活动的设计有针对性地完成本单元的教学目标及能力拓展训练,使每位学生都有所收获。

第一课时:以突破本单元的重难点词汇为核心,通过设置"新学期,学校转来不同国家的交流生"为主线,分小组讨论学习新词,通过互帮互助自学完成学习任务单。此目的一是鼓励学生通过与他人合作学习,掌握本单元关于国家的词汇,并达到能够对这些词汇进行听、说、认读的目的;二是引导学生学会与他人合作,并且确立正确的交友观念以及建立人人平等的价值观,并且拥有"有朋自远方来,不亦乐乎"的豁达情怀。学生会在愉悦的氛围中轻松地掌握本单元重点词汇,以优等生促中等生帮扶学困生,每个学生都有不同程度的提高。

第二课时:集中学习本单元的重点句式——介绍自己的祖国和住所。在这一节课中,我们通过设置小情景,让学生们抽签选择角色,相互之间转变角色进行互动问答,从而加深与新转来的同学之间的了解,促进彼此友谊的长效发展。在此过程中,我们引导学生学会关心关爱新同学,站在对方的角度思考问题,尽自己的全力帮助别人融入新生活。

第三课时:我们拟将本单元的复习课中的 Fun Story 进行重组,通过设置"动物小论坛",让学生选择角色,分别通过讲故事的方式,来介绍自己国家的一种动物,扩充其课外知识,进一步提升学生的文化意识和跨文化交际的能力,同时养成爱护小动物的良好品质。

第四课时：为本单元的升华部分，在这一节课中，我们将本单元的阅读文本 Fun Facts 进行集中呈现，在扩充学生课外知识的同时，引导学生了解异国风情和当地的文化习俗，做到尊重文化，平等看待不同国家的文化，学会入乡随俗。

（二）跨年级整合，提升教学深度

小学英语教材的编排特点符合“螺旋式上升”的结构，即将同一主题的内容分为不同的年级段进行学习，每一个年级段所学的内容稍有重合，但在学习的深度上进行了有序地区分，从而做到对知识的循环提升学习。在帮助学生进行知识的重新整合，从而有助于学生在复习旧知的基础上实现对新知的有效学习。利用教材的这一编排特点，我们在教育教学的过程中还将不同年级段所学的内容的话题进行重新分组，将话题相类似的单元进行重新审视与解读，并进行有效的整合。通过设计满足学生的学习特点和个性发展特征的教学思路来迎合学生发展的需要，构建高效课堂模式。

例如，人教版《精通英语》五年级上册 Unit 6《It's a grapefruit.》是水果的主题，这一主题在三、四年级已经进行了集中涉猎。因此，在设计这一单元教学的过程中，我通过设计猜谜游戏，让学生用英语描述该水果，其他同学竞猜的方式来回顾之前已学的有关于水果的单词，提高学生语用能力的同时，也为新课做了铺垫。学生根据上一环节中猜中的水果，让学生分小组在真实的场景中进行创编对话，教师给一些 hints 学生可以自由选择，然后进行表演展示，以达到对旧知进行复习的过程。此外，又通过学习本单元的重点新词来实现对已学问句的有效复习。在这个过程中，学生并没有增加他们学习新知的负担，反而是在很轻松的氛围下完成对新知的理解和掌握。而后，我们又通过信息化的教学手段，通过增加同一种水果的数量，来引导学生学习多个数量的水果的问答方式。有了之前所学的扎实的基础知识作为铺垫，学生们能够轻松实现对已学知识的迁移和运用。在此过程中，我们还将德育内容渗透在教育教学的各个环节。

例如,要对不同种类的水果做到不偏食不挑食,及时补充不同的维生素,促进自身健康成长;了解每一种水果的生长环境,促进对文化的理解和认知;意识到水果的来之不易,要珍惜水果等。

运用这种教学思路,可以让我们在备课的过程中,紧贴学生学习的脚步,通过将新旧知识进行有效的连接,推进学生学习的高效性,在减轻学生学习负担的同时,促进新知的有效生成。

(三)跨学科整合,实现五育并举

作为一名合格的教师,我们在教育教学中既要教学生知识,又要注重学生能力的培养,更要将各个学科有机融合,实现学科育人的价值,以培养学生的英语核心素养为目的,打造高效课堂。

例如,人教版《精通英语》六年级上册 Unit 4《January is the first month.》

Unit 5 July is the seventh month. Unit 6 There are four seasons in a year. 中学习了季节,月份以及节日。我把这三个单元进行了大单元整合,布置学习任务单,设置了表格,festivals, month, season,what, why, when 等信息,让孩子们通过微课预习,课上小组讨论完善表格信息,最后展示成果,并且对学生提及的植树节,春节和感恩节,我还设计了一个环节让学生们自己动手并用英语表达,比如植树节学生通过自己种树,春节和家人一起包饺子,感恩节制作彩蛋,我让学生们录下视频,课上和同学们一起分享,学生们既学会灵活运用语言表达,达到学以致用,又和劳动与技术学科相融合,学生动手、动脑、动口快乐中学习语言。在讲授十月时,随着雄壮的中华人民共和国国歌声升起,画面展示的是全校师生制作的巨型国旗,学生情绪激昂,China's National Day 会脱口而出,We love our country. We love China. China is great! 学生不仅仅掌握新学语言知识,做到运用自如,而且德育教育在潜移默化中不断升华,达到教书育人的目的。最后让学生画一画四季,who, when, what, why, how 等信息提示,学生根据要求完成图画,然后用英语表达,学生在春天时画了放风筝,让学生说一说制作风筝的步骤,不仅和美术学科相融合,还巧妙地和劳动与技术学科相整合,学生在动手实践中体会快乐,并且进行了能力的拓展,发散学生的思维和创作力。

学习不同的话题和语言点时,我会根据不同的内容进行跨学科整合。例如,中年级学习加减法时可以和数学学科融合,学习每个单元的 Fun Facts 时和信息技术融合,让学生们感到学习的乐趣,从而主动学习新知。因此各个学科科学有机地融合更能促进学生全面发展,真正把课堂还给学生,让学生通过自主探究,发现问题,解决问题,从而提高能力,做到全面育人。

综上所述,“双减”政策的落地和实施,意味着我们奋战在教育一线的教师不能一味地坚持固有的观念,理应打破原有的认知,抛弃陈旧的观念,增加对相关政策的了解和解读,并身体力行地将其付诸实践。此外,我们还应该勇于改变传统的教学模式,改进教学方式,最大限度地提升我们的教学效率,促进学生高效学习。更重要的是,我们应该努力使知识最大程度地发挥其应有的学科育人的价值,而非让学生成为知识的奴隶并背负过重的学业负担。要想满足以上的要求,我们教师首先应该从自身做起,守住学校教育这一主阵地。守住学校教育就是守住“双减”的底线,只有守住底线,才能将“双减”落实到底,提高课堂教学效率,真正实现小学英语核心素养的落地生根。

天津市和平区鞍山道小学　史莹

文化意识在小学高年级英语教学中的有效提升策略

摘 要:文化意识体现英语学科核心素养的价值取向,为落实“立德树人”的根本任务提供了有效的途径和方法。小学高年级阶段是有效培养学生文化意识的最佳阶段。为了避免“中国文化失语”这一现象的形成,作为英语教师的我们,可以通过以下几个策略在小学高年级阶段有效提升学生的文化意识:词汇积累,丰富语用材料;语篇仿写,延伸课外知识;诗歌鉴赏,体会文化差异;名著阅读,感受文化精深;文娱比赛,提升文化自信。

关键词:文化意识,小学高年级阶段,策略

语言是文化的一部分,又是文化的载体。文化要靠语言保存、传播和继承。文化离不开语言,语言离不开文化。(张友平,2003)然而,在平时的英语教学过程中,有一些英语教师将教学的重心过多地放在了对英语文化的输出和讲解方面,忽视了对中国文化内容的普及,导致“中国文化失语”这一现象的形成。由于小学是学生初识英语的阶段,在该阶段中,培养学生的文化意识对提升学生的文化自信和文化认同感,培养正确的价值观有着不可替代的作用。

一、在小学阶段培养学生文化意识的重要性

《普通高中英语课程标准》规定:英语学科的核心素养主要包括语言能力、文化意识、思维品质和学习能力。其中,文化意识是学生应具备的、

能够适应终身发展和社会发展需要的必备品格。它指的是对中外文化的理解和对优秀文化的认同,是学生在全球化背景下表现出的跨文化认知、态度和行为取向。文化意识体现英语学科核心素养的价值取向(教育部,2020),为落实“立德树人”的根本任务提供了有效的途径和方法。

此外,为了改善“中国文化失语”这一现象,我们英语教师“应该把中华文化的英语表达教育贯穿于各层次的英语教学当中”。(从丛,2000)更重要的是,文化意识的培育有助于学生增强国家认同和家国情怀,坚定文化自信,树立人类命运共同体意识,学会做人做事,成长为有文明素养和社会责任感的人。(教育部,2020)

二、文化意识在小学高年级阶段提升的有效性

小学高年级是小学生学习的最高阶段,这一阶段的教学内容建立在小学低、中年级段所学的内容的基础之上并进行了一定程度的拓展和延伸。这一优势有助于学生在学习过程中将已学的文化知识作为铺垫,通过学习过程中自身的“同化”和“顺应”过程,最终实现对文化知识的综合理解,有助于学生对所学的新知达到“平衡”的状态,从而有效地提升学生的文化意识。

小学高年级阶段的学生学习兴趣广,求知欲和好奇心增强,自主学习能力有很大的提高,这一特点有助于学生探索和体会中外文化的差异性,提升对中外文化异同的敏感性和鉴别能力。此外,他们的抽象思维能力迅速发展,自我意识也随之发展起来,有助于我们教师在教育教学的过程中引导其养成良好的品格,并将其培养成认同本民族优秀文化,吸收借鉴外国文化的中华文化传承者和创新者,增强其中国文化的底蕴和影响力以及对外交流的能力。(过巧, 2020)

三、在小学高年级阶段有效提升学生文化意识的策略

(一)词汇积累,丰富语用材料

语言与文化之间的关系是密不可分的。语言既是一种特殊的文化现象,也是一种文化载体。(耿艺源,2020)在平时的上课过程中,我们会根据课文所涉及的内容给学生提供相关的中文词汇及其英译,学生能够积累词汇素材,丰富其语用材料。与此同时,提升其文化自信心和文化认同感,形成正确的价值观。

在学习人教版《精通英语》五年级上册 Unit 2《Can I help you?》Lesson 10 这一课时,我们鼓励学生说出其他出行会用到的交通工具,学生脱口而出“高铁”一词,并阐述了高铁出行的便捷之处。我们趁机引导学生积累高铁的英文表达 high-speed railway / high-speed train,通过视频的展现,学生真切地体会到了高铁的速度、中国的速度,心中不由得燃起一股自豪的感情。此外,还有的学生提及“共享单车”,在积累了共享单车的英文表达(shared bike)后,学生们同时还收获了其他相似词汇的英文表达:共享经济 (shared economy)、共享汽车(shared car)等。此外,我们还讲述了“共享”这一词汇的由来(出自冯梦龙《东周列国志》),学生能够感受到从我国悠久的历史中所积淀出的灿烂的文化。这些产品所倡导的“共享”概念体现了“资源的重复利用”这一主题,能够让同学们感受到中华文化的博大精深。

在上课的过程中,我们也为学生扩充了一些支付方式的英文表达如微信支付(Wechat Pay), 支付宝支付(Alipay)以及大家耳熟能详的二维码(QR code)。这些内容贴近学生的实际生活,体现了“为他人服务”的文化理念。尤其是在新冠肺炎疫情期间,这些仅存在于中国的支付方式也为疫情的有效防控起到了一定的作用。以上这些产品使学生们增强了

对我国文化的认同感和自豪感,同时帮助其树立了正确的价值观。

人教版《精通英语》六年级上册 Unit 4 和 Unit 5 这两个单元是有关于一年中十二个月份的英文表达。在学习这两个单元的过程中,我们提倡学生在课后查阅相关资料,找出这几个月中包含的中国传统节日的表达方式,例如,元宵节(Lantern Festival),端午节(Dragon Boat Festival)等,以此来加深学生对于本国文化的了解。在此过程中,学生还收获了在这些节日中所吃到的食物的英文表达:元宵(rice glue ball/ sweet sticky rice dumplings)、粽子(rice dumplings)、月饼(moon cake)等。此外,我们还鼓励学生学习我国独有的二十四个节气的英文表达方式,例如,春分(Beginning of Spring)、雨水(Rain Water)等,这些节气是我国古人智慧的结晶,也是中华文化中不可分割的一部分。

(二)语篇仿写,延伸课外知识

小学高年级,尤其是六年级的教材主要以语篇的形式为主。在学习小学高年级的语篇时,我们鼓励学生在课后查找与课文主题相关的中国文化的内容并对其进行语篇仿写。这一过程不仅帮助他们有效地复习了教材的内容,而且促使他们对中国文化有更深的认识,同时也让他们体会到了中外文化的差异,有效地提升其文化意识。

在人教版《精通英语》五年级上册 Unit 1《We have new friends.》Fun Facts 中,学生们学习到了新西兰(New Zealand)这个国家的历史、地质特征和人口特点。我们鼓励学生以中国为主题对这篇短文进行仿写。在这一过程中,学生通过对比新西兰和中国这两个国家的概况,对于祖国的地大物博、历史悠久、人口众多、灿烂文化等方面有了更深的认识和体会。学生的文化认同感和文化自豪感得到了有效的提升。之后鼓励他们将自己的仿写作品带回家分享给自己的父母和朋友,通过英语的方式来传播中国的文化。

人教版《精通英语》五年级上册 Unit 2《She looks cute.》Fun Facts 主要讲解了《格列佛游记》(Gulliver's Travels),在课后我鼓励学生查阅中国的四大名著之一——《西游记》(Journey to the West)的相关资料并进行仿写。西游记中的四个主人公形态各异,满足本单元所涉及的主题(人物的外貌和性格描述)。此外,学生们可以选择其中自己感兴趣的一两个妖怪进行描述。在他们的作品完成之后,我们鼓励学生将自己的作品带来并且利用课后活动的时间与其他同学一起接龙分享。学生在感受本国文化的同时能够体会到该名著中所暗含的"坚持不懈、乐于助人、勇于追求自己的理想"等正确的价值观。

(三)诗歌鉴赏,体会文化差异

诗歌饱含着作者的思想感情与丰富的想象,语言凝练而形象性强,具有鲜明的节奏,和谐的音韵。将诗歌融入小学英语课堂不仅有利于提升学生语感,提高语言技能,更会开阔学生视野,丰富文化知识,培养学生的跨文化交际能力。(陈佳, 2017)在英语教学的过程中,我们可以根据上课所学的内容寻找英文中有同样主题的诗歌,辅助于权威的汉语翻译来帮助学生鉴赏。条件允许的话,也会将汉语诗歌中含有相同主题的诗歌向同学进行展现,然后让学生欣赏该诗歌较为权威的英文翻译版本。使学生在学习英语语言的同时,了解到中外文化的差异,提升其跨文化交际的能力。

人教版《精通英语》六年级上册 Unit 6《There are four seasons in a year.》Lesson 35 涉及秋冬季节的气候特点和人类的主要活动的英文表达。在上课的过程中,我选取了主题为"秋"的英汉两首古诗作为本节课的鉴赏内容,两首诗的中英文对照版本分别来自中国资深翻译家李景琪教授和许渊冲教授,具体的古诗及其译文分别如下:

Autumn	秋
Emily Dickinson	艾米丽·狄金森
The morns are meeker than they were,	清晨既温驯,
The nuts are getting brown;	坚果色泽棕;
The berry's cheek is plumper,	浆果沉甸甸,

The rose is out of town.	玫瑰去无踪。
The maple wears a gayer scarf,	枫树披彩纱,
The field a scarlet gown.	田野着装红。
Lest I should be old-fashioned,	饰物佩吾身,
I'll put a trinket on.	告别老古董。

苏幕遮·怀旧

范仲淹

碧云天,黄叶地,秋色连波,波上寒烟翠。山映斜阳天接水,芳草无情,更在斜阳外。

黯乡魂,追旅思,夜夜除非,好梦留人睡。明月楼高休独倚,酒入愁肠,化作相思泪。

Waterbag Dance

Fan Zhongyan

Clouds veil emerald sky,
Leaves strewn in yellow dye.
Waves rise in autumn hue,
And blend with mist cold and green in view.
Hills steeped in slanting sunlight, sky and waves seem one;
Unfeeling grass grows sweet beyond the setting sun.
A homesick heart,
When far apart,
Lost in thoughts deep,
Night by night but sweet dreams can lull me into sleep.
Don't lean alone on rails when the bright moon appears!
Wine in sad bowels would turn to nostalgic tears.

以上两首诗同样是对秋景的描写,但是侧重点却大有不同。艾米丽·狄金森侧重描写她的家乡马萨诸塞州的埃默斯特小镇附近的秋天的美丽景色。整首诗中,作者都在感叹秋天的美好,丝毫没有悲秋的情绪。范仲淹的这首诗以勾勒出一幅辽阔而多彩的秋色图为起点,最终回归到主人公羁泊异乡时间之久与乡思离愁之深的情感上。从这首诗中,学生们能够体会到秋景所带来的作者的思乡之情。

从这两首古诗所体现的差别中,学生们能够体会到中外文化的差异。悲秋是中国古典文学的主题之一。究其原因,传统农耕生活的习俗和观念习养并赋予了秋以强烈的时间意识和生死意味,使秋与逝“同形同构”,形成了诗人触秋伤悲,以秋抒情的心理定式和审美反应,从而形成了古典诗词书写悲情的一种普遍诗学模式。(周吉本,2000)

(四)名著阅读,感受文化精深

名著是经过岁月积淀,被一代代读者奉为经典的文学作品。阅读名著可以健全人格,陶冶性情,开拓精神空间,提高整体素养。(张丽娜,2016)在平时的教育教学的过程中,我们在课后的时候会选择一些与课文主题相关的符合他们的认知水平的中国名著权威英文版本供学生阅读。而后,我们还会利用课余时间让学生进行读后感的分享,促进学生从深层次的角度去阅读、感悟名著,促进其树立正确的价值观念,做到言行一致。

人教版《精通英语》五年级下册 Unit 1《Welcome to our school.》讲解了有关于校园学习生活的话题。在课后,我们鼓励学生来阅读《论语》中有关于学习方面的句子,并且通过对照经典的英文翻译版本来体会中英文语言和文化的差异。例如,温故而知新,可以为师矣(If a man keeps cherishing his old knowledge, so as continually to be acquiring new, he may be a teacher of others.);学而不思则罔,思而不学则殆(Learning without thought is labour lost, thought without learning is perilous.)等。

通过阅读英译名著的方式,使学生从全新的角度去审视自己已经了解的知识,让其能够对名著中所隐含的正确价值观念有更加深刻的印象,通过耳濡目染,规范自己的言行。此外,学生的阅读焦点不仅仅局限于汉语,而是更多地把注意力放在中英文两种语言和文化的对比上,提升其跨文化交际的能力。

(五)文娱比赛,提升文化自信

在平时的教育教学的过程中,我们会利用课余时间不定期地组织一系列的小活动,旨在丰富学生课余生活的同时,改善“中国文化失语”的现象,提升学生的文化认知,增强文化认同感,坚定文化自信,培养其跨文化交际的意识和能力,树立正确的价值观念。

举办“我了解,我践行”为主题的视频大赛,鼓励学生用英语录制体现中华传统美德的视频并解说,让学生轮流观看,选出好的作品进行展演,提升文化认知;举办“我是小小美食家”的活动,鼓励学生自己动手,体会制作中华美食和外国美食的乐趣,自己来描述在此制作过程中的感想;举行“我是翻译小能手”的活动,涵盖中外的传统节日,饮食等方面,用以提升学生的口语表达能力和跨文化交际的能力;设置“中华文化听我讲”小栏目,让学生介绍自己最喜欢的中华文化的一部分,形式不限,如:朗诵、唱歌、演讲、配音、对话、小品等,增强文化认同感,坚定文化自信;设计“习语大比拼”的游戏,让学生根据英语猜中国习语或谚语,提升文化品格,弘扬传统文化等。

中华文化经历了五千年的积淀,是古人智慧的结晶,同时也是我们树立正确的价值观,规范自己言行的基石。文化是一个国家、一个民族的灵魂,文化的繁荣兴盛与国家、民族的前途命运紧紧联系在一起。我们作为教育教学工作者,应时刻意识到自己的肩上所背负的传承中华优秀文化的重任,不遗余力地提升学生的文化自信,增强其文化认同感,培养其文化理解力,扩宽其文化视野。

天津市和平区鞍山道小学　王琪

融媒体时代红色文化进课堂的路径研究
——以小学书法教育为例

摘　要:“融媒体”是充分利用媒介载体,将传统的广播、电视、报纸等不同媒体与新媒体的优势结合,实现“内容、资源、宣传、利益”的新型媒体理念。红色文化是中国共产党人、先进分子和人民群众在革命战争年代共同创造并极具中国特色的先进文化,蕴藏着丰富的革命精神和厚重的历史文化内涵。融媒体时代,将红色文化融入小学书法教育中,能够通过艺术的形式进行爱国主义教育。本文主要讲述红色文化融入小学书法教育的路径及其意义。

关键词:红色文化,书法教育,传播路径

时代发展,红色文化日益兴起。中国人的红色情结流动在民族的血脉里,遗传在根基中。红色文化代表着革命,见证了“没有共产党就没有新中国”的历史。教育部2011年8月发出的《关于中小学开展书法教育的意见(教基二[2011]4号)》(以下简称《意见》)正式提出在中小学开展书法教育。该《意见》的第一条即要求“充分认识开展书法教育的重要意义”,指出:“书法是中华民族的文化瑰宝,是人类文明的宝贵财富,是基础教育的重要内容。通过书法教育对中小学生进行书写基本技能的培养和书法艺术欣赏,是传承中华民族优秀文化,培养爱国情怀的重要途径;是提高学生汉字书写能力,培养审美情趣,陶冶情操,提高文化修养,促进全面发展的重要举措。”这段表述精要地说明了开展书法教育的原因和意义。

因此,教师如何顺应媒介发展的趋势,将红色文化融入书法教育教学

过程中,充分发挥红色文化的引领作用,研究红色文化融入小学书法教育的传播路径是当下需要解决的新问题,且具有重要意义。

一、融媒体时代红色文化融入小学书法教育的传播路径

学校是文化传承的重要场所,是为实现中华民族伟大复兴培养建设者和接班人的主阵地。小学阶段是学生形成思想价值观的重要阶段,重视小学生的思想品德教育是当前一项重要的任务。

(一)深度整合红色文化资源

红色资源是以红色革命道路、红色革命文化和红色革命精神为主线的“人、物、事、魂”。教师可以根据各类学校红色文化教育的特点与小学书法德育课程进行结合,并以学生的情感点和兴趣点为核心,采用小学生群体喜闻乐见的表现形式、内容、渠道开展融思想、教育、娱乐于一体的社会实践活动,并引导他们广泛实地考察,积极参与社会实践。如组织学生参观人民英雄纪念碑,让学生现场感受到人民英雄纪念碑上毛泽东同志所题写的“人民英雄永垂不朽”八个金箔大字浑厚的线条、恢宏的气势,以及由毛泽东同志起草周恩来同志书写的150字小楷;并参观以虎门销烟、金田起义、武昌起义、五四运动、五卅运动、南昌起义、抗日游击战争、胜利渡长江为主题的浮雕,以及在“胜利渡长江”浮雕两侧以支援前线、欢迎中国人民解放军为题的装饰性浮雕,其主题、字体和表现形式等专业细节,不仅能在视觉上引起学生对革命先烈的崇敬之情,更能使学生感受到民族风格和鲜明的新时代红色精神。从参观革命志士或烈士所用之物,以及他们生活或战斗过的革命旧址和遗址的过程中感受更为深刻的红色文化理论内涵,同时更加深刻地领会革命精神,即红色精神的“魂”。

(二)利用现代化设备学习红色文化

红色文化是一种非物质类的红色文化形式。在教育教学中要具有可

接受性，首先必须顾及的是小学学生对红色文化教育的接受程度，教师可以有规划、有组织、有目的地举办红色文化教育主题的书法展览活动，例如，书写“不忘初心、牢记使命”“请党放心，强国有我”和“如果信仰有颜色，那一定是中国红”等内容的书法作品；其次，采取与小学生年龄阶段、群体特点、时代特征相符合的教育教学形式，并有效地结合现代化多媒体设备，在一定程度上避免传统的灌输式教学、乏味的教学模式，向学生更好地展现红色文化的特点，有效地提高课堂教学的实践活动性。

在教学实践中向学生传播红色文化知识以及展示、赏析毛泽东同志于1935年2月在遵义娄山关写下的草书《忆秦娥·娄山关》一词，这是他草书艺术的最高成就，以大气磅礴、奔放的笔触表现浴血奋战、英勇牺牲的激战情景，可以更加有效地帮助学生感受到红色文化的精神内涵以及中国共产党的伟大。优化红色文化传播路径、丰富红色文化传播内容、拓展红色文化传播载体，努力使红色文化聚革命精神之魂、传时代精神之意。

（三）创新传播手段，建立融媒体矩阵

“媒介融合时期，传统媒体和各类新媒体在语言表达和文本理解方面各有所长，亦各有所短。”但单纯利用传统宣传形式推广和培育红色文化，如绘制黑板报、贴海报、挂横幅等已无法完全适应当前学生群体的多样化需求。首先，教师要充分运用现代传媒资源，准确掌握红色文化的传播原则，通过发展互联网、微博、微信、电子阅报栏、手机报、互联网电视节目、一网、一班等各类新型媒介，开展丰富多彩、形式多样的书法教育教学活动，进行对红色文化与书法教育传播的全面覆盖、多路径延伸，将红色文化渗透到书法教育的各个环节、各个方面。其次，通过创新传播手段，加强融媒体矩阵建设，打造思想交流、价值引领、特色服务、文化服务的新平台。

二、融媒体时代红色文化融入小学书法教育的意义

在教学实践中，将红色文化与小学书法教育密切结合起来，以识字与写字教学为基础内容，准确理解和把握红色文化与小学书法教育的教学方法，落实红色文化与小学书法教育“培养学生书写能力、审美能力和文化品质”“珍视中华优秀传统文化，增强文化自信心与爱国情感”等多项教育功能与意义。

（一）不忘来时路，增强红色文化与传统文化的认同感

中国拥有最为丰富的红色文化，承载了中国共产党波澜壮阔的革命历史。各个地域、不同时期，他们为人民群众留下了无数珍贵的精神财富，而这些精神财富凝聚形成了具有中国特点的红色历史传统文化。例如，上海党的一大会址、嘉兴南湖红船是“红色资源”的重要发源地；中国共产党在领导中国人民革命斗争的征程中形成了井冈山精神、长征精神、延安精神和西柏坡精神，这些精神是红色历史传统文化的精髓，是鼓舞人们探索奋斗进取、矢志不渝的文化精神支撑，中华民族伟大复兴的实现需要弘扬这些红色精神；和平建设时期形成的大庆精神、“两弹一星”精神、抗洪精神、抗震救灾精神载人航天精，就是红色文化得以传承的体现。

书法同样是民族的血脉，是人民的精神家园。从传统的“写字教学”到“书法教育”，顺应了时代，为当下小学书法教育教学注入了古老而又新鲜的血液。优秀传统文化与红色文化构成中华文化的基本元素，二者紧密结合，相互渗透。红色文化是主体、是灵魂，优秀传统文化是中华民族的根基。红色文化扎根于中华优秀传统文化之中，中华民族如果失去了优秀传统文化，就失去民族精神的根基。因此，为了加强对学生的思想品德教育，增强红色文化认同感，在红色文化的指引下，学生在习字书写过程中遇到困难时，可以用红色精神来鼓励自己克服困难，进而实现全面发展。

（二）传承红色基因，发挥国家红色基因库的教育意义

“革命博物馆、纪念馆、党史馆、烈士陵园等是党和国家红色基因库。要讲好党的故事、革命的故事、根据地的故事、英雄和烈士的故事，加强革命传统教育、爱国主义教育、青少年思想道德教育，把红色基因传承好，确保红色江山永不变色。”红色文化和红色精神的教育，是帮助学生进一步认识和学习中国特色社会主义文化和精神的最佳资源，学校将红色文化与书法课程相融合，学生在社会实践活动中体验穿军装、唱红歌、重走长征路、欣赏和书写毛主席诗词《七律·长征》等，体验革命战争时期中国共产党人伟大的胸怀和必胜的信念。在书法教育中积极发挥红色文化在理想、道德、价值观和爱国主义教育中的导向作用，深入发掘红色文化的传承、引领价值功能，是培育新的民族精神的现实需要。

（三）发扬红色精神，发挥红色文化的引领作用

“革命传统教育要从娃娃抓起，既注重知识灌输，又加强情感培育，使红色革命基因渗进血脉、浸入心扉，引导广大青少年树立正确的世界观、人生观、价值观。”小学生正处于树立正确“三观”的基础阶段和关键时期。对于红色文化与书法课堂的教育教学要具有一定的育人性、发展性，在一定程度上可以有效培养学生理想、信念与个人价值观的发展，体现出红色文化融入小学书法课程教学过程中的价值，用红色文化感染学生，用红色精神凝聚学生，发挥他们的创新意识和团结精神，不仅可以使学生了解和学习不怕吃苦的革命精神，还能培养学生滴水穿石、锲而不舍的精神，进而在日常学习中不断提高自身综合素养。小学书法教育显然加强了“审美情趣、情操陶冶、文化修养”等方面的要求，体现了对人文精神的重视。

因此，在书法教育中融入红色文化，通过学习革命英雄事迹，真正感受英雄的爱国情怀，从精神、心灵上产生共鸣，树立正确的理想信念，发挥红色文化精神的引领作用。

融媒体时代，书法教育工作者要以传承红色文化为己任，以小学书法课程总目标的三个维度为指导原则，利用多种教育教学手段将红色文化艺术资源与书法课程相结合，努力开发出符合学生学习习惯和认知水平且具有学科特点的课程，以达到养成正确的行为习惯、提高书法修养、人文素养以及培养学生爱国主义情怀的教育目的。

天津市和平区鞍山道小学　徐竹林

基于新课标英语核心素养的理解与培养策略

摘　要：《义务教育英语课程标准》(2022年版)强调发挥核心素养的统领作用、构建基于分级体系的课程结构、以主题为引领选择和组织课程内容等课程理念。英语学科的教育目标不能仅仅局限于教学生语言知识,而是强调将英语作为人与人之间交流的一项工具,用英语分析与思考,在学习体验、实践应用、迁移创新的过程中培养学生的语言能力、学习能力、文化意识和思维品质,增强学生的英语基本知识、英语基本技能、英语语言交流、英语文化情感。本文将以新课标为背景,以对小学英语核心素养的理解与培养方法为研究对象,探究在实际教学过程之中如何增强学生英语综合能力的策略。

关键词：核心素养,新课标,小学英语

英语新课标秉承立德树人的教育理念,确立了培养学生核心素养的教学目标,创设了指向培养学生核心素养的课程内容,更加关注语言情境与学生综合能力的培养。教师通过运用恰当的途径与策略,达到立德树人、落地核心素养教育的目的。在传统的教学过程中,有时通过死记硬背的方式获取更高的分数,只关注语言知识的掌握而忽略英语的实际作用,进而也就导致学生缺乏兴趣。对于小学阶段的学生而言,英语处于入门阶段,在这一时期如果丧失英语学习的兴趣,在之后的英语学习过程中也难以实现突破和成长。新课标背景下,强调课程的内容和组织,也就是将学习与教学的唯结果论转化为更加重视过程,更加注重思维品质的培养。因此,教师通过实施更加科学有效的教学策略,挖掘适切的教育资源,综合运用多种途径,帮助学生增强英语语言能力,提升学习能力的同时,在

沟通交流中体验英语文化,在解决问题的过程中锻炼思维品质,最终达成培养学生英语学科核心素养的愿景。

一、英语核心素养的内涵解读

(一)英语核心素养的本质

核心素养是每个学科改革发展的起点与最终归宿,英语学科也不例外。核心素养是一个大的框架,其可以细分为每个学科的核心素养,而每个学科根据自身知识结构、学习内容等不同,在该学科核心素养的基础上建立学科核心素养模型,从而确定该学科的课程标准。因此可以看出,学科核心素养是制订学科课程标准的重要依据。

对于英语学科核心素养而言,通过对课程标准、学生学情、教材内容的综合分析后,教师根据不同课型设计不同的活动任务,以学习英语学科知识为基础,学生可以在英语技能的生成过程中感受英语思维品质,促进学生养成必备的英语学科观念与学科能力,这种指向英语核心素养的教学直观体现了英语学科本质。

(二)英语核心素养的特征

学科核心素养是国家课程教育改革下的顶层设计,因此核心素养既要体现该学科知识的特殊性,同时又要与其他学科之间产生紧密联系,既有不同学科的特性,也有核心素养培养的共性。

首先,英语学科的核心素养应具有学科性,也就是说英语学科有其学科的特征,以语言能力、文化意识、思维品质、学习能力为主要内容。

其次英语与每科的核心素养应具有阶段性。横向来看,根据学生的发展水平以及认知水平的发展规律,英语学科核心素养的设定也是从低到高,在不同的学段适合不同年龄学生的发展需求。为其提供适合的学习内容,发展其该阶段的学习能力。纵向来看,根据英语学科的内在逻辑,学生对于英语的学习处于不断进阶,螺旋上升的过程,会随着英语知识的累积、学习方法的丰富等因素,对英语学科的本质理解更加深刻。

最后,英语学科的核心素养应具有人性。所谓为人性就是强调学生在学习中的主体地位,虽然学科的发展为学生提供必备的知识,但是对于整个学习过程而言,要立足立德树人根本目标,以学生能力发展为主要目的。英语学科核心素养以语言能力、学习能力、文化意识和思维品质四个方面为主,其制订并非凭空出现的,而是根据该课程需要掌握的必备技能,以及养成的基本品格制定的,也体现了当今社会对人才培养的基本要求。

二、英语学科核心素养的落实路径

(一)基于动态知识观对英语基本知识进行教学

英语是以培养学生的语言交流、沟通能力为主的学科,需要注重学生动态的发展。英语知识并非单一的,而是应该丰富语言和文化知识,帮助学生更好地掌握相关内容。

在小学英语学习的过程之中,要充分调动学生的学习积极性,从而让学生愿意开口讲英语。小学是学习英语的初始阶段,为了能够更好地培养核心素养,要通过教学方式的动态性,帮助学生充分融入英语的学习氛围之中。教师要善于创设情景,帮助学生身临其境地感受英语语言环境。小学生在练习对话的过程之中,可以利用双方之间的情景对话代替书本内容的朗读。单一的学习书本知识不能将所学知识融入实际生活之中,而采用情景教学的方式,将学科问题融入学生熟悉的情境中、生活里,教师观察学生在真实情景中的动态学习情况,让学生通过提取、理解和分析情境中的相关信息,在动态变化中综合运用所学知识和技能解决问题。在夯实基础,提升能力的同时,也更好地将所学知识与生活相联系,进而帮助学生尽快将知识转变为能力,培养学生的核心素养。

小学生的认知水平以及学习能力仍在发展之中还不成熟，在学习一些知识的过程之中仍然较为吃力。学生熟悉的是汉语，而对非母语学科的英语相对而言较为陌生。动态知识观视角下的英语教学，会注意到小学生在学习英语过程中存在的问题，可根据实际情况调整教学方式，不再单纯强调某一方面的记忆，而是从多方面让小学生在体验中理解词句篇，并且在教学编排过程之中，也会更加注意内容内在的联系，达成知识输入到内化到自由输出的教学效果。

（二）基于任务驱动培养学生英语基本技能

小学阶段的英语考察内容较为简单，有时会简单利用对错衡量学生是否掌握相关内容，而学生掌握的情况也会用分数作为体现方式，家长判断学生英语能力的标准也就成了以分数为主要依据。学生在这种情况下能力很难得到全面的发展，学生的语言能力、英语思维等通过这种方式也很难得到真正发展。

在英语学科核心素养相关理论的指导下，对于学生英语基本技能的培养要以任务为驱动，以完成相关活动任务为载体，评价方式及标准也随之多元化。听、说、读、写、看都要有对应的任务，从多方面促进学生技能的提升。教师可以为学生提供适应的情境并设计不同的任务来锻炼学生的综合能力，如学生根据所学的内容在不同情境内完成认识新朋友、掌握方位介词，介绍日常生活，描述自己的爱好，表达最喜欢的季节等相关任务，根据学生的实际发音、语言逻辑等判断学生知识的掌握情况，并在后期教学之中做出相应的改变。在完成情境化任务的过程中，学生能够将提供的信息内容进行提取和整合，基于任务驱动策略来培养学生英语技能，完成情境化练习，培养学生的知识迁移能力。不仅对学生能力的判断有更加多元化的标准，同时也可以为学生日后的英语学科核心素养的发展提供更加个性化的培养方式。

（三）基于跨学科取向促进学生英语语言交流

在当前学科教学的发展过程之中，较之过往区分很明显。之前学科之间的区分主要是注重每个学科的独立发展，切断了学科之间的相互联系。也就说之前的学科是独立的，各学科之间即使存在内在联系，但是在教学之中也会被忽视，随着学生自身能力的发展逐渐发现联系，对于小学生而言这方面的能力根本没有达到，因此也就很难将学科联系起来。而如今在学科教学的发展过程之中更加强调学科之间的联系，通过该学科的学习，促进其他学科的学习，进而为学生的整体发展提供帮助。

对于小学生而言，英语的学习并非一个独立的学科，但是学生自己很难发现英语与其他学科之间的联系。英语与其他学科之间也有着密切的关系，可以借助跨学科的方式，让学生联系其他学科进行英语练习。例如，为学生设立情境，让学生借助语文、数学、美术等学科的相关内容，在情境中以文本朗读、数字运用、海报绘画等方式来获取英语知识，学生有了更多可以使用英语的可能，也会更愿意以语言交流的方式进行英语学习，教师也在教学的过程之中起到了对学生英语语言能力和学习能力的培养。

（四）基于积极体验方式让学生感悟英语文化情感

英语学习不仅仅是语言的学习，更是对一种新的文化的了解和学习。文化是一个民族长久发展所积累的成果，并且对于该文化环境下的人有着长久而深远的影响。学习西方的语言，是将语言作为载体，从而对其文化有所了解和感悟。但是对于小学生而言，习惯了使用汉语的表达方式，形成了一定的思维模式。对于以英语为媒介的西方思想文化可能并不能在很短的时间内适应，在学习英语的过程之中对于英语的表达习惯以及表达方式会有疑问。

在英语教学过程中，让学生学习知识的同时，更多的是帮助其体验英语体系下的文化，通过对不同文化的理解，感受英语与中文之间的差异。这种差异不需要通过死记硬背，而是在理解的基础上运用。在文化之中理解语言的使用，进而对于英语核心素养能力的提升有所帮助。

综上所述，小学阶段的英语教学在新课标背景之下，突出培养学生的英语核心素养,为日后的英语学习助力增色。而英语学科核心素养需要借助教学手段得以实现,在教学之中不仅要使学生语言能力得到提升,学习能力、文化意识和思维品质的培养都尤为重要。教师借助不同的策略与途径,发挥核心素养的统领作用,增强学生基本技能的同时,语言交流能力,英语文化感悟力及解决问题的能力都得以提升。为落小、落细、落实符合新课改理念的有效措施,符合素养本位的新课程改革目标,要侧重核心素养立意的情境化教学,并将核心素养与学生生活相结合,必须坚持“立德树人,落地核心素养”这一理念,以学生为本,以教学为基石,贴近学生的生活,以任务驱动的方式引导学生主动学习,创设适宜的教育方法,探索学科知识的生长点和延伸点,将新课标践行于课堂主阵地,将核心素养落实于学生全身心。

天津市和平区鞍山道小学　王一玮

“双减”背景下小学英语线上线下混合式教学模式指引学生主动解决问题

摘　要:在“双减”背景下,以推动信息技术与教育教学的融合创新为目标,促进信息技术与英语学科相结合,同时面对新冠肺炎疫情,小学英语课堂积极探索线上线下混合式学习模式,培养学生解决问题的思维品质。通过课前教学、课堂教学和课后反馈这三个环节,学生能够在明确方向和充分准备的前提下,积极训练思维和解决实际问题。经过不断地实践和探索,线上线下混合式学习模式可以促进教学手段的转型和全面升级,让英语学科核心素养落地生根。

关键词:信息技术,线上线下混合式学习模式,思维品质

信息化时代的我们,面对大量的新鲜事物,学习内容变得丰富多彩,学习方式变得便利快捷。那么随着客观条件的变化,我们也面临着危机和挑战,这种挑战可能是对传统教学环境和方式的颠覆。作为教师的我们如何应对挑战,在危难中获得机会,转危为安?只有兼容并蓄,快速掌握最新信息技术,顺势而为、因势利导、掌握主动,为学生提供更高效的学习方法,改变学生的学习认知,用全新的视角来看待周围的环境,提高学生的认知能力和创新能力。

同时,面对新冠肺炎疫情,线下课堂转换为线上教学,甚至是线上与线下的随时切换,教师的授课方式发生了改变,学生听课方式变得不可控,教学媒介变得虚拟多变。同时,教师角色随之改变,教师的教学任务变得更重,课堂管理变得更难,教学手段变得更多元。随着客观条件变化,我们如何做出改变?这其中包括教学方式与方法、学生新的学习方

式、课堂日常管理和教学内容等方面。这样的形势对我们提出了更高的要求。因此,线上线下混合式学习模式成为一种新兴的常态学习模式。

英语学科的核心素养包括语言能力、思维品质、文化品格和学习能力四个维度。其中思维品质是思考辨析能力,包括分析、推理、判断、理性、表达、用英语进行多元思维等活动。作为核心素养的思维品质,既不同于一般意义的思维能力,也不同于语言能力核心素养中的理解能力和表达能力,而是与英语学习紧密相关的一些思维品质。因此,线上线下混合式教学模式指引学生主动解决问题,来提升学生核心素养就是本文研究的重点。

一、线上线下混合式学习模式助力课前预学

在新冠肺炎疫情初期,学生停课但不停学,由于不能在同一屋檐下集中学习,那么通过网络媒介就产生了“千里一线牵”,在网络的纽带下师生同时连线,进行线上学习。在此过程中,学生们就会感到新鲜、有趣。那么,如何较长时间地抓住学生眼球并同时提升学生解决问题的能力?

(一)明确目的,把握方向

线上学习不是课堂教学内容的照搬,而是对授课内容的引导、凝练、升华和重构,并充分利用 Focusky 动画软件和希沃白板软件,录制微课这样简短精致的网络资源,让课件内容生动活泼达到引人入胜的效果,这时抓住学生的眼球也就不难了。因此,课件背景色要干净明快;字体清楚,辨识度要高;内容条理清楚,过渡自然流畅。网络媒体内容丰富,具有先天的优势,如果能够因势利导,让其不仅有趣,还能够为学生的学习带来更高的效率,那我们的线上学习就妙不可言了。

(二)充分准备,合理利用

在课前教师提出问题,引导学生查阅资料,依靠自身解决问题,来锻

炼思维能力并拓展相关知识,完成资料筛选和组织工作,促使学生进行充分的预习。这样,学生在课前充分发挥主观能动性,提升了自主学习能力,也为线下学习提供更多操练和提升打下了良好的基础。同时,课前利用网络电子问卷式的调查方式,了解学生已知,明白学生未知以及兴趣所在,帮助教师更加有效地利用调查结果,分析学情,帮助教师更加有效地因材施教,帮助学生更加高效地学习,促进其创新能力发展,培养其思维品质,促进其核心素养的形成。

二、线上线下混合式学习模式打造高效课堂

经过课前的充分准备,教师不仅掌握了学情,学生也对相关内容有了充分的预习,做到线上线下混合式学习。授课教师及时收集学生在线上学习平台中的情况,并对线上内容的合理性进行评价,可以通过调查问卷等形式获得学生的反馈,根据反馈结果进行针对性的修改和修正,以期在课堂教学环节达到对教学内容更加合理设计的目的。为了打造更加高效的英语课堂,需要教师更进一步地归纳和总结,对个别知识点要精简、梳理,对易混淆的内容要阐明区别并能对比学习,或者按主题和单元进行深加工,来培养学生解决问题的能力。同时,鼓励学生学会思考,能够将老师所讲的内容消化吸收后,模仿老师进行自己的加工,形成教师先行,学生模仿的滚动式教学方式。

(一)培养能力,训练思维

教师利用希沃白板中的思维导图工具在线下进行主题串讲,培养学生归纳整理的能力,达到对复杂问题进行分析解决的目的。例如,六年级下学期英语四单元 Task7-8 是以规则为主题,我们根据不同场景包括家庭,学校和公共场所进行规则分类,用肯定和否定两种句型进行展开叙述,同时结合最新的疫情,应用学过的情态动词 must/should,进行话题的拓展延伸。该主题讲解之后,可以鼓励学生将话题迁移到旅行这一主题,

告诉学生出去旅行也同样需要遵守各种社会规则,同时鼓励学生模仿老师根据以下主题词 how/where/what/who 绘制新的思维导图,分别引出乘坐交通工具,世界风景名胜和家庭成员等学过的知识进行旅行主题的拓展,从而不断引出新的话题,达到激活脑中语料库的目标,让学生熟悉思维导图,鼓励学生在以后的学习生活能够应用思维导图及时复习。同时,可以鼓励学生将思维导图应用到实际生活中,引导学生用思维导图来计划假期旅游生活,从旅行前期的准备,中期的食宿和旅游景点安排,后期返程安排。

(二)线上准备,线下生成

在线下课堂的操练环节上,通过希沃白板的拖拽功能完成游戏部分,达到对知识的运用。例如,人教版《精通英语》六年级下册 Lesson 10 一课,本课是练习课,主要是操练学过的问路知识来帮助两位老人去找路。为了激发学生的主动思维,去解决实际生活中的问题,进行了新的设计。首先,邀请学生去帮助老人去找路;邀请学生帮助老师去找路;并且邀请学生帮助学生去找路。最后,邀请学生对地图进行再次构建,增加新的方位地点,将地图中的空白地方增添新的地点名称,让学生随意拖动到空白地方,形成新的路线,进行生生互动,鼓励学生进行新的操练。同时,让学生自己主动创设情境,培养解决问题的意识,这样不仅提高了学生主动性和积极性,同时也提高了学生解决问题的能力。

(三)线下获益,难点突破

教师在线下教学时可以对某个知识内容进行归纳总结。例如,在讲解六年级英语一般过去时这个知识点时,通过归纳整理,产生了"1,2,3 讲解法"。"1"表示"首先看标志词";"2"表示"两种变形";"3"表示"三类句型"。同时,"1,2,3 讲解法"也是习得一般过去时的三步骤。通过给学生梳理知识点,从而使教学变得清晰明确,学生学习变得高效。教师做出示范,鼓励学生进行模仿,因此在布置作业时可以让学生对一般现在时这一时态内容进行梳理总结。学生们通过对比学习一般过去时和一般现在时差异,明确了标志词仍然是该知识点的突破口,在动词形式变化差异和句型转换间存在相似的内容,学生相对高效地掌握了英语时态的知识难点。

三、线上线下混合式学习模式提升课后反馈质量

学生通过线上学习进行了课前预习,教师在线下授课时应用信息技术采用思维导图、游戏创编和知识归纳等教学手段来提升学生发现问题、解决问题、归纳总结的能力,从而可以发现在具体知识方面的学习、理解和掌握的情况。那么,对于课后质量反馈,教师要承认学生差异,明确每位学生的差距和他们最终能达到的目标,我们要做到因材施教,设立不同目标。这也和教育专家刘可钦所说的"鼓励卓越,允许落后"有着异曲同工之妙。这里的落后并非常态,而是动态,是相互竞争的结果。学生都像是花瓣,组成了美丽的花朵。但是每个学生都不尽相同,却又围绕着花心绽放,可谓是瓣瓣不同,瓣瓣同心。因此,教师如何利用线上线下混合式学习模式提升课后反馈质量?我们要根据学生的情况对课后复习和作业要设定不同的标准和内容。

(一)分层布置,有效拓展

针对素质拓展部分的内容,可以布置不同层次的作业内容。例如布置绘本作业时,我们可以鼓励不同形式的绘本,既可以利用手机软件,如"英语趣配音",对绘本内容的配音,也可以大声朗读原版内容并自行录音,或者用画笔来续写某个绘本的故事情节或者书写阅读绘本后的情感表达。当然也可以鼓励学生尝试并不擅长但也比较感兴趣的作业形式,来补齐不足,掌握新技能。不同形式,不同亮点,那么在对作业评价时也会有不同的侧重,能够捕捉不同学生的闪光点,让我们的学生分别绽放自己的风采。

（二）巩固基础，合理调节

针对课堂中的基础知识，可以提出不同的答题要求。例如，在Lesson7（六年级下册人教版《精通英语》）中可以布置作业：如何描述某个场所的位置，可以给不同学生不同的问题。针对基础较为扎实的学生，可以鼓励其利用本课的新知识点 in front of /behind/beside/between/near/across the road 来描述现实中的地点，通过腾讯会议在线分享展示；对于基础中等的学生，可以让学生用自己的话来组织语句来描述文中的地点，比如 supermarket/bookshop/hotel/hospital/clothes shop/bank 等，通过腾讯会议在线分享展示；对于基础薄弱的学生，鼓励学生朗读原文，在此基础上达到背诵课文鼓励学生录制最满意的音频，发送到线上交流群里进行展示。通过分层划分并非常态，而是根据学生的表现，来调节下一节课作业的人员安排，鼓励每一位学生都有所改变。

线上线下混合式学习模式不仅仅促进了英语教学的发展，更重要的是对于学生英语核心素养中思维品质的发展也起到了至关重要的作用。众所周知学生对于新生事物充满了与生俱来的好奇心，尤其是在网络技术高速发展的今天，学生获取知识来源是多元化的，多元化带来的学习资料极大丰富本身是有利于培养综合型人才的。线上线下混合式学习模式更全面支持学生学习和教师教学活动，使得英语教学活动更加丰富多彩，使学生的学习积极性进一步提高。学生的知识不仅得到丰富，而且视野得到拓展，学生不由自主地成为学习的主人，为学生提供更为自由的学习空间，促进学生核心素养中思维品质的发展。线上线下混合式学习模式促进了教学手段的转型和全面升级，学生在搜集和处理信息、交流和表达、质疑和创新等方面的综合能力得到了前所未有的自由发挥的空间。将线上线下混合式学习模式应用于小学英语教学中来，不仅可以服务于相应的教学内容达成教学目标的实现，更好地在“润物细无声”中提升解决问题的思维品质，使被动学习变为主动获取知识，促进学生情感、智慧与能力的提升！

天津市和平区鞍山道小学　张宇

“双减”背景下小学科学实验教学策略的思考与实践

摘　要：实验是小学科学课程必不可少的教学手段。通过实验教学可以更好地落实课程标准对学生全面健康发展的要求，使学生逐渐加深对科学的理解，让核心素养落地生根。落实“双减”政策，就要向课堂要质量。通过实验教学引导学生培养探究意识、树立科学观念，逐步形成敢于质疑的科学态度和勇于创新的高阶思维，促进学生核心素养的形成。

关键词：“双减”，小学科学课程，实验教学，核心素养

一、背景介绍

实现“双减”目标，根本之策在于全面提高课堂教学质量。简单的知识积累和低效苦读不再适应当今的教育现状，小学科学课堂要紧随时代要求，关注学生付出的学习成本，转变教学模式，确保学生在校内学足学好，促进“双减”政策落实、落地，为学生的全面健康发展赋能。

实验教学是撬动小学科学课程攻坚的最有力杠杆，是提升常态课堂教学质量的必经之路。高质量的实验教学能够防止学生停留在浅层次学习、避免学习陷入机械记忆，最大限度地激发学生的学习兴趣，让学生在实验过程中自然地学习、主动地探索，通过积极地思考问题、批判性地解决问题，发展学生的高阶思维，逐步培养核心素养，形成的适应个人终身发展和社会发展所需要的正确价值观、必备品格和关键能力。但实际教学中，常出现教师对实验课程的重视程度不够、照本宣科；学生的学习积极性低等问题。所以小学科学急需转变教学模式。

二、理念阐释

实用主义教育家杜威认为:“所有的学习都是行动的副产品,所以,教师要通过‘做’,促使学生思考,从而学得知识。”新课标的课程理念指出,要加强探究实践,倡导以探究和实践为主的多样化学习方式,让学生主动参与、动手动脑、积极体验,经历科学探究以及技术工程实践的过程。

科学来自实践,实验是科学课程的基础。小学科学实验教学以杜威的“做中学”和新课标为指导,结合基本学情,培养学生的实践能力和科学素养。

三、实验教学策略

“双减”背景下的小学科学实验教学,“减”去负担不是目的,“增”加课堂给予孩子的乐趣和实际获得才是关键。我通过对不同教学片段进行剖析,就科学实验教学活动如何让课堂提质增效进行分析阐述。

(一)演示实验,唤醒探究意识

从学习金字塔理论我们知道:主动学习的学习内容平均留存率要远高于被动学习。学生只有主动学习才能发挥教学的最大效果,才能实现学生从知识掌握到能力提升和价值观塑造的跨越。小学科学作为一门理工类综合性基础课程,知识难度大,学生容易出现厌学情绪。所以,唤醒学生的探究意识尤为重要。实验是学生最喜爱的课堂环节之一,通过实验创设情景,让学生主动学、在玩中学,可以降低学生在精神层面付出的学习成本,缓解学习压力,同时又能收获更优质的课堂教学效果。

科学教师要提高自身的教学敏感性和灵活性,深入挖掘课程内涵,用科学实验将学科知识和社会生活、前沿科技融合在一起,让学生在浸润式的学习体验中增加探究世界的热情和能力。

《观察水中微小的生物》一课中,学生通过使用显微镜观察黑藻叶片中叶绿体的环形流动、角蛙的受精卵细胞分裂的过程以及河水中形形色色的浮游生物,感受现实世界的绚丽和神奇。同时,学生对显微镜的情感态度也发生了转变,显微镜不再是冰冷、枯燥的实验仪器,而是能够打开微观世界大门的钥匙,进而对显微镜产生敬畏之情,主动地学习相关知识。

《小苏打和白醋的变化》一课中,通过魔术"瓶子吹气球"创设问题情境,引导学生在观察过程中质疑,通过实验现象激发学生的好奇心,使学生的思维变得更加活跃,从而积极地参与到课堂探索中来。

与教材中提供的传统的教学方式相比,改进后的课堂,学生展现出更积极的学习态度、更强烈的学习动机。学生在轻松愉悦的课堂氛围中,自主探究有趣味的科学知识。

(二)虚拟实验,夯实科学观念

分布式认知理论认为认知现象除了个人头脑中发生的认知活动,还包括人与人之间以及人与技术工具交互实现的活动。随着基础教育迈入信息技术 2.0 时代,虚拟实验教学走入小学课堂。虚拟实验利用网络文化资源,通过创造更直观的情境,解决现实教学中实物观察受限制的问题,是现代科学课程有力的支撑。虚拟实验让学习形式变得更加有趣、丰富,通过调动自身的形象思维,充分理解科学知识,进而提高抽象思维能力,促进科学观念的深度建构。

《我们是怎样听见声音的》这节课中,学生无法真实观察人耳的内部结构。通过虚拟实验,学生可以清晰地看到:声波首先被耳郭收集,经外耳道传递给鼓膜,引起鼓膜产生微弱的振动,鼓膜把振动传递给听小骨,听小骨把声音的振动信号放大后,把信号传递给耳蜗,耳蜗将振动信号转换成神经信号传递给听觉神经,最后神经细胞将信号传递给脑,于是人就听见了声音。凭借虚拟实验,学生可以从任意角度观察人耳的内部结构以及人耳听到声音的动态过程,通过生动的形象思维促进高阶的抽象思维的生成,夯实科学观念。

虚拟实验在《北极星“不动”的秘密》这节课中也发挥了不可替代的作用。通过动态模型,学生很容易发现一年四季中北极星的位置似乎不动,是因为北极星的位置正好处于地球自转轴的延长线上。那些不在地球自转轴延长线上的星星围绕着北极星逆时针旋转是由于地球自转产生的斗转星移的现象。通过模型,学生可以得出斗转星移并不是星星的坐标发生剧烈变化,而是站在地球上的观察者的位置随着地球自转在变化。动态模型让学生彻底摆脱了“不识庐山真面目,只缘身在此山中”的境地,真正明白了北极星不动的科学道理。

(三)分组实验,培养质疑能力

巴甫洛夫说:“质疑是发现的开始、探究的动力、创新的源泉。”科学需要质疑,没有质疑科学就不会发展。质疑能力是学生向科学本质迈进的必要环节,是科学课程的重要培养目标。小学阶段是认知世界的重要时期,但这个阶段的学生有明显的向师性,同时还存在胆怯心理,不容易培养质疑的习惯。所以,需要教师正确地引导和鼓励,让小学生建立足够的学习自信,培养学生大胆提出疑难问题的能力和习惯。

学习《声音是怎样产生的》一课时,在观察发声的物体实验过程中就有学生提出:“敲击鼓面会有声音,用手按住鼓面,敲打鼓还会不会发出声音?”根据这位同学的想法,我们做了一个“用手按住鼓面,敲打鼓听声音”的补充实验。同学们对比“用手按住鼓面敲打鼓”和“不按鼓面敲打鼓”的实验结果,顺利得出声音是由于物体振动产生的这一实验结论。与教材的实验设计相比,这位学生提出的质疑帮助大家降低了问题的思维难度,把讨论直接引向声音产生的科学本质,让整节课在思维逻辑上更缜密,更容易揭示出实验背后的科学道理。

这种不唯师、不唯上、不迷信权威,敢于质疑的精神是值得提倡和学习的。能够提出质疑说明学生不是在机械地、被动地接受知识,而是经过了理性思考,主动把新的知识内化成自己的科学认知。通过质疑能力的培养能够有效提高学生的思维能力。

（四）创设实验，锻炼高阶思维

实验是科学教学最关键组成部分。但现实教学中，教材提供的配套实验常常存在重现性差、实验现象不稳定等问题。面对这些问题，小学科学教师要坚决落实“不是教教材，而用教材教”的教学思想。结合学生的基本学情、教学目标以及学校的硬件条件，引导学生设计、完善实验教学，让学生实现已有知识向新知的迁移，在真正理解所学知识的基础上获得思维层级的跨越，实现深度学习能力的发展，逐步培养学生的高阶思维。

《光的传播方向会发生改变吗》在研究光的折射现象时，教材提供的实验现象：激光光路在空气和水中的光路清晰可见。而实际做实验时发现激光光路并不明显，甚至完全不可见。学生在实验中发现这一问题，经过一系列的研讨、试错，对实验进行改进。老师需要做的是提前准备好学生们可能会用到的实验材料和课堂上适度的引导。经过探索，同学们发现使用空气加湿器，同时，在水中滴入几滴牛奶，可以增加光在空气和水中的反射，在自然光下也可以清楚地看到激光光路。同时，教材中提供的介质中只包含了水和空气两种，上课时我发现很多学生误以为光传播的介质只有水和空气。于是，我增加了两种介质，包括：固态的玻璃和液态且有颜色的香油。让学生对光传播的介质有了更精准的认识。改良后的实验让学生充分理解了光的折射现象就是：光在传播过程中会在两种介质表面发生偏折，从而改变光传播的方向。能用学到的理论解释生活中遇到的现象比如：彩虹是怎样形成的、渔夫为什么用鱼叉扎鱼时要扎得比看到鱼的位置深一点。

通过开展高质量的实验教学，学生对小学科学课程的态度也在悄然改变：学习主动性明显加强、参与度显著提高，课下，有些同学会主动邀请老师一起做他们设计的科学小实验。渐渐地，学生养成了科学知识生活化的习惯，他们开始关注生活中的奇妙现象，并尝试着用科学知识去解释；了解到新知识还不忘和老师、同学分享。

四、结语

实验教学助力小学科学课堂的提质增效,确保“双减”政策落到实处。通过实验教学,学生眼中的小学科学课程不再是枯燥的知识点简单叠加,而是不断揭示自然的奥秘和知识作用于生活的巨大力量。学生学习的意义感和价值感找到了,学习上的精神负担自然就降低了。实验教学让学生在“玩”中提高核心素养,为“双减”政策有效推进提供持久的内在支撑。

天津市和平区鞍山道小学　吴青

小学数学动态分层教学法的思与行

摘　要:伴随着义务教育免试就近入学、新课程改革等政策的全面落地,直面智力、知识等迥乎不同的小学生,教师在课堂上会出现两难的情况。本文通过研究探讨,根据作者的教学实践,提出了“动态分层教学法”,并将其运用于自身课堂,以提升学生的数学核心素养。

关键词:小学数学,动态分层,教学实践

伴随着义务教育免试就近入学、新课程改革等政策的全面落地,直面智力、知识等迥乎不同的小学生,作为小学数学教师的我陷入了两难境界:讲快了,有的学生听不懂;讲深了,有的学生理解不了;讲少了,有的学生学不会。讲慢了、讲浅了、讲多了,有的学生则出现厌烦心理。怎样才能化解这一难题呢?我在汲取墨子“深其深、浅其浅、益其益、尊其尊”的育人思想、孔子因材施教、西方分组教学,以及《国家中长期教育改革和发展规划纲要》中的“创造适合每位学生的教育”、《数学课程标准》提出的“人人学有价值的数学,人人都能获得必需的数学,不同的人在数学上得到不同的发展”等基础上,创造性提出了小学数学动态分层教学法。现简述如下:

一、动态分层教学法之思

小学数学动态分层教学法的提出,目的是使每一位学生都能都在数学学习上得到最适合自己的发展。教师依据学生在潜能、智力、知识、情感、动机、兴趣、接受力、学习绩效、学习风格与习惯等方面存在的差异以及变动情况,把班内学生划分为可进可出的浮动层次,进而有针对性地对

不同层次学生采取差异化数学学习指导的方式、方法与手段。

这一教学法最大的创新点是动态分层,就是为了矫正固化分层的弊端,每月根据学生在本层次的具体表现与要求浮动,最终使其在其最匹配的层次,接受最适合发展的小学数学教育。

这一教学法最大的困难点就是如何有效动态分层、有效组织好各层教学,这对教师素养提出了全方位综合性挑战。

二、动态分层教学法之行

其教学法包括:设计分层、目标分层、讲授分层、提问分层、练习分层、辅导分层、作业分层、评价分层等。现仅就三大分层之行分述如下:

(一)目标分层

教学目标是教学活动的出发点和归宿,是确定教学预期要实现的最终质量标准。目标分层要求在制订教学目标时,教师既要重视教学的统一性,又要注意教学目标的层次性,做到统一性与层次性相结合。

比如在制订人教版小学数学二年级下册《万以内的加减法》一课的教学目标时,对于接受能力低的学生只要求认知、理解万以内的数并运算万以内整百整千数的加减法;对于接受能力强的学生则要求根据实际问题来运用万以内整百整千的加减法,并会进行一定程度的巧算、估算等。

教学二年数学上册《观察物体》一课时,对于接受能力低的学生,只要求会用“前面,后面,侧面”来描述以及作出简单的判断;对于接受能力强的学生还应掌握区分相似侧面的方法以及观察多个物体,培养空间观念。

(二)学生分层

了解和研究学生,是有效教学的前提,所以要在尊重学生的前提下,师生切磋,动态分层。

层次划分一般有显性、隐性、自主三种方法。比较适于操作的是显性分层。也就是根据上阶段末和新一阶段开始时学生的学业水平、学习能力和非智力因素等实际情况，大体分为 A,B,C 三个层次。这种分层过程，正好是教师做好学生心理辅导的载体，可以激发各层次学生的求知欲望，让学生树立克服困难的信心，使获得成功的学生再接再厉，使受到挫折的学生能放下包袱，迎头赶上。

(三)施教分层

施教分层，就是无论在教学设计上，还是在实际教学中，都应根据学生的自身特点和接受水平，开展适合每一位学生的教学活动。基于我校“数学摇篮”的成果积淀，依托我校“求智教育”办学特色，我们将分层教学运用于“蕴智课堂”之中，使全体学生各得其所。

1.借助丰富学具，在体验中做到施教分层。

新课的讲授，是学生学习新知识、新能力的有效途径，那么接受能力强的学生，很快就能够理解并且运用，但是接受能力低的学生还需要多加练习，反复多次研究，才能够掌握。面对小学低年级的孩子，如何基于其生性活泼好动的特点，提供分层教学难度很大。为此，我们结合实际教学内容在最大限度上为小组提供丰富的学具，让每个层次的孩子都能找到适合自己的学具来帮助自己学习。

例如，在教学人教版二年级上册第三单元《角的初步认识》一课，课前我对全班同学进行了测试，发现学生对于什么是角已有了自己的初步认知，新授课采用异质小组合作的方式，组内学生水平参差不齐，但都按照每个人的特点分工明确，这也为后面学生们讨论汇报奠定基础。针对学生分层，我为每个小组不同层次的学生都提供了不同的学具，比如彩纸，折叠尺，吸管、细线等。用“角是什么样子的”这一问题导入，学生通过小组讨论，根据自己的已有认知，用适合自己的学具将心目中的角表示出来，有的同学用画一画的方式，还有折一折、摆一摆等，最后汇报的结果也是丰富多样的。学生通过亲身体验，主动探索，动手操作，在适合自己的教学环境中获得了解决问题的方法，充分体现了我校“蕴智课堂”中让学生在体验中启智的办学理念。本课还在河东区第二实验小学的阳光课堂活动中进行展示,受到一致好评。

再如,在教学人教版一年级上册《10 的认识》一课中,比较 10 的大小这一知识点时,学生根据已有认知,都知道 10 比 9 大,紧接着老师追问“那 10 是不是真的大于 9 呢”“你是怎样知道的”激发学生思考,引出学生质疑,而后,学生通过小组合作,利用不同的学具,自主探究 10 与 9 的大小关系。有的小组通过数糖果,有的小组通过摆小棒,有的小组利用计数器,还有的小组通过看尺子就能知道结果!一节课中,学生在不断地产生怀疑,不断地“想法设法”地解决疑惑,让学生自己真正理解 10 与 9 的大小关系的本真,学生掌握的不仅仅是一节课,而是一种学习的方法,在这个过程中学生学得愉快,探究得用心,掌握得牢固。

2. 依托互助小组,在分享中推进施教分层

学生在复习课时,情绪往往不高,没有了学习新课时的热情,也不能全情投入。对于低层次学生来说,如果不能很好地把握住复习课上巩固知识的机会,只会使其与高层次学生之间的差距越来越大。因此,我们在复习课时必须为不同水平的孩子提供合适的学习平台。

例如,拿天津市和平区鞍山道小学低年级数学闯关中的讲题关来说,闯关的目的是让学生会用自己的语言将复杂的解决数学问题的过程表述出来,学生会讲了,也就会解决了。复习阶段,我们充分利用了学习互助小组的作用,这种小组一般由高层学生担任组长,负责学习管理,进行“一对一”的学习互助,组内形成一种互补关系。其间有互助小组的展示环节,让思路清晰,表达流畅的同学先做展示,同时还要告诉同组其他同学需要注意的地方以及哪部分是题目重点,起到一帮一的作用,提高不同水平学生的复习效果。

再如,教学一年级上册《11—20 各数的认识复习课》时,除了用学生喜爱的情景贯穿始终,在最后的复习提升环节,采用了“垃圾分类”的例子,复习知识的同时向学生普及垃圾分类。学生要借助小组的力量,将“垃圾”按照要求进行正确分类。刚一开始,学生做题比较盲目,找信息

比较困难,但是在小组的帮助下,合理分工,找信息,找问题,列算式计算,连线,一气呵成。学生通过小组合作,将看似复杂的问题简单化,解决了数学问题的同时再次体会到数学与生活的密切联系。

3. 利用特色实践作业,在参与中体现施教分层

我们低年级数学组结合学生的年龄特点与学科特点,为学生们设计了两项数学特色作业:数字想象我会画和垃圾分类我能行。

(1)数字想象我会画

本学期我们的学习都会和数字打交道,所以在学习完 0—10 这些数之后,我们设计了"数字想象画"的特色作业,将数学与美术融合,发挥学生的想象力,学生一边画,一边用心、用大脑增强印象,再次巩固学习内容。同时我们鼓励家长们参与进来,听听孩子的设计思路,了解孩子的学习进度,也增进与孩子之间的情感。孩子们反馈的作品也是丰富多样。这项特色作业的设置培养了学生的创造性思维,同时也让刚入学的孩子们更加喜欢数学,爱上数学。

(2)垃圾分类我能行

除了数字想象画,我们组在学生学习完"认识立体图形"之后,与综合实践课讲解的环保知识相结合,设计了"制作垃圾桶"的特色作业。学生已经在综合实践课中有了垃圾分类的基础,做起各类垃圾桶时就更加有信心!结合数学课上的立体图形,学生的动手能力超乎老师们的想象,孩子们的作品反馈也相当丰富:有比较常见的长方体垃圾桶,也有富有特色的圆柱体垃圾桶!此项特色作业不仅让学生巩固了图形的知识,还让学生体会到垃圾分类的不容易,从而提高垃圾分类意识,更加爱护环境!

4. 优化评价方式,在活动中彰显施教分层

兴趣是最好的老师。对于低年级孩子来说,开展丰富多彩的分层数学活动,对于他们学习数学知识有着非常大的帮助。因此我们将数学学习延伸到活动课。

"趣题智解"数学活动是由各班的学生独立完成,学生找题目,为班级贡献有趣又有些许难度的数学题目,全班同学一起研究探讨,老师作为协

助者,对有些题目给出适当提示,由班级学生自己来讲解。本次数学活动作为数学课堂教学的延伸,起到了很好的反馈作用,全体学生都能积极参与,学生们徜徉在数学知识的海洋中,沐浴智慧的阳光,在趣题中寻找乐趣,在智解中生成智慧。

我校连续举办了多届深受学生喜爱的数字文化节活动,闭幕式在网易直播平台观看的人数达几万人次。在活动中我们创新评价方式,采取"差异性"评价体系。激励不同层次的学生在不同的起点上前进,符合学生健康心理发展,受到学生的欢迎。

过程性评价:"智趣星"评价表多维度全面地评价学生,评选"攀登星""跳跃星""最佳智趣星",对不同层次学生点滴进步给予激励。

展示性评价:把班级学生分为 A,B,C 三个层次。A 层学生学习能力强,在小组合作中帮带 B,C 层学生。创设班级、年级智趣擂台赛等各种竞赛机会,鼓励竞争,挖掘潜能。B 层学生发展一般,搭建展示平台,让他们成为"课前精彩 5 分钟""数字文化节"的主角,帮定目标,激励前行。暂时落后的 C 层学生,鼓励他们多参与"我的设计我做主"设计类活动,发挥优势,激活自信。

在评价过程中,我们不止重视结果评价,更为重视过程评价,对一些在探究过程中难以取得理想结果的,尤其是对敢于实践的学生给予肯定。

总之,小学数学动态分层教学法,虽然在数学教学上面对学生的个体差异有正确的态度,但是离创造适合每位学生的数学教育的要求还有很大的差距,可谓任重道远。

作为新时代的小学数学教师,在"双减"政策的大环境下,我们也要切实完善政策指导,细化操作步骤,做教育教学的研究者,做课堂的探索者,做科学减负的推动者。我们也将继续探索与尝试,利用各类新型教学方式,适时通过教学时间,为小学生创建轻松、愉悦、融洽的课堂学习气氛,科学有效地设计和安排课后作业,激起小学生的数学学习兴趣,在边教、边学、边研、边写、边行中,以梦为马,砥砺前行,促使学生在优秀的学习环境中蓬勃发展。

天津市和平区鞍山道小学　孙影

“言”为心声 “语”为心境
——浅谈小学低年级数学语言素养的培养

摘　要：语言是思维的外显，思维是语言的内隐，二者相互依存。小学生数学思维的形成与发展是需要借助数学语言来实现的，而思维的发展又能促进语言能力的提高。本文从以下三个方面，结合教育教学经验，分析如何培养学生的数学语言素养。首先，注重细节，规范量词使用，强调概念关键点，在潜移默化中规范学生的数学语言，促进学生之间的数学交流，有利于数学思维的发展，培养学习的主观能动性。其次，通过引导学生有顺序地、完整地表述解决问题的全过程，可以训练学生完整全面地进行数学语言表述，这不仅有助于教师课堂效率的提升，可以根据学生的反馈信息适时优化教学方法，提升教学质量，对学生的学习效率和良好解题习惯的提升有很大的帮助，为后面的学习夯实基础。最后，在教学过程中主动增加交流分享、互相评价的环节，增强学生课堂注意力，创设良好教学氛围，拉近了师生、生生之间的距离，培养学生的数学表达能力、倾听能力、分析能力，取长补短、互相交流、智能并进。

关键词：低年级，数学语言素养，数学思维，培养策略

数学是人类对事物的抽象结构与模式进行严格描述的一种通用手段，数学学习的每一次思考，都蕴含着个体对数学的理解。而语言是思维的外显，思维是语言的内隐。个体对数学的个性化见解可以通过数学语言表达进行传递。这就意味着学生可以借助外显的数学语言，揭示内隐的数学思维。所以，数学语言表达是数学思维学习的重要维度。数学语言表达不同于其他学科表达，更看重语言的细节，要求表述准确完整清

晰。数学语言表达不仅是增进个体数学理解、与同伴交流数学知识的重要途径,更是支持数学深度学习、发展数学高阶思维的重要渠道。由此可见,培养数学语言素养是数学教学的核心任务,强化学生的数学语言表达应成为数学教育的追求目标,成为数学核心素养落地生根的关键支柱。

本文从注重细节、免成无根之木,完整清晰、免于支离破碎,层次分明、免于语无伦次,三个方面结合教育教学经验,对如何提高低年级学生数学语言素养进行分析。

一、注重细节,免成无根之木

"合抱之木,生于毫末;九层之台,起于累土;千里之行,始于足下。"刚步入小学的学生,第一次接触到数学,学生受成长环境或已有经验的影响,初上数学课时,他们会习惯把所有事物的量词都说成"个",比如两个蝴蝶、三个小鸟、五个树等。为了使学生在刚接触数学时能规范地使用数学语言,更好地进行数学交流,为学生数学语言素养的培养打下良好的基础,数学教师应该在教学中对学生进行指导和示范,说准确的数学单位名称和严谨的概念定义。

例如,在教学一年级上册第一单元第一节课《数一数》时,数数、认数对于学生来说并非难事,学生在步入小学前,已经通过其他方式能够数出1—10,有的还能数出比10更大的数。但学生在数事物的数量时,会习惯把所有事物的量词都说成"个",如果不及时进行规范,对学生单位名称的使用是有不好的影响,对培养学生的数学语言素养产生阻碍,所以在第一课时,就要让学生感受数学语言的表达要注意细节。在教学时,教师要及时纠正学生量词的使用,训练学生在描述生活中事物的数量时正确使用量词,如1面国旗、5朵花、6盆花、8棵树等,让学生感受数学语言表达准确所产生的语言魅力。

再如,在教学二年级下册《图形的运动(一)》——"轴对称图形"这一概念时,教师通过让学生观察蝴蝶左半部分的图片,再出示一些如剪刀、青蛙、故宫等轴对称图形的图片，通过动手操作活动，在观察这些图形的同时引导学生用数学语言阐述“轴对称图形”的概念：一个图形沿一条直线折叠，两边能够重合的图形叫轴对称图形。但这一表述是不准确的，为了让学生对“轴对称图形”的概念有更深刻的理解，对其进行更严谨的定义，教师采用对比观察的方式引导学生提炼关键词，观察平行四边形对折后和“轴对称图形”对折后的区别，学生顺理成章地提炼出“完全重合”这一关键词，从而对轴对称图形的概念进行精确化定义。在此类概念教学中，不但要使学生掌握具体的概念与特征，能表达具体内容，更要求学生表述时注重细节，准确说出概念定义的关键点。这样不但能够有助于学生准确掌握抽象概念，更能为以后的学习奠定扎实的基础。

低年级学生的数学语言表达正处于起步阶段，生活语言较多，规范准确的数学语言较少。本人在教学时一开始就引导并训练学生用规范的数学语言进行表达，帮助学生更好地进行数学交流，发展数学思维，培养学习的主观能动性，提高数学语言素养，养成思路清晰、思维逻辑性强的好习惯，为之后的学习打下一个坚实的基础。

二、完整清晰，免于支离破碎

在“双减”的大背景、大环境下，教师更要向课堂40分钟要质量，所以数学语言的表达显得尤为重要。学生完整清晰的语言表达素养不仅是语文等学科对学生素质的要求，在数学教学中同样如此。在实际教学中，训练学生进行完整清晰的数学表达有助于教师准确了解学生知识的掌握情况，并且可以根据学生的反馈信息适时优化教学举措，提升课堂教学质量，有效提高学生学习效率。同时培养学生的数学语言表达的完整清晰，可以锻炼学生思维的全面性和流畅性，提高数学语言素养。

例如，在教学一年级上册“大括号和问号”中的解决问题时，学生首次接触以情境图的形式呈现的数学问题，先出示情境图，教师注意训练学生完整清晰地描述题意，并在教学中要训练学生用有层次的三句话：“图里有什么?”“怎样解答?”“解答正确吗?”对解决问题的全过程进行完整清晰的思考和表达。引导学生体会解决数学问题所要经历的一般步骤,学习解决问题基本方法,同时根据学生完整清晰的数学语言表达快速了解学生的学习效果。首先让学生完整观察情境图,帮助学生用数学的眼光看问题,并引导学生完整说出从图中知道的数学信息。其次,向学生讲明大括号表示把两部分合起来,问号表示要求的问题,之后让学生自己试着说一说,完整地表达数学问题:左边有 4 只兔子,右边有 2 只兔子,问题是一共有几只兔子?学生主动探究,找寻方法,解决问题并用数学语言描述出是怎样解答的,学生会表述出:就是把左边的 4 只兔子和右边的 2 只兔子合在一起,用加法计算,算式是 4+2=6(只)。最后让学生口答并检查。检查这一环节可以培养学生回顾反思的习惯。最后提炼出解决问题的五步:说——“说题意”;想——“想怎样解答”;列——“列算式”;答——“口答”;查——“检查是否正确”。由最开始的教师逐步引导到让学生有顺序地、完整清晰地叙述问题,表述解决问题的全过程。完整清晰的数学语言表达不仅有助于教师快速了解学生的学习效果和问题,便于根据学生的反馈信息适时优化教学方法,提升课堂教学质量,更能帮助学生学会分析、整理信息,利用相关信息解决问题,培养建模思想,为以后的学习夯实基础。使学生在数学学习中不仅“知其然”,而且“知其所以然”。

小学低年级的学生以具体形象思维为主,抽象思维虽然开始出现,但学生不能自主地调整、检查、辩证自己的思维过程,不能表达自己是如何思考和解决问题的。因此,在实际教学中,教师应着重加强学生数学语言素养的培养,帮助其进行完整清晰的数学表达,这不仅有助于教师课堂效率的提升,便于根据学生的反馈信息适时优化教学方法,提升课堂教学质量,帮助学生提高学习效率,养成良好数学解题习惯,锻炼学生思维的全面性和流畅性,为后面的学习打下良好的基础。

三、层次分明,免于语无伦次

在数学教学中,教师提出问题,学生经过思考后进行作答时,经常会出现“颠三倒四”“语无伦次”“杂乱无章”的现象。这一现象的产生是由于学生的思维不够严谨缜密，导致表达语无伦次。为解决这一点，不仅要提升学生数学思维的严谨缜密，促进学生逻辑思维能力，还要加强学生数学语言素养的培养。

例如，在教学一年级上册《认识图形(一)》时，教师运用多媒体技术手段，以动画的形式呈现一些学生熟知的日常生活物品，让学生把形状相同的物体放在一起。先让学生自己在学习单中完成，然后请学生到黑板上展示分类结果，学生的分类结果各不相同，然后将四位学生的分类结果进行对比，学生对分类结果进行分析并交流看法。在交流中，学生要运用数学语言表达自己的想法，描述出物体分错的原因，并描述出正确放在一起的物体的共同特征。学生在“观察—发现—分析—交流”的过程中将正确的分类结果归纳出来，体会正方体、长方体、圆柱、球体(球)的特征，学会区分。在活动中收获满满获得感的同时，也锻炼了学生的倾听能力和数学语言表达能力。这样的教学过程不仅可以让学生通过自身数学语言表达，发现知识盲区，及时纠错，有助于学生树立归纳类比思想，提高数学语言素养，达到智能并进，使其自身获得成长；而且通过这一倾听交流过程，可以让全体同学全神贯注，共同思考，取他人之长，补己之短，互相交流，共同进步，教师也可以掌握学生的学习进度，做到有的放矢。

再如，本人在教学中组织学生对所学知识进行整合，选取任意一单元绘制数学思维导图，回忆本单元所学知识，找出重点难点，分析易错点，对知识进行由浅入深的梳理和整合，在绘制过程中强化学生的数学逻辑思维能力。绘制完成后，让学生对所绘制思维导图进行具体讲解，让学生运用数学语言表达向同学分享自己绘制思维导图的过程，并让其他同学进行即时评价，分析讨论此次分享的优缺点、收获。这一过程有助于学生疏通知识脉络，强化重难点，使所学知识更加条理清晰，锻炼学生的思维与数学语言素养。不仅如此，让学生倾听同步思考，然后进行即时评价，营造良好课堂氛围，这样不仅拉近了师生、生生的距离，更重要的是让学生参与“即时评价”，可以提高课堂吸引力，促进学生思维发展，培养学生倾听与分析能力。

小学低年级学生年龄小、入学时间短、难以在课堂上长期保持高度注意力,所以通过在课堂教学中增加交流分享、互相评价的环节,不仅可以营造良好课堂氛围,提高课堂吸引力,更能培养学生的倾听、分析与表达能力,取长补短、互相交流、智能并进。

四、结语

数学语言素养是增进个体数学理解、与同伴交流数学知识的重要途径,更是支持数学深度学习、发展数学高阶思维的重要渠道。本文从以下三个方面,结合实际案例,分析如何培养学生的数学语言素养。首先,低年级学生的数学语言表达正处于起步阶段,生活语言较多,规范准确的数学语言较少。在教学中,要注重细节,一开始就引导并训练学生用规范的数学语言进行表达,帮助学生更好地进行数学交流,发展数学思维,培养学习的主观能动性。其次,在实际教学中,教师应不断引导,帮助学生进行完整清晰的数学表达,加强学生数学语言素养的培养,这不仅有助于教师课堂效率的提升,可根据学生学情反馈信息适时调整教学举措,提高教学质量,有助于提高学生学习效率,养成良好数学解题习惯,锻炼学生思维的全面性和流畅性,为后面的学习打下良好的基础。最后,在教学过程中主动增加交流分享、互相评价的环节,增强学生课堂注意力,创设良好教学氛围,拉近了师生、生生之间的距离,培养学生的数学表达能力、倾听能力、分析能力,取长补短、互相交流、智能并进。

天津市和平区鞍山道小学　张晓月

核心素养视角下小学英语教学策略分析

摘　要:今年国家颁布了最新的义务教育英语课程标准,其中明确提出要发挥核心素养的统领作用,这就要求学校和教师要将教学重心转移到培养学生的核心素养上来。小学阶段是学生学习科学知识、形成良好的学习品质的奠基时期,此时教师的引导非常重要。而英语作为一种工具型知识,在跨文化交际中发挥着重要的作用。因此,教师应基于核心素养角度,深入探究小学英语的教学策略。

关键词:核心素养,小学英语,教学策略

2022年4月21日,《义务教育英语课程标准(2022年版)》正式颁布。在2022年新课标中,提出了英语学科的四大核心素养。如何具体地将核心素养落实到教学实践中去,是每个英语老师最关注的事情,而目前在小学英语教学中,还存在着一些不足之处。例如,英语教学中缺乏英语语言环境、教师的教学方法传统且单一、学生对英语的学习兴趣不足、英语思维培养不够,等等。因此,英语教师必须从小学阶段就重视对学生核心素养的培养,在日常教学活动中逐步培养学生的跨文化交际能力和正确的人生观、价值观以及良好的学习习惯,不断扩宽学生的文化视野,从而为学生之后的全面发展奠定良好的基础。

一、核心素养内涵

核心素养是课程育人价值的集中体现,是学生通过课程学习逐步形成的适应个人终身发展和社会发展需要的正确价值观、必备品格和关键

能力。英语课程要培养的学生核心素养包括四大方面,分别是:语言能力、文化意识、思维品质和学习能力。其中语言能力是基础要素,文化意识体现核心素养的价值取向,思维品质反映核心素养的心智特征,学习能力是发展核心素养的关键要素。核心素养的四个方面相互融合,相互渗透,协同发展。

(一)语言能力

语言能力包括掌握语言知识、语言技能和非语言知识的能力。语言知识即我们通常所说的英语词汇、句子、语音和语法;语言技能则包括听、说、读、写、看五种,并且这五种技能又可以归纳为语言理解能力和语言表达能力,语言理解能力即能够了解、接收到别人用语言传递的信息的能力,语言表达能力即自己可以用语言向外传递信息的能力。语言能力是基础,它的提升有利于发展学生的其他三个核心素养,也有利于学生跨文化交际能力的提升。

(二)文化意识

文化意识是指学生对世界各国不同文化的理解以及对优秀文化的鉴赏,是学生在不同文化中的一种行为和态度的选择。培养学生的文化意识能够让学生欣赏优秀文化、加深对自己民族文化的理解,以形成正确的世界观、人生观和价值观,增强文化自信,提升自身涵养。

(三)思维品质

思维品质在心理学上,是人的认知过程的一部分,它是衡量人的思维水平高低的主要标志,包括思维的广阔性、独立性、批判性、灵活性、深刻性、敏捷性和逻辑性。在义务教育阶段,英语学科主要发展学生的逻辑性思维、辩证性思维和创新性思维。逻辑性思维是指有根据的思维,借助判断、推理对事物进行比较、分析等;辩证性思维是指从不同角度看问题,以变化发展的眼光看世界;创新性思维是指用新颖的方式解决问题,敢于推陈出新。思维品质的培养有助于学生在实际生活中发现问题、解决问题。

(四)学习能力

学习能力包括整体驾驭英语学习的能力和调动、运用英语学习策略的能力。培养学生的学习能力可以使学生掌握科学的学习方法,提高学生学习英语的效率,做到乐学英语、善学英语。

二、依据核心素养制定教学目标

核心素养体现了英语学科的课程性质,反映了英语学科的课程理念,所以教师在教授每一堂课时,应根据学科核心素养制订本堂课的教学目标。以新蕾版《快乐英语》一年级上册 Unit 3《Colours》为例,依据 2022 年英语新课标中的四大核心素养,可将这个单元的教学目标设定为:

在语言能力方面,学生能够正确理解并掌握常见颜色单词的含义及读音,例如,red,yellow,green,pink,orange;能在情境中运用 What colour? My ... is ... 等句型,询问日常生活中事物的颜色,并与人展开交流;能够学会本单元的歌谣歌曲并把它唱出来。

在文化意识方面,学生能够了解颜色背后的含义,并且能够比较西方国家和我国在颜色理解上的差异。例如,红色在我国是吉祥、喜庆的象征,过春节时我们会穿红色衣服、挂红灯笼、贴红对联来表达热闹喜庆之意。而在西方国家,红色则是残暴、流血的象征。白色在中西文化中也有不同的含义。在我国,白色有生命枯竭、死亡之意,若家里有亲人死亡,则会穿白色孝服,建白色灵堂。另外,白色还象征着知识浅薄的人,例如"白丁"一词,就是指没有学问的人。而在西方,白色有纯洁、高雅、光明之意。例如在西式婚礼中,新娘结婚要穿白色婚纱,以此来表达纯洁、美好之意。

在思维品质方面,学生能够根据图片猜测文本内容;能够说出自己最喜欢的颜色并说明理由,以此来对不同的颜色展开评价,发展批判性思维。

在学习能力方面,学生能够在学习中与他人开展合作,明白小组合作的重要性;能够拓宽英语学习的渠道,通过网上搜索资料、录制视频等方式学习英语。能够在学习英语的过程中学会倾听他人、认真思考和自我反思。

三、基于核心素养的小学英语教学策略

(一)创设教学情境,激发学生学习兴趣

兴趣能够极大地推动学生的学习动力,只有调动起学生的学习兴趣,学生喜欢学、愿意学,才能取得良好的学习效果。要想提高学生的学习兴趣,教师可以创设教学情境,让学生在情境中学会知识。

针对一二年级低学段的孩子们,教师可以采用学生们平时喜欢看的动画片人物来创设情境。在学到一年级上册 Unit 1《My Family》时,教师可以用小猪佩奇的全家福来导入本节课主题,如:This is our new friend, her name is Peppa Pig, and this is her family. Do you know them? 以此来导入新课《My Family》。在教授二年级上册 Unit 1《Toys》时,教师可以用哆啦 A 梦和他的朋友们来导入,例如,Doraemon has a magic pocket. There are many toys in it. Let's have a look! 以此引入本节课的主题 Toys。用学生们耳熟能详的动画片人物来导入课堂,能够激发学生的学习兴趣,使学生主动学习、积极学习。

另外,也可以通过展示实物来创设情境。例如,在讲到一年级上册 Unit 2《Fruit》时,教师可以把当季的水果带入课堂,指着水果实物问学生:"What's this?"让学生回答,以此来学习本节课的水果单词。另外,教师可以组织学生开展情境训练,两人为一组,让一名学生扮演顾客,另一名学生扮演水果店店员,让学生以主要句型:"An apple, please.""Here you are.""Thank you.""You're welcome."完成情境对话,同时也会用到

刚刚学过的水果单词，加强词汇和句子在实际生活中的运用。

（二）利用信息技术，提高英语学习效率

2022年新课标指出：教师在使用好传统的教学方法的同时，应不断创新，学习先进的信息技术，并将其融入课堂教学中，将“互联网+”融入教学理念和教学手段，做到信息技术和英语课堂深度融合。

例如，教师可以学习使用希沃白板来设计丰富多彩的游戏，使英语课堂变得更有趣。在教授单词时，可以设计“拉绳子”游戏，一共有五根绳子，请学生上讲台，任意选一根，如果拉到的是单词图片，学生就需要大声说出这个单词的英文名称；如果拉到了炸弹，学生需要安静不出声。教师还可以用希沃白板设计小组比赛，将全班同学先分成两组：Group A 和 Group B，然后在希沃白板上设计两个小组在比赛跑步，边跑步边回答问题，答对题多的小组能够加快速度，率先到达终点，取得胜利。

另外，教师也可以使用无线视频展台来进行教学。例如，在讲到一年级上册 Unit 3《Colours》这单元时，讲完单词后可以让学生们在纸上画一画自己喜欢的水果，并给水果涂色。涂完色后，教师可以请学生上讲台来展示他的画，用无线视频展台展示给全班同学看。

教师有效利用信息技术，能够提升课堂的趣味性，高效地打造互动课堂，使学生们能够在快乐的氛围中学习英语，喜欢英语。

（三）开展合作探究，培养学生思维品质

新课改背景下倡导的学习方式有：自主学习、合作学习和探究学习。为了更好地培养学生的核心素养，教师可以采用小组合作探究的方式，将问题抛给学生，让学生在合作探究中，提升其英语思维品质。

例如，在讲到五年级上册 Unit 3《My father is a writer》这单元时，在讲完本单元的职业单词和句型后，教师可以组织4—6名学生为一组，在小组中讨论长大后想从事什么职业，并说明理由。在小组的环境中，学生们能够畅所欲言，与组内成员进行激烈讨论，表达自己的观点。在讲到五年级下册 Unit 3《We should obey the rules》时,教师也可以采用此方法,开展合作探究。教师组织学生以小组为单位,来讨论他们在学校、家庭和社会中,哪些事情可以做,哪些事情不能做,以此来学习社会规则,养成文明礼仪。

另外,教师也可以引入绘本故事来开展合作探究。例如在讲到 Animals 单元时,可以引入绘本北极熊的故事,从而引发学生思考:北极熊应该生活在大自然里,还是生活在动物园中?以此为题目,让学生以小组为单位展开辩论。通过正方反方的辩论,能够培养学生的批判性思维品质,使他们做到从不同角度看待问题。

(四)布置自主作业,提升学生自学能力

新课改倡导学生是学习的主体,应鼓励学生自己主动地去学习,而不是被动地学习,所以教师应鼓励学生自主学习,独立、主动地去学。

为了更好地培养学生的核心素养能力,教师可以布置自主作业。例如,在讲到五年级上册 Unit 3《My father is a writer》这单元时,教师可以在课后布置这样一个任务:让学生介绍自己的家人及其职业,可以以手抄报的形式,也可以采用录制视频的方式,让学生自己去选择形式来介绍,并在下节课上课时展示,这样可以培养学生的独立意识和学习能力。

在讲授二年级上册 Unit 2《Shapes》这课时,教师可以让学生课后通过剪纸的方式,剪出本单元学过的形状,并在形状背后标记上英文名称。学生通过自己动手实践,不仅能够更加牢固地掌握知识,也能提高学生的审美能力和创造能力。

四、结语

总而言之,核心素养的培养在小学英语课堂中至关重要,它也是当前教学的主要任务和目标。教师要经常反思自己的教学方法,及时学习和改进教学策略,从培养学生的核心素养角度出发,合理创新教学方式,寻

求科学、高效的教学方法，引导学生在生活中正确得体地运用语言进行交际，从而提高学生的综合能力。

天津市和平区鞍山道小学　雷玥

基于学力提升的小学数学单元整体教学的思考

摘　要:随着教育新课标改革的进一步推进,在课堂中培育学生的学科核心素质、提高学习的能力已成为更多人所谈论的热门话题,而目前中国小学数学的教学模式也在积极地进行着变革,其中单元整合教学方法一直是大家热议的话题,这一理念就是针对学生的认知需要,通过适时地调动课堂素材,将课程中原本割裂的知识点融合为一个整体,从而形成有效的数学课堂,并实现课程目标化,以提高的教育创新性的教学方法。

关键词:大单元教学,小学数学,学力提升,核心素养

数学教育是一门注重知识点的结构性与思想逻辑性的一个课程,所以,老师们在备课时必须充分考虑各个知识点的相互关系。现如今,大多数老师更加重视单课课程教学内容的设计,仅仅进行一个知识点的教学,教学内容"就课论课",但这很容易忽略知识点间的整体联系,造成了学生被动的接触知识点,而无法在大脑中建立认识网络,一定程度上阻滞了学生的逻辑思维的发展。因此,本文就单元整体教学模式下如何改善上述问题从而提升学生的学习能力培养学生的核心素养,浅谈自己对这部分内容的思考。

一、深研教材内容,形成大单元目标

老师可以在常规备课时,针对各课教学内容的不同而建立不同的课程目标,但大单元下整体目标并不能把几个课程的目标单一地加在一起

而形成整体的目标，因为大单元下的整个教材都是根据本单元所要求解决的重点问题来设定课程目标的，所以，这个目标必须具备一定的统领性，更能体现学科的育人价值，重视知识与能力的融合，从而提升学生的学习能力。

例如，在教学人教版五年级上册“多边形的面积”单元教学内容时，不要把教学总体目标单纯地设定成会算平行四边形、三角以及梯形的体积，要注意到从有关培养学生学科素质和提高学习技术才能总体目标上来，在对平行四边形、三角和梯形体积的研究过程中，逐步渗入转化的数学教育方式，培养学习者的图形推理、直观想象和空间观念等基本才能，这也可以为学习者今后掌握更多图形体积的运算奠定良好的知识基础和能力储备，从而培养学习者进行基础知识的转化的基本才能，进而收到举一反三的教育效果。

二、优化教材内容，实施整体教学

讲授知识点的主要载体是课本，而传统的课本往往在单元安排上，把整个知识点或不同的小知识点分散在不同的课程或单元中，本意上是为了便于学生分阶段地吸收知识点或减轻学生接触知识点时的困难，但这种分阶段形式的教材，并不利于学生掌握各个知识点间的内在联系。因此，教师在处理教学素材时，须有整体意识，将有内在联系的、具有共性的内容整合成一个整体，基于学生的认知发展规律、已有的知识经验以及能力水平等进行重新规划，挖掘内涵，完善结构，帮助孩子们在头脑中建构知识整体网络。

（一）纵向联结知识结构，构建思维框架

小学数学一般可分为四大教学板块：数与代数、空间设计与形状、计算与概率及其实际运用，这部分知识内容基本贯穿了整个小学阶段的教学，但是同一教学板块的内容在各个年级、学段教学目标上是有所不同

的,为了有效地促进学生对于知识本质的理解,教师可以梳理建构同"类"的知识块,关注目标结构、知识架构,同时审视学生已有知识结构、思维结构情形,使数学知识区块链与学生认知结构链协调连接、互动。

以"平面图形的面积"这一部分的内容来看,它属于几何度量范畴,在整个小学阶段知识呈纵向分布,知识点跨多个年级单元。首先,在三年级时最先接触关于面积的基础知识,内容主要涉及体积的定义、边长、正方形面积;接着,五年级继续接触到多边形面积,因为这里含有平行四边形、三角、梯形的面积;最后,在六年级继续接触到圆形的面积,这部分内容纵向跨越三个年级,但从以下几个角度思考,他们又有着密切的联系:

需要掌握的基础技能:数格子、拼补等。

蕴含的数学思想:转化思想。

内在联系:本质上都是单位的累积,测量长度和角度也就是度量单位的累积,以此知识为基础进行了认知迁移,面积的大小也就是面积单位的累积,这也为后面学习体积的测量做了铺垫。

教学重点:体会转化思想,总结推导面积公式,从而建立整个单元的结构系统。

由此可见,可以将纵向分布的这部分内容整合为一个"面积"大单元。以下是面积单元的知识内容结构图(如图 1 所示)。

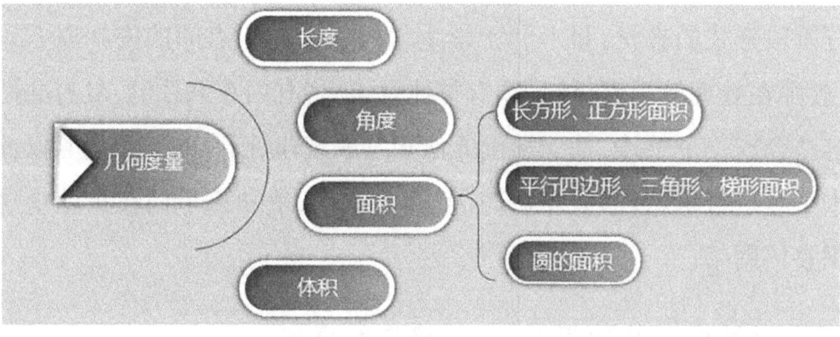

图 1

除了联结相关知识外,还需要构建大单元的思维框架,以"面积"单元相关知识之间的联系为例:

在学习面积单元中,最基础也是最重要的内容——面积和面积单位的认识与理解。在封闭图形中包含几个面积单位,面积就是几,这是计算平面几何图形面积的本质,它贯穿整个大单元的学习。

在学习长方形的面积时,在第一步中,让学生先从格子图像中数出长方形中含有的面积单位的总量,并由此求出长方形的面积;之后又在优化数法的过程中由学生总结出了更简便的办法——长对应的面积单位的总量是行数,宽对应的面积单位的总量是列数,用行数乘列数就能够得到长方形中面积单位的总量,并由此总结出:长方形面积=长×宽。而之后在学习平行四边形的容积时,由于学生们运用现有经验去数格子图时发现无法取整数,所以完成了方法的进一步优化——运用剪拼等方式把平行四边形转换为长方形,然后再运用长方形面积来导出平行四边形面积。而后,三角形的面积、梯形面积的推导是经过转换为平行四边形,最后总结出了面积公式。在教学圆的面积时,因为圆形是曲线形状,所以必须借助想象达到化曲为直,以直代曲的目的,但同样地最后也是采用了转换的思想,经过将它转化成学过的形状,最后概括并总结出了面积公式。由此可见,面积单元教学的累加思想与转换思想一直贯彻于整个单元内容的教学。

利用大单元课程,把知识点进行纵向连接,形成总体的思维架构,这样在教学实践中就会更自觉地考虑教材的整体性、方法的通用性和思维的系统化,进而更有效避免了知识点碎片化,从而完成了培养学习者的核心素质、提升学生学习能力的教学目标。

(二)横向融通知识,突显数学本质

在日常教学中,我们还可以根据单元内知识之间的递进关系,进行知识的融通,使教学内容精简化,学生思维清晰化。

例如,人教版五年级数学中“分数的加减法”一课,教材将本单元内容分割成三部分:同分母分数加减法、异分母分数加减法以及分数加减混合运算,而在学习本单元内容前,学生已经学习过整数加减法以及小数加减法,因此,将整数、小数、分数加减法之间的算理融合起来,理解“相同计数单位的累加”是本单元课程的关键,同时整数加减法、小数相加法与分值相加法之间的基本教学模式及其思想结构也是可以彼此融通的,所以,可以将本单元前两节的内容进行融合,部分教学设计如下(如图 2 所示):

	内容安排	设计意图	递进目标
第一课时	分数加减法	分数加法悟算理 分数减法练算法	1. 理解整数、小数加减法的算理,将算理迁移到同分母分数加减法中。 2. 根据同分母加法的算理迁移类比,探索异分母分数加法的计算方法;能运用分数加法的学习结构自主探究分数减法,提高类比学习能力。 3. 通过联结整数、小数、分数加减法的算理,形成加减法的整体认知结构。
第二课时	练习	探究合适简便的计算方法	1. 能熟练的运用方法,正确计算分数加减法。 2. 寻找并利用规律计算特殊的分数加减法。

图 2

以上的设计目的,是为了让学生利用对整数与小数加法算理的认识,把知识点转移到同分母分数加减法中,把基本算理摸透后,再进一步让学生探索异分母分数加减法应该怎么算,并在此过程中训练学生迁移、类比推理的能力,使学生真正认识到了分数加减法的实质意义——分数单位的加减,从而提高学生的学习能力。

(三)优化练习,实现整体知识的渗透

练习课是让知识落地的必经之路,但以往不同情境下的独立练习过于琐碎,知识关联性比较弱,无法引起学生的兴趣,也不利于学生掌握整体知识的脉络,因此,在练习素材的设计中,整合单元知识,以“一体化”思维设计练习,分层递进问题,实现情景大整合显得意义重大。以“长方

体和正方体”复习课为例,设计一个做鱼缸的情景:

任务一:小明要制作一条鱼缸,所用的金属条长 60 厘米,宽 40 厘米,高度为 50 厘米,做一个鱼缸至少需要多少厘米的金属条?

设计意图:考虑长方体的长、宽、高、棱长总和等特点。

任务二:接着,小明要为鱼缸配上玻璃,玻璃价格大约每平方米九十块钱,要搭配好所有的玻璃,他又要花费多少钱?

设计意图:考虑长方体的表面积,和现实生活中鱼缸面的特性。

设计意图:考察长方体的表面积,以及实际生活中鱼缸面的特征。

任务三:鱼缸做好后,小明想知道这个鱼缸能装满多少升的水?设计意图:考察长方体的体积,容积计算等知识点。

任务四:小明买回来一个假山石作为装饰,将假山石完全浸没水中,测量出水面上升了 0.7 分米,你能帮助小明测量出假山石的体积吗?

设计意图:考察不规则物体的体积。

任务五:小明用相同的方法制作了一个大小相同的鱼缸,他要拿到班级里作生物角的装饰用,为便于搬运,要将两只鱼缸包装在一起。如何包装最省钱啊?大家一起帮忙算一算吧!

设计意图:考察长方体如何组合表面积最小。

这种方法把单元内的知识点,有效融入了一个“综合性”的情境设计,减少了学员盲目练习的无效感,减轻了学员不断穿梭情境的疲倦感,激起了学员“想探索”的兴趣。

四、结语

新课程标准的出台与推行,对小学数学教学改革产生的深远影响是不能忽视的,为此,培育小学生核心素质,提升学生学力成为教学改革的重点和关键。而“大单元整体教学模式”更加注重教材以及教学内容中知识之间的整体联系,更加重视思维的连贯,与传统教学模式有很大的区别,因此,在日常教学中我们要习惯于系统思考,制订单元整体教学组织方案,为学生学力提升提供全新的平台,从而全面改善数学教学效果,在此过程中,不断加强课程标准与学生学习衔接的契合度,让数学教学改革更加充分和彻底,保证小学生数学学力得到充分提升。

天津市和平区鞍山道小学　霍甜甜

“言”为心声“语”为心境
——浅谈利用线上线下混合式教学培养学生核心素养

摘　要：语言是思维的外显，思维是语言的内隐，二者相互依存。小学生核心素养的提升是需要借助英语语言来实现的。2022年版《英语课程标准》指出，英语课程要培养的学生核心素养包括语言能力、文化意识、思维品质和学习能力。本文从以下两个方面，结合自己的教育教学经验，分析如何利用线上线下的混合教学提升学生的核心素养。传统的线下教学，教学资源有限，时空有限，课堂上教师唱独角戏，学生当听众，被动地接受知识。同时在线上教学中，学生老师缺乏面对面的沟通交流，实施效果也不理想。所以，只有线上线下完美融合教学，才能更好地培养学生核心素养，实现英语课程的育人价值。

关键词：线上教学，线下教学，英语核心素养

一、背景研究

英语课程以习近平新时代中国特色社会主义思想为指导，围绕核心素养确定课程目标。新课标重视教育信息化背景下英语课程教与学方式的变革。鼓励教师合理利用、创新使用数字技术和在线教学平台，开展线上线下融合教学，为满足学生个性化学习需要提供支撑。

近期，我国教育部出台了《关于实施全国中小学教师信息技术应用能力提升工程2.0的意见》（以下简称《意见》），这个《意见》将着力促进我

国中小学校老师的互联网信息化运用能力,旨在促进信息化技术与教学的融入创新发展。该能力包括三个方面:校长信息化领导力、教师的信息化教学能力以及培训团队的信息化指导能力。其中推动融合的主体是教师。混合式课堂教学是近年来出现的一个多维度的新型教学方法,融会了网络线上课堂与传统课堂教学的线下推广教学,以促进现代高效课堂教学的形成。

二、关于小学英语线上线下混合式课堂教学中存在的主要问题

(一)传统线下课堂教学

优势:有利于师生,生生面对面地进行沟通交流;有助于知识的系统传播,从而顺利达成教学目标。

不足之处:首先,大班课堂并不利于学生多元化能力的发挥,在实施因材施教方面也有困难。其次,教学模式简单“教材+PPT”,的课堂模式,严重削弱了学生对英语学习的积极性。然后,学习资源有限。最后,时空限制,例如新型冠状病毒肺炎的传播,使得线下教学难以正常进行,我们必须预备其他的方案,让教学活动正常运行。

(二)线上教学

优点:网络、微课等新兴信息技术的广泛应用,丰富了教育技术手段,使中小学生有了身临其境的感受,学习起英语来十分快乐;现在的中小学生都过早地接触互联网,使用网络,对互联网产生独特的情感,利用他们感兴趣的方式进行线上教育,极大提高了他们的参与热情。同学,线长教学不局限于时间、场地、空间,可以随时随地进行,尤其在当前新冠肺炎疫情期间,更是满足了学生的求知需求。

不足:线上课程缺少与学习者的互动、交流和互动。结果导致了在网

课教学流程中,很多学生自己学自己的,甚至做其他事,也有些学生心不在焉,边听课边打游戏或玩手机。

所以,学校英语老师一定要熟练地利用信息技术的优势,进行具有兴趣和实用价值的线上教育,以充分调动中小学生的学习兴趣,同时进行线下课堂教学工作,以凸显学习者的主体地位,并恰当地把线上课堂与线下课堂教学工作完全融为一体,从而充分发挥出混合式课堂教学的优点,以培育中小学生的英语核心素质。

三、线上线下混合模式在学校英语教学中的具体运用

(一)课前阶段——线上自主学习

在课前阶段,我会使用微课和自主任务单相结合的方式进行。首先,我会针对本节课程的教育目标,内容和学情,选取与之相对应的更符合学生语言发展水平的教育资源,并结合具体情况设定出可以进一步训练学生主动学习能力的课程任务,为学生提供丰富的相关学习资料。

【微课1】在人教精通版五年级下册 Unit 2《Can I help you ?》一课的微课设计中,根据购物主题情景,融合集市文化,通过阶梯任务 I can choose, I can make, I can perform,带领学生们体验集市购物之旅。首先,I can choose. 利用多媒体呈现多种集市场景,有 Food 、Toys、Fashion shop、Fruit 、Vegetable、Book shop 等,学生用句型:I like... Where is/are...? Here is /are. 来选择所需要的东西。其次,I can make. 学生动手自己设计制作自己喜欢衣服。然后,I can perform. 通过观看视频,回答问题,再进行角色扮演。最后:设计让同学们做 Task paper: What they want? What they need? 他们只有 50 元钱,来选择他们所需要的东西和想要的东西。

【微课2】点菜。课前我会录制一个制作菜谱的小视频,提前发给同学们学习制作。一般流程:准备一个菜谱的小册子,上面 draw some food,

然后,colour them, 使他们更加具有吸引力,之后 cut it out,剪下来,stick it to the menu. 把它贴到菜谱上。上课的时候,小组内交换菜谱,组内的每个成员写下他要吃的四道菜(不能让别人看见),然后老师给组内成员一些食物的卡片。通过向其他成员询问食物来获得你点的菜品,最先获得四道菜品的那个人获胜。这是一些课堂用语:

You are in a restaurant. Here is a menu. Look at it. What do you want to eat? Choose four things: soup, starter, main course, dessert. Write them down but don´t show them to the others! Now here are some food cards. Deal them out. X, (naming a student in the group you´re standing with) I' d like. . . , please. Look at your cards. Have you got it? (prompt her to say, " Certainly, sir, here you are. and hand over the card? / Sorry, it' s off.) OK. Now Y, (name another student in the group) you go next. Ask someone for the food you want: I' d like. . . , please. Try to get the four things you want to eat. The first person to get the four cards is the winner. 学生们在这个小组活动中,不仅学会了一些食物的单词,而且也学会了怎样制作菜谱,怎样表达自己想要的东西,学习的过程充满乐趣。

课前小小的线上微课可以进一步增强学生自主学习效果。在这个环节,我们教师可利用微信,QQ,腾讯会议等网络平台进行更切实有效的网上答疑,制订更有针对性的指导与帮助,让学生的独立探究能力与主动学习能力得以更全面的训练。

(二)课中教授阶段——线上线下互动学习

1. 利用希沃软件,突破教学重难点

交互式白板聚光灯,对事物的细节具有放大、聚光的功效,它可以激发学生的真实感受,吸引学生的注意,从而增强学生对课堂内容的理解,如在学校执教三年级下册第五单元《It' s a parrot. 》一课时,讲授单词:lion,kangaroo,monkey,mouse,nest。我会用聚光灯的功能,孩子们猜测,这是哪里? 这是什么? 这种复习方法有效地突出了重点,攻破了难点,吸引

了学生的注意力。

此外,我也尝试用橡皮擦的功能,我会事先隐藏这些动物的图片,通过擦一擦的猜测活动,图片全部呈现,答案揭晓。学生会问:Is it a/an... 老师回答:Yes,it is/No, it isn't. 在这个过程中,学生加深了对一般疑问句的练习。

2. 巧妙设计线下课堂游戏,提高学生学习兴趣

活动一:时间。我做,你说。小组成员用自己的肢体动作来摆成时间的样子,比如6点,12点,21点等,让小组内其他成员猜是 morning, afternoon, 还是 evening。这个小组活动,既培养了学生的合作意识,创新思维,还可以使学生动起来,进而培养学生的实践能力。

活动二:介绍新朋友,破冰之旅。为了增进学生们之间的了解与认识,我采用了这样的小组活动。首先,我将全班分为8个小组,每组5个人,序号分别为1号,2号,3号,4号,5号,他们各自在组中用英语来介绍自己,例如,Hello, I am Peter. 然后班里所有的1号组成一个大组,互相介绍自己,以此类推,班里所有的2号,3号,4号,5号也用英语介绍自己,用这样的小组合作的方式,学生们不仅认识了班级里更多孩子的姓名,而且也充分地练习了自我介绍的句型,打破原来组,进行重组的方式,学生们很感兴趣,课堂气氛非常活跃。

活动三:时间。Clockmatch:全班被分为5组或者6组,每组运用"What's the time?""It's..."句型来做时间匹配的小组活动。下面是活动的过程和课堂用语。

A. Deal out Pack 1

B. Look at your cards.

C. Put Pack 2 face down.

D. Player 1 takes the top card.

E. Don't show it to the others.

F. The others ask questions.

G. Player 1 answers.

H. Find the matching card.

I. Throw away both matching cards.

J. The next player takes the top card.

K. The player with no cards is the winner.

Classroom language:

Here are some cards.

Deal out the cards. (*demonstrate*)

Good. Pick up the cards. You can look at them. (*demonstrate*)

Here are some more cards.

Put them in the middle. (*giving a pile to each group*) X, Y, Z. (*naming a student in each group*) You begin.

Pick up a card from the pile. (*demonstrate*)

Look at it but don't show it to the others! (*demonstrate*)

OK. Everybody ask, "What's the time?"

X, Y, Z, tell the time, "It's..."

Who has the same card? Put up your hands.

Good. You can take both cards. (*demonstrate*)

Throw them away, like this. (*demonstrate*)

OK. Good. Now you can pick up a card.

3. 利用线上智能手机软件,玩转英语课堂

RakugakiAR(纸片人):适用于比较难懂的绘本故事,或者画面不清楚的图片,教师可以借助这个软件,为孩子们制作一个视频,所有带线条的内容都可以跃然纸上,动起来。

酷玩地球:可以中英文介绍一些国家,旅游景点。

家居3D设计:讲授房间的时候可以用到,家具摆设等。

（三）课中巩固阶段——线上线下互动复习

1. 互动游戏模板

切西瓜游戏：把这节课所学的单词放在西瓜当中。让学生们边切边读出单词，考验学生快速反应能力；

拼脸游戏：学习完三年级上册第三单元《Look at my nose》一课时，可以让学生们做这个游戏，这个上面有很多身体部位可供选择，如不同的脸型，不同的发型，眉毛，眼睛等，学生们到讲台上，通过拖动不同的身体部位来拼一拼，然后用英语进行介绍所拼出来的小人。

2. 希沃听写功能

老师利用希沃软件进行听写设置，可以设置一些单词顺序、数量、书写的间隔时间等，制作完成，开始听写。这个功能可以巩固学生所学的单词或者句子。

3. 希沃知识胶囊功能

知识胶囊非常方便，对于学生生病了，他没来，我们可以把所教授的内容生成二维码，发给请假同学的家长，学生就可以看到你上课所讲的内容，这些内容学生可以自行进行学习。

4. 思维导图功能

运用思维导图，轻松梳理，帮助学生巩固知识点，我们每次学完一个单元，或者一节课，都可以用思维导图形成一个复盘，将知识进行一个整理，用不同的颜色做的词汇，鱼骨头架，线性知识记忆。

当我们讲到月份或者星期，数字等的表达，可以将节日作为思维导图的顶点，向外辐射出，节日所在的月份，日期以及节日的活动，从而重新建构本节课的知识体系。

5. 运用板中板功能

如果觉得黑板不够，中间是白板，两边是小黑板，用这个功能，可以加页，写一些笔记，或者把小组评价放在这里，小笑脸，小苹果等，记录随便保留,可以在教学的任何一个环节使用。

6. 蒙层功能

时事评价,激发学生学习热情,我们可以使用蒙层功能,设计一些刮刮乐。上面可以写,拍一张照片,一个拥抱,一个小粘贴,也可以是一些物质奖励。

(四)课后实践阶段——作业盲盒

星级作业布置:一星和二星作业偏向基础知识的巩固;三星作业,偏向实践能力的提升。这一部分,有三个选项A,B,C。可以让小组长来抽取作业。盲盒学生很感兴趣,抽到哪一个就选择那一个,这样可以做到作业的多样性。这些作业中,学生们可以借助于腾讯会议视频录制功能同屏录制、抖音分屏合拍、百词斩、趣配音等渠道来完成。

四、实施效果

线上线下教学提高了学生学习英语的乐趣。小学低年级的学生,他们好奇心强,思维活跃,接受能力强,线上精彩绝伦的活动,线下丰富多样的游戏,激发了他们求知的欲望,从“要我学”变成“我要学”以及“我想学”。

线上线下教学提升了学生的自我效能感。在线上自主学习中,学生会为自己独立完成任务而高兴,自我效能感大大提升,过程中也感受到了老师和同伴们对自己的认可和喜爱。

线上线下学习能够提高教学质量。一个人的智慧是有限的,信息网络的智慧是无穷的,信息技术给我们提供了很多教学资源,这些资源可以更好地突破教学重难点。学生们也可以学到解决问题的方法,他们往往会打破常规,会从多方面、多角度去思考问题。信息技教师能够带给我们不同的灵感,我会把这些启发、想法、灵感用在以后的教学中,让英语课堂更加丰富有趣。

五、结语

综上所述，新时代的小学英语课堂面对了巨大的挑战，对学校英语老师也提出了越来越严格的要求，而线上线下混合式课堂则为学校英语带来了变革创新，把当前的互联网信息化课堂技术和学校传统课堂相结合，克服了传统学校英语课堂所存在的缺点，让我们的英语课堂更加熠熠生辉。

天津市和平区鞍山道小学　李春梅

基于古诗教学策略探究语文核心素养的培养

摘　要:学科核心素养是育人价值的集中体现,是学生通过学科学习而逐步形成的正确价值观念、必备品格和关键能力。语文学科核心素养包括:文语言建构与应用、思维发展与提升、审美鉴赏与创造、文化传承与理解。其实古诗词带给我们的不仅是异彩纷呈的审美情趣,慰藉心灵的文化滋养,生生不息的民族精神,古诗教学的过程更是培养学生语文核心素养的重要方式。本文通过实践教学古诗教学策略,促使学生能够在愉快熟悉的氛围中学习古诗,积极参与整个教学过程,深入体会诗句的情感,潜移默化地培养学生"审美鉴赏和创造""文化传承与理解"的核心素养,增强学生的民族文化自信和民族认同感,充分吸收优秀传统文化的养分,认同中华传统文化的博大精深,并积极传承与发扬中华优秀传统文化。

关键词:小学语文,古诗教学,核心素养培养

核心素养是学生在接受教育的过程中逐步形成的适应个人终身发展和社会发展需要的必备品格与关键能力。古诗是教学中的重要组成部分,也是提高学生的语文素养,培养学生热爱中华优秀传统文化感情的一个重要方面。引导学生对古诗的审美与创造,文化的传承与理解更是语文素养中不可或缺的。

诗是什么?言寺为诗,诗是言语的寺庙,神圣且神秘。伟大的教育家孔子说:"不学诗,无以言",诗言志,诗传情。近代诗人艾青认为:"诗是最高、最纯粹的艺术语言。"诗歌是阐述心灵的艺术,它所特有的节奏美、韵律美、语言美、情景美,吸引着人们去品析。以诗为径,跨越时空,穿越

历史文化长廊,还原昔日社会风情,融入诗人所处境遇,再现波澜壮阔历史。通过诗歌能够更快地理解世界,更好地联系世界,带来精神与灵魂上的愉悦。更能丰富学生的语用积累,提高文学艺术素养,让学生受到美学的熏陶和感染,进而提高审美能力,不断塑造人格魅力。同时,古诗词也是最好的写作教材,用最凝练的笔触、最传神的语句,抒发最真挚的情感。

那么,如何通过小学生古诗教学来培养学生的核心素养呢?尤其是面对教学对象生活阅历不足,抽象概括能力有待提高,无法把文字想象成具体的画面,加之古今语言表达的差异、生活习惯不同,小学生甚至成年人不容易将情感转化成文字的情况下,如何领会古诗意境?通过实践教学,我觉得如能采用创设情境,引入诗境;以读为主,淡化讲解;以情带情,体会诗情;展开联想与想象,联系生活实际的方式,能够让学生在愉快熟悉的氛围中学习古诗,积极参与整个教学过程,深入体会诗句的情感,达到培养学生热爱优秀传统文化的目的。

一、创设情境,引入诗境

进入诗歌的意境中是读诗的最高境界,我们要学会引导学生真切地感受诗人所创造出的情景,让学生受到情感教育、审美教育和情境教育的熏陶,激发学生思维的灵活性,感受诗歌最美的情感,能够真正发自内心地爱上古诗,才算是发挥了课堂的主阵地的引导作用。因此教师应该把创设情境和感情朗读有机结合起来,不能单纯地创设情境或孤立地指导朗读,最好的方法是通过创设情景下的朗读进入诗境。例如,在学习李绅的《悯农》(其二)这首诗时,它的大意是农民在烈日下锄禾,汗水从身上滴在禾苗生长的土地上。又有谁知道我们盘中的每一粒米饭都是农民用辛勤的劳动换来的呢?作为教师,我会先通过用看插图或视频的方式,使学生先感受本诗所描述的环境,再让个别学生通过谈谈自己的亲身体会去说明下地劳作的辛苦,接着通过朗读初步体验诗人的情感,最后用唱的形式让学生在音乐的氛围中学会诵读这首诗,加深对古诗的理解。

小学语文教材图文并茂的编排,符合小学生的年龄特点,也有利于提高小学生学习语文的兴趣。教学时,充分发挥课文插图的作用,能帮助学生更好地领悟古诗的意境。新课程标准要求小学古诗教学是让学生在合作探究的学习过程中热爱并传承古代优秀文化,需要注意的是教师在教学时也可以借用多媒体技术来赏析诗句,采用直观的方式把抽象的文字还原成生动的画面,让学生体会到诗中有画、画中有诗,再让学生通过朗读达到与诗人的情感共鸣的境界,这样学生的朗读就会一次比一次到位。在教学过程中,教师要注意以下几点:不能操之过急,要引导学生对诗句的内容产生兴趣和感性认识;不能采取满堂灌教法,要引导学生思考,允许学生在合理的范围内有自己的见解。只有做到以上几点,才能让培养学生对诗的兴趣,有效地与诗人产生情感上的共鸣,深刻地理解诗的内涵。

二、以读为主,淡化讲解

读诗是进入诗人思想最快的方式,也是重要的学习方法。古人写诗,大都是因为有所见所闻所感,情发于心,然后浅吟低唱,所以用诵读的方式学习古诗,是符合古诗特点的。在教学中,要给学生留有充足的时间,让学生充分阅读古诗,沉浸其中,在读中体会诗歌的语言、内容、情意,在读中培养语感,在读中有所感悟并受到情感熏陶。诵读是小学生感悟诗歌的最佳方法,通过诵读促进学生体会诗句内在情感,而内在情感又会再次促进诵读的效果。例如,学习《静夜思》时,我会让学生先去诵读,通过多次朗读,发掘“床”“明月”“霜”等具体意象,并结合生活实际在脑海中想象出具体可感的画面,由此走进古诗,情景代入,让教法变成学法,让读的环节变得有趣味、不单调。

淡化老师的讲解,不是说老师什么都不讲,只要学生自己读就行了。那老师应该讲什么呢?我认为应该针对诗眼展开详解。还是以《静夜思》这首诗为例,根据学生通过阅读构建出的画面,引导学生找出诗的题眼——“思”,这样整个古诗的理解就变得就很容易了。老师的作用是组织、引领、启发、点拨,充分发挥学生的主体作用。教师不但要正确组织引导学生自己去学习,还要根据心理发展规律,根据他们现有的知识水平创设一定的教学情境,帮助他们建立学习目标,自觉进入学习的状态,进而启发学生顺利进入更高水平的学习。这些问题都是需要老师进行思考并在教学过程中去一一施行的。

三、以情带情,体会诗情

大文豪托尔斯泰说:“把自己体验过后的感情传给别人,而使别人也为这感情所感染,也能体验到这些感情。”因此教师必须对古诗文熟悉,能够正确把握古诗的内在情感,才能把古诗包含的情感精准传达给学生、打动学生、感染学生。比如《九月九日忆山东兄弟》这首诗是写游子的怀乡思亲之情,尤其是在当时交通还不发达的情况下,佳节更难回去与亲人团聚,“独”和两个“异”字此时更能体现出诗人强烈的异地做客之感。结合我自己的亲身体验,从初中就开始离家,尤其在上了大学以后更是与家人聚少离多,每次在讲授这首古诗时,我都会给学生讲述我的个人经历,并提醒孩子们要珍惜并享受现在与家人在一起的时光。在下课后,也可以再组织学生开展诗歌情景剧活动,在充分理解古诗内容和情感后,进行情景再现,这样在领会诗歌情感的基础上又加入了当下的现实解读,学生则会对这首诗记忆深刻。

教师是传递诗人情感的桥梁,语言简练,韵律优美的古诗,蕴藏着诗人许多美好的情感。这就要求教师在理解诗词内涵的基础上,提高自我情感的调控能力和课堂把控能力,用自己的情绪感染学生,充当学生与诗人情感沟通的桥梁。此外,教师要学会运用现代教育教学技术等多种手段,使课本上的知识活灵活现地展现在学生眼前,更加符合小学生直观性认识事物的特点,也能够更好地引导学生去领悟古诗的情感美,充分展现教师组织者、引导者的作用,同时更好地发挥学生学习的主体地位。

四、展开联想与想象，联系生活实际

生物学家达尔文说：想象是人类最高禀赋之一。人类因此得以把积累下来的形象和思想综合起来，并在不知不觉中产生奇妙的成果。古诗简洁、短小而意味深长的特点，处处体现着联想与想象。“诗之境阔，词之言长”，诗词是极其精练的艺术，都以少量的字词包含着丰富的含义，以含蓄的点拨给人以天女散花般的自由想象。古诗教学的重点是让学生充分感受诗歌的语言美、意境美，从而欣赏自然美、艺术美和社会美。语文教材中选取的古诗词正是或意境深远，或咏物寄思，或抒情引理的语言珍品，首首朗朗上口，句句蕴含哲理。

例如，在学习《望庐山瀑布》这首诗时，先通过多媒体观看一些关于瀑布的视频和图片，勾起学生游览黄果树瀑布、壶口瀑布的记忆，能够帮助学生更好地抓住“望”庐山瀑布之景，“挂”如珠帘垂空，化动为静，让学生感受到飞流直下的瀑布之雄伟壮丽，传神入化。再抓住诗句的语言美，再让学生在吟诵中放飞思绪，将直观与想象的画面结合起来，营造出身临其境，与诗人共同感受庐山瀑布的雄壮之景，体会诗歌的艺术美。以生活为基础，插上联想与想象的翅膀，让学生更好地理解诗文内容和意境，品味诗的画面美、意境美。诗人已远去，但情感心意依然相连通。联想和想象是诗词艺术的翅膀，同时又是诗词鉴赏的触媒，学生要充分理解诗中的意境及诗人的言外之意，就需要通过自己的联想和想象去补充和领悟诗句以外的画面、情感。

当然，仅仅依靠上述方法，并不能完全实现古诗教学的目标。教学过程中，还要注意教学拓展、延伸思考、扩大阅读，不能就诗教诗，应该加强回顾，联系生活，多一些思考、多一些问号。如学完《咏柳》，你是否积累了其他有关春天的诗句？学完《回乡偶书》和《次北固山下》，你是否知道其他借助意象来表达思乡、思念的诗？学完《赠汪伦》《送元二使安西》，你是否想到了其他送别、友情的诗？儿童天生就是诗人，他们天真、质朴，富有想象，我们需要给他们悄悄播种下一颗热爱古诗的种子，在不断学习中长成粗壮的躯干、结实的枝桠丫，结出满满诗词的果实。

优美的诗词，丰富的内涵，悠远的意境，精湛的语言是我们取之不尽、用之不竭的宝藏。探索古诗教学方法，正确把握作品情感，采用科学有效的手段激发学生的学习兴趣，引导孩子们赋予每个诗句以新的生命，赋予它变幻的色彩。

诗经楚辞，唐诗宋词，借助凝练的语言，深远的意境和丰富的内容滋养着无数中华儿女的心灵。通过多元深度的诗歌教学，既增加学生的知识积累，夯实综合素质的培养，又增强了学生的民族文化自信和民族认同感。

因此，我们要重视古诗词教学，不断充实自己，做教育教学的研究者，做中华优秀传统文化的继承者与发扬者，努力创造机会，让孩子们在学习语文中不断感受美、创造美，引发学生的情感共鸣，尽情享受诗句给他们带来的快乐，使学生在学习和应用的过程中，不断形成并提高其核心素养。

和平区鞍山道小学　胡宏敏

浅析信息技术与数学教学的融合创新

摘　要:教育的信息化是进入21世纪以来,我国乃至全世界都在研究的主题,信息技术渗透到人们生活的方方面面。尤其是疫情以来,教育部开展“停课不停学”活动,保证学生正常学习,这一举措加速了我国教育信息化的进程,但同时也带给了传统教师一定的压力。因此,坚持信息的融合创新,发挥技术优势,改变传统模式,推进新技术与教育教学的深度融合,真正实现从融合应用阶段迈入创新发展阶段,不仅实现常态化应用,而且可以实现全方位创新。

关键词:小学数学,教育信息化,创新

随着新课改的逐渐深入,小学数学教学也逐步实现了信息化。2018年4月13日教育部发布了《教育信息化2.0行动计划》的通知,意味着开始全面普及教育信息化。随着科技的进步,现代化的信息技术对小学数学教学产生了深刻的影响。同时,自2020年以来,教育部开展了“停课不停学”这一活动,也加速了将数学课堂与信息技术相融合的速度。电子技术有效地改善了小学生由于自身的抽象理解能力,逻辑思维能力的不成熟,而导致的一些学习理解上的困难,它以丰富形象的教学方式有效提高了小学数学教学效率。

一、加快新时代下小学数学教育的创新

(一)硬件方面,网络自媒体加速教学平台多样化进程

网络的快速发展,带来的是各个学校的百花齐放,基本上天津市的每

所学校都有属于自己的网站、微博以及微信公众号，这种自媒体的宣传，让我们看到各个学校为了学生的成长做出的努力，促进了家长对于教师的信任，对于学校的信任，促进了家校合作。

同时，加强学校教学设备的先进性，教学设备是发展教育信息化的必要条件，引用先进的教学设备，为学生提供答题器以及智能黑板，使用水溶性粉笔，从源头上杜绝了老式黑板及粉笔带来的粉尘，为教师与学生提供了良好的教学环境。

（二）软件方面，区域链技术进一步推进数学教学手段丰富多样

根据《教育信息化2.0行动计划》的要求，自2018年以来，教育局加大了对于学校对于校园网络资源的建设，所有学校都连接到互联网上，宽带满足了信息化教学需求，无线校园和智能设备应用逐步普及。“网络学习空间人人通”汇集了大量的资源，包括教师的课件、教案以及习题等内容，为教师更好地教学提供了便利，每位教师可以利用人人通系统，找到与课程对应的资源，从多种课件中取长补短，结合学生实际修改自己的课件，为教学做好基础。

另外，手机软件“智慧中小学”实时更新的微课以及教学资源，不仅满足了学生及其家长在家中辅导孩子的需要，也在一定程度上帮助青年教师进行备课、预习，紧跟国家教育政策，给了新老教师一定的指导意见。另外，地域的不同，也影响了教学水平的发挥，中国教学水平的发展是不平均的，网络的大数据方便了各个地域的教师进行经验交流，打破了地域的限制，实现了跨省的教师连通，均衡了教育资源。

二、目前数学教育信息化的优势

（一）促进教育工作者提升教学理念及专业素养

新课程改革为教育信息化，带来了空前的活力，同时新课改倡导独

立、互助和探究式学习,促使了教育工作者尽快转变自身教学理念。学习的主人由教师转变为学生,从学生被动地学转化为主动地学,信息化在这时候就是一个快速便捷的手段。使用信息化技术,能更快速地吸引学生的注意力,激发学生的兴趣,形成良好的听讲状态。同时,在新课程改革的要求下,教师也应全面了解学生各个学段的知识内容,有利于学生形成良好的知识框架,促进学生建立自主学习能力,并辅以必要的教学手段。例如,在进行《正方形的周长与面积》一节课时,可以让小学生自己先学习这一节内容,并让他们找出相关的定义及符号表示,以及各个之间的关系等之后,教师让小学生分组起来汇报一下他们的自学成果,让学生以小组为单位,在课下进行幻灯片的制作,课上直接交流,相互借鉴补充学习,真正做到将课堂还给学生。

提升信息化教学效率、小学数学信息化教学的实现离不开教师素养的提升。这意味着许多有了十几甚至二十几年工作经验的教师不得不走出舒适区,走出来主动学习。教师是一个富有创造力的职业,只有认清教学的发展趋势,积极适应小学的信息化数学教学,适应学生的日常生活,教的内容才更容易让学生接受。

(二)加强学生的注意力

7 岁到 12 岁的学生注意力持续的时间仅有 20 到 25 分钟,理解接受能力有一定的局限性,因此利用信息化技术来给学生创设出相关的学习情境,将教学内容多种形式展现出来,并辅以一些趣味活动,增加教师与学生的互动,例如利用软件将全班学生的姓名提前输入软件中,在上课时就可以随机抽取学生进行各类游戏或问答形式的活动。在导入教学总结等环节中增加教学的趣味性,适当的动画也可以营造愉悦的学习氛围,增强学生的学习专注度,减少“走神”“发呆”的情形,从而提高学生的听课效率。例如,在讲“可能性”这一节的内容时,利用多媒体创设了多个生活化的教学情境。其中一个是通过希沃白板软件向学生展示一二三四五,五张数字卡片,并且打乱顺序,翻转过去,在这里模拟的就是扑克牌的玩法，随机选几名学生随机点击抽取卡片，看数字是多少。再让学生简单描述这几位同学抽取的过程，用“一定”“可能”“不可能”来描述每件事件出现的可能性，减少了学生带来扑克牌亲自动手操作带来的不利于学生集中注意力的影响，也在轻松的氛围中理解了事件发生的可能性。

（三）建立模型思想，发展创造思维

信息技术手段最直接应用到数学中的就是图形，对于小学生来说还没有形成抽象思维，图形是他们理解的一大难关，尤其是立体图形，在以往课堂中立体图形的展示一般只有几种规则的立体图形进行教具展示，如：长方体、正方体、球等。在教学这类知识时，立体图形内部的一些变化并不能直观地展示出来，导致有些学生无法理解其中的变化，整节课就处于无法听课的状态，而利用信息技术教学能够将这类教学内容很好地展现出来。例如，在教学长方体时，我课前做好课件，上课时设置环节“请同学们随意说出一个长方体的长、宽和高”，再将学生说的数据填入就会自动生成一个长方体，每位学生都在感叹科技的神奇，也激发了学生的学习兴趣，这样的课堂让每位学生对于长方体的理解更加深刻。再例如，在讲“位置”一节的内容时，我从学生的座位出发，课前准备好每位同学的个人照片，然后从“请同学们根据教室的座位，在屏幕上为老师准备一张座次表”引入，通过拖拽的方法，学生可以到黑板前动手操作，把自己的位置找到，这时候再提问：“同学们都是怎样找到自己的位置的？”也可以利用答题器，同步答题，学生只要利用手中的答题器回答问题，智能黑板中的软件就会立刻反馈给学生，以此可以鼓励学生发言，在学生描述后就可以引入“数对”的知识。在练习时，利用希沃白板，也可以将题目中“通过平移到达指定数对”这一内容，快速、形象地展示给学生，节约了许多画图时间，展现得也更为清晰。

三、增进教育信息化的措施和对策

（一）提升教师队伍管理水平

加大提升教师自身专业素养，提升信息化教师的专业水平，每位教师在日常教学中要做到准备充分，不仅有适应现代化手段的内容，也应具备面对突发问题的能力，例如，在教学时设备出现故障，仍然要保证整节课完整地进行，尽力做到引人入胜。这就需要教师首先具备一定的处理现代化设备故障的能力，还要具备随机应变能力，能够利用身边的现有的教学设备完整地进行教学。

（二）以创新推动教育发展，打造信息教学加强版

教学设备的提升带来的是机遇，将已有的教学内容结合教学设备的使用，突破以往课堂。在以往课堂中教师只能使用纸质教具、木制教具，或者是学校统一下发的学具进行教学。而木质、纸质教具大多是教师亲手制作，费时耗力，还不易保存，存在很多局限性。现代技术以科技带动学生的思维，例如，教学“烙饼问题和沏茶问题”时，在课堂中无法真正带来茶具进行沏茶实验，或者在学校进行烙饼实验，这就可以用信息化技术模拟沏茶和烙饼的过程，使每位学生都参与到课堂中，真正做到“做中学”，这样创新带给学生更为直观的感受，学生的印象也更为深刻。

（三）信息技术在线上教学中的应用

小学生的思维同时具有具体形象的成分和抽象概括的成分。低年级学生的思维以具体形象思维为主，从小学高年级开始，学生逐渐学会区分概念中本质的东西和非本质的东西，但此时的抽象逻辑思维依然离不开直接经验和感性认识，思维仍具有很大成分的具体形象性。

因此，在疫情期间进行图形问题的教学时，如何利用线上直播课帮助

学生体会并理解教学内容,也是需要突破的一个难点。

在这里经过多次的实验我找到了一个软件 101 教育 PPT,这个软件有许多丰富的小程序,可以满足数学教师日常的使用。如在教学《观察物体》时,有这样一道题:“一个立体图形,从左面看到的是,从正面看到的是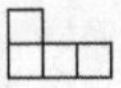。摆出这样的立体图形至少需要(　)个相同的小正方体。A. 3 B. 4 C. 5 D. 7。”

这样的题即便是在日常学习中,也是学生理解上的重难点,因此我利用软件中的学科工具——方块塔(如图 1 所示)进行教学,在教学时不管学生提出什么样的问题都可以带给学生最直观的体验。

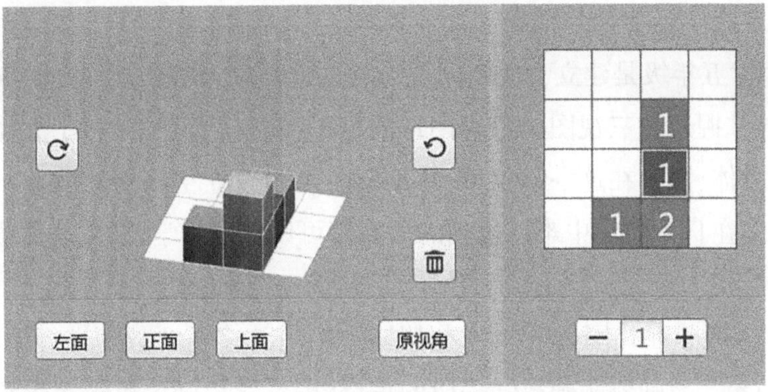

图 1

这一教学软件不仅适用于线上课程,也适用于线下课程,在教学《长方体的认识》一课时,需要学生理解并掌握长方体的展开图,但是长方体的展开图有多种方法,传统的课堂模式是课前让学生自己准备一个纸质的长方体展开图,在课上进行动手还原,由于学生大多只准备一个,且教学时间有限,不能全部都让学生动手实验,回家后也无法保证每个学生都能动手实验,因此实验多种方法的展开图这项任务就交到老师的手里,利用教学软件,将长方体展开图都导入到课件中,并制作动画(如图 2 所示),不论选到哪个展开图都能进行还原,再让学生到讲台前亲自动手操作体会这一过程,就大大减少了教学难度,也帮助学生建立空间观念。

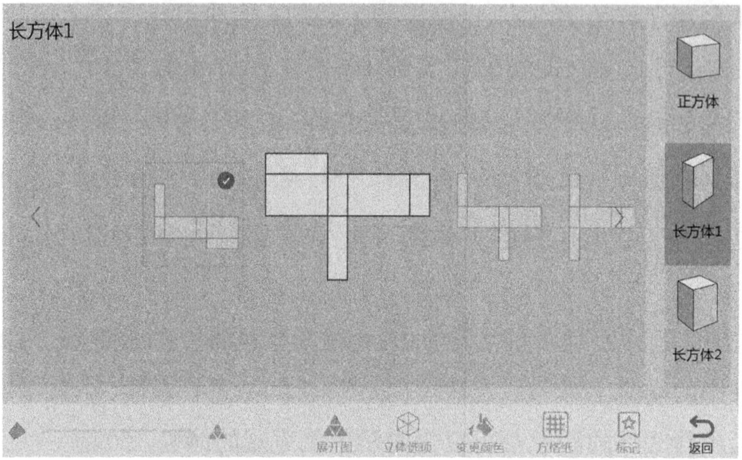

图 2

小学五年级是建立学生空间观念的关键时刻，在这一学年里，学生要理解并掌握通过三视图想象出图形的框架，初次认识并学习了立体图形长、正方体，因此在这一学年里，帮助学生初步建立空间想象能力十分重要，很多在日常教学中难以达到的内容都可以借助教学软件，来达到教师的目的。

线上教学在我国小学课堂才刚刚起步，有许多需要教师进行探索、研究的内容。教师要明确教学手段的重要性，数学教师要勇于接受新鲜事物，与时俱进，主动探索教学过程中可利用的信息技术，合理地运用信息技术是提高课堂效率最直接、有效的方法，也是激发学生学习兴趣的途径。

信息化的数学适应于当前形势下的教学，更为贴近学生的实际，也利于教师增强教学的有效性。作为教师，更要提升专业素养，加快创新发展，才能更加适应飞速发展的社会，更加贴近学生，也才能更好、有效地进行教学。

天津市和平鞍山道小学　魏紫婷

小学音乐学科核心素养的培养与信息化教学的融合

摘　要:学生核心素养的培养是当代教学的重要内容之一。为提高学生的核心素养能力,各学科在教学观念和方式上积极做出改变和探索,在当今教育信息化背景下,教育教学环节趋于数字化、信息化,逐步将抽象的教学内容资源更直观有效地呈现给学生。小学音乐核心素养的培养应和信息化教学手段融合,充分挖掘学生的音乐潜力,努力实现高效课堂,进一步实现小学音乐课程的教学目标。

关键词:核心素养,信息化,审美,音乐

在数字媒体普及的今天,教育信息化逐步走向成熟,在教学中占用的比例也逐渐增加,教育信息化是将信息技术手段有效合理地应用于课堂教学中,充分利用网络和数字媒体,利用和开发教学资源。作为教育领域的中心工作教学的改革不能停止,信息化教学就是使教学手段进行科技化、现代化改革。信息化时代的社会特性影响着当代音乐教育理念的转变,音乐教育理念的转型加之智能时代科技的发展则注定音乐教学方式改变的必然性。教育要适应时代发展,音乐课程要求发展学生的音乐核心素养。如何在信息化背景下让核心素养的培养完美结合,成为当前教师要解决的重要问题,让核心素养乘上信息化的翅膀,可以让孩子在音乐的世界更加自由快乐地飞翔。

一、通过信息化实践提高学生音乐感知能力

音乐感知的培养是发展小学生音乐思维、培养小学生音乐能力的重

要内容。它也是对小学生进行思想品德教育的重要环节,它关系着青少年一代的健康成长和艺术情操的修养。小学阶段的学生,智力和感知能力正处于成长的关键阶段,他们思维活跃,对音乐能表现出积极参与的热情和快乐的心情。小学音乐教育的出发点,是要启迪学生从小对音乐美感的兴趣,提高他们的音乐感知能力,在学习音乐的过程中,能够感知到音乐带来的美妙意境,对不同音乐的风格进行自己的判断和领悟,当真正进入音乐的丰富世界中时,就会激发他们对音乐的热情和兴趣,最终达到使学生们想要表现美和创造美的目的。

与音乐感知的教学上要坚持“以听为中心”的原则,把发展听觉作为首要任务,遵循听觉艺术的感知规律,突出音乐学科特点。以音乐为本,从音响出发,以听赏为主。遵循小学生的认知心理发展规律和音乐认知特点,面向全体学生,注重因材施教,努力使全体学生积极地参与到教学活动中。“从情入手,在趣中启智”注重习惯的养成,提升学习能力。多采用以游戏、律动的方法学习音乐知识,给歌曲乐曲创编动作,加入柯达伊乐器的伴奏来丰富歌曲的情感表现。小学音乐课堂中主角应该是学生,实践的主体也是学生,教师在教学中要积极引导学生将音乐实践贯穿始终,信息化的手段可以丰富实践活动,充分调动学生的积极性,使学生在体验中获得知识,在兴趣中启发智慧。

在信息化教学模式的发展下,课堂教学从最初单一枯燥的示范讲解到与多媒体网络结合,诸多实际条件允许我们在既有的教学理论和模式上加入现代化的硬件条件和创新教学方式。

例如,加强“翻转课堂”与“微课”的应用、网络多媒体课件资源的加入以及校园平台公众号资源的有效利用等。“翻转课堂”要求学生自主学习,学生通过对多媒体的利用完成教师提前布置的学习任务并在网络上及时反馈,教师根据学生的完成情况通过视频软件的数据分析制订教学目标和教学内容,及时调整学生阶段性学习内容。针对学生反馈的问题进行直接解决,“翻转课堂”的学生可以观看学段相关的音乐教学及欣赏视频和相关音乐书籍,在课前明确学习目标和任务要求,掌握所需了解和学习的音乐知识,以便在上课时提出问题,及时寻求教师的帮助,这种学习模式有利于提升学习兴趣,奠定学习基础,实现先学后教,以学定教。

教师还可以利用微课和校园平台拓展音乐知识的延伸,学生可根据本单元学习内容在课后录制音视频或拓展相关才艺,教师基于学生的作品反馈进行总结,将更多的有效信息进行新知识的整合,利用校园公众号平台进行学生优秀成果的展示,有效促进学生自主学习能力的同时进一步拓展学科运用能力和音乐综合素养的提升。

再如,在讲授二年级《快乐的音乐会》一课中,歌曲三段歌词分别提到了小胡琴、小喇叭和小铜鼓三种乐器。由于伴奏乐器电子琴本身具备多种音效的切换功能,可以模仿不同乐器的声音。在伴奏歌曲时教师可以根据不同音色,以及不同的音乐类型在视觉上的体现找到相应的视频画面材料。对应三段歌词,学生会看到相关的乐器动态视频和歌曲内容中的小动物,身临其境地感受欣赏这个“音乐会”。通过合理运用信息化资源,学生能从不同的乐器特征上更好地感知音乐,再结合歌词中“吱吱扭扭,滴滴答答,咚咚咚咚”等形象的拟声词中进一步理解音乐,丰富视听感知能力,使学生体验中获得知识,在兴趣中启发智慧。

二、通过信息化有效提升学生审美素养

音乐教育中的审美教育也是衡量教育质量的一道重要指标。审美感知被定义为“审美感知是对事物形式特征的全面把握,是将混沌的客体形式转化为某种形式,某种结构的完成”。这种音乐审美观需要在音乐教育实践中进行大量的音乐知识学习和系统的科学音乐能力实践,形成学生自身音乐审美观的系统整合。例如,在欣赏管弦乐曲《糖果仙子舞曲》时,教师可以借助该音乐作品中的要素钢片琴,为学生营造童话般的情景氛围,引导学生感受美好的童话世界氛围,使学生通过展开他们想象的翅膀得到美的感受与体验。对于作品内容美的表达可以借助童话故事来引导学生理解乐曲所表达的情景,把抽象的音乐作品赋予可想象的文

字表达,以一种学生能够更好地理解的形式呈现在课堂教学中,引导学生理解音乐之美,提高学生对美的感受能力。

审美能力其实也是一种综合能力,不仅仅涉及学校的教育,还有家庭和生活的影响,不是单纯靠某种教学方式就能够提升的,特别是在小学阶段的孩子,面对世界许多事物都是新鲜的,都可能成为影响他们审美能力的因素,所以教师应该充分将信息化的优势利用起来将世界美好的事物展现在学生面前,比如在欣赏中国传统民间歌曲时,可以在课前播放该地区的怡人景色、当地的主要特色民俗。民歌反映的是当地的文化,从服饰、建筑、景色上都是一种审美能力的训练,当此时搭配上歌曲之后,学生能够全面感受到这种文化的魅力,让学生感受歌曲带来的美好和道德情怀的熏陶,有利于小学生感受音乐和其周边事物带来的整体美感。

信息化、融媒体在教学中的使用对于小学生审美还会起到一种引导其主动寻找美的作用,全方位的信息化使用,可以让学生在一个阶段的教学过程中感受到自然之美、人文之美、声音之美、色彩之美和现代之美。这样多元美学要素在声、画、像甚至VR和3D技术的支持下,逐步激发学生的审美意识,从而推动孩子们的大脑不断与生活结合,与想象力结合去探寻新的美,进一步提高自己的审美素养。我们教学中常常会发现一个现象,就是孩子的美术作品总是超出我们的想象,无论是创意、色彩还是主题上都可能会超出我们日常的教学设想,这是因为多重学科和信息化技术培养的过程中,孩子们形成一种综合性的美的感知,进而将这种审美素养通过美术、歌声、欣赏水平的方式表达出来,这样一个过程可能在信息化时代以前需要很强的天赋和漫长的培养时间才能达到。

三、信息化背景下的文化理解与学科融合

音乐是文化的重要组成部分,“文化的理解”也是新的课程标准明确了学生核心素养之一。具体内容是通过音乐感知和艺术表现来理解不同文化语境下音乐艺术的人文内涵。首先,一首乐曲可以反映特定时期的

风土民情、人文底蕴以及文化内涵。例如在教授贝多芬《欢乐颂》时，以古典主义时期的时代背景切入，从席勒的诗、贝多芬的曲等等有关《欢乐颂》乐曲的文化引申教学，以此提高学生的文化理解，提升学生的音乐核心素养。所以音乐教师在课堂上应该尝试全面地给予学生人文关怀的理解，将文化的内容放在音乐课堂上，通过丰富视频资料将一个音乐作品的背后的故事呈现给学生，人文精神无法靠技术手段训练出来，人文情怀也不仅靠聆听一两首经典作品去熏陶，音乐教师不能局限于教材本身，要积极利用网络、电视等多媒体资源上的一些经典及顺应时代审美的音乐素材，扩大学生对音乐的了解，使学生更好地了解音乐的魅力。其次，教师应该多鼓励或组织学生参加一些音乐会及音乐舞台剧的观摩演出，以扩大学生对音乐多层次的了解，使学生能够来到现场，亲身体验美妙音乐带来的精神享受，从而提高学生的音乐核心素养。例如，2008 年北京奥运会上张艺谋总导演采用了击缶和画卷的形式将中国文化展现在亿万人面前，2022 年东奥运通过人与光学映画等手段的融合将我们的民族精神与文化底蕴向世界表达出来。这是多元化的手段能够达到的效果。在新时代的教学系统中，绝对不应该仅仅停留在简单的影像资料、音乐欣赏上，而是要通过信息化手段融合文化要素，摆脱只有语言、图画的教学模式，将文化的内涵与教学结合。特别是音乐课堂，音乐本身作为一种信息化不可缺少的表达手段，十分有必要将音乐本身作为文化理解的本体，借助信息化进行教学，提升学生们的音乐素养。

学科的融合是一种综合性的教学方式，通过学科的融合后提供给学生的是一个整合后的文化概念，我常常在课堂上运用学科综合的特点将音乐课与多门艺术相结合，体现我校的“文化汇智”的教学理念。例如，在欣赏课《小狗圆舞曲》一课中，我会在播放这首钢琴独奏曲的音频中，启发学生想一个图形或简单的线条来形容这首乐曲的旋律，然后请同学在黑板用彩色粉笔画出自己的想法。这个教学环节的设计，学生都会积极踊跃地参与其中，能够在聆听音乐时，从乐曲旋律和音型特点的角度感知音乐，并加入自己的想象力和创造性思维。我也会请口才好的同学有感情的诵读内蒙古民歌《草原就是我的家》,请爱动脑的同学为歌曲《小麻雀》创编歌词,在《猫虎歌》这首幽默轻松的歌曲里,调皮好动的学生们会争先恐后地要即兴扮演老虎和猫的角色,喜爱写作和绘画的学生会给歌曲填词填图。在这种灵活多样的教学方式下,学生能够积极地参与到课堂活动中,以自己独特的方式感知音乐,享受音乐带来的无限乐趣。

四、结语

核心素养的培养可以采用多种方式方法,对不同的学科及学段的学生也应因地制宜,因人而异。信息化的利用是多方面多元化的,如果能根据自身学校学生的实际情况将二者进行结合,达到信息化的充分利用,核心素养的有效培养可以说是对教育教学方式的一大推进,在符合时代要求的前提下全面激发学生音乐潜能。

天津市和平区鞍山道小学　蔡婷婷

在小学美术教学中如何培养学生审美素养的实践研究

摘　要：美术是一门可以使人懂得怎么在生活中去发现美寻找美的学科。拥有更好的美的“直觉”的孩子，会自然而然地远离丑陋。他们会在生活、艺术、自然，甚至人性中吸纳自己的鉴赏能力，主动向美好的、更加适合自己的一切去靠近。从深层角度而言，培养孩子的审美能力，就是在提升孩子的未来竞争力。

关键词：兴趣，发现美，理解美，应用美，审美心理

美术归根到底是一门美育学科。蔡元培先生曾经这样认为，美育的目的在于陶冶人的感情，认识美丑，培养高尚的兴趣、积极进取的人生态度。在美育中，会引导学生净化心灵，养成高尚纯洁的人格，追求一切美好的事物。所以培养学生的审美能力是学习美术的重要意义之一。审美教育一方面是使学生形成正确的审美观点；另一方面是培养学生感受美、鉴赏美和创造美的能力。美学家认为美术教育要从审美形态和美感教育两方面进行。审美形态教育是培养人对自然界中千变万化的美的形态结构和艺术品的形态、形式、风格的鉴赏、识别能力。美感教育是培养人建立健全审美心理结构，提高人的审美感受、情感、想象与理解等心理能力，并使之相互协调，最终使人具有敏锐的审美知觉及对美的欣赏力和创造力。

在美术教学中，为了使学生更切实地提高美术核心素养，在对学生进行一定的技能训练外，要有意识地加强学生审美教育，以体现素质教育的重要性。结合小学美术课堂，对于如何培养学生的审美能力笔者进行了

以下粗略的研究。

一、激发学生的好奇心和想象力，为发现美奠定基础

实践证明，学生学习兴趣愈浓，审美教育的效果也愈好。因此，我认为作为教师要做好充分的课前准备，选择符合学生的年龄特点的教学内容和方式，激发其情趣。

（一）充分利用美术鉴赏课程

在我们周围的世界中，每天都会遇到各种美与丑的事物和现象。美术学习能够增进人们敏锐地观察、领悟世界的意识与审美感，发展审美判断能力。因此，“审美判断”是基于当今人们对判断美与丑的事物需要而提出的，也是当今人们在学习、生活和工作中必不可少的素养。

美术鉴赏课就是根据形式美的原理，感知、分析、比较、诠释美术作品中所隐含的各种美的因素，分析和辨别生活中的视觉文化现象，进而形成自己的看法与判断。

我认为在美术鉴赏课中，教师可以多创设情景，比如美术馆、画廊、画展等主题鲜明的情景，将学生身临其境地代入鉴赏美的氛围中。带领学生发现并感受不同的作品给人带来的不同感受。有些作品雄浑磅礴，让人振奋；有些作品肃杀寂寥，引人忧伤；有些作品亲近平和，温情脉脉。那么，到底是什么让我们产生了不同的感受呢？形式分析法是对构成一件作品的线条、色彩、构图和空间纵深等形式元素进行分析的鉴赏方法，采用这种方法有助于我们理解作品的审美特征、时代风貌和地域差异。图像阐释法是通过对作品中时间、地点、人物、事件的辨识与分析，联系创作的社会背景，来理解作品主题的鉴赏方法。客观而准确的美术鉴赏是形式分析与图像阐释综合运用的结果。

作为教师应该不断学习，扩充自己的美术知识储备，内化提高自己的

审美判断。美术作品是形式与内容的统一,线条、色彩、材质、空间是作品的形式要素,题材、主题、情境是作品的内容要素。创作者不同、时代不同、地域不同,形式与内容的选择与组成也会有差异,这就造就了个人时代与地域的美术特征。具有一定的知识储备,我们才能读懂美术作品中讲述的故事,理解作品所要传达的内容信息。再进一步,如果能深入了解艺术家的创作经历、社会背景、同类作品的历史脉络,我们还能够对作品的来龙去脉、立意宗旨、历史地位做出判断。因此,除了对形式要素敏感外,鉴赏者还需具备扎实的人文知识与广阔的文化视野,如此,才能看得深、看得准、不狭隘。至此,我们对美术作品才能进行较为完整的鉴赏。

(二)引导学生审美判断的眼界

教师在进行美术教学活动时,不应该只是依旧遵循老路,看重美术技能教学,甚至观念上还是以“像”“美”作为衡量学生作品的标准,导致学生对美的认识不足,欠缺美的理解与熏陶,而是要培养学生学会欣赏自然,学会欣赏生活,在自然与生活中寻找美、发现美、观察美。在教学中,应当遵循审美的规律,多给学生感悟艺术作品的机会,引导学生展开想象,进行比较。教师不要急于用简单的讲解代替学生的感悟和认识,应当通过比较、讨论等方法,引导学生体验、思考鉴别、判断,努力提高他们的审美趣味。

关于引导的一些具体方法总结如下:

观察方法:无意识观察(不限定思维) 有意识观察(教师进行方向引导)。

欣赏方法:使学生用自己的眼睛去辨别和把握作品形式表现效果,例如,可从材料、工具、技法等方面,充分说明各个画种的不同特点。经过教师透彻地分析,学生就会感受每一画种不可替代的形式美感,学生在欣赏美术作品时能自觉地把握不同画种的艺术特征,知识性地培养审美心理。

二、体会艺术题材和艺术家的创作感受，理解美的内涵

（一）将抽象的艺术概念联系有实际背景的生活，帮助学生理解

体验艺术家创作感受也是提高审美能力的方法之一，在理解美术作品时，除了技法的学习之外更要感受思想上强烈的共鸣。例如，在欣赏文艺复兴时期达·芬奇《蒙娜·丽莎》作品一定要站在历史发展高度肯定它的历史价值，而不能一味探寻什么“神秘的微笑”。教师可以结合文艺复兴时期的历史背景，帮助学生理解作品内涵。在这种世俗的风气之中，美术的重要特征是借神躯表现人体，唯有达·芬奇勇敢地举起赞颂人道主义的旗帜，一幅表现有神圣尊严活生生的人，赞颂人的自然美，赞美人的生命的可爱，寄托画家创造人像典型的理想。

（二）让学生在自然和社会生活中感知美理解美

在美术教学中，学生懂得如何感知和理解美术作品十分重要。如中国的建筑艺术及其中国山水、花鸟等风景画，我们可以通过作品形式、色彩、构图传达作者的情感，从中得到感染，从而得到一种美的享受、美的熏陶，开阔了视野，激发爱国之情。在这个过程中，教师教育学生要将外在美和内在美有机地结合在一起去理解，成为一个表里如一，永远保持一颗纯真的心的人，潜移默化中培养学生健康的审美观点审美情趣。

三、通过技能训练学会应用美，逐步提高审美能力

在小学的美术教学上，每周只有两节美术课，加上有限的课外美术活动课，要获得高水平的审美能力显然不可能一蹴而就，审美能力是一个慢

慢积累的过程。在发现和欣赏的水平慢慢提高之后,落实到应用上是最重要的。课改的实质是从“鱼(书本知识)”转变为“渔(经验)”,关注学生如何在不可预测的真实情境中应用能力解决复杂问题,即强调“真实性学习”。

在课堂教学中要注重学思结合,知行并重,让学生不仅能学到新的知识,感受到美;还要用教学手段逐步提高学生的造型能力,造型能力是美术的基石,为应用和创造美所服务。显然造型能力的提高在小学课堂教学中十分重要,可以从以下方法中借鉴。

(一)优秀范画作品进课堂,分析差距找到关键反复练习,提高造型能力

比如在三年级上册第七课《快乐的回忆》一课中,教师会用举例子的方式导入课题,然后给他们出示很多优秀的范画和作品,教师带领学生分析优秀作品中人物的头型、衣服、动作特点,背景的构思和各种各样物品的形状、颜色、大小。比如这幅画,两个小朋友在用水果榨汁做饮料,因为画的每个人物的表情、动作和发型都不一样,一个抱着西瓜、一个举着果汁,开心快乐的气氛被准确地表现出来了。除此之外,背后场景也描绘得很清楚,比如柜子钟表等等,能一下子看出来是在那里做什么。而学生现在画人物的时候特别的粗糙简单,像火柴棍一样没有头发、耳朵和动作,通过分析比较而明白这是学生们作画的时候需要注意的方面。学生通过这样一幅幅画细致地讲解,在绘画的时候更注意表现这些点,造型能力得到了提升,审美能力也就取得了进步。

(二)每两周进行一堂归类临摹绘画训练课,提高造型能力

自从上学期代课以来,我就会带领学生进行定期的归类临摹训练,基本上每两个星期会拿出来一堂课做这件事。我设计很多种类,如图海洋生物海底世界怎么画,最基本的各式各样的花花草草和太阳怎么画,带领学生一笔一笔临摹,并且画在了速写本上,以供日后参考。在《快乐的回

忆》这节课之前，我知道学生要画很多人物，但是人物又是一个难点，很容易会在课上出现想画但不会画的问题，于是我提前对学生们进行了人物专项临摹训练，教了很多种人物头型的画法，大家临摹得很认真。通过这样，我发现在上《快乐的回忆》这课的时候，学生很自然地把上节课学的人物画法运用了进来，不仅加深了记忆，达到学以致用，而且从很大程度上提高了造型能力。

课堂上，通过学生自评和互评的方式进行总结优缺点提高造型能力。大部分美术教师在作业讲评中多采用教师讲评法，可它受教师个人的年龄、性别、知识水平及爱好等方面影响，往往会挫伤学生的积极性，遏止学生的思维与个性发展。在具体的课堂操作中，我经常采用师生互评、学生互评、学生自评多种评价形式。例如，在人教版四年级美术《前前后后》一课中，很多学生以画马路上的汽车来表现前后关系，所以我让大家采用了互评的方式去说说谁的马路上的车辆画得更加准确，前后关系更加鲜明，学生们踊跃提意见发现问题解决问题。让他们在"说"中发现自己和别人作品的优缺点，然后有针对性地去改正，进步明显，造型能力在一次次的评价中得到了提升。

当学生将核心概念、知识和技能应用于各种情境时，直接体现了他们的理解，也展现了他们的审美能力。在课堂教学中，我们可以帮助学生将所学的离散的知识技能和特定主题串联起来做审美联系。如教师可以有计划地安排一些如《我的家乡》等与自然社会有关的练习内容，引导学生用画笔描绘家乡的风土人情，如过年时逛庙会、放烟火、踩高跷等家乡特有的风俗。通过学生的细致观察去发现自然社会生活中存在的美，并从中学会欣赏美，进而用自己的画笔去创造美。

最后，培养审美素养的最终归宿也是为了学生更好地成长，培养高尚的情趣、积极进取的人生态度，去辨别人生中的真善美，成为更好的自己。

天津市和平区鞍山道小学　殷悦

小学数学线上线下混合式教学的探究与实践

摘　要:数学课程标准中对于课程实施中的教学建议方面明确指出:“利用技术支持平台将在线学习与课堂教学相结合,开展线上线下融合的混合式教学,要加强线上网络空间与线下物理空间的融合,突破传统数学教育的时空限制,丰富学习资源,为学生自主学习创造条件。”随着课程改革的推进,越来越多的小学数学的教学课例采用了线上线下混合式教学模式,通过线上预习,线下学习,线上采集信息分析教学效果等线上线下相结合的教学模式,来打造高品质小学数学教学。本文通过对线上线下混合式教学的概念和优点进行阐述,并结合线上线下教学融合的要求,创造性地将小学数学比较适合做线上线下混合式教学的课例分三类:计算类、探究推导类、实际应用类。每一类以一个完整的课例呈现相应的线上线下结合方式以及做法及要点,并分析每一类课程的课堂教学模式的教学应用流程和教学互动行为。

关键词:线上线下混合式教学,分类,教学模式

一、线上线下混合式教学概述

线上线下混合式课程实践形态包括线下和线上两种形态。即将在线教学和传统教学的优势结合起来的一种“线上+线下”的教学。老师积极通过两种教学组织形式的有机结合,可以把学习者的学习按照由浅到深的规律引导学生们进行深度学习。

线上线下混合式教学是当下较为流行的一种教学方式,是根据网络技术与平台发展应运而生的产物。通过混合式教学,我们可以有效打破

传统课堂时间与空间上的局限,并且能够通过线上教学进一步拉近老师与学生们之间的距离。学生们学习的时间更加自由,老师也可以通过线上平台为学生们提供更多的拓展资源。

二、线上线下混合式教学的基本步骤

(一)制作导学案

教师在深入研究教材内容和学生知识基础的情况下制作导学案,导学案至少提前一天下发给学生。

(二)创建教学视频

教师深入研究教材内容和教学大纲(课程标准)。首先,明确学生必须达到的目标,以及视频最终需要呈现的内容。其次,收集资源和创建视频,视频作为导学的辅助工具,教学视频原则上不超过15分钟。

(三)学生自主预习和学习

学生在独立预习教材的基础上,运用电脑下载教师的教学视频和导学案,开始课前学习;登录平台完成预习自测题。

(四)教师了解预习、学习情况

教师通过软件平台及时了解学生预习、学习情况,调整课堂教学进度、难度,制订个别辅导计划,增强课堂教学的针对性。课后根据学生课上情况制作课后作业,并线上发布,统计和分析学生完成情况,完成教学反思。

根据具体的颗例需要,在具体实施过程中也可以只进行其中的两到三个步骤。

三、课例的探究与实践

(一)计算类课程

小学生计算能力的培养是小学数学教学的一项重要任务,计算课也贯穿整个小学阶段,从一年级到六年级每册数学书上都有相应的计算章节,而计算又是一个连贯的知识,在前面知识的积累下,学生很容易对后面的内容自学掌握,所以计算课很适合用来进行线上线下混合式教学的教学模式探究。

1. 整理教材

条件适合的教材课例:

一年级上册,“8、7、6加几”“5、4、3、2加几”。

一年级下册,“十几减8、7、6”“十几减5、4、3、2”。

二年级上册,“进位加”“不退位减”“退位减”。

三年级上册,第四单元“万以内的加法和减法二”。

三年级下册,第二单元“除数是一位数的除法”。

四年级上册,第四单元“三位数乘两位数”,第六单元“除数是两位数的除法”。

2. 具体课例(一年级下册“十几减5、4、3、2”)

在教学这一课之前学生们已经学习了十几减9,十几减8、7、6,对于20以内的退位减法的基本方法如:破十法、想加算减法以及由破十法归纳出来的巧算法等方法,学生已经基本掌握,并能够正确运用到计算中去,所以这一课很适合做线上复习、做计算练习提高学生计算能力,线下总结的线上线下混合式教学模式。

线上线下混合式教学模式具体进程:

首先,教师制作微课视频指导学生完成导学案,下发导学案如下:

导学案

复习旧知

请用破十法计算下面各题

15-9= 先算:__________ 再算:__________

16-8= 先算:__________ 再算:__________

12-7= 先算:__________ 再算:__________

请用想加算减法计算下面各题

12-7= 想:__________ 所以:12-7=( )

14-6= 想:__________ 所以:14-6=( )

请用巧算法计算下面各题

16-9= 想:9 的好朋友是( ),所以 16-9=6+( )=( )

14-8= 想:8 的好朋友是( ),所以 14-8=4+( )=( )

新课探究

想想计算 11-5= 你能想到几种方法计算呢?把你的想法写下来吧。

方法一:____

方法二:____

方法三:____

你最喜欢哪种方法呢?为什么?

首先,由于小学阶段的孩子思路还不是特别的有条理而且计算课的算理和算法都是相同的,所以教师在做计算课线上线下混合式教学模式研究时可以通过线上预习的形式对知识进行一个清晰地梳理,让孩子参照相同的思路模式和思考方法对新课进行有条理地梳理。

其次,通过作业盒子应用程序,在班级群中留一些口算题作业,通过软件了解每一个同学的计算时间和错题。

再次,新课讲解,这里通过微课的学习学生已经对课程有了一定的了解,可以充分发挥学生的主观能动性,多让学生讲解。

新课讲解具体流程：

第一步，学生讲解算法。

教师先对导学单上复习旧知的部分进行核对和讲解，然后小组交流11—5的算法，按小组为单位分别请同学讲解每种算法。

第二步，总结规律。

小组总结，学生汇报20以内的退位减法有几种计算方法，分别怎样计算的。

第三步，运用算法完成习题。

然后，通过手机软件“作业盒子”，或者问卷星等小程序留一些口算题，并收集学生的做题结果，分析结果。

虽然一年级的小学生在思考模式和语言表达方面的能力都不是很强，但是教师通过之前的知识把思路都梳理清楚了，学生只需要按着既定思路去梳理新课内容就可以，本堂课学生讲解得清晰明白，提高了孩子的语言表达能力、思考能力也激发了孩子的兴趣，锻炼了勇气。

（二）图形与几何推导类课程

新课标指出：“图形与几何是义务教育阶段学生数学学习的重要领域。”从一、二年级的认识平面图形、立体图形，画线段、画角到中年级的推导周长计算公式再到高年级的推导面积、体积公式，这些都是挖掘物体本质的一个过程。新课标指出：“‘图形的性质’强调通过实验探究、直观发现、推理论证来研究图形，在用几何直观理解几何基本事实的基础上，从基本事实出发推导图形的几何性质和定理。”要想把小学的几何知识内化为孩子自己可以接受并记住的东西，就必须让学生经历从具体到抽象的过程，这就需要孩子具体的实践与操作，而我们的课堂时间和空间都是有限的，所以通过线上线下混合式教学的模式把这些推导过程通过微课形式引导学生在家里操作实践，既可以节省很多时间也能保证每个学生的参与度。

1. 整理教材

条件适合的教材课例：

四年级下册，“三角形的内角和”。

五年级上册，“平行四边形的面积”“三角形的面积”“梯形的面积”。

六年级上册，“圆的面积”。

六年级下册，“圆柱的体积”。

2. 具体课例，六年级上册“圆的面积”

在学习圆的面积这一课之前，学生已经学习了长方形、正方形、平行四边形、三角形、梯形的面积计算公式，也经历了平行四边形面积计算公式的推导过程，有了基本的渗透转化、等积变形等数学思想方法，而且圆的等积变形比较琐碎在课上进行比较浪费时间，所以本课适合做线上看微课自己操作，线下总结公式等线上线下混合式教学模式。

线上线下混合式教学模式的具体进程：

(1)学微课并完成学习报告

微课主要内容涉及三方面：了解圆的面积的含义并根据微课提示自己进行圆的拼组并推导圆的面积公式；运用圆面积公式解决一些实际问题；在实践运用中，感受“化曲为直”、极限思想在数学中的应用。

微课通过百度云共享资源、班级 QQ 群共享文件、微信群或学校网站平台等上传发布。学生应当根据试学后自我检视的情况，填写学习报告单，报告单如下：

《圆的面积》微课学习报告单

1. 请观看微课中圆的拼组方法的操作步骤，自己在家拼组，并将拼组视频拍下发到班级群。

2. 填空(圆的半径为 R)

(1)你的圆等分的份数越多，拼出的图形越接近(　　)形。

(2)拼组的新的图形的长接近(　　)，新图形的宽接近(　　)。

圆的面积公式是：S=

3. 请解决微课最后提出的问题，将计算过程写在下方空白处。

(2)课堂教学

教师先播放微课，再对学生的报告单完成情况进行反馈，并播放几个同学拼组圆的视频。

小组合作交流报告单上的内容，选一个小组的代表对今天的新课进行讲解，讲解过程中组内成员可以及时进行补充和纠正。

运用面积公式解决实际问题。

(3)通过问卷星等小程序留一些相关练习，收集学生的做题结果，分析结果

(4)课堂效果

通过微课和报告单对知识的梳理，学生很容易突破本课的重难点，而依靠微课的线上线下混合式教学模式不仅让学生深刻体会到圆的面积的推导过程，也节约了大量的课上推导时间，这样帮助学生内化知识，学生在课上就很容易充当老师的角色将自己的知识再讲出来了。

(三)生活实际类课程

小学数学的课本里还有许多和生活实际息息相关的内容，例如，时、分、秒，元、角、分、长度单位、重量单位、方向等，都是我们日常生活中很常见的，在讲解这部分内容时可以在课前让学生去生活中或者网上搜集信息，把搜集到的信息填入调查报告单中，最后通过知识的搜集整理让学生在课上把知识讲出来。

1. 整理教材

条件适合的教材课例：

一年级上册，"认识钟表"。

一年级下册，"认识人民币"。

二年级下册，"克和千克"。

三年级下册，"位置与方向(一)""年、月、日"。

2. 具体课例，三年级下册"位置与方向(一)"

位置与方向和生活息息相关，认路要用到方向，看地图需要辨别方向

等。而方向的学习单单依靠在教室看书本里的东西是远远不够的,它需要学生走出去,去深入实际生活中,去真正站到某个地方自己感受自己辨别。此时我们的课堂就显得比较局促。所以要依靠学生在课前借助网络工具搜集信息,并真正在马路上公园里等地方去实践去探究去学习。所以本课采用填调查报告单的形式,让学生去搜集资料去实践探究。所以本课适合做线上线下混合式教学。

线上线下混合式教学具体进程:

(1)调查报告单

搜集信息完成调查报告单,报告单提前一周给到学生。报告单如下:

位置与方向调查报告单

1.搜集"东、西、南、北"四个方位词的来历,并把你搜集到的资料打印出来带到课堂。

2.日常生活中可以运用哪些参照物或者哪些工具来辨别方向?

3.你家住的楼门面向哪个方向?你是怎么判断出来的?

4.东和(　　)相对,南和(　　)相对。

5.这四个方向按顺时针的方向,分别是东、(　　)、(　　)、(　　)。

6.当你面相北,你的前面是(　　),后面是(　　),左面是(　　),右面是(　　)。

(2)课堂教学

小组合作交流调查报告单的内容,分小组展示报告单上问题1、问题2和问题3的内容。

通过搜集方位词的来历可以进一步让学生了解方向激发学生的学习兴趣;而问题2是学生学习这一课后生活实际中经常用得到的知识,例如同学们都搜集到了太阳从东方升起在西方落下,大部分居民楼的阳台都是朝南的,看树叶的疏密疏的那面是南密的那面是北,还有看指南针等。这些都为学生辨别方向提供依据。

请小组代表讲解调查报告上后面几个问题。

运用调查到的知识解决实际问题。

(3)通过问卷星等小程序留一些相关练习,收集学生的做题结果,分析结果

(4)课堂效果

学生都积极地利用网络工具参与到信息的搜集,有的把方向的来历都能自己脱稿讲出来。有的同学则是实际去公园等地方实践,自己去辨别方向,并把自己的经历都写到了报告单中。这节课充分发挥了学生的自主探究能力激发了同学们的学习兴趣。

四、结语

数学课程标准指出:“数学课程要培养的学生核心素养,主要包括以下三个方面:第一,会用数学的眼光观察现实世界;第二,会用数学的思维思考现实世界;第三,会用数学的语言表达现实世界。”线上线下混合式教学模式恰恰满足了这三点要求,通过线上的学习,让学生的学习不仅仅局限在课堂教学中,他们可以通过强大的网络资源去用数学的眼光观察和思考世界,通过线下的学习,可以充分地用自己的数学语言表达世界。

线上线下混合式教学对于小学数学教学的促进作用是不言而喻的。在线上线下混合式教学中,学生真正成为课堂的主人,主动探究学习的观念与实践融入学生的课前课中学习过程,教师扮演好数学学习引导者的角色,课堂教学效率也大大提高。但要在数学教学更好地践行线上线下混合式教学的教学思路,仍需要小学数学教师更加认真地掌握学情,精准把握教材重难知识点,强调课堂动态生成,灵活调整教学步骤,这样才能更好地推动线上线下混合式教学模式在小学数学教学中的应用。

天津市和平区鞍山道小学　王金玉

基于语文核心素养下的童话式拼音教学

摘　要：拼音作为小学语文入学的基础教学内容，对一年级小学生而言具有一定的难度，但是结合低年级学生充满天真童趣并对知识满怀好奇与渴望的特点，教师可以充分利用童话式教学，从学生感兴趣的童话入手，开展拼音教学。本文探索了基于核心素养的小学语文拼音教学策略，从创建拼音童话王国，帮助记忆拼音字母的形与声；通过标调规则的童话化，帮助学生熟记拼音标调规则；讲述童话故事，认识并了解整体认读音节；创设童话情境，把拼读规则改编成生动的温情小故事四个方面展开论述，培养学生学习拼音的兴趣，从而提高他们学习拼音的能力。

关键词：核心素养，童话式，拼音教学，小学语文

教育部新修订颁布的《义务教育课程方案和课程标准（2022 年版）》意味着新一轮课程改革即将进入实施阶段，以核心素养为纲的义务教育新课标对教学提出了新要求和新挑战，核心素养是学生通过学习逐步形成的正确价值观，必备品格和关键能力，是课程育人价值的集中体现。《义务教育语文课程标准（2022 年版）》指出："义务教育语文课程培养的核心素养是学生在积极的语文实践活动中积累、建构并在真实的语言运用情境中表现出来的，是文化自信和语言运用、思维能力、审美创造的综合体现。"

学习语文的基础是拼音，低年级学生初入校园，饱含稚嫩与童真，缺少良好的学习习惯与一定的学习能力，学科素养更要从入学伊始逐步培养，拼音知识枯燥乏味且对一年级小学生来说具有一定的难度，我们一直以来不断在探索如何让孩子在入学后打下小学语文的良好基础，顺利在

轻松愉悦的氛围中完成拼音的学习，达到对知识的掌握。“兴趣是最好的老师。”小学生充满天真童趣，头脑中天马行空地编织着各种各样的梦，我们利用低年级学生的这一特点，从兴趣出发，把拼音教学用童话的方式传授出去，开展“童话式拼音教学”。

一、创建童话王国，熟记拼音的形与声

汉语拼音作为辅助汉字读音的工具，分为声母和韵母，韵母中又分有单韵母、复韵母；前鼻韵母、后鼻韵母等，对于低年级学生而言掌握这些抽象的概念，进行机械地识记会非常困难，而且容易混淆、遗忘。但是，如果我们把抽象的拼音字母符号通过想象与联想结合在小故事里，构建出充满童趣的拼音世界，使其具化为我们身边常见的事物，便可帮助学生加深记忆。

核心素养重视情境化教学，培养学生的审美创造能力，汉语拼音可以创建为一个完整的拼音王国，每一个字母都是生活在这里的拼音宝宝，他们在这里生活并开展各种各样的活动。学生在学习过程中联系自己的生活实际，调动起左右脑的配教学声母 d,t,n,l 时，我们可以为学生创设在拼音王国中，拼合，右脑熟记童话情境速记拼音字母的“形”，左脑控制语言系统，在创设的拼音字母发音环境中牢记字母的“声”，从而达到形声结合，加深记忆。例如，拼音家族要开展音乐节的情境，在欢快的音乐与美丽的图片中让学生们找一找拼音字母藏在了哪里，学生会自然而然观察到小鼓和鼓槌组成了拼音字母 d，教师就可以顺势出示小儿歌：“小鼓敲响 d,d,d”，继续寻找拼音字母，可以引导学生发现跳舞的姐姐拿的伞把像声母 t，舞台上标有“艺术节”的拱门像声母 n，打架子鼓的小朋友手中拿的鼓棒像声母 l。进而引出完整的儿歌识记拼音字母：“小鼓敲响 d，d,d，伞柄朝上 t,t,t，一个门洞 n,n,n，一根小棒 l,l,l。”通过播放音乐和生动的儿歌让孩子们切身体会到拼音王国音乐节的热闹并熟记了拼音的形与声。在今后，学生每当看见声母 d,t,n,l 都会想起这场热闹的拼音王

国音乐会,达到了准确熟记拼音的目的。

二、巧编儿歌童话,熟记韵腹标调规则

审美创造是语文核心素养的一个重要维度,审美感受是一切审美活动的基础。朱光潜先生说:"美感起于形象的直觉。"让学生通过感官感受到语文之美,在语言上可表现为对音韵的感受。拼音声调是指普通话中的声调,通常叫四声,即阴平、阳平、上声和去声,在教小学生的时候通常简称为拼音的第一、二、三和四声,在教学过程中教师经常通过比手势读四声的方式让孩子感受每个音节的声调并读准读好。每个汉字由韵母和声母配合构成一个音节,在韵母上部应该标出声调,因此标调教学也是拼音教学的重点内容,如何让孩子们在抽象的拼音字母上准确标调,牢记标调规律,就需要教师编一些朗朗上口的儿歌,生动有趣的故事,让孩子主动走进拼音声调的国度,愿意开口读且读得好。

根据《汉语拼音方案》规定,拼音的声调应该标在音节的主要母音上,也就是韵腹上,但是对于一年级孩子这样讲解标调规则是非常难理解的,大多数教师采取使用标调小儿歌的方式让学生熟记标调规则,但是这种方式如果把握不好也会有让孩子陷入机械记忆的弊端,有的学生会背儿歌,但是在运用上还是会出现问题。于是,我们尝试将儿歌童话化,编写成生动有趣的童话故事,向学生娓娓道来:单韵母妈妈有六个女儿,大女儿 *a*,二女儿 *o*,三女儿 *e*,老四老五是一对双胞胎,她们是 *i* 和 *u*,老六是 *ü*。单韵母妈妈很喜欢她的这些孩子,但是同时她也有自己的担心,因为每次单韵母宝宝们出去玩儿,妈妈都要担心她们万一走丢了可怎么办,为了提醒姐姐照顾好妹妹,单韵母妈妈准备了声调帽子,并且这顶帽子总要戴在姐姐的头上。这样,只要大姐 *a* 在,帽子就戴在 *a* 的头上,没 *a* 就找二女儿 *o* 或三女儿 *e*,老四老五因为是一对双胞胎,所以,妈妈说两个一起出去玩儿时,谁在后边就戴在谁的头上。这个故事不仅很好地解释了标调歌的内涵,同时还赋予标调歌以崭新的生命,小朋友听了故事再记音节

的标调规律，此时此刻再出示《标调歌》引导学生背诵，就可以让同学们在童话情境中了解标调规则，不但加深了记忆，还对拼音的学习提高了兴趣，学习起来会更形象、更深刻，甚至终生都不会忘记。

三、讲述童话故事，掌握整体认读音节

拼音本身是抽象与枯燥的，再加之许多地方的拼音教学又超课标要求，致使许多孩子刚入学就对语文学习产生畏惧心理。在拼音教学中，如果能把各种拼音知识编成生动有趣的故事，以故事的魅力吸引学生，让学生在故事中感受学习拼音的乐趣，最终让孩子被故事本身的美所“诱惑”，那小学生再学起拼音来，将是非常有趣的，因此讲好拼音童话故事至关重要。

根据拼音本身的结构特点编故事，这样既能把枯燥而机械的拼音知识故事化，又能挖掘出拼音本身所蕴含的人性美，这种拼音故事也比较适合学习各种音节。

如整体认读音节 *yi*，*wu*，*yu*，为了使 *yi*，*wu*，*yu* 这三个音节更形象、整体地印在孩子们的脑海里，我们不妨编这样一个故事：在一座城市中住着三户人家，一家姓 *y*，一家姓 *w*，还有一家不知道姓什么。姓 *y* 的这家有一个女儿叫小 *i*，姓 *w* 的这家有一个儿子叫小 *u*，不知道姓什么的这家有个女儿叫小 *ü*。有一天，三个好朋友 *iu ü* 想要去游乐园里玩，但是没有家长的陪伴，小朋友是不能单独进入游乐园的，三个孩子哭了起来。一会儿大 *y* 来了，领走了小 *i*(*yi*)走进了游乐园，大 *w* 也来了，领走了小 *u*(*wu*)，并在游乐园里开心地玩耍，游乐园门口只剩下小 *ü* 一个人了，小 *ü* 哭得更厉害了，哭得两眼含着大大的两颗泪珠，大 *y* 回头看见了，赶快走过来，拉着小 *ü* 的手说：“小 *ü* 呀，阿姨也带你一起进游乐园吧，但是阿姨有一个前提条件，就是你要坚强，不能再哭了。”小 *ü* 看着亲切而慈祥的大 *y*，抹掉眼泪，高高兴兴地跟随着大 *y* 走了(*yu*)。在这样的童话故事里，我们的学生不仅掌握了三个重要的整体认读音节，还通过童话故事知道了人与人之间

和谐相处的美好，小朋友要勇敢坚强的道理，培养了学生正确的人生态度与价值观。

四、创设童话情境，促进学习拼读规则

低年级学生的认知仍在初级阶段，他们需要直观来理解抽象概念，在汉语拼音的拼读学习是抽象概念的学习与领悟，这些拼读练习让很多学生无所适从。而且很多拼读规则是没有具体依据的，无法给孩子讲清理由，即使努力去讲解也超出了孩子们的理解范围，在这里我们如果只是填鸭式教学，那么教师教起来费力，学生学起来会吃力。但是如果把拼读规则的教学改为童话式的情景教学，让学生以童话故事做支柱，便会产生意想不到的效果。

在汉语拼音里不是所有的声母和所有的韵母都能相拼的。声、韵的配合是存在规律的。如声母 *f* 不跟齐齿呼音 *i* 及以 *i* 开头的韵母相拼，舌面音 *j*，*q*，*x* 不跟合口呼 *u* 及以 *u* 开头的韵母相拼。于是在教韵母 *an* 能和哪些声母相拼时，可以编这样一个故事：在一个美丽的夏天，韵母妹妹 *an* 把自己打扮得花枝招展，要出去和声母朋友玩，她走到一条小河边，看见声母 *b*，*p*，*m*，*f* 拿着小花伞在跳舞，就大声喊："我能和你们一起玩吗？"他们看见韵母妹妹这么漂亮，都争着抢着跟她玩。后来又来了一大群声母，他们都愿意跟韵母妹妹一起玩，韵母妹妹玩得可开心了。可是，最后韵母妹妹 *an* 却哭着回家了，你们知道为什么吗？原来在韵母妹妹玩得最开心的时候，大个声母 *j*，*q* 和小个 *x* 来了，他们很傲慢，说什么也不跟韵母妹妹 *an* 在一起。他们说只喜欢跟扎着一个小辫儿的 *i* 和扎着两个小辫儿 *ü* 一起玩。讲完故事，我们可以顺势编一个顺口溜，"*jqx* 真傲气，从不跟 *an* 在一起"。这时，小朋友再来拼读所有带 *an* 的音节时，也能在以后的学习与练习中准确拼出 *xuan*，*juan*，*quan* 等三拼音节，他们就无比高兴。因为，故事给了这些枯燥的拼音以鲜活的生命，大大增强了孩子学习拼音的趣味性。

拼音教学是低年级语文至关重要的环节，只有打好基础、提高兴趣才可以让学生在后期的学习中有所收获。在基于核心素养下的小学语文拼音教学的过程中，教师需要从低年级学生的特点与兴趣出发，让童话故事伴着孩子学拼音，既符合新课标“拼音教学生活化、情趣化”的要求，又符合小学生身心发展特点。从具体的教学实践与学生的反应中我们可以看出，童话式教学让拼音教学变得“有血有肉”，不再是冰冷的拼读和机械的记忆，这符合一年级学生的认知规律，孩子们在五彩斑斓的童话世界里既感受到了学习的快乐，提高了学习兴趣，我们的课堂也由此变得生动有趣，达到了良好的教学效果。

教师要坚持核心素养教育导向，坚持以学生的语言生活为基础，以情境化学习任务为驱动，以语言实践活动为主线，系统精准把握语文课程目标，科学设计并组织教学活动，注重学习过程、方法和策略的指导，积极变革教学方式，关注学生的不同阶段，营造良好的学习氛围，扎实有效地开展教学工作，促进学生核心素养全面持续健康发展。

天津市和平区鞍山道小学　杨璇

凝神聚力,聚焦教学,将教学评一体化研究推向深入

摘　要:全国教育大会的召开,拉开了立德树人、提升义务教育质量的序幕。党史学习教育动员大会,则对思政一线教师提出了新的要求,教师要结合道德与法治的学科特点,在教学过程中传承红色基因,高质量完成课堂教学。将评价纳入教学全过程统一考量,能够有效提升课堂教学质量,有利于精准施教。因此,本文拟从教学评一体化方向入手,通过深入分析其研究路径,结合课例观察评价在教学不同阶段的作用,以期为道德与法治的教学提供依据和借鉴。

关键词:教学评一体化,思政教育,大思政课

全国教育大会、学校思想政治理论课教师座谈会、党史学习教育动员大会的先后召开,为教育的发展指明了方向,确立了思政教育、党史学习教育在义务教育中的重要地位和深远意义,明确了教师立德树人的教育根本任务。为党育人,为国育才成为了教育战线展开工作的出发点和落脚点。

小学阶段,是学生初步建构社会主义核心价值观,领悟习近平新时代中国特色社会主义思想,培育以爱党爱国为核心的社会主义美德的“拔节育穗”期,道德与法治学科教学作为思政教育的主要形式,保证课堂教学的高质量实施,有利于学生德智体美劳全面发展,更有利于学生从小树立正确的世界观、人生观和价值观。教学评一体化理念的提出,即将评价落实到教学的各个环节,是提高道德与法治课堂教学的有效方法。本文拟从研究路径、方法实施以及研究方向三个方面,具体研究教学评一体化

在道德与法治学科的应用,从而为课堂教学提供参考。

一、教学评一体化的研究路径

教学评一体化是基于目标的教学设计与评价,它强调教师的教学目标、学生的学习目标、课堂教学评价目标的一致性,要求一体化地设计教、学、评,从而将教师的教学行为、学生的学习行为和学习的学习评价三个部分融为一体。

“教学评一体化”是一种课堂教学组织、设计的指导思想。它的提出和实践,有利于促进道德与法治学科高质量建设和发展;有利于教师观察学生学习过程,提出更加适配的教学方案,以实现精准施教;有利于学生通过学习与实践将知识与技能转化为学科核心素养,从而促进其全面发展。

然而将评价纳入教学活动全过程进而实施一体化考量,并不是在教学研究的开始就存在的。相反一直到20世纪中后叶之前,相关研究更加倾向于将教与学紧密结合在一起。而教学与评价,则作为两个相对独立的部分单独进行研究。此种研究方式在研究路径上,割裂了教学与评价间的天然联系,而将教学与评价作为两个独立的部分分别进行研究,也遇到了许多瓶颈和掣肘。在实践上,越来越多的研究者尤其是一线教师,逐渐意识到将教学与评价割裂开来,不仅在相关研究上无法取得突破,而且对教学实践无法产生实际性指导。即仅仅研究教学活动,并不能很好地完成教学目标。仅仅解决“教什么”和“怎样教”而不考虑教学效果,在实际教学中,往往会出现形式大于内容,效果大于结果的现象。

继而,学界和教育界开始出现了教学研究与教学评一体化研究的思想分歧。虽然针对教与学的研究占据起步早、成果多的优势,但教学评一体化研究从提出的开始,即展现出它的科学性和可持续性特点,因此在科研和实践中更具优势。显而易见,教学评一体化提出了有效教学的主张,突破原有教学研究对于教学内容和形式研究的限制,将持续性的评价纳入进教学全过程,不仅关心“教什么”“怎样教”,也时刻关心教师的教学效果和学生的学习效果。现如今,随着教育改革的持续深入,以学生为中心、学生是学习的主体、将课堂还给学生等理念跨越学科的界限,成为最广泛的共识。因此这种以结果为导向的研究路径,无论在理论界还是教育界,都已经成为教学研究的主流。

从学科角度上看,关于“教学评一体化”的研究,并非最早出现在道德与法治类的教育类学科。而随着道德与法治学科的建立以及新课标的出台,道德与法治学科也越来越重视对于教学评一体化的研究。

二、教学评一体化的实施

教学评一体化研究,将教学活动视为教师教、学生学以及教师对学生随时评价的连续统,其强调教学、学习与评价三位一体,评价持续存在于教学全过程。基于以上认识,从时间维度出发,教学评一体化研究,可从课前备课、课堂教学以及课后反思三个重要的教学活动时间节点去加以观察和研究。

(一)备课阶段

备课是课程设计的重要阶段。在本阶段,将评价纳入教学活动的重要依据是教学目标。教学目标是整个教学活动的出发点和落脚点,只有制订科学、有效的教学目标,才能通过多维度教学评价,不断验证教学目标的落实情况,从而为教学设计乃至课堂教学提供参考。

1. 确保教学目标制定的科学性

基于课程标准教学目标的制订,是保证教学目标科学有效的前提。参照人教部编版小学《道德与法治新课程标准》中评价建议的内容,教学目标制订要结合教材内容,通过多种评价方法,综合制订教学目标。

例如,读本课《办好中国的事情关键在党》,教师依据新课标,通过“描述性评语”“作品评价”等评价方式,事先确定评价内容包括学习中观察、探究、分析资料的能力和方法，与他人合作完成学习任务的能力等评价内容。进而确定三点教学目标：即知识与技能目标，了解我国近现代史，认识到办好中国的事情关键在党；过程与方法目标，明白中国共产党的领导在中国各个阶段起到的关键作用，切实体会到中国共产党的领导是中国人民和中华民族的主心骨和定海神针；情感态度与价值观目标，对中国共产党产生热爱之情，实践中真正做到听党话跟党走，成为合格的社会主义建设者和接班人。

在课堂教学中，知识与技能目标成为本课的内容线索；过程与方法目标构成了本课的学习重点；情感态度价值观目标，则形成了本课的教学难点。教师依据三点教学目标，精准设计了两个活动，即通过不同的材料，分别找寻中国壮举，列出中国疫情防控的成绩，以及回答为什么中国能取得这样的成绩。而两个教学活动，反过来又与评价设计相互吻合，共同确保教学目标的顺利实现。

综上所述，教师在备课初始阶段，首先进行评价设计，进而依据评价内容设置合理的教学目标，最后根据教学目标设计活动内容，取得了良好的教学效果，基本实现了预设的教学目标。

2. 重视教学经验对于教学评价设计的积极作用

丰富的教学经验在教学评价设计上的投射，往往能够使教师发现备课中逻辑性、结构性失误，从而尽早进行改动、调节。比如五年级上册第三单元第七课《中华民族一家亲》第一课时，教师在开始的导入环节有一段对话。在这个师生的对话轮中，“因为（少数民族）人数少，我们就能随意欺负少数民族同胞吗？”这句话，根据思政类课程的教学经验，课程内容要以正面的形式呈现，而对话中出现“欺负少数民族同胞”的语句，既游离于教学目标之外，也无法实现导入课程的教学目的，同时还会出现向学生传播错误价值观的风险。这正体现教师应重视教学经验的作用，依据合理的经验，尽早对教学评价设计加以正向干预，从而为后面的教学活动顺利进行提供保障和支持。

（二）课堂教学阶段

将课堂评价纳入课堂教学，必须要注重评价的多元性。传统的思政课堂，教师为了追求教学内容的十拿九稳，往往在评价方面形成简单的“一言堂”，既缺乏评价的新形式，也鲜有评价的新内容，客观上打击了学生在学习上的主观能动性，不利于教学目标的实现。随着小组合作学习、探究学习等方式的兴起，课堂教学形式的改变，也对教学评价提出的新要求，更加注重评价的多元性。在现在的道德与法治课堂中，教师常常采用生生互评、学生自评、家长点评，从评价方式上做出改变，进而激发学生的学习和探索兴趣，从而更加有利于教学目标的实现。比如在执教四年级上册第二单元第五课《这些事情我来做》时，教材设置了形式多样的家务清单，教师可以以这些清单为蓝本进行改造升级，即在原有基础上，通过设计生生互评、家长评价的表格，倡导学生在家、在校进行家务卫生劳动，以家务劳动成果为依据，找家长、同学或老师填写评价表格。这种评价设计，有利于实现知行合一的教学目标。

（三）课后反思

课后反思，是教学评一体化的反思环节，同时也是弥补教学遗憾、增强教学效果，确保课程高质量的重要环节。该环节以教学目标完成度、课堂教学实效、课堂评价效果等为依据，强调以针对课程各个环节的修改来提升课程质量。

例如，《意蕴隽永的汉字》一课，教师在教学反思阶段应时刻回想课堂活动的每一个细节，并不断进行调整。在开始的课堂上，教师设置一个活动，即让学生通过阅读资料，认出信封中九个古汉字，进而从认字的过程中体味汉字的意蕴隽永。在这个课堂活动的试讲中，教师的要求是观看信封中的古汉字，并结合资料，推断这些古汉字的意思。但在课后反思阶段，无论从教学评价角度还是课堂效果来看，学生的注意力更多集中到信封中的古汉字，反而忽视了资料的研读，致使活动的效果大打折扣，不利于教学目标的实现。经过反思，教师在后续的课程中，向学生明确提出要求，即先阅读资料，待学生阅读过后，再让学生打开信封，推导古汉字的意思。这一微小的改变，却显著地提升了学生的学习效率，优化了课堂活动的评价结构，更利于教学目标的实现。从这个课例可以看出，在课后反思阶段实施教学评一体化对于实现教学目标的重要作用。

三、教学评一体化的研究方向

在当下和今后一个时期，如何将教学评一体化研究推向深入，如何让教学评一体化研究的理念服务于教师的教学？

道德与法治学科教师应该深抓学科的特点，利用学校丰富多彩的思政教育资源，聚焦德育、少先队活动，将评价内化到学校每一次德育、少先队活动中去，在学生喜闻乐见的活动与教材之间建立联系，这样才能指导学生在活动中学，在学中悟，寓行于学，知行合一；同时，必须要将“教学评一体化”放到大中小思政课一体化大背景下去加以研究。

总之，在教育教学中推动教学评一体化理念，是一项长期的复杂的工作，需要教师树立创新意识，充分发挥主观能动性，不断凝神聚力，聚焦教学，将教学研一体化在道德与法治学科教学中推向深入。只有这样，才能切实实现道德与法治学科的高质量发展，才能真正做到为党育人，为国育才，从而实现立德树人教育根本任务。

天津市和平区鞍山道小学　赵亚男

小学音乐教学中培养学生核心素养的有效路径研究

摘　要：为提升小学音乐教学效果，促进学生全面发展，该研究对小学音乐教学中培养学生核心素养有效路径进行研究。研究首先阐述了小学音乐教学核心素养培养的研究背景与意义，分析了小学音乐学科核心素养的组成。在此基础上，对当前小学音乐教学学生核心素养培养的问题进行了调查研究，提出当前小学音乐教学存在音乐教师对音乐学科核心素养的理解不全面、学生音乐学科核心素养评价不健全以及音乐学科创造教学、文化理解以及综合教学实施不充分等问题，对问题原因进行进一步分析。最后，本文提出了加强小学音乐教学学生核心素养培养的路径，主要为拓展教师核心素养视野与认识，提升音乐教师教学能力；建立健全指向学生核心素养培养的小学音乐教学评价体系；开展丰富多彩的音乐学习实践以及课外活动；加强小学音乐教学方式方法改革创新等。

关键词：核心素养，小学音乐，路径，研究

一、引言

加强和改进小学音乐教学是提升义务教育质量、培养学生德智体美劳全面发展的应有之义。音乐作为艺术的重要形式，也是小学阶段美育的主要科目，提升音乐教学质量和效果能帮助学生陶冶情操、启迪心智，提升审美素养和人文素养，并养成音乐兴趣爱好。2016 年，教育部发布了《中国学生发展核心素养》。2017 年之后，各学科的核心素养也相继提出。2021 年，中共中央、国务院印发了《中共中央国务院关于深化教育教

学改革全面提高义务教育质量的意见》，提出深化教育教学改革、全面提升义务教育质量。2022年，教育部颁发了《义务教育艺术课程标准(2022年版)》，重点提出突出素养导向，促进小学生核心素养的落实与转化，强调小学音乐教学要建立基于素养导向的教学方式。音乐学科核心素养即解决培养素养的人和音乐课程教学重点在哪些方面的问题。因此，为对音乐学科核心素养进行剖析，分析当前小学音乐教学中学生核心素养培养的现状，进一步提出改进的路径，对改进小学音乐教学具有十分重要的意义。

二、小学音乐学科核心素养的组成

《义务教育艺术课程标准(2022年版)》将核心素养定义为课程育人价值的集中体现，即学生通过课程学习逐步形成的适应个人终身发展的社会发展需要的正确价值观、必备品格和关键能力。艺术课程的核心素养主要包括审美感知、艺术表现、创意实践、文化理解四个方面。因此，小学音乐学科的核心素养也是上述这四个方面。结合音乐教学实际，本人对音乐学科核心素养进行了细化，提出了四个方面音乐学科核心素养的具体内涵。

(一)审美感知

审美感知，即对音乐作品美的特征及其意义与作用的发现、感受和认识及反应能力，具体为对音乐艺术作品艺术形象、艺术语言、情感表达以及风格底蕴等感知。外在表现为培养学生发现美、感知美的能力，提升学生审美情趣，丰富学生的审美体验。

(二)艺术表现

艺术表现是指艺术活动中发挥想象和联想，通过运用一定的方法和手段以及媒介、技术和艺术语言，表达情感和思想的过程。音乐学科核心素养中的艺术表现指通过音乐教学,让学生能够掌握在音乐艺术活动中创造艺术形象、展现艺术美感以及表达思想感情的实践能力。

(三)创意实践

创意实践是指学生运用所学的音乐学科知识以及其他相关知识和技能,联系生活实际,进行艺术实践与创新的能力。在音乐教学中,具体表现为根据现有技能与知识,激发自己的灵感,对音乐艺术创作的方法与过程进行探究或实验,生成具有创造性的想法和艺术成果的能力。

(四)文化理解

文化理解是指理解艺术作品所包含的人文内涵。在音乐教学中,文化理解为感悟音乐作品或音乐活动所反映的文化内涵,体验艺术对文化发展的价值与贡献,了解艺术与文化发展之间的关系。加强对学生音乐学科核心素养文化理解的培养,有助于学生形成正确的历史观、国家观、文化观、民族观、历史观,增强文化自信。

三、当前小学音乐教学中学生核心素养培养存在的问题及原因分析

为了解当前小学音乐教学中学生核心素养培养的现状,本研究采取实地走访调查法、访谈法以及案例分析法调查了周边小学,对其课程开设、活动开展、教学评价、教学理念等方面进行调查,对存在的问题进行分析,指出当前小学音乐教学中学生核心素养培养存在的问题主要有以下几个方面:

(一)音乐教师对音乐学科核心素养的理解不全面

学科核心素养概念已被提出来了很多年,其核心是解决音乐教学培养什么样的人以及音乐课程教什么的问题。但是在调查中发现,大部分

教师虽然听说过学科核心素养，但对学科核心素养的内涵以及组成不清楚，对于在小学音乐课程教学中要如何培养学生的核心素养也不熟悉。大部分老师在教学中，仍然只注重培养学生的音乐技能，帮助学生掌握音乐技能，即重视艺术表现方面，而忽视了审美感知、创意实践以及文化理解三个方面，导致小学音乐教学在培养学生核心素养方面存在缺失。

造成该问题的原因主要是：一是高校音乐教学人才培养与中小学音乐教学需求缺乏有效衔接，高校在培养音乐教学相关人才时，其学科建设及人才培养与中小学教学实际相脱离，导致培养的音乐教学人才未能及时跟上中小学音乐教学改革的步伐，产生了一定的滞后性。二是音乐教师自身不断发展的自觉性不足，部分小学音乐教师在教学中未认真学习贯彻最新的文件要求和最新的课程标准，缺乏推进教学改革发展的动力和勇气，在教学中沿用之前的思路和方法，不能满足当前小学音乐课程教学培养学生核心素养的需求。三是部分学校在小学音乐教学加强学生核心素养培养的宣传和培训不足，未树立与之相适应的教育教学理念，提供的学习、培训机会不足，未提高教师的重视程度。

（二）学生音乐学科核心素养评价不健全

在调查中发现，所调查的学校基本上都没有建立基于学生学科核心素养的评价机制，包括教学评价机制以及学生素养评价机制。当前音乐教师评价基本上还是按照传统的办法，以教学成绩和教研成果作为评价指标，未对其在教学中实施核心素养教学进行考核评价，未将学生核心素养培养情况纳入考核评价指标体系。在对学生的音乐素养评价中，大部分学生采取的是终结性评价，主要考查的学生歌唱技能，未对学生的音乐学科核心素养进行全面评价。因此，考核评价机制的缺失导致学生音乐学科核心素养评价不完善，未建立起与音乐学科核心素养要求相一致的音乐教学评价体系。

导致上述问题的主要原因一方面是音乐学科素养的考核和评价存在一定的难度，其指标难以量化，而且主观性较强。另一方面有关规定和制度的改革存在滞后性，比如小学教师绩效考核制度等，未根据新课标的要求进行适当的调整。

（三）音乐学科创造教学、文化理解以及综合教学实施不充分

音乐课程的核心素养包括审美感知、艺术表现、创意实践、文化理解四个方面。在调查中发现，在调查中发现，有超过半数的小学生没有上台表演的经历，只有不到10%的学生有改编音乐的经历，将近三分之二的学生不可以即兴表演，在音乐课上学习了乐器的学生比例不到40%，认识的作曲家数量大多在1—5位，学生喜爱聆听的音乐类型多维流行音乐，喜欢一段音乐的理由选项占比最高为“优美的旋律”，在感受与欣赏音乐作品时大部分学生不能作出情绪判断。当前在小学音乐课堂教学中，大部分教师侧重音乐技能表现，主要教授学生歌唱技能，而缺乏对创造教学以及文化理解和综合教学的实施。音乐艺术是一种人类文化和艺术的形式，是社会制度、物质基础以及意识形态的体现，是一个综合体。学习音乐不只是为了学习音乐技能，也不只是根据音乐旋律来衡量一首歌曲，更多是感受音乐的文化理解，探求音乐背后所蕴含的社会背景、社会心理等方面。同时，创造教学是培养学生创造性的重要方式，也是发挥学生音乐创造力的主要途径，当时调查发现小学音乐课堂创造性教学以及学生音乐创造力均不足。音乐核心素养提出了课堂教学的综合性，即提高学生综合素质，要求音乐课程不同教学内容的综合、与不同艺术形式的综合以及与其他学科的综合等。当时在调查中发现，小学音乐教学综合教学不丰富。

造成该问题的主要原因：一是小学音乐教师对音乐的综合性育人功能重视不足，仍然沿用传统的灌输式教学方式，自身对音乐的文化理解不足，对学生创造性的培养的重要性认识不够。二是教学研究不够，市、县以及学校小学音乐教学研究不足，未对新课程标准下如何实施小学音乐核心素养教学进行充分的研究，加强对小学音乐教学的指导。三是教师实施综合性教学的能力有待提高，综合性教学要求小学音乐教师具备一

定的能力作为支撑,但是相当部分小学音乐教师尚不完全具备这方面的意识和能力。

四、加强小学音乐教学学生核心素养培养的路径

(一)拓展核心素养视野与认识,提升音乐教师教学能力

新的义务教育阶段课程标准立足于学生核心素养培养的学科目标,体现了以学生为中心的教育理念,也体现对"立德树人"根本任务的落实。加强小学生音乐学科核心素养培养,其关键在于教师。首先,要帮助教师更新教育理念,全面音乐科目在促进学生全面发展中的重要价值,全面了解并熟悉音乐学科核心素养的组成以及培养手段与方法。其次,要提升音乐教师教学能力,通过培训、研讨、教学比武等方式,加强学习交流,不断提升小学音乐教师教学能力,为学科核心素养培养提供能力支撑。打造音乐学科核心素养培养的示范课,大力推进先进地区和学校的典型,为提升地方小学音乐整体教学效果和质量提供借鉴和参考。最后,充分利用网络资源,比如国家智慧教育平台,通过利用成熟的网络资源提升教学质量。

(二)建立健全指向学生核心素养培养的小学音乐教学评价体系

改变音乐教学中的"技能化"倾向,根据新的课程标准,建立包括审美感知、艺术表现、创意实践、文化理解在内的小学音乐教学评价体系。一是建立教师教学评价体系,将学生核心素养作为教师教学评价的主要内容,明确考核指标细则,制订量化评价标准,加强考核结果运用,建立与之相对应的激励机制,充分发挥对音乐教师加强学生核心素养培养的导向作用。二是建立学生学习评价体系,将文化理解、审美感知、创意实践

以及艺术表现作为小学生音乐学习的评价内容,建立分阶段、分层次考核评价指标体系,改变以往以技能为中心、以终结性评价为主单一化的小学生音乐学习考核评价体系。

(三)开展丰富多彩的音乐学习实践以及课外活动

调查发现,当前学生音乐创意实践能力欠缺,有超过半数的小学生没有上台表演的经历,只有不到10%的学生有改编音乐的经历,将近三分之二的学生不可以即兴表演,这些问题都源自在小学音乐教学中学生参与音乐实践活动的不足。小学生作为启蒙教育阶段,培养对音乐艺术的兴趣,以及打下良好的基础对于其未来的发展至关重要。小学生虽然年龄较小,但也是独立的个体,并且有接受新兴事物快、思维活跃的特点。在小学音乐教学中,一是课堂教学要回归学生主体地位,让学生更多地上台表演、更多地参与到创意实践中。二是多开展课外音乐活动,比如合唱、合奏、戏曲表演等,引导学生积极参与艺术实践。三是建立学生音乐社团,为培养学生丰富的艺术兴趣爱好以及参与音乐活动提供载体。四是积极举办学校音乐节、校园好声音等活动,形成浓厚的校园文化艺术分氛围。五是大力举办学生音乐比赛活动,以提高带动普及,以普及带动更大程度的提高。

(四)加强小学音乐教学方式方法改革创新

学科核心素养评价对小学音乐教学方式方法提出了更高的要求,只有改革创新小学音乐教学方式方法,才能实现在小学音乐教学中培养学生学科核心素养的目标。改变传统的“灌输式”的教学,积极采用小组合作式、探究式的教学方式。在教学方法上,多采用体验式的教学方法,加强信息技术等在音乐教学中的应用,增强学生的体验感。

五、培养学生核心素养的小学音乐教学实践

为进一步探讨小学音乐教学中培养学生核心素养的教学模式,笔者

以《妈妈的心》一课为例,开展教学案例分析。

（一）明确以核心素养为基础的教学目标与任务

根据2022最新版艺术课程标准的要求,以立德树人为根本任务,坚持以美育人、重视艺术体验、突出课程综合,而且新课标下的大单元教学也要求用发展的眼光去构思课堂,站在全局的角度重视知识的内在关联,超越零散的知识去整体把握教学内容。本课在整个单元中处于重要位置,是在学生学习过四分音符、八分音符的基础上,学会四分休止符的唱法和作用,理解并掌握这个内容,并且通过学唱和表演歌曲,体会妈妈的爱,感受祖国对下一代的关怀,激发学生爱妈妈、爱祖国的感情。

（二）根据学生身心发展实际,注重激发学生兴趣

第一,本课面对的是小学三年级的学生,这个年龄段的学生处于小学时期的过渡阶段,活泼好动、模仿性强,想象力丰富,开始有自己的主张和独立的见解,要引导他们主动参与课堂,保持和激发他们对音乐的兴趣。

第二,小学三年级的学生已具备一定的知识技能,一直有进行音准和节奏方面的训练,为本节课提供了良好的学习基础。

（三）改进教学方式方法,培养学生核心素养

教学包含四个部分,分别为:课前节奏小游戏,让孩子快速进入课堂状态,复习之前学习的音符知识;欣赏导入,教师弹唱《萱草花》,学生欣赏;学生聆听学唱,包括初听教师范唱歌曲、复听歌曲轻声跟唱、学唱三个环节;巩固升华。加入律动,指导学生用自信的动作完整演唱歌曲,转换演唱形式,男女生分唱与齐唱。引导学生在演唱中培养爱国主义思想。最后以合唱《我和我的祖国》结束。

整节课培养了学生的歌唱技能,学习了有关音乐知识,指导学生开展了创造性实践,并培养了学生审美素养以及爱国主义精神,对培养学生音乐核心素养起到了积极的促进作用。

淄博高新技术产业开发区第九小学　李丹阳

新课标核心素养背景下小学英语作业布置方法探究

摘　要：英语作为一门重要的学科，意在培养学生的英语使用以及与他人沟通交流的能力。新课标中明确指出义务教育阶段，对于学生的英语能力的要求应为掌握一定的语言基础知识和基本技能，初步建立语感和英语运用的能力，并为之后的英语使用打下基础。英语学科核心素养也强调要培养学生英语学习的能力，学生通过学习英语可以了解英语的思维方式，形成英语学科观念，进一步培养学生的英语学习能力。英语的学习不仅仅局限于课堂时间，而是要利用课下时间帮助学生进一步巩固学习成果。因此英语作业的布置尤为重要，借助作业的形式可以强化巩固已有学习成果，同时也可以利用课外丰富的资源提升学生在语言能力、思维品质和文化意识方面的能力，从而深化英语学科核心素养的体现。本文将以新课标核心素养背景下小学英语作业布置为研究对象，从语言、思维、文化三个方面探究英语作业布置的相关方法。

关键词：新课标，小学英语，核心素养，作业

随着素质教育的不断推行，对于学生能力的培养越来越受到人们的重视。传统教育视角下，对于学生学习和能力提升之间的辩证关系存在误区，往往将学习狭义地定义为知识的学习，而能力的提升则依赖于学生的自身积累。从而也就导致了学生学会了知识，却缺乏必要的运用能力，通常情况下学生可以考一个不错的分数，但是却缺少利用知识解决现实问题的能力。根据新时代对于人才的要求不难发现，教育的视角应该更加倾向于人才的多元化，注重人才多方面能力的培养。而将人才培养要

求与学科教学相结合,也就是现如今所提倡的学科核心素养的培养。针对英语学科而言,学科核心素养要求从英语学科知识、英语学习技能,英语思维品质,英语文化意识等方面培养学生,从而促进学生全面发展。作业作为链接课堂学习与学生自身能力的重要纽带,在培养学生英语学科核心素养方面有着重要作用。

一、语言能力

(一)积累型作业

小学英语作业应该以核心素养为依托,以多元化智能理论为基础进行优化设计。语言能力是英语学科核心素养中至关重要的一项内容,在课堂上学生可以通过跟读、自由朗读等多种形式培养语言能力。但是英语学科不同于语文学科,对于学生而言,汉语有着先天的环境优势,在日常生活之中随处可见汉语相关内容,无形之中就为学生打造了良好的语言环境。但是英语学习却没有这种环境上的优势,因此语言能力的培养需要更加重视。在课下通过作业的形式培养学生的语言能力,从而帮助其更好地实现口语交际的发展。

教师为了帮助学生在日常生活之中留意到英语的存在,并且熟悉这些语境,帮助其养成口语表达的习惯,可以让学生们在课后进行英语情景剧表演这一活动,表演类的作业作为一种口语活动,可以有效地培养学生语言运用的能力,同时学生通过自创的个人角色扮演或者小组合作的话剧表演,可以获得语言实践的机会,提高了英语口语。学生在展示自我的过程中不仅巩固了所学的知识,还拓展了课外的知识,将生词、难词扩充到自己的语料库中进行积累,也学会了在特定的情境中运用语言知识进行表达与交流。

学生在英语情景剧表演的过程之中不断积累,丰富了自己的语料库,同时还可以利用此种作业检查方式提升学生做作业的兴趣,从而帮助学生在课下时间也可以养成学习英语的习惯,进而为其语言能力的发展提供帮助。

(二)技能训练型作业

在英语学科核心素养中明确指出,英语学科要注重学生交流能力的培养,为之后学生的实际交际提供帮助。因此语言交流也是一项重要的技能,而在教师布置作业的过程之中也要有技能训练型的作业。

例如,小学生对于动画或是电影节目都十分感兴趣,可以借助小学生感兴趣的内容在其中加入英语的内容。教师选取小学生感兴趣的电影或动画片段,让学生对动画内容进行配音。教师实现对选取的内容进行例读,将例读内容发到群里,之后再发没有配音的视频文件。学生根据教师读的内容进行模仿,再将配好音的视频文件发给教师。教师根据学生朗读的情况进行点评,选取朗读优秀的学生音频在课上播放给大家听。学生在配音的过程之中,不仅会掌握朗读技巧,同时也可以带入自己的情感,从而对会话的内容和情景有了更加清楚的认知。学生在之后遇到相同的情景时,口语表达能力会更加有情感和技巧。学生不再机械地朗读和模仿,更多的是根据自身的理解和需要而不断扩展的。

二、思维品质

(一)培养思维型作业

英语学习过程之中,能够准确地利用英语进行表达,就要理解英语的内在逻辑。小学生在实际英语运用的过程之中,就是无法了解英语的内在逻辑,只靠死记硬背的方式才会难以真正掌握英语的相关知识。而对于小学生而言,英语思维的培养至关重要,教师可以通过布置思维型的作业来培养学生的英语思维。

通过布置思维型的作业,比如英文歌曲的欣赏,学生对于音乐旋律的记忆程度会比单纯语言记忆要强。也就是说有些内容通过教师上课讲授的方式,给学生留下的印象并不深刻,反而一些旋律伴有歌词的形式,更会刺激学生的记忆,从而让其形成更加长久的记忆。

同时还可以采用小标签的作业形式,帮助学生培养英语思维。教师将一些日常可以用到的物品单词抄写在黑板上,学生用小纸片抄写下来后回家找到相应的物品并贴在其附近。例如,四年级下册《*Welcome to my new home!*》这一单元,有许多关于屋内物品的单词以及 There be 句型的学习,学生使用该物品时首先想到的是中文表达,看到小标签后会立刻联想到其英文形式,从而可以利用小标签来向自己的父母介绍哪里有什么,比如:书房里面有书桌。There is a desk in the study. 这种方式也有助于学生养成英语思维,可以将生活中的所见所得和英文学习相结合。

(二)知识探究型作业

学生在学习的过程之中要有兴趣,同时愿意深入探究所学习的内容。一些学生在学习的过程之中认为教师是权威,教师所传授的内容是唯一的,逐渐缺失了探索的想法。遇到不会的问题或是不能解决的难题,学生不愿意动脑子而是等待教师的答案,或是直接寻求教师的帮助,从而缺失了学习的能动性。这样的学习方式不利于学生学习能力的培养,以及学生学习能力的提升。因此在英语学科核心素养的培养过程之中,需要培养学生探究的能力,为其之后的学习助力。

教师可以通过知识探究型的作业帮助学生自主探究,发现不明白的内容也可以借助自己的能力解决。知识探究型的作业可以让学生进行调查性学习,例如,学生在课堂上学习了《*It's a pineapple.*》这一课,学生认识了一些水果,知道了水果的英语表达方式。之后教师可以准备一张卡片,上面标注已经学过的英语单词,并且留下一些空白处。学生拿着卡片向周围人询问喜欢的水果,如果有学过的单词就在该水果后面打对号,如果没有学过就记下中文,回家借助词典、网络等多种形式找到该单词,并且学习读和写。课上教师检查作业的过程之中,对于一些新单词着重听学生发音是否正确,拼写有没有错误,从而帮助学生自己通过探究的方式扩大词汇量。

三、文化意识

(一)互助合作型作业

在学习过程之中学生之间的相互合作也是促进其核心素养发展的关键,并且在合作的过程之中可以让学生从同伴身上学到更多的知识,进而帮助其文化意识的逐渐增强。学生在相互合作的过程之中对于英语知识的学习既是学习者,又是教授者,两者角色之间的相互转化,帮助学生可以站在不同的角度学习英语知识,从而培养其英语学科的核心素养。

教师可以为学生布置情景对话式表演作业,学生根据教师的划分成为合作小组。小组之间互相拟定角色,在教师设置的情境中,运用课上所学的单词以及句型进行对话编撰及表演,在课堂上进行小组的作业展示。以四年级上册《*I like those shoes.*》这一单元为例,以购物为情境,让学生自主创设对话,通过购买自己喜欢的物品让学生合作表演。在小组合作中,可以促进学生的合作精神,让他们在合作的过程中,互相监督,互相帮助,巩固课上所学。增强学生的学习积极性与主动性,促进学生想象力以及创造力。小组合作学习可以有利于促进学生合作学习,共同思考,共同进步。

(二)实践应用型作业

教师还可以让学生自主选择作业。教师将作业的主导权放手给学生,学生根据上课的情况自主选择作业。小学阶段的作业要求本就较为简单,并且提倡尽量少为学生布置一些机械式的作业。在之前的学习过程之中,教师喜欢为学生布置一些抄写的作业,学生不仅花费了大量的时间完成作业,同时这样的作业效果并不高。教师布置机械式的作业是便于检查的需求,但是对于学生而言缺少针对性,学生并不能因为作业巩固自身课堂中的知识学习,同时也不能针对自己存在的问题利用作业加以完善。

教师在教学的过程当中,要将作业同教学设计结合起来,进行整体思考与设计。因为每位学生的学习习惯、学习能力均有不同,教师要根据孩子的特点,有针对性地给不同的学生布置不同的作业。

例如,五年级下册《*I' m cleaning my room.*》Lesson28,笔者设计了以下三项作业:

必做题:抄写单词的原形及其 ing 形式。如 sing-singing。

选做题:

a. 找出学过的动词及其 ing 形式;

b. 将这些动词变形进行分类,并试着总结出规律。

选做题可以让学生在总结规律的过程中积极开动脑筋,产生思维碰撞,还能培养学生自主学习的能力。

又如,六年级上册《Would you like to come to my birthday party?》Lesson17 这一课,我们可以设计以下几项作业:

必做题:听磁带,跟读所学对话;同桌之间指读课文。

选做题:

a. 跟你的小伙伴声情并茂地表演本课对话。

b. 将" Happy birthday to you"唱给爸爸妈妈听。

c. 将这个小对话改编成小故事,讲给教师听。

三个选做题可以让学生根据自己的兴趣和能力任选 1 题或几题完成。根据学生的不同兴趣爱好设计不同的作业,能让他们体会到其中的乐趣。学生对于作业有自主权和选择权,在学习过程中有情感的投入,有内在动力的支持,就能从学习中获得积极的情感体验,有利于调动他们的积极性,获得成就感。

因此针对机械式的作业,教师可以让学生自主选择作业,通过挖掘自身对于学习中感兴趣的内容进一步探究。英语学科而言,借助自主选择作业,可以使学生从不同方面了解所学英语知识,并且激发其英语学习的内在动力。教师只需要做好检查工作,减少学生应付作业的现象,同时也可以关注到每个学生的不同点,进而为之后的学习和发展设定个性化的教学方式,帮助其实现英语学科素养。

四、结语

小学英语作业的设计与布置需要教师不断在实践中找寻适合的方式,在新课标背景下,结合英语学科核心素养的要求为学生提供更多类型的作业,满足学生英语发展的不同需求。将作业与学生日常生活、学习相结合,教师根据学生能力的发展情况为其设计后续的学习内容等,同时结合多种作业形式,帮助学生更好地掌握英语基础知识,提升英语基本能力。

天津市和平区劝业场小学　张兢文

浅谈思维导图在小学英语教学中的应用

摘　要:在新课程改革背景下,小学英语教学在传授给学生知识的同时,要重视对学生语言能力、思维品质、文化意识和学习能力也就是核心素养的培养。思维导图为我们提供了一种全新的教学模式,在思维导图的帮助下,学生能够多角度、多维度地发现问题、解决问题,不断体验新发现,丰富知识体系,从而达到开阔思维和启发创新的效果。因此,本文主要探讨了思维导图在小学英语教学中的应用。

关键词:拓展思维,自主性,创造性,词汇教学,单元整体教学

一、思维导图的定义

思维导图(Mind Map)是由英国心理学家托尼·博赞(Tony Buzan)于20世纪60年代提出的。他在《思维导图:放射性思维》这一书中对思维导图是这样定义的:“思维导图是放射性思维的表达方式,也是人类思维的自然功能。思维导图是一种非常有用的图形技术,是打开大脑潜能的万用钥匙。它可以用于生活的各个方面,其改进后的学习能力和清晰的思维方式会改善人的行为表现。” 形象地说,思维导图就是围绕一个中心主题,从中央主干向四周放射关联的分支,并用关键词或图形对分支进行标识,再充分利用色彩和字体的变化将思维的过程和结果可视化。

二、思维导图在词汇教学中的应用

词汇是人与人交流的基础,语言知识的累积运用、语言运用能力的培

养,都离不开词汇的学习。巧妙地把思维导图与词汇学习相结合,能突破原有的教学模式,让学生能够自主发现词汇本身特点,构建系统知识网络,进而增强学生对英语词汇的记忆,提升学生的思维能力和语言表达能力。

利用思维导图,促进学生自主学习。在英语课堂上,教师应尽量结合生活实际,为学生创设一个真实自然的语言情境,词汇的学习也同样,需要在一定的语境下进行学习。比如学生在学习表示颜色的词汇时,教师为学生创设出一个"魔术秀"的场景。利用 Peter 手中的玩偶为大家变魔术,变出不同颜色的衬衫、裙子等美丽的衣服。并设置成思维导图的形式,中间是玩偶,向四周发散出不同颜色的衣服,将图画与表示颜色的词汇相结合,使词汇的学习更加真实有效。比如学生在学习 Social rules(社会规则)时,我利用视频引入,视频的内容是一个小男孩做出一些不该有的举动,比如说 make noise, walk on the grass 等,让学生去判断这些行为是正确的还是错误的,并设置成思维导图的形式,中间是 Social Rules,向四周发散这些社会规则都有什么,同时让学生们去想一想,发散思维,还有哪些社会规则、学校规则、家庭规则,让每个学生都动手制作一份思维导图,将思维导图与词汇相融合,引导学生自主构建知识网络,进而提高学生的课堂学习效率和自主学习能力。

利用思维导图,进一步拓展学生思维。在小学英语教学中,教师需要根据学生的学情,科学制作适合学生的思维导图,引导学生在原有的知识储备上不断拓宽和发展思维,让学生能够看到新旧知识间的联系,学会多维度看待问题。比如可以把 ge 结尾的词汇放到一个思维导图中,如 age, page, orange, huge, sausage 等,学生可以很快地发现这些单词在外形和读音上的联系,学生在理解词汇意义的基础上,还可以往思维导图中增添词汇,教师可以适当地让学生利用这些词汇创编成一个个生动有趣的小故事或者小歌谣,在这个过程中学生在头脑中就形成了属于自己的词汇系统,也可以利用这种方式去发现其他的词汇,不但能够加深学生的理解和记忆,还同时激发了学生的放射性思维,有利于学生对大量词汇的记忆。

三、思维导图在语篇教学中的应用

随着学生年级的增高,课堂学习内容的增多,语篇学习的内容和难度也随之增加。学生学起来很容易产生疲倦感,因此,优化课堂教学刻不容缓。简单且有效的语篇教学是教师努力的方向。而在语篇教学中融入思维导图的帮助,可以神奇地将语篇化繁为简,帮助学生有条理地分析语篇,提高学生学习和运用语篇的能力。

比如学生在学习 Thanksgiving Day(感恩节)这一语篇时,教师可以在思维导图中呈现一些关键词,如 turkey, America, forest, successful,等等,帮助学生发散思维,有助于学生整体理清文章脉络与思路。然后,教师可以根据思维导图的中心和主干提出问题,如 Why do people celebrate Thanksgiving in America? 让学生带着问题去阅读,充实思维导图。阅读后,可以小组间进行拓展思维训练,这时教师可以提出问题:Do a survey about Chinese festivals. What is the favourite festival in your class? 学生可以根据思维导图中的关键词和图画等信息,进一步发散思维,同学间相互询问最喜爱的中国节日,在交流和分享中体会到学习的快乐。

再比如学生在学习《*There are four seasons in a year.*》这一单元的语篇阅读时,教师可以利用思维导图为学生们创设情境,介绍有关语篇的背景知识,激发学生的学习热情与兴趣。在这一单元中,思维导图的中心是 Seasons,向四周发散的则是四个季节,学生们可以在四个季节中加入自己喜爱的活动,激活已有的背景知识,从而为学生的下一步文本探究提供了基础。

学生在学习语篇时,要重视培养学生快速阅读、理解文本的能力。教师应该引导学生自主设计思维导图,利用自己设计的思维导图,对语篇中的重难点进行归纳总结。思维导图的样式可以是多种形式的,比如说头脑风暴式、图表、大树型、链条性,等等。利用思维导图,能够更深层次地实现学生思维的深度和广度发展,提升学生的综合语言运用能力和思维能力。

四、思维导图在单元整体教学中的应用

教师在进行教学设计时,应保持单元话题的连贯性,将单元话题相整合,保持学生思维的连贯性。在单元整体教学中利用思维导图,有助于提高课堂教学效率,促使学生更加深入地理解整个单元的内容,更有利自主构建自身的语言知识体系,增强学生的综合语言运用能力。

比如学生在学习《What will you do this weekend?》这一单元时,本单元的话题是周末要去做什么,那么教师可以结合单元话题为学生创设一个更大的语境,运用思维导图出示一个 Weekend Clubs(周末俱乐部),并向四周发散出一些学生感兴趣的俱乐部。例如,English Club, Art Club, Reading Club, Sport Club,DIY Club,Skating Club,等等,学生可以根据自己的兴趣爱好申请加入其中一个俱乐部,并利用本单元学习过的词句扩展内容,并在此基础上在思维导图中添加内容。这样可以有效地把本单元知识进行整合,体现了语言学习的整体性和连贯性,学生在乐趣中习得了语言知识,极大地促进了学生学习的自主性,加强了学生的综合语言运用能力。

再如,学生在学习《Do you like candy?》这一单元时,这一单元主要是互相问答理解喜欢与不喜欢的语句,教师可以将单元话题与思维导图相结合,为学生创设一个更大的语言背景,布置家庭自助餐会,邀请朋友们共进自助餐,同学间互相邀请,并问答相关语句。思维导图的中心是 Dinner Party,向四周发散一些食物,学生可以适时往思维导图内加入喜欢的食物图片或者文字,并开始自助餐活动,边活动边用英语交谈。运用思维导图,激发学生的思维与思活力,让学生会学、乐学,在愉快的氛围下自主进行英语学习与探究。

思维导图通过很直观的形式,能够让学生看到新旧知识间的联系,并将新的知识融入已有的知识体系中,促成新旧知识间的整合,在单元整体教学中,通过思维导图的帮助,学生能够在概念框架中持续发展,建构自

身的知识结构,助力于学生主动的有意义的学习,激发学生思维的潜在发展水平。

五、在小学英语教学中应用思维导图的优势

(一)激发学习兴趣,提升注意力

教学的艺术在于设法引起学生学习的兴趣,有了兴趣就能够全身心地投入要做的事情。小学阶段的学生主要以形象思维为主,思维导图中的视觉化能给学生们带来强烈的视觉冲击,牢牢抓住学生的课堂注意力。在思维导图的帮助下,学生们会觉得英语学习原来如此有趣简单,词汇、阅读因为有了思维导图的呈现,在短短时间内就记住了!比如在学习Subjects(学科)时的思维导图,教师利用一个大树干表示Subjects,周围的树枝中长满了其他学科,只有学习好了这些科目,大树才能生长得更加茂盛,以此来教育学生们要学习好每一门学科。利用这样的思维导图,学习兴趣被有效地激发了,再也不怕学生课堂会走神了,学生的注意力一定牢牢地在课堂上。

(二)拓展思维训练,培养创造力

思维导图融合了色彩、画面感、文字等多种元素,结合全脑的发展,清晰地呈现出学生思维的层次,比如在学习Holidays(节日)的时候,运用思维导图为学生建构一个图文并茂的知识网络,思维导图的中心主干是Holidays,向四周发散出学生喜爱的节日,学生在这个过程中,脑子中的节日名称越来越多,思维越来越发散。通过思维导图,学生们的潜能可以得到充分的开发,学生也可以利用思维导图的发散性进行更具创造力的创新,甚至产生一种思维的跳跃。思维导图在我们小学英语教学中的应用,无疑是学生拓展思维训练,培养创新力、创造力的有力工具。

(三)建构知识网络,提高记忆力

思维导图通过边思考边画画的形式,根据老师所讲的重难点,利用学生自己的想象,使用图画和图形在不同重点之间添加上能够相互产生联系的线条。把复杂且零碎的知识整理成方便记忆、有逻辑性的知识网络,把枯燥的文字图形化,帮助学生梳理知识脉络,抓住关键词,利用图像加深记忆。学生们经过整理资料—汇总整合—形成导图—添加内容—加深记忆—逐步完善等一系列过程,将散乱的语言分类记忆和使用,不断启发学生思维,帮助学生分析、记忆、消化、巩固所学知识。

(四)培养学习策略,提升自主性

在现今的小学英语课堂上,学生自主学习能力的养成至关重要。在课堂中,思维导图的应用,以直观明了的图示将课本中的重点呈现出来,让各个知识点之间建立联系,让枯燥乏味、零散的知识点串联起来,逐步让学生在轻松和谐的氛围中养成一种学习策略和学习方法,真正提升学生的自主学习能力。

六、结语

总之,在现今小学英语教学中充分运用思维导图,无论是词汇教学、语篇教学还是单元整体性教学,教师应扮演一位引导者的角色,要始终坚持“以学生为主体,一切为了学生的发展”的教学思想,要从学生的身心发展规律出发,用学生的已有经验和知识去丰富文本内容,并在学生探索的过程中给予线索,让学生们借助思维导图,不断发散思维。通过学生间的自主交流、讨论来获取知识,不断激发学生的创新能力、拓展学生的思维空间,引导学生多维度地看待问题、解决问题,从而让我们的英语课堂更加自由、更加具有创造性。

天津市和平区新华南路小学　刘颖

核心素养视角下小学英语课堂情境创设初探

摘　要:英语课程的学习,不仅是使学生在英语学习的过程中逐步掌握英语知识和技能,逐步提高英语语言的运用能力,更要让学生在英语学习过程中感受英语的魅力,拓展学生的眼界,开发学生的思维,提升学生的英语核心素养。语言学习需要实践经历,需要情境体验,需要学生主体积极主动参与。而我们的学生缺乏学习英语的语言环境,这就要求教师在课堂上创设一系列贴近学生生活的语言情境,让学生在自己熟悉的环境中探究新知。

关键词:小学英语,创设情境,核心素养

英语学科核心素养是核心素养在英语学科上的具体表现,是学生学习英语之后具备的与英语学科特点相关的关键能力与必备品格,充分展现出英语学科的育人价值。(程晓棠,2016)

社会建构主义认为:“学习是在有意义的环境和氛围中通过人际互动发生的。任何学习都必然存在于某一种具体的环境之中,是通过和他人互动来完成的。语言学习尤其如此,因为语言学习的一个重要组成部分就是用目的语来交流互动。这里的环境不仅指课堂环境,还指社会文化、家庭、教育和人际,甚至心理环境,所以教师要特别注意互动对学习者的行为的影响。”

真实情境的创设可以让孩子在形式丰富、手段多样、贴近生活的情境中学习,去感受英语学习的快乐,鼓励学生主动投入到英语课堂和学习实践中,增强学生英语交际意识的主动性。让学生通过自己的体验式学习真切地体会到语言的交际功能,感受到学习的成功。

一、合理扩展教学内容,创设情境

英语的学习应该充分利用生活中所蕴含的丰富的多种活动资源,让生活成为英语学习的源头活水。在备课时发现,有的教材内容只是情境片段,虽为教师提供了很大的想象空间,但并不利于学生的理解。那如何将分散的知识点放置到完整情境中,使学生更真实,更直观地感知语言便成为关键。因此,我们要积极对原文本进行情境修正,积极创设一系列"内容真切,形式亲切,联系密切"的真实的英语语言情境,强化学生的知识认知和情感体验,增强学生英语交际能力的准确性。

我们的教学内容应该大于教材的内容。只要符合学生认知规律,从学生实际出发的内容都可以作为教学内容。教学内容不仅包括对教材内容的使用,也包括对教材内容的改编,扩充,删减等。这很好地体现了教师灵活使用教材为学生服务等理念。教师要根据学生的学习情况设计与其真实生活相关的问题,用生活实例激发学生学习的兴趣和欲望。

例如,《快乐英语》第四册 Unit 2《*Clothes*》和 Unit 3《*Weather*》两单元内容在教材编排中没有联系,但教师通过创设学生进行全球环游记的情境,让学生将不同国家的不同天气和对应天气的穿衣相联系,很好地将两单元内容融合在一起,也让学生了解了不同国家的典型气候特征,同时也很好地培养了孩子们关注天气,及时添减衣物的好习惯。

再如,《精通英语》三年级下册 Unit 6《*Is this your skirt?*》学生在大课间自由活动时经常脱下衣服和红领巾,等回班的时候有时会发现自己的衣服忘在操场了。我会在平时留意拍照,授课当天正好有学生丢衣服。由此创设"Lost and Found"场景,帮助学生归还了失物,整体呈现了本单元的教学内容,同时强调生词和重要语言点 Is this your...? / Yes, it is./ No, it isn't. 接下来延续情境,班里学生经常丢文具等东西,在班级设置"Lost and Found"角,利用目标句型完成失物归还,将课堂所学延伸到课外。

将教材内容转化为教学内容,需要教师在备课时用心备教材,备学生,备教法,备教学情境的设计等。我们要设计一个完整的教学情境,将重新加工,取舍和编排过的教材内容融入其中,让学生在更好的情境中理解语篇,运用知识。

二、采用不同的学习形式,开展情境教学

心理语言学提出学习者有四种学习感知模式。视觉学习模式,如阅读、看图表等;听觉感知模式,如录音、听人讲解;体验式学习模式,一般指全身心投入到学习环境中的学习方式,如戏剧表演、用动作或手势演示等;动手操作学习模式,如写、画、做实验等。

学习者的动机、兴趣、态度等情感因素在根本上影响着学习的过程和结果。小学生的心理尚未成熟,没有升学、工作等外在动力来进行自主学习,因此,内在动力对小学生自主学习有决定性作用。学习兴趣就是小学生学习内在动力,教师要着力在课堂教学中充分激发学生的兴趣,并促进这种兴趣的持久和稳定。情境教学与激发学生兴趣相辅相成。因此在教学中教师要采用多种学习形式,将情境教学融入不同的学习形式,以满足学生的需求。如小剧表演、课堂游戏、观看课文动画录像、唱英语歌、说英语歌谣、读书中故事、课堂知识竞赛、读课文、和伙伴做练习等。经调查,小剧表演是学生最喜欢的学习形式,小剧表演符合了学生爱表现,渴望得到他人认可的年龄特点。课堂中的小剧表演给学生提供了展示自我和即兴发挥的机会,同时,又能置身于真实情境中运用英语,很好地锻炼和提高了学生的自信心和应用实践能力。

教师根据教学内容还巧妙地设计"师生说""俩俩说""小组说""接龙说"和"自主说"等活动,极大丰富了情景教育的课堂实践和学生的知识感受。

小学阶段的学生对单纯的文字学习会感到枯燥无味,逐渐失去学习兴趣。而情境教学中,教师通过大量的实物教具、图片、多媒体动画等为孩子创设真实的情境,孩子们置身情境中亲眼看一看,亲手摸一摸,亲耳

听一听,亲身试一试。学生成为主动参与者,给学生展示自我,享受成功的舞台,获得学会英语的成功体验,从而使学习兴趣大幅提高,有了表达欲望,求知欲提升,自然而然由被动学习变为主动学习。

例如,在学习《精通英语》三年级上册 Unit 5 Lesson 30 时,教师设计了小小科学实验室的情境——魔法瓶子(Magic Bottles),准备几个空瓶子,在每一个瓶子里装上白水,让学生猜猜瓶子里的水经过摇晃会变成什么颜色,输入目标语 What colour is it? It's... Colour it... 同时以红黄蓝三原色为基础,分别将两个瓶子的水兑到一起,让学生观察会呈现什么新颜色。red+yellow=orange, yellow+green=blue, red+white=pink, red+yellow+blue=black 等。本课也体现了跨学科融合,也让学生亲自看到实验的结果,并观察到不同颜色配比的融合会使实验结果不同。

三、依托多种教学情境资源,丰富情境教学

根据小学阶段学生的身心特点,在教学中,教师需要多种辅助的教学资源来帮助学生理解英语知识,提高学生的学习效率。丰富多彩的多媒体、网络课件通过文本、声音和视频动画以及实物充分刺激学生的各个感官,通过创设学习情境让学生在自主学习过程中体会自学的乐趣和获得知识的成功喜悦,从而提高学习效率。

动画是视听结合的教学资源,生动的画面和纯正的发音充分刺激了学生的眼睛和耳朵,使学生注意力高度集中,有助于提高学习效率。精通英语的动画还可以根据人物选择配音,学生边看动画边给人物配音,能够更好地将学生带入情境,理解语句的使用情境及语音语调。

实物情境是最直观、最容易理解的情境,学生边看实物边学习英文,头脑就会立即将两者联系起来,理解时间短且记忆深刻。

例如,《快乐英语》第一册 Unit 3《Colours》创设下雨的情境,先让学生通过大屏幕看雨景、听雨声,而后教师拿出一把彩色的伞,通过伞上的颜色导入红,黄,蓝,绿,橙五种颜色的学习。其中,在雨中有绿色青蛙在鸣

叫,先让学生听蛙鸣,再引入绿色的学习,最后雨过天晴,天空出现了彩虹,再次巩固色彩的词汇。这样一连串环环相扣的设计为学生创设了真实的生活情景,色彩鲜明的实物和图画充分刺激了学生的视觉,真实的雨声和蛙鸣声调动了学生的听觉。

在每单元的复习课时,我会采用小组竞赛的形式整合整个单元的内容和复习课的内容,以竞赛形式出现(VS)。希沃白板等新型软件的使用可以更好地创设竞赛的情境,调动学生参与课堂的热情。例如,希沃白板中的课堂活动选项里有针对知识的不同而设计的趣味分类,超级分类,选词填空,知识配对,分组竞争和判断对错等不同形式的色彩鲜明,形象可爱的动画游戏,学生可以按组到屏幕前点击参与到游戏中,可以很好地锻炼学生的反应能力,同时在激烈的竞争中让学生团结协作,体会用心学习英语的快乐。

多种情境资源结合在一起使用,情境教学才得以高效,学生的学习效率也随之提高。

四、课堂活动立足人文传递,提高学生文化意识

《义务教育英语课程标准(2022 年版)》指出:“文化意识体现核心素养的价值取向。”“文化意识是学生在新时代表现出的跨文化认知、态度和行为选择。文化意识的培育有助于学生增强家国情怀和人类命运共同体意识,涵养品格,提升文明素养和社会责任感。”情境创设是教学的有机组成部分,能够激发学生的学习兴趣,丰富学生想象力,帮助理解、积累和语用语言;使课堂教学更加鲜活,亲切,有趣,激发学生好奇心和求知欲,潜移默化地滋养学生的文化意识。

经过近几年对情境教学的研究与实践,在教学中不再是拼凑情境,而是有意识地融合所有新知识形成一个合理、真实的情境,以主题为引领,以语篇为载体,在情境中学习教材内容知识并适当拓展适合该情境的其他语言文化知识。

如学习食品主题时,先学习常见的食品名称,然后表达自己在饮食上的喜好,I like... I don't like... My favourite food is...,并拓展到商店购买食品的日常生活情境,Can I have some... I want ...。在此过程中,简单介绍了中外饮食文化——dumplings(China),hamburger(Amarica),pizza(Italy),Sushi(Japan)。最后进行合理膳食,保持健康,节约粮食,光盘行动的价值教育。

再如,《精通英语》五年级上册 Unit 3 讲有关职业的内容,课程开始教师播放了抗疫纪录片的片段,让学生在观看中体会到各行各业在这场战役中的付出与奉献,并结合课文内容,设计战疫后的访谈节目,重点讲述医生(doctor)、警察(policeman)和一线记者(reporter)的相关工作。并输入目标句型 What dose your father/mother do? My father/mother is a...。有些学生的父母恰好是一线工作的医生和警察等,让他们作为被采访者,分小组设计小剧。学生上半年刚刚经历过这场战役,设计这样贴切生活的情境,能够更好地让学生"浸"入其中,习得语言知识。最后,纵观全球疫情的日益严重与中国生产、生活的逐步正常化。激发学生热爱祖国,以祖国为荣的爱国情感,自然引导学生习得目标句 I want to be a policeman/doctor/teacher in the future. 培养学生树立为祖国,为人民奉献的伟大职业价值观。

情境教学的实践为学生带来了轻松愉悦的课堂氛围,为学生提供了足够的机会用英语进行活动。学生在教师创设的情境中听英语、读英语、说英语、写英语、运用英语,积极地参与到课堂活动中。情境教学激发和保持了学生的学习兴趣,不同的学习形式为情境教学的开展提供了有利条件,多种情境资源的结合提高了学生的学习效率。教师要根据不同的教学内容创设各种情境,充分利用不同的学习形式,整合多种情境资源,做到教学情境化。情境教学既能活跃课堂气氛,激发学生的学习兴趣,丰富学生想象力,又能锻炼和培养学生的思维能力。它更符合儿童的心理特点,将简单枯燥的教学内容融化在多姿多彩的真实情境中,学生才会爱学乐学。

天津港保税区空港学校　张慧婷

各类竞技体育项目在小学体育课程中的渗透

摘　要:作为一名体育教师,我们不需要去把每一个学生培养成专业的运动员,但是我们要尽自己所能让学生们去了解、去尝试更多的体育项目。在向学生们介绍体育项目时,要注意不同竞技体育项目在小学体育课程中的渗透程度,充分考虑不同的年龄阶段的生长发育特点、季节特点、地区特点、性别特点,利用好关注度比较高的重大赛事,教学角度的正确性等。

关键词:竞技体育,小学体育,终身体育

一、各类竞技体育项目渗透进入小学体育课堂的必要性

作为一名体育教师,我们不需要去把每一个学生培养成专业的运动员,但是我们要尽自己所能让学生们去了解、去尝试更多的体育项目。通过认识更多体育项目,学生们才有根据自己的爱好去选择参与其中某项适合自己的运动的基础,为学生的终身体育在小学阶段打下坚实的基础。

学校体育是指以在校学生为参与主体的体育活动,通过培养学生的体育兴趣、态度、习惯、知识和能力来增强学生的身体素质,培养学生的道德和意志品质,促进学生的身心健康。而竞技体育是指在全面发展身体,最大限度地挖掘和发挥人在体力、心理、智力等方面潜力的基础上,以攀登运动技术高峰和创造优异运动成绩为主要目的的一种运动活动过程。这两个看起来水火不容的概念在我看来其实却关系紧密。学校体育最重

要的目的就是实现“以体育人”,促进学生的身心健康。而体育运动则是“以体育人”的载体与手段,大部分学生们进行练习的运动项目都是由竞技体育的相关项目转换、变形而来,竞技体育项目也代表着当今社会体育发展的最先进的水平。由此得来,从小学阶段就让学生对各类竞技体育项目有系统的、正确的认知是十分必要的。

二、不同竞技体育项目在小学体育课程中的渗透程度

竞技体育包括田径、赛艇、羽毛球、棒球、篮球、拳击、皮划艇、自行车、马术、击剑、足球、体操、举重、手球、曲棍球、柔道、摔跤、游泳、现代五项、垒球、跆拳道、网球、乒乓球、射击、射箭、铁人三项、帆船、排球等在内的数十个大项,数百个小项。根据其竞技类型的不同,这些项目又可以分为速度型、耐力型、表现型、技能型、同场对抗型、隔网对抗型、格斗对抗型、综合型,等等。每种运动都有其自身的特点,不同的运动在我国的发展、普及、被人们所接受的程度也是不一样的,当然小学阶段的学生们对不同项目的学习程度也应该有很大区别的。根据我在体育教学中的不断尝试与总结,把这些运动项目大体分为了三类。

第一类,只需要普通的学生们了解其项目相关的体育知识,比如对其竞赛规则、起源发展、知名运动员等做一些简单的认识。这类运动主要针对难度过大、场地器材要求高难开展,不适合青少年的身体生长发育阶段参与的竞技项目,比如跳水、赛车类、马术,等等。

第二类,需要学生们不但要了解其相关的体育知识,还要根据综合条件尽可能地去进行运动参与,即便是不能完整的体验项目本身,也要让孩子们参与到根据小学生年龄特点的简化、改良项目,或是练习完整技术动作中的部分动作。比如羽毛球简化而来的板羽球,与田径项目铅球所相关的实心球,网球运动的侧滑步、交叉步等练习。

第三类,既要了解相应的体育常识,也要掌握基本的动作方法,而且

要对相关运动技能、体育知识进行巩固、考核。例如,田径项目中的短跑,一定要让学生去了解尽可能多的相关知识,并且熟练掌握站立式起跑、途中跑技术,部分身体素质较好学生还要掌握蹲踞式起跑与冲刺跑技术,当然完整的技术是需要从低年级到高年级循序渐进地学习,并且要在每个阶段的学习设置考核。

三、充分考虑不同的年龄阶段的生长发育特点

要根据学生的生长发育阶段安排适当的体育知识。有的项目要把同一大项中的不同小项目,按年龄阶段逐步介绍给学生。有的项目要根据学生身体素质的不断提高,逐渐提高练习相关动作的难度。在这我举两个实际教学中应用的实例进行说明。

第一个例子:游泳,在小学一二年级时候,可以着重介绍相对简单的蛙泳,并且引入要形象,可以从青蛙的游泳姿势开始,让学生们多观察。三四年级时,已经有相当一部分学生在课外班中学习了蛙泳,这时可以和同学们介绍仰泳、自由泳,激发学生学习的兴趣。等到五六年级时,向同学们介绍蝶泳,顺势扩展一些其他水上项目,如跳水、水球等,来呼应前面所学,并且让孩子们有更深入的了解。

第二个例子:投掷项目,很少人会把投掷类项目作为自己爱好与锻炼身体的方式,所以我们在教授投掷类项目时,要把教学重点放在引导孩子们正确地认识到发展上肢力量以及身体协调发力的重要性上。投掷项目我们在小学一二年级可以很简化地向同学们介绍,让学生了解有一种比赛是比谁投得远,同时学习一些很简单而且有趣投掷类的动作,如投掷轻物、沙包游戏等。到了三四年级,随着学生身体素质以及接受能力的提高,就可以学习原地与上步的投掷垒球动作了,并且可以进行游戏与竞赛,垒球重量适中,特别适合三四年级年龄段的孩子们去学习。五六年级的孩子们综合素质进一步提升,这时候就可以让孩子们去认识具体的投掷项目,把标枪、铅球等器械拿出来让孩子们去触碰,并且了解比赛规则。

在练习方面可以选取更重一些的实心球,学习双手头上前掷实心球动作。

四、注意利用季节的特点

我们一定要在最恰当的时期给孩子们讲授相应的体育知识。例如,炎热的在夏天可以多讲授一些如游泳、冲浪、帆船、跳水、水球等与水相关的项目,或沙滩排球等能让人一下联想到夏天的相关项目。而到了冬天我们可以多讲一些雪上项目和冰上项目,甚至在雪天可以让学生们亲身的去触碰到雪和冰,让他们在感受寒意的同时讲解一些相关运动印象会更深刻。在最适合开展某项运动的季节去渗透相关内容,方便孩子们产生兴趣后去尝试,去进一步学习,就达到了我们培养学生运动兴趣,发展终身体育的教学目的。而如果相反,不遵循季节的特点,在夏天去讲解冰雪运动,在冬天去讲解游泳,即使老师讲解得很清晰,即使同学们产生了一定的兴趣,但是由于在不适合开展此项运动的季节,课下也不能得到及时的接触学习,等到了合适的季节可能早把之前所学抛到脑后,就会得到较差的教学结果。

五、利用好关注度比较高的重大赛事

在信息化高度发达的今天,各种体育赛事几乎走进了每家户,家长们也一定有自己关注的体育赛事,尤其是关注度较高的体育赛事比如奥运会、世界杯、CBA(中国男子篮球联赛)总决赛等,即便是不去关注每一场比赛大家会多少有一些耳闻,我们利用好这些重要赛事向同学们介绍相关项目一定会事半功倍。

在2022年北京冬奥会期间,我就趁着东奥热带学生们一起观看了很多精彩的比赛,给学生讲解了很多关于冬季奥林匹克运动会的相关项目。在此过程中学生们不但没有感到无趣,反而对这些我们平时接触较少的运动项目产生了很浓厚的兴趣,之前有过冰雪运动经历的孩子们主动地进行感受分享，有的还把滑雪板、滑冰鞋、冰球棒等运动器材拿到了学校积极地向同学们介绍相关知识，做起了“小老师”。经过一个北京冬奥会，很多孩子在观看比赛的同时得到了老师的正确引领，都决定利用假期去尝试冰雪运动。在带孩子们为运动健儿们加油的同时还在无形中培养了他们的集体荣誉感、民族自豪感等优良品质，可以说是一举多得。

六、关注性别的差异性

在关注年龄生长发育阶段的同时，也不能忽视性别的差异性。小学阶段也是青春期的一个阶段，男生女生在心理、生理发育上都存在差异。生理上，女孩的第二性征比较明显，这一点在教学当中一定要给予足够的关注，用正确的方式去进行引导。心理上的差异包括好多方面，男女生的兴趣爱好以及他们的性格特点等，都有可能受心理的影响。

男生要多去介绍一些力量、速度类型的项目，女生可以多介绍一些柔美、身体接触少的运动项目。例如，在球类上男生可以多去渗透一些篮球、足球等同场竞技型项目，女生可以多介绍羽毛球、网球等隔网对抗型球类项目。在同一大项也可以选取不同的小项去有针对地进行渗透，游泳为例子，可以更多地给男生讲解竞速类的项目，而给女生可以简单渗透一些花样游泳的相关知识。这样就能满足男生女生不同的生理发育以及性格特点，让他们更容易接受学习内容，更有利于他们对所学的运动项目产生兴趣。

七、充分考虑地区特点

在教授学生们相关的运动项目时，一定要充分考虑学校所在城市的场地、器材以及相关运动发展现状。

我国国土面积广阔各地气候环境差异很大，每个地区所适合开展的体育项目也不同，每个城市也有着自身发展较好的体育项目。例如，我国的南方地区水域众多,气候温和,游泳场分布较广,游泳几乎是必修课。而东北地区冬季严寒,天然的气候因素造就了很多冰雪运动场地相应地从事冰雪运动的人群就多。海南地区排球运动发展得就很好,会打排球的人群很多,场地也非常多,尤其是气候原因,沙滩排球很是盛行,将来学生们去进行排球运动的概率就非常大。

除了气候因素,还有很多地区存在着其本身的特色运动。例如,今年(2022年)贵州黔东南州的村级篮球赛火遍全网,当地的篮球项目发展得非常好,那么当地的学生肯定就更倾向于去更多地了解篮球运动。

我们要充分考虑地方特色,因为一个地区发展较好的运动项目相应的场地设施就会比较普及,从事此项运动的人群也会相对较多,方便学生们真正去实践,甚至去把此项运动当作自己终身体育的运动项目。

八、渗透角度的正确性

在向孩子们介绍某项运动时,要站在正确的角度上用中立的眼光,平等地去介绍每一项运动。孩子们对于不了解的运动就像一张白纸,我们一定要在这张“纸”上写上正确的第一笔。

特别注意在不常见的运动项目上对孩子们有正确的引导,不能让学生们对某项运动产生偏见。例如,在小学阶段孩子们可能会很难理解铅球项目,他们可能会认为此项运动既没有趣味性,又危险,甚至很多孩子还会嫌弃球脏。作为老师就要站在正确的角度去引导,我在讲铅球之前喜欢用讲故事的形式给孩子们讲讲投掷类的起源。最早的推铅球运动起源于古代人类用石块猎取野兽或防御攻击的活动,后来又逐渐从军队的游戏中演化而来。推铅球是一项古老的运动项目,是人类利用工具战胜野兽的见证,而且能很好地发展人的上肢力量。经过故事的引导孩子们就多了几分对铅球的热情,让教与学都更加轻松。

总之,为了学生们形成更好的体育锻炼习惯,形成终身体育的意识。我们要尽可能地让他们了解更多的体育项目,再根据自身特点选取自己感兴趣的项目进行锻炼。在“双减”与“素质教育”并行的今天体育锻炼更为重要,孩子也有更多的精力、更大的热情去对待体育,作为体育教师我们要做好孩子们体育的引路人。

天津市和平区鞍山道小学　赵艺伟

在音乐教学中提升核心素养

摘　要：艺术教育是人类精神文明的重要组成部分，是美育的重要组成部分，它以形象的力量与美的境界促进人的审美和人文素养的提升，是一种善于表现和激发人们的思想感情、反映社会现实的艺术。而音乐教育则是实施素质教育，全面提高学生素质塑造美好心灵的重要的途径。小学的音乐教育是整个音乐教育中最基本的环节，对小学生的人格、思维、创造力的开发都有着不可或缺的作用。因此要提升学生音乐核心素养，上好一堂音乐课至关重要。从"欣赏""表现""创造""联系"分析、丰富教学内容，根据学生的身心发展规律和多媒体等教学用具，丰富课堂活动，完善教学方式，提升学生的兴趣，家校形成合力，从方方面面健全学生审美机制，提升音乐核心素养，促进学生身心健康全面发展。

关键词：核心素养，音乐，小学生

现如今世界科技进步日新月异，网络新媒体迅速普及，人们不断地改变着学习、工作、生活方式，教育需求从"有学上"转向"上好学"，人才培养也面临着新的挑战。要引导学生明确人生方向、培养学生适应未来发展的正确价值观、形成学生必备的品格和关键能力，因此提升学生的核心素养尤为关键。

核心素养是所有学生应具有的最关键、最必要的素养，是知识、能力和态度等的综合表现。以习近平新时代中国特色社会主义思想为指导，全面贯彻党的教育方针，遵循教育教学规律，落实立德树人的根本任务，发展素质教育，坚持德育为先。因此教师不但要教授学生科学文化知识、更要培养学生健全的人格、优良的品质、成长为德智体美劳全面发展的社会主义建设者和接班人。

艺术教育是人类精神文明的重要组成部分,是美育的重要组成部分,它以形象的力量与美的境界促进人的审美和人文素养的提升,是一种善于表现和激发人们的思想感情、反映社会现实的艺术。而音乐教育则是实施素质教育,全面提高学生素质塑造美好心灵的重要的途径。小学的音乐教育是整个音乐教育中最基本的环节,对小学生的人格、思维、创造力的开发都有着不可或缺的作用,是其他学科所不能替代的。那么在实际的音乐教育教学中如何逐步提升小学生的音乐核心素养呢?可以从以下几个方面着手。

一、分析课程内容

音乐学科内容包括"欣赏""表现""创造"和"联系"四类。

欣赏就是用眼睛去注视,用耳朵去聆听,用心灵体会这世界的美好。是对自然世界、社会生活和艺术作品中美的特征及其意义与作用的发现,感受、认识和反应的能力。这也是学生音乐核心素养培养的落脚点,因此音乐教师要尊重音乐艺术的多样性,培养学生发现美、感知美及评价美的能力,从而形成积极向上的价值观和审美趋向。素质教育教学理念下,新课程改革要将审美能力作为核心素养的培养核心来对待,在学生参与音乐课堂教学活动中时,重视对学生的情感教育,注意引导学生感受多样化的音乐体验,引发学生在音乐情感上的共鸣,从而培养起学生优秀的道德品质及音乐品格。由于音乐具有极强的包容性,因此在学生聆听歌曲时,让学生在理解歌词含义之后再次感受音乐旋律和节奏,与歌曲产生情感沟通,更能让学生获得良好的情感体验。以三年级下册欣赏课《我们走进十月的阳光》为例,这是一首抒发爱国情怀的少年儿童合唱歌曲。歌曲的音调、节奏乃至词曲的结合,具有现代通俗歌曲的特点,体现了浓郁的时代气息。歌词"拉着我的手,拉着你的手,祖国和我们一起走"刻画了少年儿童活泼天真的形象,并表达了他们对祖国的真切感情。"风也过去了,雨也过去了"这一部分感情激荡欢畅,这是在祖国和平的土地上、温暖的阳光下，少年儿童为友谊、为祖国而纵情放歌。“我们走进十月的阳光”在歌声中我们仿佛听到了亿万人民在十月的阳光下坚定豪迈、胜利前进的步伐。具有进行曲的风格尾声和谐、明静，预示了祖国的美好前景。与此同时引导学生分析十月这个特殊的月份我们的祖国发生了什么重要的大事，由此激励出学生的爱国热情，因为音乐是充满情感的艺术，字里行间都表达着浓浓的深情，在我提出欣赏了这首歌曲后你有怎么样的感受时，有一位同学回答令我记忆非常深刻，他说：“我感到中华人民共和国成立了，我们再也不用被别人欺负了，不管在什么时候祖国都和我们在一起手拉着手，祖国永远在我们身后！”通过“欣赏”，学生体验音乐的情绪与情感，了解音乐的表现要素、表现形式，感知、理解音乐的体裁与风格等，发展音乐听觉与感知能力，丰富音乐审美体验，深化音乐情感体验，提升审美感知和文化理解素养。有助于学生发现美，感知美，丰富审美体验，提升审美情趣。

表现是一种实践能力，艺术表现的培养有助于学生掌握艺术表现的技能，认识艺术与生活的广泛联系，增强形象思维能力，涵养热爱生命和生活的态度。通过“表现”，学生掌握声乐、器乐、综合性艺术表演所需的基础知识和基本技能，在艺术表现中表达思想和情感，丰富音乐活动经验，提升艺术表现素养。这离不开教师的示范和鼓励。

学生的音乐创新能力是在长久音乐课堂学习中获得的，有助于提升学生的音乐文化素养，充分挖掘出学生的音乐创造潜能。在课堂教学中，教师注重引导学生的思路，培养学生的联想能力和观察能力，最后升华到音乐创作层面上。音乐的每一种声音都具有独特性，需要学生沉浸作品中去感受、去领悟。教师在组织开展音乐时间教学活动时，考虑到学生的认知水平和学习特点，选择利用多元化的打击乐器，从日常生活中寻找音乐灵感，研究音乐中的音色、音调和长短等，仔细品味不同音乐表现形式所营造出来的音乐氛围，同时重视学生的音乐创造。例如，音乐课堂教学内容是有关民族乐曲、民族歌谣方面的内容，那么教师可以适当利用信息化技术，为学生创设出特定的情境，让学生充分融入情境中，从被动接受知识的状态转为主动学习，发挥出自己的主观能动价值，让学生更好地学习音乐知识，培养其创新能力，利用不同的民族乐器，创编出不同的歌曲。通过“创造”，学生对音乐及其他各种声音进行探索，综合运用所学知识、技能和创造性思维，开展即兴表演和音乐编创活动，表达个人想法和创意，提升创意实践素养。

“联系”是将音乐与社会生活、姊妹艺术及其他学科加以关联和融合，并在欣赏、表现和创造等实践中结合相关文化，理解音乐的人文内涵和社会功能，开阔文化视野，提升文化理解素养。在《祖国祖国我们爱你》一课中，通过歌词“小小蜡笔，穿新衣，红黄蓝绿多美丽”“你画太阳，我画国旗，祖国祖国我们爱你”给学生布置选择性的作业，有兴趣的同学可以通过绘画的方式画出你对祖国的爱，作业中有的同学画了少先队员在向日葵的花丛中升国旗的图画，有的画了奥运会的冰墩墩和雪绒绒以及奖牌，有的画了长城……引导学生通过学科结合的方式联系实际，将音乐的“无形”构成“有形”能更好地理解学生的所知所想。

这四个部分相辅相成，贯穿音乐学习的全过程，想要提升学生的音乐核心素养，不仅要将每一步做到，更要将每一步做好！

二、完善教学方式

俗话说，兴趣是最好的老师。有学习音乐的兴趣，才会有一个愉快的学习音乐的过程。往往老师在教学中采用机械的教育方式，经常会打击学生学习音乐的积极性，不喜欢学生音乐课上的活泼劲，以为这是在扰乱课堂，严令大家做好，只注重书本的知识，而缺少对歌曲的深入的挖掘，导致小学生对音乐课的反感，更不会产生良好的学习音乐的兴趣了，其实这些都是不对的，因为音乐本身就是自由的、没有束缚的，所以在教学中要注意发现学生学习的音乐的兴趣，把课堂教学变的灵活多样，把教学阵地交给学生并鼓励学生动起来，培养学习兴趣的同时也在培育学生的核心素养。

首先，教师可以根据不同阶段学生的身心发展规律的特点，不同班级的特点,选择不同的教学方式,找准学生的兴趣点,充分利用多媒体,打击乐器等让每一位学生“动”起来。在《唢呐配喇叭》一课中,我根据歌曲简短,节奏欢快的特点,以及二年级的学生好奇心强且好动身心发展规律,在讲授完歌曲当中唢呐的相关知识点后,拿出打击乐器“串铃”放与第一排学生的手中,学生边唱边给歌曲伴奏,在歌曲间奏中通过向后排同学“接龙”的游戏方式,在学生全体“动”起来后,当堂便可以背唱歌曲,通过多媒体欣赏了唢呐演奏的《百鸟朝凤》更加直观地了解我国传统乐器唢呐音色高昂嘹亮,刚中有柔,柔中有刚的特点。其次,学校要重视音乐课程,定期开展班级合唱比赛或者是歌手大赛,加强学生对音乐知识的学习,促进师生和生生之间的互动交流。最后,组织多元化社团为学生提供学生参与社会音乐实践活动的机会,推动学生音乐素养的提升和内化,调动学生对音乐的激情。

三、转变对于音乐教育的观念

在小学的教育中,音乐课是不被家长重视的,虽然我国已经大力的推行素质教育,并对音乐课程的改革,各个学校在音乐教育当中都做出了巨大的努力,但这些对一些家长影响不是很大,仍然把音乐作为“副科”完全忽略了音乐的美育价值,对于音乐教学更是不重视。特殊时期“线上教学”学校为了学生德智体美劳全面发展,音乐课也同样进行着,与此同时有多元化的微课,包括“师生乐器共同演奏”“红歌一百首”等主题,但线下反馈时质量不高,学生反应家长只让看“主科”,因此面对新形势下的音乐教育的挑战,应当转变传统的音乐教育的观念。形成家校合力,才能更好地发挥音乐的价值。

坚持以美育人、以美化人、以美润心、以美培元,引领学生在健康向上的审美实践中感知、体验与理解艺术,逐步提高感受美、欣赏美、表现美、创造美的能力,才能培育一代又一代有理想、有本领、有担当的时代新人,为实现中华民族伟大复兴做出新的更大贡献!

天津市和平区鞍山道小学　张世千

“大思政课”教育理念下的小学语文与思政课程融合案例探究

——以部编版三年级语文教材为例

摘　要:教育是国之大计、党之大计,建设教育强国是中华民族伟大复兴的基础工程。党的十八大以来,习近平总书记围绕培养什么人、怎样培养人、为谁培养人这一根本问题发表一系列重要讲话、作出一系列重大部署。课程思政就是要深入挖掘并运用各门课程和教学方式中蕴含的思政教育元素,有效引导教师发挥课程育人的主体作用,切实把思想政治教育贯穿于教学实践的全过程,实现各门课程协同育人。语文与思政融合正是这一思想指导下的产物。

关键词:大思政课,语文融合,思想引导

古人云:“敬教劝学,建国之大本;兴贤育才,为政之先务。”教育是社会根本工程,能提高人民素质、促进人民发展、增强民族活力、有力地促进了中华民族伟大复兴的历史进程。习近平总书记多次在重要会议上多次提及思政课程的重要性。作为一名小学语文教师,学生的学情是我们尤为关注的。小学生随着年龄的发展,心智愈发成熟,大脑开始进入最为活跃的一段时期,最需要老师的积极引导给予他们正确的思想观念。语文作为小学教育中重要的一个科目,不但具有很强的人文属性,同时对于学生思想观念的引导具有无可替代的作用。对于指引学生走正路具有重要的德育培养效果。本文拟从思政与语文融合角度探究,进而推动课程完善、学生发展以及教师的专业成长。

一、思政课与语文课程融合的意义

语文学科是进行思政教育的重要阵地，因为语文教材中蕴含着丰富的思政要素和德育资源。语文教师要通过日常的教学活动进行社会主义核心价值观教育，帮助孩子追求真善美，树立正确理想、信念、价值和意义。同时在日常的教学中要做到帮学生用不同的眼睛看这个世界。如果老师们在课堂上只将积极的一面展现给学生，那么在今后的成长过程中，学生会遇到的却不完全这个样子，就会造成认知偏差。我们要帮助学生把个人价值与社会价值和谐统一，有辨别真善美和假丑恶的能力，更好地也更加积极地认识世界。

二、充分发挥语文教师在思政教育中的作用

教师在语文教育和思政教育中都发挥着相当重要的作用，为了更好地发挥语文与思政融合的优势，作为讲授者的我们更应该充实自身进行自我完善。首先，我们应该与时俱进学习最新的思想政治理论知识，结合"学习强国"等辅助手段全面深入了解并掌握中国共产党有关思政的最新理论。并且通过深入研究，这样才能够发现语文与思政之间内在的联系，从而更好地在日常的语文教学中渗透相关知识，在潜移默化中让学生了解新理论，学习新思想。其次，作为语文教师还应该提高自身的语文教学能力，要在教育方法和教育理念上不断提高。因为只有语文基础理论知识丰富并深入了，在日常的教学中才能对思政教育提供基础和保障。

三、深挖文本背景，厚植爱国情怀

有国才有家、国好业才兴。教师只有胸怀伟大祖国、厚植爱国情怀，才能讲述好中国故事、弘扬好中国精神、传递好中国价值、凝聚好中国力

量。例如,我在讲授《美丽的西沙群岛》一课,会先向学生传递课文历史文化背景。通过文字和视频背景知识的介绍,让学生了解历史,懂得祖国领土不容侵犯,从小培养学生爱国热情。同时学生更能理解三年级上册第六单元导读页的那一句话:“祖国,我爱你。我爱你的每一寸土地,我爱你壮美的山河。”

四、立足语文结合思政,让学生懂得“真善美”

青少年是祖国的未来、民族的希望。他们是未来的设计师,优秀的品质和行为习惯会影响人的一生。孩子像尖尖荷叶上的一滴露珠,孩子是最温暖的阳光,孩子是天空中自由自在的小鸟,孩子像一本精彩的故事书,孩子是民族的希望,孩子是祖国的未来孩子是世界的主人。

以语文学科为例,语文作品中充满了“善”。“善”的文字能教育人的心灵,教会学生做该做的,不做不该做的。从而潜移默化之中培养善良的品格。如古文中“勿以善小而不为,勿以恶小而为之”“老吾老,幼吾幼”等格言,都为学生的三观树立起到积极的引导作用。那么如何在教学活动中进行“真善美”的教学呢?在日常的教学活动中要注重追溯知识的本源,深入研究少年儿童的心理发展,从而提取学生学习的心理和规律特点。做到“教教材”,这就要求老师要从真善美的境界来理解教育。随着教育的不断发展,语文教育融入思政教育是必然的趋势。因此,小学语文教育就要注意培养学生对真、善、美的追求,对世界永远心怀一颗敬畏之心,使学生渴望在今后的学习生活中迸发出积极的能量,不断追求,永不放弃。培养一代又一代立志为中国特色社会主义事业奋斗终身的有用人才。

下面我就以部编版小学三年级下册《我不能失信》一课为例,浅谈语文和思政课融合实践。

我不能失信

(一)教学目标

知识与技能:

认识本课“耀、庆、盼、叠、歉”五个生字,了解其读音;通过阅读了解文章主要内容,体会主人公宋庆龄诚实守信的高尚品格。

过程与方法:

自学、合作、交流;培养学生独立阅读的能力。

情感态度价值观:

从文本中感悟宋庆龄守信的可贵,受到启发与感悟,使学生树立正确的道德观念。

(2)教学重点

通过文中大量的语言和心理描写体会宋庆龄的内心世界变化。

(3)教学难点

分析文章中对人物描写的重点句子,感受并理解主要人物的优秀品质。

(四)教学设计

谈话交流,导入新课。

1. 同学们,你觉得成为你的朋友必须要有的一种品质是什么?

学生积极举手回答问题,各种答案纷纷呈现,当听到“守信用”时写板书。

2. 今天就让我们来学习一对守信用的好朋友之间的故事。

板书课题(板书:我不能失信)。

顺势解释理解题意:失信中的“信”什么意思?那么“失信”又是何意?

学生举手回答,教师积极评价。

【语文思政融合解读】从题目入手,让学生结合知识积累与生活经验,在揭示课题的同时,激发学生的学习兴趣。让学生回忆生活中守信的人。同时了解失信,两种行为初步进行对比。

初读课文,整体感知。

教师布置人物,要求学生自主读课文,边读边思考——哪些地方读懂了,哪些地方有疑问,可以在不明白的地方做上标记。

教师检查自学情况。

教师请学生把自己新积累的生字词同桌之间互相读一读。

出示词语:

叠花篮　解释　歉意　道歉　盼着

教师请学生运用多种手段读词语——如指名读、开火车读、齐读等。

3. 学习生字

(1)生字田字格课件

耀　庆　盼　叠　歉

自由读,指名读,师生纠正读音:

易读错字音例:前鼻音的字——“盼、歉”,后鼻音——“庆”

(2)识记生字

4. 你是如何识记这些字的?

(1)熟字加偏旁:“广+大=庆”“目+分=盼”“兼+欠=歉”

(2)猜谜语:“鸦背夕阳红”(谜底是“耀”)

(3)形近字比较:桑—叠、歉—谦

(4)复习,多种形式反复朗读

5. 指名分自然段朗读课文

在朗读的过程中,如果出现误读,教师及时暂停纠正,可以采用教师范读或者生生提醒等方式。对于不理解的词语,可以充分调动学生积极性,运用之前学过的解词方法,尝试解决。例如:

A、失信:答应别人的事没做,失去信用。

B、道歉:表示歉意,特指认错。

C、歉意:抱歉的意思。

D、后悔:事后懊悔。

6. 通过阅读思考:文章主要讲了一件什么事?

课文大意:一个风和日丽的早晨,宋耀如一家准备到一位朋友家做客,二女儿宋庆龄也盼着去。但是她突然想起今天上午和小珍约定教他叠花篮,爸爸妈妈也劝她和小珍改时间,但是宋庆龄经过思考后决定留下来,因为他要遵守自己和小珍的约定。

(教师板书:诚实守信)

【语文思政融合解读】在本环节的教学过程中,教师首先引导学生充分研读文章,在了解文章内容的基础上,自主思考、自主感悟。同时通过问题引导,培养学生自主、合作、探究的能力。并且需要学生结合生活实际,这与语文教学内容所展现出的形象性和画面感有着密切的联系。不但能激起学生兴趣,还能为之后的思政融入语文教学环节打下坚实的基础。读懂故事,读出宋庆龄那宝贵的品格。

深入探究,感悟文法。

课文哪些地方可以看出小时候的宋庆龄是个诚实守信的孩子?标画并交流。

正当爸爸拉起庆龄的手就要走的时候,庆龄又一次想到了小珍,连忙说:“不行!不行!我走了,小珍来了会扑空的,那多不好啊!”庆龄边说边把手抽回来。

朗读指导:宋庆龄不但没有听爸爸的建议,反而把拉着的手抽了回来,从“抽”这个动作可以看出什么?学生回答——可以看出宋庆龄决定遵守和小珍之间的约定,并且态度很坚决。

当爸爸妈妈回来后,妈妈心疼宋庆龄一人在家时,宋庆龄仰起脸回答道:“一个人在家,是很没劲。可是,我并不后悔,因为我并没有失信。”

教师提问:同学们你们觉得小宋庆龄做得对吗?如果换成你,你会怎么做呢?

预设:宋庆龄的做法是正确的,他遵守了和小珍之间的诺言,也许自身会有损失,但是诚信是最重要的。

教师评价预设:希望大家也能向文中的宋庆龄学习,不能因为一些诱惑就改变既定做法,失信于人。一定要遵守和他人的承诺,做一个守信的好少年。

再次朗读，读出对于宋庆龄的佩服之情。

分析感悟：作者是如何写出宋庆龄诚实守信的品质的？

生回答预设：语言描写、动作描写和神态描写。

教师总结：以后在习作过程中，你也可以通过语言、动作和神态描写来刻画人物形象，使人物的性格特点更加生动、立体。

分角色朗读，再次体会文章情感。

布置任务，学生分角色朗读，一位同学读旁白，一位同学读爸爸的话、一位同学读妈妈的话，其余同学齐读宋庆龄的话。

讨论理解，明辨是非。

读了这个故事，你是否认可宋庆龄的做法？

学生明辨是非，对诚信有了更深的理解。

总结全文，情感升华。

教师引导：大家都听过“一诺千金”。那么接下来老师给大家展示一些有关诚信的名言。一边读一边试着理解“诚信”的重要性，希望同学们也能像宋庆龄一样做个诚实守信的人。

名言拓展，融会贯通。

出示有关诚信的名人名言：

一言既出驷马难追。

言不信者，行不果。——墨子

诚信为人之本。——鲁迅

【语文思政融合解读】历史人物故事是小学语文课本中经常出现的一类篇目，通过故事凸显人物形象也是此阶段学生易于理解的一种形式。这也是语文和思政融合的文本依托。同时教师在教学过程中，也可以拓展一些具有明确思想性的名人名言进行思政教育。这样语文和思政相辅相成，在理解与感悟中也有利于学生正确思想道德的建设。

寥寥数笔，展示收获。

布置作业为：以“诚信”为主题写一篇小练笔，可以写写身边诚信的典范,也可以写写今日学完课文的感受,还可以写以后自己想要如何践行诚信二字。

【语文思政融合解读】语文课堂教学往往只注重课堂输入的效果,容易忽略学生的输出实效。写作训练就是学生一个很好的输出手段,尤其是学习过具有丰富指导意义的文章,联系自己的生活实际,表达自己的真情实感,也就成为学生们乐于尝试的一种手段。同样的,在教师布置此类习作要求时一定要给予学生明确的指导,渗透思想政治教育的元素,运用语文手段凸显思政教育效果。学生在思考以及落笔之时就是一个升华自身的过程,将课上学到的优秀品质内化于心,这便达到对学生实施思想政治道德教育的目的。

五、结语

学校进行素质教育的重要课程必不可少的途径就是语文教育和思政教育。他们对于学生的发展和提高有着不可替代的作用。我们要把思政课程理念贯穿语文教学中,使语文教学和思政教育形成协同效应,使语文课程成为立德树人的重要阵地。语文教育与思政教育是相辅相成的。通过语文教育,可以使学生在无形中获得相应的思政教育;思政教育通过语文教育平台也可以取得更好的效果。

这些年来思政课程体系建设在我国教育发展中地位愈发重要,各级思政课发展的成效也极为显著,不但教学手段不断创新,思政专职教师队伍规模和素质也在不断壮大与提升。通过语文与思政的融合,使得学生们接触了生活中的“真善美”。提高了他们的价值水平。作为一线语文教师,我们也定要把思政德育放在更加重要的位置,在讲好语文课的同时,传播优秀文化、传授传统美德,让社会主义核心价值观的种子在学生们心中生根发芽。

天津市和平区鞍山道小学　王稷栋

谈核心素养视角下小学心理健康教育校本课程开发的必要性和方法

——以天津市和平区鞍山道小学为例

摘　要：核心素养背景下，心理健康教育已逐渐成为一门学科，而校本课程是对国家课程和地方课程的必要补充，是教育适应学生的重要体现，目前，全国各小学已逐步推进小学心理教育课程的逐步发展。为了适应时代的需要，满足学生发展的需求，解决小学生在学习过程中出现的不同程度的心理问题，开发适合本校实际的心理健康教育校本课程是必要的选择。本文以天津市和平区鞍山道小学为例，通过进一步分析小学心理健康教育课程开发的必要性，对小学心理健康教育校本课程开发提供相关建议与方式，以期为该校提供理论指导与工作借鉴。

关键字：核心素养，小学心理健康教育，校本课程

核心素养是学生在接受相应学段教育过程中，逐步形成的适应个人终身发展和社会发展需要的必备品格与关键能力。学生核心素养会在自主发展（学会学习和健康生活）、社会参与（责任担当和实践创新）和文化基础（人文底蕴和科学精神），具体细化为健全人格、自我管理等18个基本要点。在2022年暑假国家中小学智慧教育平台中北京师范大学林崇德教授关于《学生发展核心素养与心理健康教育》的主题讲座中，林教授基于发展学生核心素养的大背景下，提出自己对心理健康教育的几点思考：心理健康服务、课程教材建设、教师队伍建设和心理危机干预。

心理健康教育是学校教育的组成部分，以党的教育方针为根本，以学生至上、生命至上为出发点，以促进学生全面发展为目标，坚持心育与德育一体化实施，是学校德育的一种重要途径。2012年12月7日教育部颁

布了《中小学心理健康教育指导纲要》(以下简称《纲要》),《纲要》中提到要进一步明确心理核心素养的内涵,以实现学生心理的健康发展。

校本课程是国家三级课程中灵活度最高的课程,在小学开设心理健康教育校本课程,能够为本校学生心理健康水平的提升提供有力支撑。2014年4月,我国首次明确提出构建“学生发展核心素养体系”,基于学生核心素养的课程建设这一选题,回应了学生培养的目标和要求。因此,在核心素养视角下开展心理健康教育校本课程,是新时代教育改革下各校基于发展学生核心素养与提升心理健康水平的产物。

小学阶段作为身心发展的重要阶段之一,随着不断发育健全的生理,心理也在逐步发育完善,同时,小学生群体在学习、生活、自我意识、情绪控制等方面,无法预测其遇到的心理困扰在一系列问题趋势下容易诱发心理疾病的出现。目前,我国并未对于心理健康教育课程教材进行统一,大部分笼统地将心理健康教育归类于综合教育类。按照教育部对高中和义务教育阶段各科课标制订的要求,在发展学生核心素养的总方向下,要先明确各科核心素养,然后制订各学科课标。本文针对小学生心理健康教育课程开发的必要性进行阐述,分别从外部环境、学生发展需求两个方面进行分析,进一步提出开发与完善小学心理健康教育课程的方法和建议,为小学心理教育课程开发提供理论指导,予以相关学校学习借鉴。

一、心理健康教育校本课程开发的必要性

(一)外部环境的需要

伴随着经济的进一步发展,国民对于健康的关注度提高,中小学生面临的心理压力也成为教学的一大困难,目前,社会对于中小学生的心理健康要求已步入“发展标准”阶段,随着新一轮基础教育课程改革的不断深入,心理健康教育课程的开发也不断被推进,在政策方面为开发进度提供了良好的条件,推动全面普及小学生心理教育课程,让每一个地区内的中

小学能够依据实际情况开展相关的心理教育。由此,核心素养培育视角下的心理健康教育校本课程的开发是必然趋势。多年来天津市和平区鞍山道小学(以下简称鞍小)十分重视学生心理健康教育,秉承着“求智教育”办学理念,致力于“通达生命智慧的教育”,用“求智文化”引领精神成长,着力于提高学生心理素质。本文秉承这一理念,以鞍小作为案例切入,将心理健康教育确立为学校的校本课程之一。

完善基础教育课程体系,弥补单一国家课程体系的不足,提高心理健康教育的实效性是目前小学心理健康教育发展的基本途径。校本课程开发的基本思想就是弥补国家课程的不足。传统的教育过多地强调学校的共性:教育目标和教育内容的高度统一,教育活动、教育途径和教育方法大同小异,忽视了学校所特有的人文和心育资源。学校心理教育校本课程从学生的实际兴趣出发进行课程开发活动,对于学生健全的人格和良好的个性心理品质的培养起到积极的作用。

(二)学生发展的需要

伴随着经济的不断开发,社会的主要矛盾发生变化,教育将更加重视育人的本质内涵。我校根据学生需求开展各类素拓和社团活动,主要包括四个类别:科学类,提升学生对科学知识和数学逻辑思维的兴趣;文艺表演类,陶冶性情,表达情绪,流露情感;艺术表达类,在书法和绘画的一笔一画中,体会安静的力量;体育健康类,强健体魄,储备心理能量。学校的课程基于学生需求不断优化,完善学生全面发展的基本需求,通过整合学校、家庭、社会三方资源,以培养学生兴趣、引导学生发展、激发学生潜能为主要实现目标,进而开发的有选择性课程。所谓学生需求,即包括学生喜欢、易接受的课程内容、课程方式,又包括学生情绪的缓释、认知的构建、自信的培养,也包括考虑到学生互动、对立、动态的年龄特点。由此,形成满足学生需求的体验式、互动式心理健康教育校本课程。

二、心理健康教育校本课程开发的方法

(一)教育部门的重视,对心理健康教育课程的实施起着决定性作用

2001年教育部颁布了《基础教育课程改革纲要(试行)》(以下简称《纲要》),实行三级课程管理,此后,校本课程则在学校迅速发展起来。2002年教育部在《中小学心理健康教育指导纲要》中,对心理健康教育的主要任务作了明确规定,促进学生形成健康的心理素质。我国《纲要》明确指出:“各地和学校要通过多种途径和方式,结合教育教学实际,保证心理健康教育时间,课时可在地方课程或学校课程中安排。”2014年提出学生核心素养体系后,基于核心素养总体框架,研究核心素养在课程标准中落实的方式方法。党的十九届五中全会在教育领域提出要“建设高质量教育体系”和“重视青少年身体素质和心理健康教育”。2020年,天津市教育两委出台《进一步加强中小学生心理健康教育的若干举措》。政策从完善心理谈话与帮扶机制、完善危机预防与预警机制、完善课堂教学与课外活动机制、实施“阳光行动”抗逆力提升计划、做好专职人员配备与队伍建设、加强组织领导与支持保障6个方面出台了26项具体举措,以提高中小学生抗压、抗打击和抗挫折能力,培养青少年学生尊重生命、热爱生活、积极乐观、坚韧阳光、和谐向上的心理素养。相关政策文件的颁布,为学校开展核心素养培育视角下心理健康教育校本课程开发奠定了强有力的基础,给予了强有力的支撑。

鞍小负责人得到相关通知后第一时间组织专题会议,将学校面临的心理健康教育课程的实施困境一一打破。在没有专业心理健康教师或者教师数量不足的情况下,学校负责人选择有一定心理健康知识基础的教师临时承担起学校心理健康的教育教学工作,并给予教师充足的教学资源。并在2021年配备了心理学专业的专职心理教师。学校地处地狭人

稠的老城区,在校区教室紧张的情况下,另辟蹊径利用教学楼拐角处创建了设施相对完善的“达智心理支持中心”。让心理出现问题的学生能够在一个相对安静的环境中释放自己,并在相关教师的帮助下进行系统的有效的心理辅导,为学生筑起心理防护的保护网。

通过中小学心理健康教育课程教学活动的开展,能够对现有的学校教育资源进行整合,使心理健康教育、法制教育、安全教育、环境教育等内容成为一个整体,使学生能够获取相关知识,有助于对学生良好的生活习惯进行培养,使学生在获得生存技能的同时,实现自我保护能力的提升,帮助学生树立正确的世界观、人生观与价值观。

(二)从生活出发挖掘教学素材

心理教育课程可以从实际出发,合理运用学生身边的事例进行教学,核心素养的宗旨意在培养全面发展的人。提高教学质量需要教师群体不断加强学习,完善自我对于课程的靠接,逐步提高教学实力。生活处处有故事,每个故事都有一定的教育意义,教师要勤于发现,善于挖掘生活素材。越是身边发生的故事越有说服力。学生每天接触的人和事在教师进行智慧化处理后变成一个个鲜活的例子,越是接近大部分学生的案例越是能激起学生学习的兴趣,帮助他们化解心理问题。这需要教师利用空余时间细心观察和收集教育素材,还要用心呈现在课堂上。教育素材可以是学生在学校发生的故事,也可以是学生分享的故事。同时,教师在教育过程中不可提及姓名等个人隐私,注重保护学生的个人隐私。鞍小建立小剧场资源库,由学生自编自演发生在校园生活中的情景剧作为上课资源,更贴近学生生活,更容易被学生理解和接受。

(三)充分利用互联网技术

信息化时代所产生的资源是不可估量的。核心素养背景下的教师也应该充分利用这些资源,与时俱进才能跟得上变化。这些资源通过互联网设备可以轻易找到,但教师要注意进行合理筛选,选择与学生实际情况较贴近的资源。当然,也可以适当拓展学生的知识面,选择学生接触较少的心理健康知识。教育资源的种类也是多样化的。教师可以关注心理健康教育学家的社交平台,查看专业的心理健康网站和阅读相关书籍等,通过不同路径获得最新的心理健康教育资源。

互联网技术,让多班实时联播成为可能,心理讲座、心理课堂、心理广播被更多的孩子所熟知。在"互联网+"时代背景下,线上教研备课更方便便捷。让常态化跨学校、跨区域教研有实现的可能。

(四)加强与家庭之间的联系,贴合学生家庭生活进行分析

加强学校与家庭之间的联系,实时掌控学生的心理变化,通过组建家长会与家长进行沟通,实行学校与家庭协同育人机制。"双减"之后,课业负担减少,学生家庭生活时间增多,实行协同育人机制能够很好地促进家庭教化功能的回归,家长应按照《中华人民共和国家庭教育促进法》的要求,转变固有观念、关注孩子健康、尊重教育规律、缓解自身焦虑。家庭成员对学生内心的影响力是不容忽视的。学校单方面的工作难以达到最佳效果,所以家校联系很重要。学校可以通过学生初步了解家庭情况,筛选出特殊的群体后,单独进行有效沟通,进一步地了解家长们的心理健康情况,从而针对这一特殊群体适当调整学校心理健康教育课程内容,进行有效的干预可以更精准地帮助学生解决问题。学校还定期举办家校生三方的沟通活动,旨在增进三方之间的情感,也能在一定程度上帮助学生解决问题。当然,这些需要校方积极主动地与家长们联系,将教育知识渗透到家长中。

就目前综合情况而言,心理健康教育课程并不能把完全作为防控中小学生心理问题的渠道,但心理健康教育课程能够最大限度地贴近学生生活,潜移默化地对学生进行引导,侧重于学生的实际需求,是立足于实际生活而言的一项课程。因此,心理健康教育课程能够调动学生学习的积极性,引导学生树立正确的世界观、价值观、人生观,通过开发心理健康教育课程,一定程度上对于学生的心理健康起到了很好的保护作用。

综上所述,探索开发中小学生心理健康教育课程具有强大的实际意义和实践价值,并能够不断推进心理健康教育课程在基础教育新课程改革中的深入发展。

天津市和平区鞍山道小学　杨书雅

核心素养视角下小学劳技课堂教学与多媒体技术的适度融合

摘　要：随着计算机与信息网络技术的发展以及核心素养的培植育魂，在小学教育领域中的渗透与融合也愈加深入，其中尤以多媒体技术在小学教育教学中的渗透与结合最为典型。小学劳技课作为小学教育的组成学科之一，其不可避免地也会受到一定的影响。在小学劳技课的实际教学中，基于核心素养的理念，将劳技课程与多媒体技术进行适度融合，能够使小学劳技课堂教学的形态、环境、方式、方法等多方面发生重大变化，并且有利于增强学生的动手意识和创新能力。以下，将针对小学劳技课与多媒体技术的适度融合做相关的分析与探讨。

关键词：核心素养，多媒体技术，劳技课堂教学

一、合理利用多媒体技术，创设教学情境

好的教学情境是营造好的课堂氛围的重要基础，同时也是激发学生学习兴趣所不可或缺的重要部分。根据心理学理论得知："兴趣是求知的向导，更是诸多非智力因素的核心。"为此，在小学劳技课教学中，教师应当将激发学生学习兴趣当成教学的第一要务，而有效激趣，则离不开良好的教学情境与教学氛围。对此，教师可以借助现代多媒体技术进行情境创设与氛围营造。例如，在小学五年级的金工制作中，由于此类项目对于学生来说难度较大，特别是在制作"小蒸架""心锁环"等项目时，学生更是感觉困难重重。面对这一情形，笔者在进行该课教学时，先通过一则魔术小视频来导入新课教学，吸引学生的注意力，调动学生的好奇心。由

于大多数小学生都会对魔术产生好奇,对魔术师具有崇拜感,因而利用魔术导入新课,可以使小学生的注意力高度集中,好奇心与兴趣也会被激发出来。这时,教师再点明该魔术的用具正是该课所要学习制作的"心锁环",以此引入新课教学,取得了良好的教学成效。又如,在"剪纸"项目中,教师通过多媒体技术为学生展示了一段剪纸"博物馆"的视频,在视频中,学生可以欣赏到饶有生趣的团花、十二生肖等民间剪纸作品,让学生身临其境,真切地感受到剪纸艺术的魅力。之后,无须教师多言,学生自己就对剪纸艺术充满学习兴趣,并积极主动地参与到剪纸活动中去。

二、融合运用多媒体技术,实现教学内容拓展延伸

教学实践表明,在多数小学课程中,适度融合运用多媒体技术都能有助于增强教学内容的丰富性与趣味性。小学劳技课也是如此。将多媒体技术与小学劳技课堂教学进行适度融合,能够使劳技课教学摆脱时间、教材等的制约,让学生在课外也能够利用计算机、互联网等搜索资料,开展学习。这样一来,既丰富了劳技课教学的内容,又开拓了学生的视野,从而弥补了传统教学课堂知识容量较小、学生感知不足等缺陷。例如,在《泥工》一课的教学中,教材中展示的泥工素材极为有限,这对于部分对泥工兴趣浓厚的学生而言,远不能满足其学习要求与欲望。对此,笔者结合分组教学法,先让学生自由分组,分好组后,再让小组长带来组员自行到网上搜索的关于泥工的资料与内容,如古代著名的瓷器、秦兵马俑等。通过多媒体技术的辅助,学生的学习视野一下子被拓宽了,对该课的学习与认知也得到了进一步的深化。与此同时,学生还可根据自己的喜好,对自己所喜欢的作品进行深度观察与研究,加深印象与了解,从而有效提高学习的趣味性与有效性。

三、科学利用多媒体技术,改进课堂教学方法

小学劳技课程作为小学教育中一门专注于培养学生实践与创新能力的课程,其更应当发挥出培养创新性人才的作用。为此,除需重视培养学生的实践能力以外,小学劳技课教学还应当重视对学生创新精神与创造能力的培养。在小学劳技课教学中融合现代多媒体技术,通过视频、动画等演示效果,能够使小学劳技课堂教学更加生动、活泼,同时有助于激发小学生的想象与创造思维。

例如,在四年级《杯垫》一课的教学中,考虑到"杯垫"制作的难度及制作过程的复杂性,笔者便放弃了采取传统教学方法进行该课教学的想法。教师联想到通过多媒体动画演示能够解决上述问题,于是就在教学中导入多媒体动画演示技术,将杯垫的中心及其外围捆扎方法进行细致的演示。同时,还介绍了几种课本以外的捆扎方法,并引导学生仔细观察。学生观察讨论之后发现,在吸管的尾部或是中间部分进行有规律的捆扎,可以制作出造型各异的杯垫。以上案例表明,通过在小学劳技课中导入多媒体技术,有效地帮助教师改进了教学方法,在一定程度上激发了学生的想象与创新精神,同时进一步提高了学生的创造能力。

四、合理导入多媒体技术,改善学生学习方式

教师通过将小学劳技课教学与多媒体技术进行适度融合,能够将教材中介绍的劳动技法和制作步骤更加直观、形象地展示出来,特别是对其中的重难点部分的演示与分解,使复杂的内容简单化、具象化,有效地解决了教学的难点。例如,在"组合笔筒"项目制作中,主要难点在于塑胶片裁剪及其正确安装这块内容。其中关于塑胶片的剪裁方法,书上介绍的方法较为烦琐,且不易理解。对此,教师导入多媒体技术,通过多媒体的 flash 技术,将塑胶片的裁剪方法用动画的形式展示出来。通过多媒体

演示,塑胶片的裁剪方法以及笔筒的制作步骤一目了然,原本的课堂教学难题顿时迎刃而解。在知识点巩固环节中,也可以利用多媒体手段辅助教学。教师可以通过多媒体来演示被打乱的制作步骤图,然后让学生将其进行重新排序,在排序过程中,学生回顾了学习与制作的过程,牢固掌握了笔筒的制作方法。这种充满生趣的学习方式,一方面,有助于提高学生的课堂学习效率,另一方面,还能使学生牢固掌握课上所学知识与技能。由此可见,多媒体技术与小学劳技课的适度融合,能够对帮助学生学习与理解知识起到极大作用。此外,将现代多媒体技术与小学劳技课进行融合,还可借助其特有的动态模拟效果,使劳技课知识变繁为简,并且使整个演示过程更加简洁明了。例如,在“鞭炮结”项目制作中,教师先是为学生播放了一系列关于鞭炮结的图片,让学生充分感受我国传统绳结文化的艺术魅力。之后,教师再将鞭炮结的“井”字互套的制作过程与结尾时使用打火机进行烧结的方法做成动画视频,载入每个小组的平板电脑上,让学生能够自由播放,循环播放,使其通过观看视频开展自我学习与小组合作,最后成功编制出鞭炮结。在此过程中,对于较早编制成功的学生,教师鼓励其学习编制其他新的鞭炮结,而对于编制有困难的学生,则加强鼓励与引导,直至其成功编制完成。通过这样的教学方式,不仅可以帮助教师摆脱重复多遍的示范讲解,而且还能使学生在编制过程中及时找出自身存在的问题,并按照多媒体的演示指导进行逐一纠正。

五、结语

总之,在小学劳技课教学过程中,科学、适度地融合多媒体技术,既有助于改善学生的学习方式、方法,又能有效提升学生核心素养。

天津模范小学　曹美玲

滋兰树蕙,笃行致远
——打造智慧课堂,助力双减落地,奠基学生未来

摘　要:"双减"是一项长期政治使命。落实"双减",首要是提升学校育人水平,强化学校教育主阵地作用。本文结合学校工作实际,充分发挥学校教育主阵地作用,坚持"五育并举",围绕注重课堂教学提质增效,不断提升作业管理效能,提供丰富多彩的课后服务内容,营造良好育人氛围等方面工作中的"实招""妙招",破解"减负提质"难题的思考与实践,为"双减"工作落地开花寻求"更优解"。从而更好地让教育回归学校,让学生回归校园,促进每一位学生全面发展、健康成长。

关键词:教育主阵地,提质增效,五育并举,全面发展

丹枫迎秋,"双减"推行的新学期,青青校园,无边光景一时新。重构优质教学生态,让智慧课堂促进学生全面发展、笃行致远成为这个不寻常的秋天最为祈盼的收获。

一、"预":欲善其事必利其器,"研"之有效促专业成长

(一)专业引领

通过专家培训的引领,了解教学发展最新形势,开阔视野,更新理念。

（二）自主阅读

大力提倡“每天读书半小时”，并通过“教科研沙龙”“一页一世界”等方式激发老师们读书的兴趣，让教师沐浴书香成长，使读书成为教师职业生涯的美好积淀。

（三）青蓝携手

持续开展“青蓝工程”，组织骨干教师与青年教师结成师徒。打造培养梯队，通过带教指导、示范教学等方式，师徒互进，发挥了骨干教师的示范辐射作用。

（四）聚焦前沿

精心组织教师参加学校“课堂，邂逅不曾预约的精彩”主题研讨活动。主要聚焦双减后如何提升课堂效率，培养学科核心素养、学科教学与信息技术深度融合探讨、课程的有效开发、青年教师基本功以赛促训等热点问题。

（五）短信贴士

通过微信群解决老师们在教学实践中碰到的一些细小的问题，给老师们推送小贴士。方便、及时地解决了教学中的困惑。

（六）精耕备课

坚持集体备课与个人备课相结合，提倡二次备课。专时专用，相互促进，共同提高。对教材内容精心解读，做好学情分析，反馈修正问题，教学前沿相关资料学习等常规教学内容。探索学段联合教研，确立本学期“重构作业”为主题教研内容。

构建校本研修网络，这些源自一线教学实际的问题，在老师们行之有效的研讨、碰撞、感悟中切实起到解惑、导行的目的。

二、“建”:倾力打造成长梯队,“零存整取”研修成果

动态跟踪“常态教学”“零存整取”研修成果。努力构建的课堂是师生“情感交融、涵育心灵”的殿堂,根据学校青年教师、新入职教师多的特点,特别注意青年教师队伍的梯队打造和专项建设。注重老教师的专业引领,注重自身的伙伴合作、实践反思、反复打磨。本年度在教师中,分期、分批开设“精彩纷呈,创优八课”教学评比活动,为教学工作“可持续发展”注入了新的活力:年轻教师常态课、崭露头角汇报课、青蓝携手会诊课、同课异构比武课、教学改革研讨课、重点课题跟踪课、青年教师新秀课、智慧课堂展示课。让师生实现心灵的碰撞、情感的共鸣、人格的提升。

三、“融”:合力实施课程思政,润物无声启智润心

实施课程思政,做到学校有氛围、课堂有示范、教师有榜样,将课程思政理念全面融入各学科专业教学,渗透到每个育人环节,构建起全员、全程、全方位的“三全育人”体系,形成全方位协同育人效应。

将思政元素融入课程教学,贵在自然融入,重在严谨贴切,妙在画龙点睛。

难忘抗击新冠肺炎疫情期间,学校党支部、德育处精心策划带领全学科积极开展《抗击疫情,模范在行动》系列美篇推送:科学预防篇、致敬英雄篇、呵护心灵篇、和谐共生篇、微型班会篇、家庭劳动篇、法律知识篇、清明追思篇等点击过万;每日悦读《积跬步,至千里》将古诗词与现实壮举巧妙融合:读诸葛亮的《诫子书》,品中英文互译,学白衣战士新时代的“诫子书”,悟模范园全体园丁的一封“佳”书。思政教育活动的开展,教育学生学会感恩,学会敬畏,学会劳动,学会审美,提高孩子们科学防疫意

识,厚植爱国主义情怀,树立正确的人生观、价值观,增强学生的社会责任感、使命感。

中华人民共和国成立70周年,《劳动与技术》课程四年级“雕刻练习”一课教学中,老师带领学生体验探究。以毛泽东诗词为雕刻内容,以“不忘初心,牢记使命”为课程设计的指导思想,以培养学生耐心细致的制作态度、精益求精的工匠精神,提高团队合作创新能力为有力抓手,弘扬伟大革命精神为最终目标,运用“讲解—示范—模仿—创新”的教学模式,让学生在创新和感悟中完成“初心·匠心”的主题思政教育活动。

孩子们刻伟人之诗,咏经典力作,忆峥嵘岁月,悟家国情怀,养浩然正气,塑非凡人格!

多年来,经典诵读悄然成为模范特色:清晨,学生在悠扬的古诗文韵律中走进校园,“唐诗三百首精选”“毛主席诗词集萃”伴随学生开始一天的校园生活;琅琅童声几十首经典诵读持之以恒、耳熟能详,《岳阳楼记》《少年中国说》《沁园春·雪》《清平乐·六盘山》、“送瘟神——主席诗词晨诵”,这些党史教育的特别推送,引领学生在诗意的情境中解读历史的注脚。

四、“构”:问渠清许源头活水,“双赢”课堂涌动活力

“业精于勤”,提高课堂教学效率。在课堂教学过程中以“勤”为主线彰显:勤于“引”唤醒学生的好奇心和神秘感,满足学生情感体验色彩的内心需求;勤于“导”以问题为驱动,以导促学,以导促思,导学联动;勤于“动”采用以学生为主体,教师为主导,以训练为主线的联动式、互助式学习方式;勤于“放”提倡学生自主学习,见解让学生讲,重难点让学生议,思路让学生悟,规律让学生找,总结让学生写;勤于“梳”让学生在学习过程中学会纵向梳理,横向迁移。

课堂形态的有效转变利于培养学生的核心素养,其目的在于师生共

同发展、共同提高,最终构建一种教学相长的“双赢”课堂。

同时,新学期学校继续优先发展快乐阅读课程,国学校本课程,逐步实施完善课程体系,在课程的开发与建设过程中,着力建设好常态朗读、读书节、经典诵读、好书共读、寒假悦读、琢玉成器、国学乐园等活动,构建“书香校园”,徜徉传统文化雅学明德、引导学生与经典同行。呵护他们在漫长的人生旅途中保持纯真,快乐与勇气。

五、“延”:重构作业慎思笃行,彰显个性,独辟蹊径

要求教师以新课标为依据,树立新的作业设计理念,重视学以致用,学生为本,新颖多样,面向全体,让学生的个性得到张扬,人格得到尊重,情感得到体验,生命得到发展。进一步探究布置趣味性作业:作业设计做到内容丰富,增加趣味性,如读写看、查找,甚至绘画、表演、采访等等;实践性作业:以实践、探究、发现、创新为主要目标。一年级没有书面作业,在学习了《日月水火》一课,老师们带领学生完成“争做汉字传承者,儒雅少年展风采”系列实践作业“巧解汉字之‘前世今生’”,趣意说解中华字。为本课或喜欢的汉字代言,说出它的演变过程,每一时期的字形特征。例:我是甲骨文“天”,我方方的脑袋,短短的胳膊,还有两条大长腿,我站在这里,就是一片“天”。“美意汉字之象形书签”,巧手绘制中华字。可以选择说解的汉字,也可以自主搜集其他简单的象形汉字,将他们制作成汉字图文书签。编汉字谣。模仿老师的样子,将以下歌谣续编完整。可以找到生活中的象形字,进行创编。象形字,真奇妙。模仿形状把字造。日像太阳高高挂,______________。例:月像新月弯弯腰,木像大树长得高,羊像羊头尖尖角。书声琅琅,歌韵飞扬,联系生活,趣味无限。开发特色作业:发挥学生的创造性思维,投其所好使作业内容丰富,形式多样;分层作业:作业设计的层次化,要从做作业的难度和量的分层两方面考虑,层层推进,给学生一个可以选择的空间。

学期伊始推出“重构作业”主题系列教研活动，老师们在理论引导下，实践尝试布置听说类、动手操作类、社会实践类、合作类、综合应用类、非书面其他类、书面类等。

放眼于提升学生的核心素养，让课堂教学设计中喜闻乐见的作业，持续课堂的温度；让活学活用的形式，内化知识的深度；让潜移默化的引领，拓宽求知的广度；在享受学习的快乐之时，关注成长的梯度。

六、“拓”：放眼望一花一世界，喜收获一叶亦知秋

实施课后服务力求突出育人导向，提供丰富课程。学校根据学生年龄特点、学段要求和实际情况等，分年级、分层次、系统性、个性化统筹开设。利用素拓课程开展小学国学校本课程的实践研究，旨在播下传统文化的种子，践行国学精神，传承优秀文化。重点关注学生践行国学精神的行动表现，如“养正毓德”“经典诗文”“汉字书写”“国艺技能”“文化瑰宝”和“知晓圣贤”方面。制订《国韵童心——学生成长档案》，雅正之学，浸润心灵，打磨璞玉，毓德雅行，成器成才。设立“国育五章”（仁义章、孝敬章、责任章、才智章、国艺章）动态评价体系。

金秋十月，伴随丰收的节奏，课后服务素拓课堂渐入佳境，进入个性化课程阶段。在这个阶段，一些来自学生的特色作业精彩纷呈：学校按照文化传承、益智创新、艺美实践、运动健康、生命安全五类课程，设置了诗词鉴赏、硬笔书法、悦读赏心、妙手剪纸、灌篮高手等许多项目，根据学生的特点和教师的专业水准和业务能力选取相应的素拓内容，在四年级开展自主选择走班制。指导学生们开展选修兴趣课程，满足个性化需求，彰显一花一世界，一叶亦知秋的美丽境界。

“独舞倚天为谁雄，芷若汀兰待晓霜。”滋兰树蕙，智慧课堂，愿日积跬步，定终至千里。

天津模范小学　陈静

悦读涵泳，花攒锦簇
——部编版语文六年级上册“花之歌”教学设计

摘　要：本单元属于“文学阅读与创意表达”学习任务群。本课是单元内占据重要地位的一篇略读课文。基于大单元设计的学习目标，本教学设计一方面充分放手让学生进行自主阅读，另一方面把握“放手”的方向和标准，注重提供给学生一些具有现实可行性、操作性强的学习策略或建议，帮助学生了解并掌握自学的方法。另外，本课是一首散文诗，引领学生通过朗读想象文字所描绘的画面，领悟诗情，培养学生的想象能力。在学有余力的情况下学生仿写文中的语句，有效提升其语言运用能力。

关键词：学习任务群，自主阅读，学习策略或建议，语言运用能力

一、教学目标

通过多种形式的朗读，感受散文诗中的形象特点，领悟其思想内涵。

引导学生进行积极的情感体验，在欣赏品味中体会散文诗的形象之美、意蕴之美、表达之美。

初步感知散文诗这种文体语言的优美，激发阅读兴趣，感受阅读的快乐。

二、教学重难点

引导学生进行积极的情感体验，在欣赏品味中体会散文诗的形象之

美、意蕴之美、表达之美。

三、教学时间

一课时。

四、教学过程

(一)赏心悦目,导入课题

课件1:鲜花四季轮回绽放,多姿多彩,它是美的使者,诉说着唯美的心愿,屋舍、原野、骄阳、星空,在生命里绽放芬芳。

课件2:花是亲友之间交换的礼品,是婚礼的冠冕,是生者赠予死者最后的祭献。人们用不同的方式表达对它的喜爱。这是一幅世界名画,这是我国民间艺术刺绣,这是手工艺品。图片依次出现,最后是花之歌文章定格。

导语引入:在世界文坛,有一位大家,用文字诉说花语,诉说心声。这节课我们一起用心灵去聆听这一曲"花之歌"。(板书课题)

课件3:花之歌课题出现。

设计意图:引导学生在对美的向往中开启人文之旅。

(二)简介作者,感知体裁

1. 课件4:一幅亚洲地图——阿拉伯世界——黎巴嫩——"文坛骄子"。教师:同学们,这是一幅亚洲地图,这是广袤的亚洲土地,报晓的雄鸡是我们可爱的祖国。在西亚有一个神秘的阿拉伯世界,其间有一个国家叫作黎巴嫩。于此诞生了一位"文坛骄子",也就是本文的作者纪伯伦。(板书作者)

课件5:纪伯伦照片及生卒年月——"艺术天才""黎巴嫩文坛骄子",

阿拉伯文学的主要奠基人,主要作品有《泪与笑》《先知》《沙与沫》等,不以情节为重,旨在抒发丰富的情感指名学生读简介纪伯伦的词条。

课件6:花之歌文章并注释散文诗的特点。

散文诗,是介于散文与诗之间的一种文体。篇幅短小、情感浓重、节奏鲜明,文字精美、富于哲思,有诗的意境。

设计意图:了解写作背景,初步感知散文诗的特点,激发阅读的兴趣。

(三)走进文本,聆听花语

课件6:点击出现自读课文标志星号,出现文本框"自读提示"。这是一篇自读课文,(板书星号)指名自读提示内容。

首先,请学生初读课文,自由读文章,注意读准字音,读通句子。(给学生充分的时间自己读文,不好读的地方多读几遍)把较难的6、7段拿出来指名读一读(课件7、8)文章第6、7段,请教师随机指导。

其次,指名一组学生接龙通读全文。教师提示:"这是一首散文诗,同学们要读出诗的味道。"

接下来,教师建议采用默读的方式再次静静地走入文本,思考从哪些地方可以看出"我"是花 ,你觉得哪些想象特别奇特?

回到课件6:点击出现自读课文标志星号,出现文本框"自读提示"。

让学生充分朗读并汇报交流自己的初步感受,教师相机指导学生关注奇特的想象并能通过朗读初步表现出来。简短的段落让学生反复朗读基础上尝试背诵。

设计意图:引领学生走进文本,初步感知想象的奇特及诗中体现的形象美。

(四)徜徉文本,花香袭人

1. 重点指导,欣赏品味,朗读积累

过渡:你们真是都拥有一双发现美的"慧眼",我们一起再来读读散文诗的第六自然段。

课件9:先分行出现,对比交流后点击出现不同颜色的文字将本段分为两部分。

我在原野上摇曳,使原野风光更加旖旎;

我在清风中呼吸,使清风芬芳馥郁。

我微睡时,黑夜星空的千万颗亮晶晶的眼睛对我察看;

我醒来时,白昼的那只硕大无朋的独眼向我凝视。

2. 指名2—3名学生朗读

思考:你发现这几行散文诗有什么相同和不同之处?

引导学生发现相同之处:我在……时,我……时,我……时,这些较为工整的句式的不同之处:体会文字展开的奇特想象,指名一组同学接龙朗读。读起来流畅自如,朗朗上口,这就是诗的味道。再指名一组同学接龙朗读感受。

课件10:第一个场景为背景图片,下方出现文字。

3. "我在原野上摇曳,使原野风光更加旖旎"

理解旖旎:这就是风光旖旎的原野,你能理解旖旎的意思吗?

理解摇曳:用手演示一下摇曳,看看谁理解得更准确,本词意为晃荡、飘荡,注意幅度的处理。指名2—3位女同学读出摇曳的感觉。尝试背诵积累。

课件11:第二个场景为背景图片,下方出现文字。

4. "我在清风中呼吸,使清风芬芳馥郁"

指名2—3位男同学轻柔地读出呼吸的感觉,尝试背诵积累。

课件12:第三个场景为背景图片,下方出现文字。

5. "我微睡时,黑夜星空的千万颗亮晶晶的眼睛对我察看"

指名2—3位女同学读,注意对比表现微睡的朦胧和星空的奇特,尝试背诵。

课件13:第四个场景为背景图片,下方出现文字。

"我醒来时,白昼的那只硕大无朋的独眼向我凝视。"

指名2—3位男同学读,注意表现对太阳比喻的奇特,尝试背诵。

课件14:四个场景先依次出现,再隐去出现本段文字,仍然分行出现。先男女生逐句合作朗读,再指名一位同学完整朗读,会背诵的同学起立背诵

课件15:四个场景先依次出现,定格,无文字。

6. 同学们,和书上的原文对比一下,在格式上有何不同?

师引领回忆,本文是一首散文诗,它不是纯粹的诗,是介于散文与诗之间的一种文体。

课件16:分行出现的第6自然段,点击恢复文本散文诗的格式。

指名学生完整读,读出散文诗的韵味。

指导第7自然段,欣赏品味,朗读积累。

课件17:先分行出现再点击成散文诗段落的格式。

7. 指名四组分行读

我饮着朝露酿成的琼浆;听着小鸟的鸣转,歌唱;

我婆娑起舞,芳草为我鼓掌。

我总是仰望高空,对光明心驰神往;

我从不顾影自怜,也不孤芳自赏。

创设情境:我与小鸟共歌,携芳草婆娑起舞,仰望高空,心驰神往。

8. 行文最后,自由酣畅,我是一朵怎样的花?

课件18:我……

师根据学生不同的感受相机指导,朗读体味。

我骄傲

我幸福

我欢唱

师总结:因为我从不顾影自怜,也不孤芳自赏。我生命短暂,但天天怒放,美丽永恒。借花诵歌,送给我们一个什么样的哲理?

设计意图:本环节现由师生合作引路,再放手学生合作探究。品诗是一种个性化的阅读行为。通过引导学生积极主动的情感体验,展开想象,

在多种形式的诵读中从诗的形象、意蕴、表达特色中培养学生的欣赏品味和审美情趣。

课件19:整幅画面出现一段阿拉伯文字。

这是一段阿拉伯文字,纪伯伦用这样的文字寄托热爱,同学们看得懂吗?是谁妙笔生花,让文字化作甘泉流入你心田?请你轻轻呼唤她的名字。

课件20:整幅画面先出现冰心的序言,再突出强调“冰心”。重点介绍译文感受的文字从中变大成文本框出现,读者不应忘记译者“冰心”课件21:点击出现《啊,风》(纪伯伦、冰心两位作家头像出现)。

纪伯伦的又一作品,也是冰心翻译的,轻声读一读,有什么不同?

(五)回顾总结,一咏三叹

这节课,我们一起欣赏了两位文坛巨擘呈献给读者的力作,请在读书卡片上写下两三句阅读感受,(或记下对散文诗的认识,或陶醉诗一般的语言,或感受译者的重要)传递给身边的读者分享。

汇报交流。

设计意图:为一节初步尝试的文学鉴赏课,旨在让学生品读欣赏之余在总结中收获,在收获中升华。

课件22:拓展阅读纪伯伦的其他作品,推荐鉴赏《浪之歌》《雨之歌》并书写读书卡片。

(六)板书设计,言为心声

花之歌

纪伯伦　　冰心(译)

读书卡 花之歌 日期 年　月

天津模范小学　陈静

落实“双减”零起点 聚焦课堂增实效
——以《日月水火》教学为例

摘　要：“双减”政策的实行，旨在促进学生健康、持续、完整地发展，对小学教育的优化与变革产生了深远的影响。基于此，语文教学的改革也迈向了深水区。如何让小学语文课堂教学真正做到“减负增效”“五育并举”，已成为语文教师亟待解决的难题。本文以统编教材小学语文一年级上册《日月水火》一课为例，论述在“双减”背景下，如何构建科学衔接、先学后教、合作探究、情感交融、涵育心灵的语文课堂。

关键词：双减，零起点，先学后教，合作探究

2021年7月24日，中共中央办公厅、国务院办公厅印发《关于进一步减轻义务教育阶段学生作业负担和校外培训负担的意见》，旨在有效减轻义务教育阶段学生过重作业负担和校外培训负担。将追求学生学业分数，转变为注重学生整体素质和素养的发展。

2022年4月，《义务教育语文课程标准(2022年版)》(以下简称《语文课程标准》)正式颁布，旨在促进学生语文核心素养主动而充分的发展。其中明确将“在语文学习过程中，培养爱国主义，集体主义、社会主义思想道德，逐步形成正确的世界观、人生观、价值观；热爱国家通用语言文字，感受语言文字及作品的独特价值，认识中华文化的丰厚博大，汲取智慧，弘扬中华优秀传统文化，建立文化自信；感受语言文字的美，能结合自己的经验，理解、欣赏和初步评价语言文字作品，丰富自己的情感体验和精神世界”作为语文课程总目标。同时指出，要注意幼小衔接，减缓坡度，降低难度，增强学习的趣味性和吸引力。

由此可见，在基础教育新时代下，我们要积极转变与优化传统“灌肠填鸭式”语文教学，树立以儿童发展为本的“零起点”衔接观，构建以学生自主学习、主动实践为主的教学方式，培养学生主动学习的意识与习惯，全面提升其核心素养，让“课堂修炼”真正成为“双减”的重要保障。

一、蒙以养正，科学衔接

《日月水火》是统编教材小学语文一年级上册第一单元的第四课。本单元是教材中的第一个识字单元。统编教材遵循“守正创新”的理念，调整编排顺序，将汉字摆回第一位，回归传统蒙学教育。始为方块字，赓续中华情。本课选取日常生活中随处可见的汉字，旨在促进幼小衔接，降低学生学习的压力，缓解语文教学的坡度。同时，本课集中采用象形字识字的方法，意在让学生感受汉字的文化内涵，激发识字的兴趣。课文以图文结合的方式呈现生活中常见的八个象形字，揭示了象形字观物取象，以象示意的特点。

《语文课程标准》指出：“要根据学生的年龄特点和认知规律，紧密联系学生的生活实际，结合识字内容，选择适宜的学习主题，创设学习情境，激发学生识字，写字，通读，积累，探究的兴趣，并注意将语言积累、梳理与体认中华优秀传统文化相结合；引导学生在识字，写字，语言积累中感受中华文化的魅力，激发热爱中华文化的情感。”因此，在教学时，笔者紧扣课标与教材，以适时、适合、适切的“零起点”衔接思维方式，创设教学情境，引领学生“解汉字智慧，悟中华文化；做汉字传人，承华夏文脉”，共度一场“汉字传承之旅”。使学生能够感受到亲身参与的快乐，激发起他们学习的主动性，也使整堂课的教学具有整体性、连贯性。

同时，一年级的学生正处于学习的起步阶段，俗语有言，“兴趣是最好的老师”，他们好奇心强，对世间万物都充满着探究精神。基于此，教师设计“引经据典，盘古开天”导入环节，选取中国民间神话传说《盘古开天》，借助视频，辅以绘声绘色地讲述，带领学生探寻世界之初，万物之源。引导学生了解今日的太阳与月亮是由盘古的双眼变幻而成，而他的血液，则变成了奔流不息的江河，他的汗水，变成了滋润万物的雨露。初步感受中华民族向往光明，无私奉献的伟大精神，引起情感的共鸣，扣响中华文化的大门，开启传承之旅。在兴趣盎然中揭示课题，符合学生的年龄特点，既保护儿童探索世界的欲望，唤起学生的主体意识，又拉近学生与汉字的距离。在学习内容与方式上做到过渡衔接，持续课堂温度，享受学习的快乐之时，关注成长的梯度。

二、课前调研，先学后教

《语文课程标准》指出："要综合考虑教材内容和学生情况，安排连贯的语文实践活动，注重语文与生活的结合。"同时依托我区所倡导的"课前学情调研"理念，笔者以本课中的八个生字"日、月、水、火、山、石、田、禾"为监测内容，以本班学生为监测对象，以调查问卷和问卷星为监测方式，从拼读监测（认、读）方面，了解班级内的学生在课前对生字的掌握情况。通过问卷星的数据统计结果，笔者发现本班学生对"日、月、水、火、山、石、田"这七个生字的认读掌握情况较好，对"禾"字的认读掌握情况较为薄弱。因此，在教学时，笔者贯彻"先学后教"理念，借助本课要求重点落实的象形字识字法，系统设计"追本溯源，寻根究底"教学环节。其中"字源识字，品汉字之美"这一部分内容如下：

笔墨凝书香，汉字展经典。每个汉字都有它的来源，一个汉字就是一幅画，就是一则故事。所以，笔者在教学"日"字时，首先采用设疑法，提问学生："'日'"是生活中的什么？"引导学生说出太阳。接着"以学定教"，出示太阳的画面，鼓励学生仔细观察太阳的形状及特点。通过畅所欲言，触发学生学习的成就感。在此基础上，相机出示古文字"日"，引导学生将太阳图与古文字进行比照，发现其形状都是圆形，同时知道古文字"日"里面的点表示圆心放射光芒。顺势再出示今文字"日"，进行比较，借助全班交流，初步体验学习象形字的方法，使学生勾连起图片、象形字与现代汉字的关系,初步体会到象形字观物取象,以象示意的特点,品味汉字之美,感受文化魅力。同时为学习本课其他生字打下良好基础。

如上溯文识字环节一改传统识字教学方式,不仅保护儿童天性,有效推进幼小衔接,更符合“双减”政策下“业精于勤”,提高课堂教学效率的理念。以问题为驱动,以导促学,以导促思,导学联动。从“教后学”向“学后教”转变,变教师的“教”为学生的“学”,变教师单一的剖析讲解为提供脚手架式的汉字文化知识资源,鼓励和协助学生去发现生字的“根”、思考生字的“源”,构建教学相长的“双赢”课堂。使学生在师生互动、生生互动中提升学习汉字的乐趣,提高整体学习的效率。

三、自主学习,合作探究

在利用象形字识字法充分认识“日”字的基础上,顺势利导引出象形字的概念,使学生初步感知“象形字识字法”。而后,根据课前学情调研情况,设计“生活识字,明汉字之义”教学部分。笔者呈现出学生认读情况较好的另外六个象形字及对应图片,在识记时,采用分小组合作的方式,引导学生先利用象形字识字的方法,按照“观察—比较—讨论”的顺序,自主进行学习,而后在全班交流汇报。汇报的过程中,及时为学生搭建“桥梁”,引导学生进行具体的对比,细致的观察,同时结合图片与句式帮助学生把汇报成果说具体,再次体会象形字观物取象,以象示意的特点,为学生搭建起自主、合作、探究学习的平台,激发学生自主识字的兴趣,提升学生独立识字的能力。

《语文课程标准》指出:“识字教学要注意儿童特点,将学生熟识的语言因素作为主要材料,结合学生的生活经验”。因此,在学生汇报“水”字和“火”字的识记过程后,笔者分别出示生活中带有这两个汉字的图片,引导学生在图片中找出学习过的汉字,再请学生“众说纷纭”,交流探究,说一说:“生活中,你还在哪个地方见过这两个汉字?”在教学“山”字时,以“你去过什么山?”为引,鼓励学生进行自主分享,接着出示“泰山”“华山”等名山大川图片。充分引导学生联系生活实际，使学生在“初呈于象—后感于目—终会于心”的过程中，明白字的含义，感受自主识字的快乐。同时有效落实本单元“联系生活经验学习汉字”的教学重点。

四、五育并举，情感交融

《语文课程标准》指出：“教师要把握学生核心素养发展的基本规律，根据课程目标、课程内容的要求，创造性地开展语文教学，充分发挥语文学科独特的育人功能。”基于此，教师设计如下三个教学环节：

（一）字入诗境，情动辞发

根据课前学情调研结果，“禾”字是学生识记的难点。因此，在学习“禾”字时，教师引入学生熟知的《悯农（其二）》一诗。通过充分朗读，“放”手教学，于“水到渠成”间引导学生识记“禾”字，构建自主探究的发展课堂，使学生在学习语言文字的过程中，感悟珍惜粮食的优秀传统美德，融德育教育与劳动教育为一体。徜徉传统文化雅学明德，承文化内涵，扬华夏文明。

（二）书声琅琅，歌韵飞扬

韵语是中国的传统文化，音韵和谐，朗朗上口，使人喜欢诵读，而且便于记忆。依托我校“六艺”绸缪理念，习得新六艺（唱、念、做、打、书、画），做好此衔接。在充分识记汉字之后，将八个汉字融为整体，四字成串，合辙押韵，采用齐读、男女生对读，小组配合读等多种方式，激起学生诵读的兴趣。接着，笔者又将八个汉字汇编成一首汉字谣，送给学生，“高山藏玉石，良田种谷禾。秋日明月夜，流水伴渔火”，让学生通过听读、唱读、配乐读、表演读等方式再一次巩固识记，领略汉字的蕴味美。适应学生心理发展的需求，为其营造了轻松愉悦的学习环境。在增强课堂趣味性的同时，加强美育教育，引领学生发现美、感受美。

（三）出神入“画”，妙趣横生

《语文课程标准》中提出，“要合理设计小学一至二年级课程，注重活动化、游戏化、生活化的学习设计”。因此，当学生通过识记和诵读，牢固掌握本课的汉字后，笔者设置“巧手画出千万字”游戏环节，同桌两人为一小组，各自画出本课学习的一个象形字，让对方看图猜字。引导学生展现美、创造美，于“多彩世界”中巩固识字方法，让学生在游戏化、活动化的实践中实现对所学知识的独立运用。激发学生学习内驱力的同时，增强语文课堂教学的实效性。

五、多元评价，涵育心灵

制订教学评价时，对一年级的学生来讲，更要立足其心理发展特点，充分尊重孩子的个体差异和兴趣爱好，最大限度给予客观积极的评价。在本课，笔者以教师寄语作为结束语：“一撇一捺中国人，方方正正中国字。同学们，中华文化代代相传，生生不息，希望大家都能延续‘传承之旅’，做汉字传人，承华夏文脉。”以“心语心愿”唤起学生对祖国语言文字的热爱，体悟中华汉字文化内涵，吸收民族文化智慧，增强语文学习的自信心。

同时，充分关注学生年龄特点和学习规律，尊重学生个性化差异，以素质教育，多元融合，跨学科整合理念为导向，系统设计“争做汉字传承者，儒雅少年展风采”系列作业：

（一）匹配汉字之图文相连（必做作业）

猜一猜，连一连，是本课教材后的练习。课后题列举了“兔、鸟、竹、羊、木、网”六个象形字，运用动画，展示图片及字源演变。引导学生借助本课所学规律及已有学习基础，运用观察、想象等方法进行自主学习与巩固，进一步感受象形字形义结合的特点，延伸课堂，提升能力。在这里采用举一反三的方法,让学生在习得一种方法后,自主学习其他生字,学生在练习中将图画、甲骨文和生字进行联系,帮助学生自主发现汉字与图画的关系,理解字义,巩固知识,感受学习汉字的趣味性,培养主动构建知识的能力。

（二）巧解汉字之“前世今生”（选做作业一）

趣意说解中华字。邀请学生为本课或喜欢的汉字代言,说出它的演变过程,每一时期的字形特征。

例:我是甲骨文“天”,我方方的脑袋,短短的胳膊,还有两条大长腿,我站在这里,就是一片“天”。童言童语,童语童趣,稚嫩童声说解汉字。本项选做作业旨在巩固象形字字源识字的方法,培养学生观察能力、语言表达能力。通过搜集资料、仔细观察、畅所欲言,保护学生探索汉字世界的欲望,唤起学生的主体意识,触发了学生的成就感,激发起学生自主学习汉字的兴趣,有效地提升了学生的语言表达能力与语文素养,为今后汉字的学习打下了良好的基础。

（三）美意汉字之象形书签（选做作业二）

巧手绘制中华字。学生可以选择选做作业一中说解的汉字,也可以自主搜集其他简单的象形汉字,将他们制作成汉字图文书签。画图识字,延续课文中图文结合的方法,采取一年级学生喜闻乐见的方式,充分满足学生情感需求,让学生将图片与汉字进行一一对照,便于学生理解字义,识记字形,了解象形字的造字方法,亲身体会古人造字的智慧,感受学习汉字的乐趣与识字的价值,从而使学生产生主动识字的愿望。同时,于潜移默化中提高学生审美情趣,渗透美育教育。学生通过展示、分享一个个精美的象形书签,自主地勾连起图片、象形字与现代汉字的关系,巩固识字方法,落实本课所学。

（四）吟咏汉字之歌谣创编（选做作业三）

编编汉字谣。邀请学生模仿老师的样子,将以下歌谣续编完整。（可以找到生活中的象形字，进行创编。）

象形字，真奇妙。

模仿形状把字造。

日像太阳高高挂，

______________。

例：月像新月弯弯腰；木像大树长得高；羊像羊头尖尖角。

选取歌谣这种低年级学生喜爱的语言表达形式，鼓励学生根据字形，联系生活，展开想象，自由创编，将象形字与韵语进行有机结合，把自己的理解表达出来，让学生成为独一无二的创作者，再一次巩固识记，延伸拓展，领略汉字的蕴味美。同时，联系生活，趣味无限。《语文课程标准》指出："'教学活动'不仅限于课堂，而应延伸到课堂之外的学习和生活中。"通过寻找生活中的象形字，为他们创编歌谣，使学生进一步体会到了"天地万物字中游"，感悟到了汉字孕育在万事万物之中，提升了口头表达能力及语言运用能力，进一步于课后落实了本单元"联系生活经验学习汉字"的教学重点。

以上系列作业，多角度融合分层作业、弹性作业、个性化作业、趣味性作业和实践性作业，延续本课的学习，巩固识字方法，重视学以致用，确立学生为本，面向全体，蕴含文化，新颖多样。

优化的作业设计着眼于提升学生的核心素养，生成的多种评价方式有利于帮助学生树立自信，涵育心灵，使学生的个性得到张扬，人格得到尊重，情感得到体验，生命得到发展。

六、结语

竹有千节，起于幼笋；沧海吞吐，积于小流。科学落实"双减"政策，开展"零起点"教学，是尊重儿童身心发展规律的必然要求，是提高小学语文教学质量的重要措施。教师要依托《语文课程标准》，根据统编教材的特点，结合学生的年龄、思维特点，坚持"减负增效、五育并举、激发兴趣、培养能力、提升素养”的原则，努力构建“双减”背景下的“实效”课堂。

天津模范小学　范新悦

“绿”践“双减” 劳动不“简”

——浅谈“双减”背景下小学劳动教育的创新实践

摘　要:在“双减”背景下,劳动教育的内涵发生变化,劳动教育的实践也要体现时代性和创新性。通过创新的劳动实践引导学生习得劳动知识,提升劳动技能,增强劳动意识,改变劳动观念,促进身心健康发展,从而落实立德树人教育目标,让劳动教育真正为“双减”赋能。

关键词:“双减”,小学劳动教育,绿色环保,创新实践

一、背景思考——为有源头活水来

秋菊溢彩,桃李沁香。

劳动教育肩负着培养新时代高素质人才的重要使命,习近平总书记站在党和国家教育事业发展全局的高度,围绕劳动教育发表了一系列重要论述,深刻阐释了劳动教育的重要性及其思想内涵,集中体现了传统劳动价值观在新时代的理论创新和实践拓展,是全面加强我国劳动教育、实现立德树人教育目标、培养全面发展人才的根本遵循,对打造劳动教育新格局、构建劳动教育新体系具有重要的实践指导意义。

二、理念阐释——虫声新透绿窗纱

今夜偏知春气暖,虫声新透绿窗纱。蛰伏在地下冬眠的虫儿最先感受到了春日的气息,醒来后发出了欢快的鸣声。这虫声透过窗纱,回响耳

畔。作为新时代的劳动教师,也应具备勤劳敏锐的洞察能力。

随着“双减”的推行和新课标的颁布,劳动教育的内涵发生了变化。劳动教育的实践根据不同年龄段学生的特点也要采用不同的方法。对于第二学段(三至四年级)的学生,除了进行力所能及的家务劳动,教师还可以用创新的理念,将代表着活力的“绿色”融入劳动教育。

绿色象征着生机盎然,而当今社会也赋予了绿色更为重要的内涵——“环保”。喝完的矿泉水瓶、各式各样的一次性物品、使用过的快递包装盒……这些被废弃之物正以惊人的速度充斥着我们的生活,“环保”已成为一个刻不容缓的主题。

环保与劳动教育密不可分,在劳动教育中,除了培养学生的劳动技能,还要关注学生环保意识的培养。以此为切入点,开展“知行合一”的“变废为宝”制作活动。注重动手实践、手脑并用,倡导“做中学”“学中做”,让家务劳动和手工劳动互相结合,互为补充,让学生在劳动的过程中动手动脑,积极探索,大胆创新,体会劳动的收获和快乐,根植“环保”理念,赋能创新实践。

三、具体方法——纸上得来终觉浅,绝知此事要躬行

(一)“行”之初:匠心宣讲提兴趣

教师针对“变废为宝”这一主题为学生录制微视频,视频内容涵盖环保的重要意义、变废为宝小妙招等,以学生喜欢的方式发出号召,引导学生对“变废为宝”产生兴趣。

(二)“行”之为:别具一格重实践

结合实际生活,创新地为学生设计特色劳动任务单,以五天为一个劳动实践周期,设置贴合学生发展的任务群,通过观察与发现、思考与探究、

观察与思考、观摩与借鉴、实践与发现、策略与探究、拓展与延伸和总结与评价等过程引导学生进行“循序渐进”“螺旋上升”式的劳动实践活动，并按照成品类别或废旧物类别进行主题创设，使学生能够根据兴趣进行自主选择性实践。

1. 主题一——标新立异，与众不“筒”

学生收纳铅笔时会使用到笔筒，借此机会引导学生收集身边废旧的调料罐或零食罐来改造成创意笔筒，只需要花一些小心思，巧妙改造一番，就能让这些废旧物“颜值翻倍”！

2. 主题二——推陈出新，快乐集“盒”

在日常生活中，学生会接触到许多包装盒和快递盒，教师可以引导学生将这些盒子看作不可多得的手工材料，将它们制作成收纳宝箱、小房子、飞机模型、机器人，甚至是独一无二的乐器。在制作的过程中，学生灵感的“小火花”被触动，涌现出了越来越多有创意的想法。

3. 主题三——独出心裁，共“塑”佳作

塑料瓶难以消解，是地球的负担之一，如何为它们穿上“新衣”呢？学生决定将其制作成五彩缤纷的装饰花，点亮了多彩生活；或是将其制作成了花瓶和盆栽，改造后的它们成为家中一道亮丽的风景线。

4. 主题四——别具匠心，焕然“一”新

生活中的一次性物品方便了我们的生活，却给环保带来了极大困扰。我们的小“手艺人”会如何改造它们呢？学生选择用一次性筷子制作平板电脑的支架或摩天轮模型，从中体会“筷”乐无限；或是用夏天积攒的冰棍棒为家中的小宠物搭个温馨的小房子；还可以用一次性纸杯制作听诊器模型，就此开启一段科学之旅。

从确定主题、选择材料工具，到制订出详细的制作计划，学生在任务单的引领下明确思路，在实践中强化了问题导向，自主查阅资料并思考得出结论，最终自我改进、自我评价，在“循序渐进”的实践中得到了“螺旋上升”式的提升，这个过程培养了学生科学的劳动态度，切实拓展了劳动教育的深度和广度。

(三)“行”之果:多元评价促成长

在劳动教育中,评价是不可或缺的重要环节。“变废为宝”制作活动具有内容丰富、形式多样的特点,不同的学生会产生不同的想法,因此评价过程不仅要教师参与,也要让学生参与,将过程性评价和结果性评价相结合,发挥评价对劳动教育的导向作用,以帮助学生形成正确的劳动价值观和良好的劳动素养。

1. 过程性评价

过程性评价一方面以图片或视频的方式进行保存;另一方面,通过任务单引导学生呈现出设计作品的草图及成品图,通过对比草图及成品图进行自我改进和自我提升。

2. 结果性评价

(1)自我评价

在任务单的指引下,学生从创新思维、实践探究能力、工具使用、材料认识、制作程序掌握、劳动态度、劳动习惯、劳动体验和劳动收获等方面进行打星式自评,充分总结和反思自己的劳动实践过程。

(2)家长评价

学生在总结和反思劳动实践完成度的同时,邀请家长结合草图、成品图以及劳动过程提出总结或改进建议,使学生更全面地关注自己的劳动情况。

(3)教师评价

一方面,教师对在劳动中表现突出的班级或学生进行表彰;另一方面,通过美篇平台以图片、文字或视频的形式展示学生的劳动过程和成果,以此鼓励学生并激发学生参与劳动实践的热情。

四、实际效果——万紫千红总是春

(一)唤醒意识

一件件精美的作品让学生看到了这些废旧物的另一面,这个过程不但体现出以劳育人的教育理念,同时也培养了学生善于观察、发现、分析、思考以及解决实际问题的能力,激发学生创意思维的同时,增强了学生的环保意识,让"废物再利用、资源可回收"的观念在潜移默化中浸润了学生的心田。

(二)调整心态

在"变废为宝"的制作过程中,由于学生使用的不是常规材料,在观察、寻找、对比和打磨的过程中调动了学生手脑并用的协调性,同时,也提高了学生的动手能力。

由于"变废为宝"没有统一的评定标准,学生设计出的每一件作品都是有价值的,当作品得到了肯定,学生体会到劳动的快乐,提高了自信心,也逐渐形成了热爱劳动、热爱环保、热爱生活的健康心态。

(三)习得能力

"变废为宝"是一个在"做中学""学中做"的过程,学生参与劳动实践,将所学内容与日常生活相结合。在动手制作前,首先要进行构思,然后绘制草图,最后结合材料制作成品,每一个过程都需要学生进行斟酌并反复推敲,这个过程培养了学生的意志品质。学生在设计的过程中提高了劳动能力,当制作流程熟练后,就会涌现出更多的想法,会将更多的废旧物制作成更加美观的作品。

(四)提升创新

劳动是培养学生创新能力的重要途径。通过劳动,学生动手动脑,充分发挥想象力和创造力。生活中常见的鸡蛋壳,在很多人眼中已经毫无用处,而通过“变废为宝”,学生发现其利用价值,将其设计成蛋壳画,将废品变成了装饰品,在创造创新的过程中发现美、欣赏美、创造美。

在“双减”背景下,让劳动教育顺应时代发展,教师要与时俱进地更新对劳动教育的认识,探索创新学生喜欢的方式,只有激起学生的兴趣,才能让学生积极主动地参与劳动实践活动,在实践中倾力赋能,多维融合,从而实现劳动教育独特的综合育人功能。

天津模范小学　李秉帝

争做汉字传承者 儒雅少年展风采
——走进《日月水火》作业设计

摘　要:本次作业设计以新课标为依据,多角度融合设计分层作业、弹性作业、趣味性作业和实践性作业。"图文相连我能行"进一步延伸课堂,提升能力。情境游戏"我是小导游",体会"天地万物字中游"的乐趣。"巧手绘制汉字图文书签"既在多彩世界中巩固识字方法,又品味汉字之美。将象形字与韵语进行有机结合的"创编汉字谣"和"趣意说解汉字形",不仅拉近学生与汉字的距离,还感悟汉字文化内涵。推动"双减",以生为本,面向全体,尊重差异,优化作业设计,让学生的个性得到张扬,情感得到体验,生命得到发展。

关键词:减负增效,多元设计,核心素养,汉字文化,生命课程

国家推出减负政策后,要求我们要转变教育观念,除了要创设高效课堂,还学生宽松自由自主的学习环境,还要关注学生的作业负担,为学生科学合理设计和布置作业,注重学生核心素养的养成,让学生充分享受学习的乐趣。"双减"政策背景下,提升作业设计质量,充分发挥作业育人功能,更好落实立德树人,是实现减负增效发展的必要。

根据一年级学段、语文特点立足课堂教学内容,我从内容与形式入手,寻求小学语文作业设计的创新,实现作业多样化、多元化、多层次、趣味性强,激发学生自主参与,促进学生个性化发展,尊重差异,让不同层次学生在完成适合自己作业的同时获得成功的体验,从而使学生获得快乐学习的体验,帮助学生巩固知识、提升能力、养成习惯,让学习落在实处收到实效。

一、教材版本单元

统编教材小学语文一年级上册第一单元第四课《日月水火》

二、作业设计方案

(一)设计目标

利用象形字字源识字、看图识字、韵语识字、游戏识字等多种识字方法巩固识记汉字,认识“日、月”等生字。

回忆巩固象形字的构字特点,体会“天地万物字中游”,感受学习汉字的乐趣。

唤起学生对祖国语言文字的热爱,体悟中华汉字文化内涵,吸收民族文化智慧,增强语文学习的自信心。

(二)题型

实践应用。

(三)题量

共5小题,其中必做2题,选做3题。

(四)时长

总时长30分钟,其中必做题10分钟,选做题20分钟。

1. 第一部分:必做作业

题号:1。

作业内容:“图文相连我能行”(书后必做习题)。

设计意图和题目来源(选编、改变、创编):

题目来源:选编。

设计意图:猜一猜,连一连,是本课教材后的练习。课后题列举了“兔、鸟、竹、羊、木、网”六个象形字,运用动画,展示图片及字源演变。引导学生借助本课所学规律及已有学习基础,运用观察、想象等方法进行自主学习与巩固,进一步感受象形字形义结合的特点,延伸课堂,提升能力。

效果与亮点分析:采用举一反三的方法,让学生在习得一种方法后,自主学习其他生字,学生在练习中将图画、甲骨文和生字进行联系,帮助学生自主发现了汉字与图画的关系,理解了字义,巩固了知识,感受了学习汉字的趣味性,培养了主动构建知识的能力。

题号:2

作业内容:我是小导游。

发送情境图,邀请同学们走进田野乡间、流水人家、山川湖海……学生按路线指示,以"小导游讲一讲"的游戏形式,带领爸爸妈妈认识每个景点的生字。

例:请您和我看,山脚有农田,农田有禾苗。在这里藏着三个我认识的生字。请您和我一起读"山""田""禾"。

设计意图和题目来源(选编、改变、创编):

题目来源:创编。

设计意图:亲子互动,情动辞发;创设情境,意趣盎然;看图说话,认读汉字。以学生喜爱的游戏来营造自然、轻松的交际氛围,学生可以在游戏情境中快乐地交流,以减轻互动交流的心理压力。带领爸爸妈妈游历大好河山,共赴一场汉字之旅,开启汉字文化的大门,巩固本课所学汉字,培养学生口语交际能力,体会"天地万物字中游",感受学习汉字的乐趣与识字的价值。

效果与亮点分析:通过图文出示的方法,让学生有序地回忆和巩固象形字的特点,掌握了它们之间的联系。通过情境游戏,将所学的生字融入生活语境,激发了学生的识字兴趣,形象地理解了字义,提高了学生的口语交际能力,使学生感受到了交流的快乐,对交流有兴趣。同时有效落实本单元"借助听读和联系生活经验"学习汉字的单元要素。

2. 第二部分:选做作业

题号:1

作业内容:说说汉字形。

“巧解汉字之‘前世今生’”,趣意说解中华字。为本课或喜欢的汉字代言,说出它的演变过程,每一时期的字形特征。例:我是甲骨文“天”,我方方的脑袋,短短的胳膊,还有两条大长腿,我站在这里,就是一片“天”。

设计意图和题目来源(选编、改变、创编):

题目来源:创编。

设计意图:追本溯源,寻根究底。探究汉字“前世今生”,妙解汉字演变过程。每个汉字都有它的来源,一个汉字就是一则故事。让学生描述汉字的演变过程,为汉字代言,旨在巩固象形字字源识字的方法,培养学生观察能力、语言表达能力,保护学生探索汉字世界的欲望,唤起学生的主体意识,拉近学生与汉字的距离,从而感悟汉字文化内涵。

效果与亮点分析:童颜童语,童语童趣,稚嫩童声说解汉字。通过搜集资料、仔细观察、畅所欲言,触发了学生的成就感,激发起学生自主学习汉字的兴趣,内化了知识的深度,拓宽了求知的广度,有效地提升了学生的语言表达能力与语文素养,为今后汉字的学习打下良好的基础。

题号:2

作业内容:画画汉字签。“美意汉字之象形书签”,巧手绘制中华字。可以选择选做作业 1 中说解的汉字,也可以自主搜集其他简单的象形汉字,将他们制作成汉字图文书签。

设计意图和题目来源(选编、改变、创编):

题目来源:创编。

设计意图:画图识字。延续课文中图文结合的方法,采取一年级学生喜闻乐见的方式,充分满足学生情感需求,让学生将图片与汉字进行一一对照,便于学生理解字义,识记字形,了解象形字的造字方法,亲身体会古人造字的智慧,从而使学生产生主动识字的愿望。同时,于潜移默化中提高学生审美情趣,渗透美育教育。

效果与亮点分析:出神入“画”,妙趣横生。学生通过展示、分享一个个精美的象形书签,自主地勾连起图片、象形字与现代汉字的关系,体会到了象形字观物取象,以象示意的特点。于“多彩世界”中巩固识字方法,品味汉字之美,感受文化魅力。

题号:3

作业内容:编编汉字谣。请模仿老师的样子,将以下歌谣续编完整。(可以找到生活中的象形字,进行创编。)

象形字,真奇妙。

模仿形状把字造。

日像太阳高高挂,

____________。

(例:月像新月弯弯腰;木像大树长得高;羊像羊头尖尖角。)

设计意图和题目来源(选编、改变、创编):

题目来源:创编。

设计意图:韵语识字,悟汉字之味。韵语是中国的传统文化,音韵和谐,朗朗上口,使人喜欢诵读,而且便于记忆。同时,选取歌谣这种低年级学生喜爱的语言表达形式,鼓励学生根据字形,联系生活,展开想象,自由创编,将象形字与韵语进行有机结合,把自已的理解表达出来,让学生成为独一无二的创作者,再一次巩固识记,延伸拓展,领略汉字的蕴味美。

效果与亮点分析:书声琅琅,歌韵飞扬,联系生活,趣味无限。《新课程标准》指出:“教学活动不仅限于课堂,而应延伸到课堂之外的学习和生活中。”通过寻找生活中的象形字,为他们创编歌谣,使学生进一步体会到了“天地万物字中游”,感悟到了汉字孕育在万事万物之中,提升了口头表达能力及语言运用能力,有效地落实了本单元“联系生活经验学习汉字”的教学重点。

三、作业实施效果评价与改进

重构作业慎思笃行,彰显个性独辟蹊径。本次作业设计以新课标为依据,树立新的语文作业设计理念,多角度融合设计分层作业、弹性作业、个性化作业、趣味性作业和实践性作业,重视学以致用,确立学生为本,新颖多样,面向全体,让学生的个性得到张扬,人格得到尊重,情感得到体验,生命得到发展。

《新课程标准》指出:“要重视优秀文化的熏陶感染,提高学生的审美情趣,促进德、智、体、美诸方面的和谐发展。”根据一年级学生年龄特点,依托我校“六艺”绸缪理念,习得“新六艺”,契合“零起点”,做好此衔接。将唱、念、做、打、书、画这“新六艺”与作业设计相交融,图文相连我能行,我是小导游,画画汉字签,讲讲汉字形,编编汉字谣,适应学生心理发展的需求,契合本单元“引导学生借助听读和联系生活经验学习汉字”的语文要素。同时体现“五育并举”,使学生在“呈于象,感于目,会于心”的过程中,理解汉字内涵,激发识字兴趣,提高口语交际能力,感悟中华文化丰厚博大,吸收民族文化智慧,提高文化品位。解汉字智慧,悟中华文化;做汉字传人,承华夏文脉。

在今后的作业设计中,我们还要继续放眼于提升学生核心素养,让喜闻乐见的作业,持续课堂的温度;让活学活用的形式,内化知识的深度;让潜移默化的引领,拓宽求知的广度;在享受学习的快乐之时,关注成长的梯度。

“独舞倚天为谁雄,芷若汀兰待晓霜。”推动“双减”,优化设计,日积跬步,终至千里。让语文学习流淌生命的灵性、激荡生命的潜能、飞扬生命的光辉,邂逅不曾预约的美丽。

天津市实验小学　李永君

课堂赋能育全人“双减”落地培素养
——浅谈小学数学思维能力的培养探析

摘　要:“双减”政策的落地,提质增效的课堂,对教师有了更高的要求。基于“双减”要求的小学数学课堂教学中,教师更应该积极突破传统教育理念的束缚,构建核心素养的培养,尽量为学生构建和谐、宽松的课堂气氛,帮助其明确学习目标,以此发散学生的思维,使其能够自主思考、积极探究,从而快速掌握学习技巧,有效完成学习任务,并得到学习能力的显著提升。笔者将围绕如何有效培养学生良好的数学思维能力展开具体阐释,为学生将来的数学学习奠定良好的基础。

关键词:“双减”,核心素养,小学数学,课堂教学,数学思维能力,策略

数学学习的本质,是数学思维活动的过程。“双减”政策下,数学核心素养的培养需要在每一节高质、高效课堂中逐渐使学生形成。因此培养学生思维能力,是小学数学教学中极为重要的任务。思维能力实际上指的是分析信息的能力。在接收到外界信息后,将信息输入大脑,并通过分析与加工,形成个人的观点与见解。在此过程中,探索出事物发展的规律和特点,并形成结论。无论是学习活动,还是发明创造活动,都离不开思维,思维能力是学习能力的核心。由于小学生的思维正处于发展的萌芽阶段,而小学数学学科具有较强的逻辑性和抽象性,因此对小学生开展数学教学能够培养其良好观察、分析以及探究能力,使其逐渐形成一定的学习技巧和方法,获得思维能力的全面提升。作为一名小学数学教师,必须充分认识到培养学生数学思维能力的重要意义,积极转变教学理念,针对小学生的身心特点以及学习能力合理规划教学计划,并通过科学的教学

手段培养其思维能力,从而促进小学生获得综合素质的全面发展。

一、巧设导入助高效,把握学生的思维力度

基于"双减"要求,教师需要打造高质高效的数学课堂。对于小学生来说,由于其年龄比较小,所以通常活泼好动,且很难在课堂上长时间集中注意力。在具体教学过程中,为了更好地吸引学生的注意力,教师则需要有效利用课程导入环节带动学生的学习热情,使其能够积极主动地投入到课堂学习中,使得学生的学习效率提高,打造高效高质课堂。针对导入环节的设定,教师应该尽量融入一些具有较强趣味性和吸引力的内容,使学生的思维能够一直处在比较活跃的状态下,从而更好地学习并理解知识,同时得到思维能力的发展。

例如,当课堂教学进行到小学数学部编版教材中有关"24 时计时法"这部分知识内容的时候,为了能够吸引学生的注意力,教师则可以在课程带入阶段引入一些趣味性较强的小故事。小猪佩奇和小羊苏西约好了第二天 6 时一起去游乐场,然而到了第二天 6 时小猪佩奇准时来了,小羊苏西却一直没有来,直到傍晚 6 时小羊苏西才出现。佩奇很生气,但苏西却觉得自己非常冤枉,因为它以为越好的时间是傍晚 6 时。通过这个有效的故事,学生能够发现利用 12 时计时法会在一些情况下产生误会,而怎样才能够解决这种问题呢?这时,教师就可以将 24 时计时法引出来,学生的学习热情十分高涨,思维也处于持续的活跃状态,能够取得好的学习效果。

学生的学习思维容易受到兴趣的激发。在课堂教学中,我们应该注重课程导入环节的设计,通过身边的一些有趣现象构建学生感兴趣的场景,使学生迅速进入学习状态,带着乐意学的心态进入到数学学习中。在导入环节,教师如果能够对学生适当表扬和鼓励,能够让学生以快乐、满足的心态开启课堂学习,同时思维能力也被调动起来,思考问题的积极性也变高。以兴趣激发学生思维的方式,不仅能够提升学生学习数学的积

极性，也能够真正做到“寓教于乐”。

另外，在教学手段上，可以利用多媒体带来的丰富多彩的资源，刺激学生对于信息的接受。多媒体教学已经成为当下必不可少的教学辅助手段，多媒体技术使得课堂教学摆脱了单纯教师讲授的方式，声音、图像、视频结合，使得课堂形式生动活泼，激发了学生的学习兴趣，从而提高了课堂教学效果，带动了学生思维的活跃。

二、赋能活动助探究，强化学生的思维深度

通过有效开展小学数学课堂教学，学生不仅能够掌握一定的数学知识和数学技巧，同时其数学思维能力也会得到显著的提升。所以，在具体教学过程中，教师可以借助合理安排课堂探究性活动，培养学生良好的数学思维能力。使其能够主动思考、积极探究，进而得到思维能力与水平的提升。

例如，当课堂教学进行到小学数学部编版教材中有关“长方形和正方形的面积”这部分知识内容的时候，教师则可以针对具体教学内容，为学生设计探究性较强的问题，如怎样计算黑板的面积？教师可以将学生分成不同学习小组，并让其以小组的形式进行讨论。一方面，学生可以通过分析教学内容，了解长方形和正方形的面积公式；另一方面，学生可以通过观察与测量判断黑板属于长方形还是正方形，然后借助面积公式算出黑板的实际面积。教师应该认真观察各个小组的学习情况，并通过小奖品或者小红花的方式奖励在学习过程中表现最出色的小组。这样，不仅能够鼓励学生主动参与探究性活动，同时更能够深化学生的学习体验，使其能够运用所学的知识有效解决具体问题。

另外，在合理安排课堂探究活动中，在数学课堂上还需经常要运用一些提问技巧，比如“穷追不舍”式的追问，追问是为了对原有问题进行拓展和加深，是真正让学生理解知识的一种重要的方式，随着一次比一次深入的追问，学生对同一问题的相关问题进行持续思考。从而能够训练学

生思维的深度和广度,对培养学生思维的深刻性、敏捷性有着不可忽视的作用,同时助力高效高质"双减"课堂。

三、互动教学助"双减",拓展学生的思维广度

在小学数学课堂教学中,学生对基础性的数学知识上能够开展自主学习,然而对于一些具有一定难度性的知识,学生的理解就会非常片面,基于此,教师在开展具体教学活动的过程中,就可以针对一些难点问题专门设计互动讨论环节。使学生能够通过思考和讨论认识到思维错误,从而寻求更好的思维方式。

例如,当课堂教学进行到部编版教材中有关"小数的认识"这部分知识内容的时候,首先教师可以布置自学任务,让学生自己对知识点进行梳理,并把自己的理解阐释出来。针对学生学习过程中的一些共性问题,教师应该及时给予正确的指导。一些争议性较强的问题,应该先让学生展开自主讨论,教师则根据学生的理解程度与讨论情况适当给予深入指导,以此有效发散学生的思维,强化其数学思维能力。

中低段年级小学生抽象思维能力还没有完全建立起来,对于问题的把握往往要借助于直观的形象思维。但是,数学知识恰恰是抽象的。因此,在数学课堂教学过程中,需要借助于实物或者实际的操作调动学生的思维,调动起学生的各种感官,多渠道思考问题的答案,多方位锻炼思维的求异能力。例如,在应用题教学中,引导学生理解题意,其一,可以利用题目中的问题帮助学生推导出解题的步骤;其二,可以以题目中提供的条件为依据,引导学生思考解题的方法。此外,教师还要注意培养学生正逆向思维。教学的实践告诉我们,从低年级开始就重视正逆向思维的对比训练,将有利于学生不局限于已有的思维定式,获得更为开阔的分析问题的思路。

在数学教学中多进行发散思维的训练,不仅要让学生多掌握解题方法,更重要的是培养学生灵活多变的解题思路,从而既打造了"双减"的

高效,又达到培养能力,发展智力的目的。

综上所述,作为一名小学数学教师,应落实“双减”政策,积极探索“双减”政策下的教学新模式,充分认识到培养学生良好思维能力的重要性。通过有效设置课程导入环节,带动学生思维的活跃性;合理安排课堂探究活动,强化学生的思维深度;科学设计教学互动环节,发现学生的思维能力。从而在提升课堂教学效率的同时,有效带动学生数学思维能力的发展,为其将来更好地学习打下扎实的基础。

天津市实验小学　张双慧

《西门豹治邺(第二课时)》教学设计

摘　要:《西门豹治邺》是部编版教材四年级上册第八单元的第二篇课文,本单元以“历史传说故事”为单元主题。依据本单元“了解故事情节,简要复述课文”这一语文要素要求,我将本课的教学目标定在指导学生根据“交流平台”给出的方法,初步学会“简要复述”课文。本教学设计,我先以词桩引路,帮助学生梳理故事情节;再充分利用了教材资源,进行板块调序,帮助学生明确简要复述的方法;接着,赠送句式锦囊,为学生们巧搭支架,指导他们学会长话短说;最后分解任务进行复述,帮助学生实现梯度提升。

关键词:简要复述,板块调序,巧搭支架,句式锦囊,任务分解

一、教材分析

《西门豹治邺》是部编版教材四年级上册第八单元的第二篇课文。本单元以“历史传说故事”为单元主题,精心编排了三篇课文,其中既有文言文,也有根据古代经典改编的现代文,讲述了古代一些很经典的故事,这些故事生动有趣,发人深省,能给予学生多方面的教益。《西门豹治邺》这篇课文讲述了战国时期政治家西门豹管理邺地时惩治恶人,破除迷信、造福百姓的故事。刻画了一个为老百姓做好事、办实事的古代地方官员形象,赞扬了他反对迷信、尊重科学的品质。

二、学情分析

依据本单元“了解故事情节，简要复述课文”这一语文要素要求，本课的教学目标定在指导学生根据“交流平台”给出的方法，初步学会“简要复述”课文。其实，对于“复述”，学生们并不陌生，部编版教材在三年级下册就曾安排了详细复述的学习要求，本单元是在详细复述基础上的发展，进一步提升学生的阅读理解能力，培养概括能力。

四年级的学生基本能将一件事情说清楚，难的是不仅要说清楚，还要详略得当，简明扼要。因此，指导学生学习把握文章的主要内容，培养学生的简要复述能力，就是我本节课的教学重点，同时也是教学难点。

三、教学目标

能根据提示梳理故事情节，学习“抓住主要内容”简要复述课文内容。

能借助第 10—14 自然段中描写西门豹言行的句子，说出西门豹的办法好在哪里，感受他的智慧。

四、教学重难点

学习如何“抓住主要内容”，进行简要复述。

能借助第 10—14 自然段中描写西门豹言行的句子，说出西门豹的办法好在哪里，感受他的智慧。

五、教学过程

（一）复习导入，明确目标

同学们：“时光如川浪淘沙，青史留名多俊杰。”上节课我们刚刚认识

了一位俊杰,他叫——西门豹。(边板题,边提问)西门是他的——(姓),豹是他的——(名)。(提示"豹"的写法)

《史记》对他是这样评价的——(指读)"西门豹治邺,民不敢欺。"这句话意思是说,"西门豹治理邺县时,没有人敢欺瞒他"。他是怎么做到的呢?这节课我们继续走进《西门豹治邺》这个故事,去找找答案吧。(齐读课题:26——)

首先,我们来复习一下本课的词语。

出示:田地荒芜　人烟稀少　巫婆官绅　骗钱害人　提心吊胆　面如土色　发动百姓　开凿渠道

1. 一起读一读。

2. 回忆一下,这个故事包含了哪些情节?

根据汇报板书课文三个部分的小标题:调查民情——惩治巫婆和官绅——兴修水利。

3. 你能试着借助小标题,用上这些词语说说故事的主要内容吗?

4. 你们喜欢这个故事吗?这节课,我们就来学习简要复述这个故事。

你是怎样理解"简要"的呢?

出示:简单扼要——《现代汉语词典》

扼要:(说话、写文章)能抓住要点或中心。

5. 怎么做到简要复述呢?

(课件出示"交流平台"内容)

(1)让我们先来看看"交流平台"中给出的方法——

A、多读几遍课文,熟悉课文内容。

B、复述时要抓住主要内容,对于其他内容可以适当省略。

C、按照事情发展顺序进行复述,要注意课文中一些提示顺序的词语。

谁来为大家读读?

(2)明确了方法,这节课我们就来学习如何"抓住主要内容"进行简要复述。(板书:抓住主要内容)

（二）感受“兴修水利”部分的简洁，学习适当省略

（1）首先，我们以“兴修水利”这部分为例（出课文），来看看作者是怎样“抓主要内容”的。

我们看，这是课文。其实在故事的原文中，这一部分还有其他内容：

（课文上下分开，出示蓝色文段）

在开凿河渠时，老百姓开渠有些劳苦，不太愿意干。西门豹说：“百姓可以同他们分享成功，却不可以同他们谋划开创事业。现在父老子弟虽然认为我给他们带来辛苦，但是百年以后，希望让父老子弟们想起我所说的话。”

（2）请你读一读，看看两部分分别写了什么？再比较一下，说说作者为什么只保留了黑色的部分？

学生交流：课文保留的是西门豹“兴修水利”这件事和“兴修水利的结果”，可以突出西门豹治邺的功绩。而老百姓的不理解，以及西门豹对老百姓说的话，与课文关联不大，就可以省略。

（3）小结：我们看，能突出表现故事中心的内容就是“主要内容”，我们要保留下来，而其他次要的内容，我们就可以省略（板书：省略次要内容）抓住主要内容，省略次要内容，就是帮助我们简要复述的方法，你们学会了吗？

（三）学习适当删减，练习复述“调查情况”

1. 那我们来看，“调查民情”这部分，我们要如何取舍呢？

回忆一下，这部分是以西门豹与老大爷的四次对话来展开情节的。打开书第111页。

2. 我请两位同学分角色来读这四次问答

（1）谁读老大爷，谁读西门豹？

其他同学认真听，看看你们能从老大爷的话中知道些什么？

（2）老大爷的四次回答包含了哪些要点？自己在书上画一画。

(3)你能用上“谁+干什么”的句式说说这个地方田地荒芜,人烟稀少的原因吗?

学生交流。

教师整理:巫婆年年给河神娶媳妇;官绅硬逼老百姓出钱。

有女孩的人家都外逃;邺县年年干旱。

谁能这几个要点连起来把原因说清楚。

教师小结:看,用上“谁+干什么”的句式,说清主要人物的表现,也可以帮助我们“抓住主要内容”。

3. 创设任务情境

现在,西门豹需要一个卫士替他将这里田地荒芜,人烟稀少的原因上报给朝廷。谁愿意来扮演这个卫士?

(1)师生合作。

师扮朝廷官员:你和我说话,态度应该——恭敬

语言应该——简洁

生报告,师回答:你汇报得很清楚、简洁,本官明白了,此等恶人必要严惩。

(2)谁还想演一演?同桌两人,一个演卫士,一个演大人,自己练练。

(3)指名全班展示。提示:卫士要作揖、态度恭敬。大人要有威严。开始!

(4)我们看,造成这里现状的原因既有天灾,又有人祸,而更主要的就是——人祸。此时,西门豹也早已想好了对策,惩治恶人。

(四)惩治恶人,体会智慧妙计

1. 与刚才的两个次要情节相比,惩治巫婆和官绅是故事的——主要情节

2. 这个情节的复述要点就藏在书后的第二题中

(1)请你默读课文 10—14 自然段,分别用“　　”和“　　”画出描写西门豹言和行的句子。

(2)看看你和老师画得一样吗?(出示画线句子)

老师帮大家把西门豹的言行整理成了表格。

言	行
把新娘领来让我看看。	西门豹一看,女孩满脸泪水。
不行,这个姑娘不漂亮,河神不会满意的。麻烦你去跟河神说一声,说我要选个,漂亮的过几天就送去。	说完,他叫卫士架起巫婆,把她投进了漳河。
巫婆怎么还不回来,麻烦你去催一催吧。	说完,又叫卫士把官绅的头子投进了漳河。西门豹面对着漳河站了很久。
怎么还不回来,请你们去催催吧!	说着又要叫卫士把他们扔下漳河去。
好吧,再等一会儿。 起来吧。看样子是河神把他们留下了。 你们都回去吧。	

3.感受妙处

(1)请你一一对应着读一读,思考:西门豹惩治恶人的过程一共分几步?试着按顺序说一说。(板书:按顺序)

他先——惩治了巫婆;

接着——惩治了官绅头子;

最后——惩治了官绅们。

(2)这样的做法好在哪呢?

A、先来看第一步,他是怎么惩治巫婆的?

他说"姑娘不漂亮,让巫婆去和河神说一声……"借机惩治了巫婆。

你看(标红"不漂亮"),他嘴上说新娘"不漂亮",实际想法是——救下姑娘。

嘴上说(标红"麻烦")"麻烦"巫婆和河神说一声,但做法却是——"把巫婆扔进了漳河",你发现了什么?

生:言行不一。

B、没错!西门豹这样言行不一的表现,后文还有,你找一找,品品他的用意。

嘴上说让官绅头子催催巫婆,行动上却惩治了官绅头子;让官绅们去催巫婆和官绅头子,惩治了官绅们。

C、发现了吗?西门豹的每一句话语气都——客客气气,但做的事却——毫不客气。

A. 这样言行不一的语言,我们应该怎么读呢?

我们还以“惩治巫婆”为例。我们看,他客客气气说这话时,心里在想什么?生:严惩恶人。

是呀,这不仅是言行不一,还是心口不一。

谁能读出这种“心口不一”的感觉。

b. 听老师来读读。

c. 谁还想读?一起来试试。

西门豹心怀愤怒,一心想要惩治巫婆这个始作俑者,但他表面却微笑着说——除了巫婆,官绅头子也是恶首,他也不能放过,于是他又假装客气地说——

惩治了首恶,其他官绅也要好好震慑一下,于是,他继续假装认真地说——

(2)既然要惩治恶人,为什么还要跟他们客客气气呢?

生:话说得客气,让巫婆、官绅没法反驳。

让他们无法反驳的,仅仅是客气的语气吗?这件事原本就是谁说的?生:巫婆……

是呀,原本就是巫婆他们用来骗钱害人的诡计,现在却反被西门豹利用惩治了他们,这招叫什么?生:将计就计。

而且,用他们自己的方法惩治他们自己,这就叫作——生:以牙还牙,以其人之道还治其人之身。

(3)你还觉得他的做法好在哪?

A. 在河边站了很久,妙在哪?假戏真做,震慑官绅们。

B. 为什么没有把其余官绅都杀了?

他们只是帮凶,罪不至死。以罪定罚,教育他们,让他们以后再也不敢伤害百姓。

C. 教育百姓。

是呀,比起强硬的命令,直接地劝说,西门豹这样用事实破除了迷信,既惩治了恶人,警戒了官绅,还教育了百姓,可谓一举三得！而这也正是他此举最最精妙之处！

4. 至此——(出示齐读):老百姓都明白了,巫婆和官绅都是骗钱害人的。

5. 同学们,现在你们知道,西门豹治邺为什么"民不敢欺"了吗？

因为他足智多谋,手段雷霆。

(五)复述故事

1. 我们看,这一部分情节的复述要点就是西门豹巧妙惩治恶人的言行。你能试着借助表格,还用上"谁+干什么"的句式简要复述这部分内容吗？

这回"谁"就是指谁呀？(西门豹)干什么就是他"行"的部分,那语言部分该怎么复述才能更简洁呢？

老师再教你一个句式,你可以用"以……为借口"来将人物的语言的主要内容简要复述出来。

我们以惩治巫婆部分为例,谁来试着说说。

学会了吗？自己练着说说后面两个步骤。

谁来试着简要复述整个情节？

展示前提示:其他同学注意了,你们也有任务。我们看,黑板上总结的既是方法,也是评价标准,请你们认真倾听一会儿为他的复述做点评。

2. 恭喜同学们,已经初步学会通过抓住主要内容,省略次要内容等方法,简要复述课文的单个情节了。

3. 接下来,我们升级难度,一起完整地复述故事。准备好了吗？老师带来了几幅插图,帮助大家复述好这个故事。

A、老师来起个头:战国时期,魏国的国君派西门豹去管理邺县,他来到那里,看到——学生们一个接一个简要复述故事片段。

小结:刚刚我们一起抓住了故事的主要内容,用上了"谁+干什么"的句式,按照事情的发展顺序完整地复述了故事。而且要点突出,语言简洁,真是不错。

B、现在你们都会讲这个故事了吗?谁能一个人完整地复述故事?老师为你配上音乐。

你的复述不仅完整、简要,而且声情并茂,给你点个大大的赞!

(六)作业超市

1. 课后,请同学继续练习简要复述故事,并讲给你的父母听。

2. 除了复述故事,我们还可以演绎故事。课后请你读一读阅读链接的内容,尝试改编课文。

六、板书设计:

26. 西门豹治邺

调查民情	抓住主要内容
惩治巫婆和官绅	省略次要内容
兴修水利	按顺序

天津市实验小学　郑洁颖

潜移默化，润物无声
——浅谈指向核心素养融合发展的小学国学校本课程实施载体

摘　要：我国历史悠久、底蕴深厚，绵延数千年的中华文明和优秀的传统文化植根在每一个中国人的心中，潜移默化、润物无声地影响着每一个中国人的思维和行为方式。国学校本课程是传递优秀传统文化的重要载体，是弘扬和发展优秀传统文化的主要阵地。在国学课上进行优秀传统文化教育，对于强化文化铸魂育人功能，涵养社会主义核心价值观，具有重要意义。笔者认为，教师要关注优秀传统文化在国学校本课程中的渗透性内容，如识字写字教学、文化常识和经典诗文等，致力立德树人的根本任务，培养学生做堂堂正正的中国人。

关键词：国学校本课程，优秀传统文化，识字写字，文化常识，经典诗文

党的二十大以来，以习近平同志为核心的党中央加强文化建设，推进文化自信自强，铸就社会主义文化新辉煌。教育部制定并印发《中华优秀传统文化进中小学课程教材指南》，指导中小学课程教材系统、全面落实中华优秀传统文化教育。在教学中实施指向核心素养融合发展的国学校本课程，有助于永续中华民族的根与魂；有助于筑牢民族文化自信的根基；更有助于落实立德树人于润物无声之中。笔者认为，教师于教学中，要关注国学课程在其重要载体优秀传统文化中的渗透性内容，如识字写字、文化常识和经典诗文等。我们可以在小学国学课程中以识字写字为载体渗透优秀传统文化；以文化常识为载体传承优秀传统文化；以经典诗

文为载体弘扬优秀传统文化。下面我将结合相关实施载体论述如何在小学国学校本课程中进行优秀传统文化教育。

一、以识字写字为载体渗透优秀传统文化

中华文化历经五千年而源远流长，其载体汉字见证了这一过程。一花一世界，一字一乾坤，每一个汉字都承载着悠久的历史，蕴含着浓厚的文化色彩，更彰显着先辈的智慧。因此，在汉字教学中渗透优秀传统文化，既可以让枯燥的识字写字教学变得趣味盎然，又可以使学生在优秀的传统文化中汲取丰富的营养。

在国学课上借助有趣的造字方法。汉代许慎在《说文解字》中记："象形者，画成其物，随体诘诎，日月是也。"因此，我们可以充分利用汉字的象形特点来进行识字写字教学。如在"日、月、水、火、山、石、田、禾、羊、鸟、兔、竹、木、网"等象形类汉字的插图中，可以标注对应的象形字，并以图画、象形字和现代规范字对照结合的方式，让学生直观体会汉字造字特点，从而增加汉字的学习趣味，提升课堂学习效果。

在国学课上讲解汉字偏旁表义的特点。如由生活中的贝壳引入，讲述"贝"字的演变过程，展现汉字由图画字到方块字的发展轨迹；讲解"贝"的意义，展现其方便携带、不易损坏、又很珍贵的特点。最后，让同学们明白"贝"在古代可以作为钱币，而现在"贝"作偏旁的字大多与钱财有关，从而潜移默化地理解部分汉字偏旁表义的特点。我们还可以进行一系列偏旁表义特点的汉字的学习，如"有趣的月字旁——身体""有趣的木字旁——树木"和"有趣的日字旁——时间"等，从而加深同学们对于汉字偏旁表义特点的理解。

在教学中拓展汉字由来的典故。如在课堂上拓展"仓颉造字"的典故，他仔细观察生活中的事物，如山川的脉络形状、龟背上的纹路图样、草木器具的样子、夜空的星辰分布和鸟兽鱼虫的印迹，反复描绘摹写，创造出各种不同的符号，又规定出每个符号所代指的意义，这就是最初的

"字"……通过拓展这样的汉字典故,激发同学们学习汉字的浓厚兴趣。

我们在国学课程中渗透造字方法、偏旁表义和汉字典故等相关内容,可以增加国学知识的趣味性,可以潜移默化,润物无声地渗透优秀传统文化。

二、以文化常识为载体传承优秀传统文化

溯往呷古味,悠悠中华情,文化常识包罗万象。小学国学课程中的传统文化常识可以涉及基本常识、衣食住行文化、节日与民俗文化、历史人物与故事以及神话故事等。作为炎黄子孙的我们,更应该于课堂上潜移默化地教授中华传统文化常识,传承优秀传统文化于润物无声。

(一)基本常识

流传至今的百家姓、交往礼、节气歌等皆在此列,内容非常广泛。例如,《百家姓》让学生了解百家姓的内容和常用姓氏;《二十四节气歌》让学生了解寒来暑往,四季农时;让学生了解何为"不惑、花甲、古稀、期颐";向学生介绍"五行、五谷、五音、五彩"的具体含义等。进而让学生们在了解基本常识的过程中传承优秀传统文化。

(二)历史人物与故事

纵观古今,历史人物和故事包罗万象,我们可以根据学生的学情进行选择,如"曹冲称象""扁鹊治病""纪昌学射"和"将相和"等。笔者认为,我们要在国学课程中挖掘优秀历史人物的事迹,通过了解他们的故事,进而引导学生传承其身上所展现的中华美德。

(三)节日与民俗文化

传统节日的文化渊源和民俗活动密不可分,这是每一位中华儿女所需要熟知的。低段可以安排"传统节日介绍"的基础,中段可以安排"中

华传统节日”的分享，高段可以安排以“我的家乡风俗”为主题的节日习俗与风土人情的汇报。从而形成版块，进而让同学们传承节日与民俗文化。

（四）衣食住行文化

顾名思义，这是日常生活，是传统文化常识的组成部分。国学课程中有关这部分内容可以集中于小学生尤为感兴趣的特色饮食与著名建筑，如在“端午粽”中介绍传统节日的特色饮食，在“赵州桥”和“故宫博物院”中介绍传统建筑及其历史，让学生们在衣食住行中传承优秀传统文化。

（五）神话故事

中华传统文化源远流长，源于历史从未断流。神话故事是口口相传的文化载体，主要是脍炙人口、耳熟能详的故事，如《盘古开天地》《大禹治水》《女娲补天》《精卫填海》和《羿射九日》，让同学们在国学课上潜移默化地学习文中英雄的大无畏精神。

三、以经典诗文为载体弘扬优秀传统文化

经典诗文是传统文化百花园中的瑰宝，是传统文化的精华。其文辞经典，蕴含丰富的人文主题，因而在小学国学课堂上更要凸显经典诗文的重要地位，通过经典诗文教学，注重教学的有效性，可以帮助学生了解、传承优秀传统文化。

“读书百遍，而义自见。”诵读是其中的关键环节。反复且多样形式的朗诵，有助于学生理解诗文的含义，体会其所要表达的情感。低年级学生诵读简单的诗文，感受其中的音韵美，获得情感体验；中年级学生在诵读过程中，体会诗人的情感，想象诗意；高年级学生则要关注诗文的韵律，进而体会其蕴藏的内容和情感。笔者认为，在此教学目标基础上，我们还应

在课堂上关注经典诗文所传达的传统文化知识。如借助现代化教学设备,将诗文和音像资源有机融合,增强其艺术感染力,从而体会“诗情画意”。传统文化知识包罗万象,如我们在讲解唐代大诗人李白时,可以拓展其官名、谥号,结合诗文,便于学生理解作品。在循序渐进理解的基础上,我们可以引申相关传统文化知识,例如,在讲解《游子吟》时,我们可以拓展“百善孝为先”,引导学生弘扬中华传统美德;在讲解《元日》《清明》和《九月九日忆山东兄弟》时,加以介绍传统节日习俗,让学生在国学课堂上的经典诗文学习中传承弘扬优秀传统文化。

我们在经典诗文教学中关注、引申其所表达的传统文化知识,有助于让学生们潜移默化地在国学课上传承弘扬优秀传统文化于润物无声之中。

本文仅从国学课程教学的角度,论述在识字写字、文化常识和经典诗文中渗透、传承和弘扬优秀传统文化。笔者认为,在以后的教育教学中,我们可以借助国学校本课程开展优秀传统文化教育,进一步分析传统文化相关的渗透性内容,指向核心素养融合发展,细化教学目标,联系学情开展教学,从而实现国学课程与传统文化的有机融合,促进中华优秀传统文化在国学课程中的“落地生根”。

天津模范小学　贾明双

“互联网+”背景下小学国学校本课程建设探究

摘　要：国学是在历史发展过程中积淀下来的精神文化资源，对于青少年的成长具有重要的指引意义。小学国学校本课程建设应该积极利用互联网提供的便捷条件，建设融视频、图片、文字于一体的多元、趣味、开放、互动的“互联网+国学”课堂。

关键词：“互联网+”，国学教育小学校本课程

作为中国历代文化传承与叙述记载的国学，是中华文明精神资源的沉淀。在倡导树立文化自信的当下，弘扬国学传统具有重要的意义。《中小学中华优秀传统文化课程指导纲要》指出：“中小学承担着文化传承的神圣使命，是传统文化教育的重要阵地，弘扬传统文化应从基础教育开始。”对于小学生群体而言，开展国学教育可以使其从小就奠定坚实的文化认同感，从传统中汲取智慧的养分，助力孩子形成健康的人格。而在众多的教育方式中，学校的课程教育又是最具有成效的教育方式之一。因此，在“互联网+”时代，如何借助新媒介实现小学国学校本课程的建设成为重要的问题。

一、“互联网+”背景为国学校本课程建设带来的新机遇

移动通信技术的发展构建起了“互联网+”的时代背景，“互联网+”技术进入到各行各业，其中包括教育领域。在疫情背景下，线上教学成为

必要的教学手段,各式各样的线上教学平台及线上教学模式出现,作为小学校本课程的国学教育应该充分利用“互联网+”背景带来的新机遇。“互联网与国学经典相融合,将其作为新途径助力校园文化建设,会起到更好地教书育人作用。”新媒介技术提供的视频录制功能、课程的线上展示功能和及时的反馈功能等,都为国学校本课程的建设提供了新的思路。

国学教育应该以校园课堂为媒介,以传承中国优秀传统文化为载体,在实践中总结和反思,建立并完善评价体系,通过特色评价活动,关注学生国学教育中的学习兴趣、习惯、态度和方法,重点评价学生践行国学精神的行动表现,在评价活动中提高学子的语文素养和道德情操,从而提高国学校本课程的实施质量。作为一门提升学生综合素养的课程,国学教育的重点应该在构建生动活泼的课程模式上。新媒介技术提供的视频和音频资源,能够助力国学课程建设的趣味性。此外,“互联网+”为国学教育提供了灵活宽泛的教学模式和虚实结合的教学环境,教学活动不再被局限于线下课堂内。互联网拥有丰富的教学资源,教师只需要通过添加链接跳转这一简单操作就能将教学内容与拓展知识联系起来,丰富教学内容,对课堂知识进行课外延伸,提高教学水平。

将提前录制好的视频课辅以文字与图片,在平台上展示,供学生反复观看,是较为符合小学国学课程教学的一种方式。视频课的最大优势是对时间地点都没有要求与限制,学生可以根据自己的时间随时随地,通过任意客户端进行观看学习。国学教育作为一门小学校本课程,如果以线上平台课程建设的形式进行,也可以避免与其他科目产生时间上的冲突。同时,视频课经发布者上传至平台后,只要不被删除,就可以一直被观看,方便学生反复多次学习。如此一来还提高了学生自主学习国学教育的积极性,新奇的教学模式会激发学生的学习兴趣,灵活的时间方便了学生学习,不受空间局限的形式方便孩子与家长一起学习,有利于亲子关系的培育。

二、“互联网+国学”小学校本课程建设实施探究

为了提高基于语文教学、弘扬中华传统文化的国学校本课程实践质量，依据我校校本课程，在互联网技术的支持下，设计了国学通识微课集。该微课集属于通识课，授课对象为不同学段、不同年龄的学生，力图将教学受益群体覆盖面达到最大化。依据学生的整体接受水平及心理特点，构建了国学校本课程实施的课程建设规划体系。选取了国学中的精华部分作为教学内容，制订了课程教学目标，确立了课程实施的手段。国学通识微课集内容涵盖了蒙学基础、传统节日、围棋、书法、古韵音乐、京剧、剪纸国画、赏花插画、唐诗宋诗、茶文化等丰富多彩的内容。课程的目标是让学生积累国学文化知识，在理解与实践中体悟其中道理，践行国学精神，提高道德修养。以讲故事、讲道理、动手实践等方式，循循善诱，既使学生了解国学的基本知识，还能领略到国学的美，同时生发出主动拓展国学知识的意愿。

“国学教育活动形式开展的情况，在一定程度上制约着国学教育目标的实现。”我校国学校本课程的实施主要依靠互联网资源和平台，充分发挥了互联网的优势，建构起了“互联网+国学”的课程模式。互联网与国学的融合，使得国学校本课程达到了最佳教学效果。

首先，互联网扩大了教学对象的范围。以往线下教学中，一堂课通常只能面对一个班级讲授，课程的接受群体受到班级的限制。而借助互联网，可以实现全校范围内的授课。我校国学校本课程实现了面向各个学段小学生开设的目标，将课程内容提前制作，放置于美篇上，将链接发至每位同学，即可使全校小学生共享国学魅力。

其次，课程利用多媒体资源，将趣味性作为课程衡量指标。注重国学内容与形式呈现的结合，力图构建起生动、有趣的国学课堂。“教师要善于运用多媒体信息技术创设生动、形象、逼真的情境，把学习内容直观化、情景化、立体化、生活化。”如在“赏花插画”一课中，教师提前录制了二十

分钟以内的微课，并在互联网上搜集了有关中式插花的精美图片，让学生直观地感受不同花形的特点。为了让学生能够把握本堂课的学习重点，教师以文字的方式将授课内容进行了概括。由微课视频、图片以及文字构成了课程内容的主体部分。为了营造国学课堂的氛围，选用了“荷塘月色”这首优美动听的中国风音乐作为配乐，为学生制作了一堂融知识与美感、视觉与听觉为一体的国学“盛宴”。

再次，课程利用互联网技术带来的交互功能，实现了互动式教学。课程特别注重对学生思考能力及动手能力的培养，每一堂课都设计了相应的练习环节，插花、围棋、剪纸等，还设计了动手环节，激发了学生的学习兴趣。在“剪纸国画”后，学生要按照教师的讲解，进行简单的剪纸操作，以视频的方式记录剪纸的过程，并拍照记录剪纸的成果，教师选取部分作品进行线上剪纸展示。在“赏花插花”的练习环节，设计了线上连线题目，学生选择图片对应的花型，并进行连线，系统自动显示对错，大大提高了教学效率。“围棋”课利用微信群设置了挖空补白题目，学生在群里进行抢答，教师即时点评，活跃了课堂氛围。利用互联网建构起来的互动、练习环节，使得每一位学生都有实践的机会，并能够立刻获得教师的点评。在虚拟的世界中，学生获得了实践体验的机会与及时的反馈。

最后，课程利用互联网的超链接功能，拓展了课堂的知识面。在国学通识微课集中，每一节课中都设计了国学乐园模块，该模块主要是方便学生进行拓展阅读。国学乐园配有二维码，学生扫码即可以看到拓展阅读材料。互联网的超链接功能为学生推开了一扇窗，使他们以课堂为媒介，看到了更加浩瀚的国学知识的海洋，体悟到国学的博大精深。

三、“互联网+国学”小学校本课程建设实施的思考

我校“互联网+国学”通识微课集是在小学生群体中，以线上的形式，进行国学知识弘扬的新尝试。课程建设实施过程中，发现存在着如下不

足。“互联网+国学”属于技术赋能型课堂,对于技术有一定的依赖。在微课录制效果及网页排版方面都存在提升的空间。此外,“互联网+国学”属于新的课程形态,受传统观念的影响,少部分家长对于此类“非线下兼非主课”的课程不够重视,课程的练习环节,需要教师的督促才能完成。鉴于此,应该改善设备,为线上课程建设提供必要的条件支持。还要增强教师与家长的媒介素养,使得教师能够胜任线上课程建设的工作,家长能够充分重视“互联网+”的新教学方式,家校协同,共同完成课程的建设。

在以后的校本国学课程建设中,除了继续依靠互联网赋能外,还应该实现从单独设课到学科渗透(如语文、写字、音乐、美术、天津与世界等),再到课外活动多样化相整合的转变,为学生提高语文素养和道德情操,从而做到立德树人。

总之,互联网的出现带动了教育模式的改变,国学教育应该以此为契机,构建“互联网+国学”的新模式。面向小学生群体的国学校本课程建设,注重互联网资源的利用与选取,以微课视频为核心,辅以文字及资料链接,既要重点突出,还要尽可能多地提供给学生拓展阅读的资料。利用互联网便捷的互动功能和展示功能,进行教学效果的检验,使国学课程真正起到作用。

天津模范小学　孔令芳

基于核心素养导向的小数除法一课教学设计

摘　要:《义务教育数学课程标准(2022 年版)》颁布后,核心素养的提出推动了我国素质教育的改革。通过数学学习,形成和发展面向未来社会和个人发展所需要的核心素养尤为重要。因此教师在教学过程中,应该在核心素养的基础上,积极进行教学创新和改革。

关键词:数学核心素养,课程改革,小数除法

一、引言

《义务教育数学课程标准(2022 年版)》指出:无论是义务教育阶段还是高中阶段,新课标所带来的数学核心素养的概念得到了统一,将数学的核心素养确立为“三会”,主要包括以下几个方面。第一,会用数学的眼光观察现实世界。第二,会用数学的思维思考现实世界。第三,会用数学的语言表达现实世界。最大的变革是将核心词进一步解读更加精准,同时更强调教—学—评的一致性。因此我在设计小数除以整数这节课时,始终在思考如何在课堂中落实学生的核心素养,体现新课标的指导意义。

“除数是整数的小数除法”是义务教育课程标准实验教科书小学数学五年级上册第三单元《小数除法》第一课时的教学内容。

小数除法的学习是整数、小数、分数、百分数四则运算中的重要组成部分。在“数与代数”的领域中,本课内容的学习也是为之后学习“除数是小数的小数除法”奠定基础。因此,有必要让学生结合情境以根据小数的意义,理解小数除法算理,熟练掌握算法。

本单元学习的小数除法,在此之前,学生已经学习了除数是整数的除法的计算方法,对笔算除法比较熟悉,也基本有了从除数是一位数除法到除数是两位数除法的知识迁移能力。其次学生已经学习了商不变的规律、小数的意义和小数点的位置移动,这些知识正是学习新知识的基础。对学生而言,单独拿出某一个知识点,可以对答如流,但综合应用是有难度的。

二、立足核心素质导向的目标设计

根据新课标的要求和教材的特点,结合五年级学生的认知能力,确定以下的教学目标:

通过具体情境,让学生自主探索,初步理解小数除法的算理,初步掌握小数除法的算法。

在比较、迁移等思维活动中,建立整数除法和小数除法的联系。养成书写工整、格式规范的好习惯。

本课的教学目标更多地关注学生的学习过程建立知识间的联系,立足教学目标多元化,不仅要使学生掌握"知识目标",还要在学生的学习过程中,发展各方面的能力。

三、立足核心素养导向的师生改变

从落实核心素养的角度来看,教材并没有变化,改变的是教师对知识本质的深入探究,改变的是学生学习方式和教师教学方式的变革,改变的是教法的变革。

(一)知识本质的再认识

无论是小数除法还是整数除法,任何一种运算,基于本质的一定是计数单位。除法运算的实质是一个单位等分、细化的过程。以往关注的是如何算,或者算法算理相互支撑的作用。但如果从新课标的角度再次思考,不仅要服务于这一节课,还要服务于整个单元对除法的学习。寻找的是最本质的概念,是一种单位意识,是对计数单位的细化分解的过程,所以本节课中我会借助点子图帮助学生加强对算理的理解,使学生建立起计数单位与算理之间的联系。

点子图在小数除法的教学中,为帮助学生理解算理起着重要的作用。点子图会对应竖式进行改变,对应的每一步都在帮助学生对算理有更明确、直观的认识。

课堂实例:

师:22.4 可以看作 2 个十、2 个一和 4 个十分之一组成。

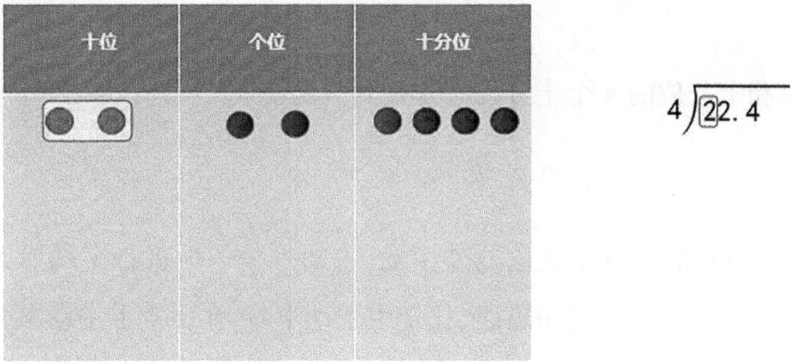

师:大家刚才都算到了这一步,那点子图中会有什么相应的变化呢?商的 5 是什么含义?图中如何表示?余的 2 又是什么含义?图中如何表示?

生:图中的 2 个十拆开变成 22 个一;商的 5 表示 5 个一,余下的 2 表示 2 个一;这 22 个一中有 5 组这样的 4 个一,还剩下了 2 个一。

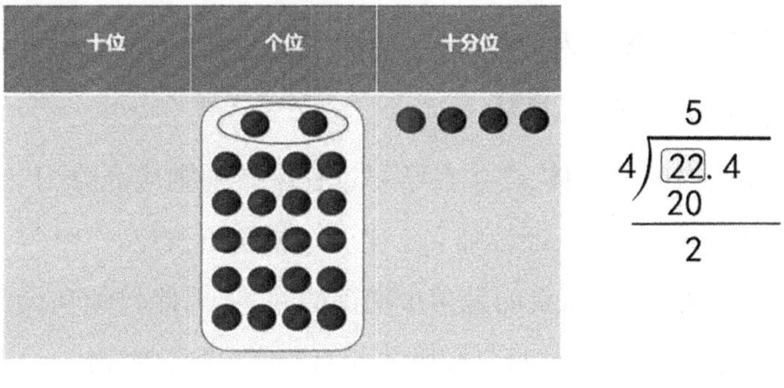

师:看起来借助点子图可以很好地表示出我们的计算过程,如果是整数除法算到这里就可以了但是小数除法我们还要接着往后算。余下的2除的开4吗?谁有想法?

生:虽然余数的2除不开4,可以继续转化,把2个一转化成20个十分之一和十分位的4个十分之一合并到一起变成24个十分之一。

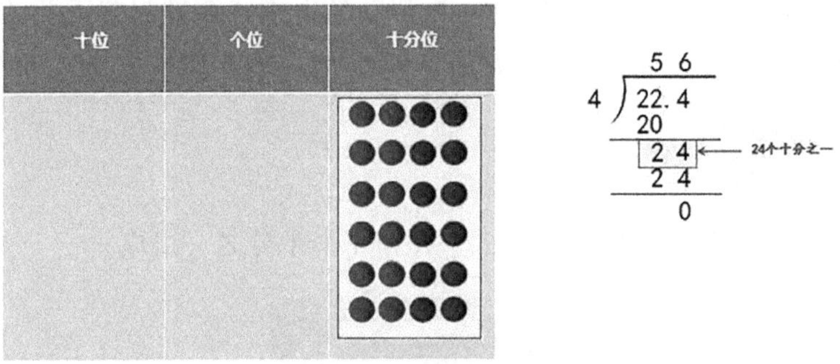

(二)学习方式的再变革

学习方式的变革是从被动变主动,主动呼唤学生进行主动学习。22年新课标更加坚定了这条道路,让学生主动学习,在课堂上主动参与积极思考。

1. 温故知新:学习起点的有效衔接

充分利用学生的生活经验和已有知识,引导学生自主探究,在学生自主探究时,引导学生运用旧知来解决新知,体会数学中的转化思想。

课堂伊始,通过新问题22.4÷4的导入,引导学生借助已有的经验来解决新的问题,解题时让学生用自己喜欢的方式来进行解决,通过收集与展示,对比学生不同的想法。

2. 相得益彰:回归本位的

师生是课堂中的双主体,学生在学习过程中教师则应充分引导,让学生主动尝试并交流展示,保证教师立于生旁不抢位不占位。

学生学习的主动性,需要的是学生期待的问题,因此教师在设计活动时,每一个提问语言要精准,只有倾听才能有正常、平等的交流,只有倾听才能让自己的下一句话有所放矢,才能让学生们想听。备课时虽然都会有所预设,但始终是成人的思考方式,因此当学生的回答有偏颇时,教师不急于对学生的思考方式进行点评,明确孩子的想法后再引导孩子找到正确的方向。

而教师授课时,应将更多的时间、话语权交给学生,给予学生充分的操作、思考、表达的时间,学生始终是课堂中的主体。教师展示学生练习时,并由此学生进行讲解。给予学生充分的操作、思考、表达的时间,教师做好引导作用,才能真正将课堂还给学生。

3. 溯本追源:不停追问的知识本质

教师在教学中应善于引导,发挥主导作用。因此在复习导入的部分,通过出示 224÷4 让学生计算后展示学生作品并由学生讲解。而这个讲解应该从竖式中每一步的含义为出发点,例如,商的 5 含义是什么?为什么商在十位?余数的 2 所表达的含义是什么?学生讲解后先不出示整数除法的算法,直接进入到下一个情境中,让学生淡化整数除法的计算方法,进而帮助学生理解小数除法的算理。

在出示点子图时,应将竖式和点子图一一对应起来,例如,22.4÷4,第一步大家都知道要商 5,为什么要商在个位上?点子图中的 2 个十在图中应发生怎样的变化?让学生建立两者之间的联系,帮助学生深入理解每一步的算理,而不是过早出现“除到哪位商哪位”。在课堂中通过观察、对比整数除法竖式和小数除法竖式的区别,让学生进一步明确,最大的不同就是小数点的位置,从而进一步地去探索商的小数点和被除数小数点之间的关系;通过对比整数除法竖式与小数除法竖式的计算方法,让学生明确小数除法的计算方法正是从整数除法中迁移过来的。而算法的出现应该建立在学生对算理的理解后通过实践总结得出结论。

4. 异曲同工:丰富形式的多维评价

教学过程中应充分发挥评价的育人导向作用,坚持以评促学、以评促教。评价不仅可以关注学生数学学习的结果、关注学生数学学习过程,激励学生学习,还可以改进教师教学。

评价结果的呈现应更多地关注学生的进步,为后续的教学提供参考。评价结果的应用有利于增强学生学习数学的信心,提高学生学习数学的兴趣,使学生养成良好的习惯,促进核心素养发展。

(1)对学生的评价

此次新课标的改革,在评价建议这个主题中,给了教师们更多的实践建议和指向。本节课虽然是线上授课,但是评价的途径可以从以下两个方向进行:课堂观察和书面测验。

(2)课堂观察要求:了解学生的学习过程、学习态度和学习策略

课堂中,通过出示:王鹏计划 4 周跑步 22.4km。让学生先去进行问题的提取和分析。题目中有哪些数学信息？你能提出什么问题？为什么用除法？并尝试用已有的经验解决新的问题。

方法一:单位转化

22.4千米 = 22400米

22400÷4 = 5600(米)

5600米 = 5.6千米

方法二:把复杂问题简单化

将22.4km分为20km和2.4km

20÷4=5(km)

2.4÷4=0.6(km)

5+0.6=5.6(km)

方法三:竖式计算

$$\begin{array}{r} 5.6 \\ 4\overline{)22.4} \\ \underline{20} \\ 2\,4 \\ \underline{2\,4} \\ 0 \end{array}$$

通过对新问题的探究,教师加以引导,将方法进行归纳。其实方法一和方法二都是将未知转化为已知再进行计算的过程。

(3)书面测验的要求

书面测验安排了以下两个活动:

活动一:点出商中小数点位置。

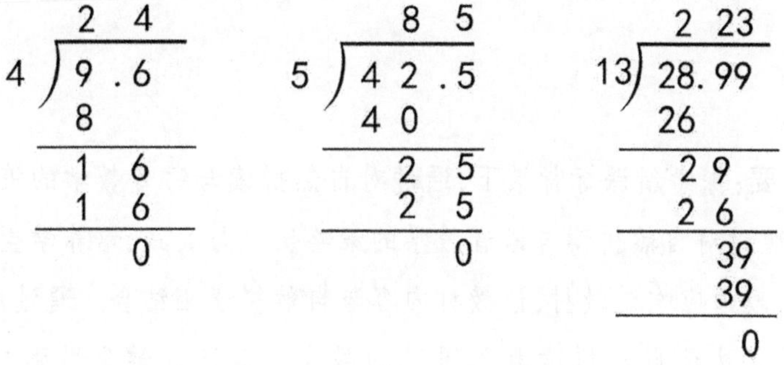

设计意图:通过刚才的学习,使学生明确了整数除法与小数除法最大的不同就是商的小数点要和被除数的对齐。

活动二:25.2÷6 和 34.5÷15 竖式计算。

设计意图:有了解决新知的经验,需要对学生规范格式。在学生描述计算过程时,应对学生进行进一步的追问,如让学生说出为什么商到这一位?余数的含义是什么?通过不断追问不断巩固的过程,让学生加深对算理中每一步含义的巩固。

四、改进教师教学

学生的反馈像是一面镜子,让教师看到存在的问题。教师通过每一个环节的把控,及时分析学生评价结果的变化,了解到自己教学的成绩和问题,分析、反思教学过程中影响学生能力和素质提高的原因,寻求改善教学的对策。

综上所述,数学在形成人的理性思维、科学精神和促进个人智力发展中发挥着不可替代的作用。只有在教学过程中重视对学生核心素养的培养,才能让学生的"四基"和"四能"得到有效的发展。

天津模范小学　张奚祥

自然拼读在小学英语教学中的渗透

摘　要:探索新课标背景下,通过对自然拼读与语音教学的策略研究与实践,通过对自然拼读与语音教学的策略研究与实践,培养学生语音音素意识。教师应吃透教材,让教材内容与自然拼读相结合。通过游戏、绘本等教学方法让自然拼读融入平时的教学。最终让学生做到“见词能读、听音能写”。

关键词:自然拼读;基本发音,拼读单词,游戏教学,绘本教学

自然拼读是从英语单词“Phonics”翻译而来,是母语为英语的儿童从学英语开始便普遍使用的一种方法,他们教授给孩子辨识字母及字母组合的发音规律和字母组合,从而做到“见词能读、听音能写”,这主要是因为在字母与发音之间建立了一种直接的联系。自然拼读的基本方法就是要求学生掌握英语 44 个具有代表性的基本音的字母和字母组合(即这些字母和字母组合在单词中的发音),即做到见其形,知其音;听其音,知其形。(于峰,2013)

近年来,诸多学者及教师对自然拼读进行了相关研究及应用探讨。裘丽妮(2016)在 PEP 小学英语词汇教学中验证了自然拼读对词汇识记效率有正影响。曾淑琼(2017)证实了自然拼读具有提升语音教学效果的作用。于峰(2013)认为虽然自然拼读法的教学和实践在美国、加拿大等英语国家已有上百年的历史,但国外的教学方法和经验都是根据母语教学进行的,有些教法和做法并不适合我们的环境。Koda(2007)认为儿童单词认知能力的发展是建立在对形—音链接的理解基础之上的。Foorman(1998)提出掌握拼读规则可以帮助学生解码生词。Fox(1996)提出

教师需要教授自然拼读的三个理由:第一,只要懂得数量不多的解码知识,学生即可辨识数量庞大的单词。第二,熟悉自然拼读法能增进学生潜意识自主辨识单词,更有助于阅读理解。第三,学生能技巧性地运用自然拼读规则拼读新词汇。

探索新课标背景下,通过对自然拼读与语音教学的策略研究与实践,以此提升小学生英语口语能力。眼于人教精通版小学英语教材,深入梳理单元教学实践中有关自然拼读的教学板块(如 Let's chant.),再根据实际教学情境辅助补充课外相关教学内容,如自然拼读英语绘本等,致力于通过科学的教学帮助学生提高英语口语能力。

通过自然拼读与语音教学的策略研究,在小学英语口语教学中帮助学生主动建立起字母和发音的对应联系,逐步培养语音音素意识,促进学生通过拼读发音自然巧妙地进行主动拼读,在解决学生发音和记忆单词难题的同时,激发学生"说"的欲望,树立学生"说"的信心,评价学生"说"的效果,提高学生"说"的能力,让学生自信大胆地秀出英语口语,切实提高小学生英语口语表达能力,优化小学生英语学习的效益,进而为更多地区和学校提供理论支持、实践参考和经验借鉴,发挥良好的辐射作用。

在小学英语授课过程中,跟读并仿读单词是常规的练习。由于缺少音素意识,学生跟读发音不准。有些孩子在学习英语时还会用汉语来标注发音,这种错误的发音习惯严重影响了孩子的英语学习。在我们非英语为母语的国家,从小培养孩子对英语的语感是十分重要的。在小学阶段,应让孩子们多听英文故事、英文歌曲,看英文动画,让孩子感受英语的韵律和节奏,让孩子大脑中储存足够多的语音信号,形成辨音的能力。如何通过自然拼读与语音教学提高小学生英语口语表达能力呢?

一、了解 26 个字母的基本发音

利用 phonics 歌曲,从 26 个字母教学开始,让学生感知每个字母的发。例如,A A A, apple apple apple. B B B banana banana banana. 学生们可以通过发音练习来巩固字母 a 的发音。然后让学生思考,举例说出其他单词中有字母 a 发音的例子。At, rat, bat, hat, sat, mat 等,通过对这一类单词的跟读找出发音规律。从而使学生体会“见词能读”的成就感,促进“见词能读、听音能写”的能力发展。

二、拼读简单的单词

在学生们掌握了字母的发音后,教师可以开始引入单词的拼读练习。可以先从简单的单词开始,例如两个字母的单词:at, is, be, am 等进行练习,然后再加入三个字母的单词:bag, pen, dog, hat, cap 再练习,经过一段时间的训练后慢慢再适度加入多音节单词的拼读练习。教师可以从学生已经学过的一些单词中进行选择,多让学生进行拼读的练习,达到熟能生巧的效果,进而形成见词会读的能力。听说练习的训练要配合适当的书写练习。学生掌握单词的基本发音后,教师可以从孩子们熟悉的单词中找出一些相对简单的单词,教师按照音节拼读,让学生尝试拼写单词,如果学生能够灵活地掌握字母音和形之间的转换,那么便能够快速地记忆单词了。一方面训练了学生的听力,另一方面也让学生在这个过程中体会到拼写单词的乐趣。

三、游戏教学与自然拼读的融合

教师可以在实际的教学过程中,适当地开展一些游戏,让学生在游戏中学习单词正确的朗读方法。这样的学习方法趣味性较强,不会让学生在重复朗读的过程中产生枯燥和厌烦的心理,所以学生可以更加熟练地掌握单词的发音,而且不易忘记。例如让学生通过听词来找到丢失的字母,击鼓传花、找到发音相同的一组单词等游戏来进行单词的拼读。通过游戏教学激发了孩子的积极性,他们会自主地进行思考,这样不但能够提高学生的学习效率,还可以减轻教师在教学的难度。教师还可以开展单词游戏和竞赛,激发学生的学习兴趣,提高拼读拼写能力。

四、引入绘本教学让学生在情景中掌握发音规律

学生通过一段时间的拼读练习对单词的拼读掌握了一定的规律,教师可以适当地加入英语的阅读训练,让孩子们在自然拼读上有更大的进步。英语阅读是对自然拼读的巩固和内化。学生学习自然拼读后可以通过阅读的方式进行输出。教材上的阅读更注重情景和对话教学,对于学生掌握英语发音规律的内容少之又少,教师可以选择一些简单的绘本进行语音教学。例如,丽声英语中的“Sam and Mat”“Sam sat”“Dan’s plan”“Cam’s snack”每个单词都包含了字母 a 的发音,孩子们通过听,说训练就会发现每个字母 a 的发音都是一样的。学生跟读、模仿以及检测自己对故事文本的推测。当学生体验到成功而显露出兴奋的情感时,课堂学习气氛变得活跃,孩子们也体验到了成功的乐趣。

五、教师在拼读教学时要注重的问题

学生学习英语的能力千差万别,水平参差不齐。有的学生在幼儿园已经接触了英语,有的学生则是零基础,从三年级开始刚接触英语。因此教师不能急于求成,要让学生有内化和吸收的过程。教师要与学生一起拼读,鼓励学生大胆开口,多听多读,待学生能拼读出个别单词时,及时给以肯定并表扬,让学生体会学习带来的愉悦感。教师应吃透教材,让教材内容与自然拼读相结合。在平日的授课中有效给学生逐步渗透自然拼读法,不可单一教学,让拼读训练融入课堂教学中。由于英语是我们的非母语教学,教师要不断总结经验,及时修正教学中出现的问题,优化自然拼读法。作为英语教师要有足够的耐心,一步一步进行,不可急功近利,踏

实做好每一步。

总之，自然拼读法是一种符合小学生认知规律的英语教学方法，它是提高小学生英语学习能力和综合语言能力的行之有效的方法。自然拼读方式可以有效活跃课堂的氛围，提高学生学习效率，激发学生学习热情。教师应明确自然拼读方式的优势，将自然拼读方式更好地融入英语单词教学工作之中，提高课堂教学效率，提高学生课堂参与度，让学生对单词拼读有更为全面的了解。

天津市实验小学　刘莹

参考文献

[1]刘来兵,余江涛.“双减”背景下学校育人方式的变革逻辑与构建策略——基于他者性视角[J/OL].现代教育管理,2022(10):66-73[2022-10-25].DOI:10.16697/J.1674-5485.2022.10.008.

[2]董金凤.“双减”政策背景下小学英语教学策略[J].家长,2022(30):105-107.

[3]孙薛晖.落实“双减”政策,创新英语作业[J].文理导航(下旬),2022(11):10-12.

[4]宋俊楠,马勇军.解构与建构:“双减”背景下的家校合作[J].现代中小学教育,2022,38(10):87-91.DOI:10.16165/J.CNKI.22-1096/G4.2022.10.019.

[5]方紫琼,刘济良.“双减”政策视域中的家长教育焦虑:表现、成因及纾解[J].成都师范学院学报,2022,38(09):9-14.

[6]苏梅桂.双减背景下小学英语作业的有效设计策略[J].学苑教育,2022(27):77-78+81.

[7]孔雨倩.“双减”政策下小学英语课后作业的有效设置[J].教师博览,2022(27):39-40.

[8]周萍.“减负增效”背景下小学英语作业的设计办法研究[J].校园英语,2022(18):187-189.

[9]戈丹妮.核心素养视域下小学英语实践性作业的有效性研究[D].中南民族大学,2021.DOI:10.27710/D.CNKI.GZNMC.

2021.000426.

[10]滕丽丽. 小学英语作业减负增效的思路灵感[J]. 中小学电教(下半月),2014(10):9.

[11]杜霞,周梦宇. 文以化人,学以成人:新课标视域下的传统文化教育[J]. 当代教育与文化,2022,14(05):76-81. DOI:10. 13749/J. CNKI. CN62-1202/G4. 2022. 05. 008.

[12]金陵. 从《学新课标,探新模式》看践行新课标之路[J]. 中国信息技术教育,2022(18):59.

[13]岳丽鸽. 新课标背景下义务教育阶段英语教师需提升专业素养[J]. 河南教育(教师教育),2022(09):13-14. DOI:10. 16586/J. CNKI. 41-1033/G4. 2022. 09. 047.

[14]张婷婷. 情感教育在小学英语课堂中的有效融合浅谈[J]. 读写算,2022(17):70-72.

[15]孙虹. 探究情感教育和小学英语教学的有效融合[J]. 读写算,2020(17):101.

[16]张雨桑. 情感教育与小学英语课堂的融合研究[J]. 小学生(下旬刊),2018(06):6.

[17]周全. 情感教育和小学英语教学的融合略谈[J]. 作文教学研究,2016(02):98.

[18]沈舒. 浅析情感教育和小学英语教学的融合[J]. 课程教育研究,2014(26):131-132.

[19]教育部.《义务教育英语课程标准(2022 年版)》[M]. 北京:北京师范大学出版社,2022.

[20]刘森. 基于学科核心素养的英语教学——2018TESOL 中国大会带来的思考[J]. 教师教育研究,2018(5):56-60.

[21]蔡基刚. 课程思政与立德树人内涵探索[J]. 外语研究,2021(3):52-57.

[22]王蔷,孙万磊,赵连杰等. 大观念对英语学科落实育人导向课程

目标的意义与价值[J]. 教学月刊·中学版(外语教学),2022(4):3-14.

[23]赵连杰. 英语学科大观念的建构路径及案例剖析[J]. 中小学教师培训,2021(11):40-44.

[24] JONASSEN D, BEISSENER K, YACCI M. STRUCTURAL KNOWLEDGE: TECHNIQUES FOR REPRESENTING, CONVEYING, AND ACQUIRING STRUCTURAL KNOWLEDGE [M]. HILLSDALE: LAWRENCE ERLBAUM ASSOCIATES, INC, 1993:2.

[25]张宏丽. 课程育人视角下英语课程内容的选择与组织——《义务教育英语课程标准(2022 年版)》课程内容部分解读[J]. 教学月刊小学版(综合),2022(5):8-13.

[26]王蔷,周密,孙万磊. 重构英语课程内容观,探析内容深层结构——《义务教育英语课程标准(2022 年版)》课程内容解读[J]. 课程·教材·教法,2022(8):39-46.

[27]崔允漷. 学科核心素养呼唤大单元教学设计[J]. 上海教育科研,2019(4):1.

[28]崔超. 大观念视角下英语单元教学的重构[J]. 教学与管理,2020(4):42-45.

[29]周诗杰. 基于大观念的小学英语单元教学设计探析[J]. 课程·教材·教法,2021(12):88-93.

[30]赵都都. 基于主题意义探究的小学英语单元整体教学策略研究[J]. 英语广场,2021(14):134-136.

[31]梅德明,王蔷. 普通高中英语课程标准(2017 年版)解读[M]. 北京:高等教育出版社,2018.

[32]李宝荣. 基于主题意义的英语单元整体教学设计[J]. 英语学习,2020(3):41-44.

[33]陈则航,付绘,孙晓慧等. 基于大观念的教学设计原则、思路与方法[J]. 教学月刊·中学版(外语教学),2022(04):15-23.

[34]杭玉洁. 主题意义探究下的小学英语单元整体教学[J]. 教学与

管理,2021(9):39-42.

[35]教育部.普通高中英语课程标准(2017 年版)[S].北京:人民教育出版社,2018.

[36]李宝荣.基于主题意义探究的英语阅读教学实践分析与改进策略[J].基础教育课程,2021(12):61-70.

[37]蒋京丽.以评促教促学,落实英语教、学、评一体化的五点实施建议[J].英语学习,2021(09):4-9.

[38]邵朝友,崔允漷.指向核心素养的教学方案设计:大观念的视角[J].全球教育展望,2017(6):11-19.

[39]孟庆涛.核心素养视域下英语教学改革的反思与推进[J].课程·教材·教法,2019(6):107-111+143.

[40]周诗杰.基于学科核心素养的小学英语单元整体教学设计探究[J].英语教师,2018,18(15):156-159.

[41]黄珍.基于单元主题复习课的小学英语教材整合实践与思考:以"NUMBERS IN OUR LIVES"单元教学为例[J].小学教学研究,2017(13):66-69.

[42]姚慧.对小学英语单元整体教学分析探讨[J].成才之路,2015(18):72.

[43]朱小英.小学英语单元整体教学思考点滴[J].学周刊,2014(24):56.

[44]程晓堂.英语教材分析与设计[M].北京:外语教学与研究出版社,2002.

[45]杜娟.体验新课程英语[M].长沙:湖南教育出版社.2002.

[46]杜娟.英语新课程学生发展性评价[M].北京:新华出版社,2003.

[47]杜娟,甘晓明,杨灿.新课程背景下小学英语单元整体教学[M].长沙:湖南教育音像出版社,2006.

[48]杜娟.新课程教学问题实践与研究小学英语[M].北京:中央民

族大学出版社,2006.

[49]杜娟. 课堂教学问题诊断与解决小学英语[M]. 天津:天津教育出版社, 2009 教育部.

全日制义务教育普通高级中学英语课程标准(实验稿). 北京:北京师范大学出版社, 2001.

[50]王蔷. 小学英语教学法教程[M]. 北京:高等教育出版社, 2003.

[51]王蔷. 英语教师行动研究[M]. 北京:外语教学与研究出版社, 2002.

[52]王蔷、程晓堂. 英语教学法教程[M]. 北京:高等教育出版社, 2000.

[53]郑卫. 精彩课堂实施对话[M]. 北京:国家行政学院出版社. 2005.

[54]李秀 基于学科核心素养的小学英语课堂教学[J]. 大连教育学院学报,2017,V. 33,NO. 118,(3):67-69.

[55]松布. 小学科学教学时如何应用双语教学[J]. 文理导航旬刊, 2016(11).

[56]卡力比努尔木沙. 浅谈小学双语教学策略[J]. 教育科学:引文版, 2016(5):00197-00197.

[57]孙疆. 提高中小学双语教学质量的实验研究[J]. 未来英才, 2017(4).

[58]周媛. 双语教学在小学科学教学中的实践研究[D]. 杭州师范大学, 2016.

[59]黄俊睿. 培养学前教育专业学生的双语教学能力[J]. 散文百家:下, 2017(4).

[60]肖莉莉. 如何提高农村双语语文教师课堂教学能力[J]. 读与写:上,下旬, 2016, 13(10).

[61]黄馨玉. 小学双语科学教师课程能力现状及提升策略研究[J].

北方文学旬刊, 2017(5):184-185.

[62]赵燕萍. 双语教学中小学低年级学生适应性问题研究[J]. 魅力中国, 2016(43).

[63]王军, 王晶红. 民办高校双语教学模式构建与改革研究[J]. 吉林化工学院学报, 2016, 33(2):5-7.

[64]李彬. 浅谈小学“双语教学”中低段英语学科“自然拼读法”的应用研究[J]. 成功:中下, 2017(10):00147-00147.

[65]教育部.《教育部关于积极推进小学开设英语课程的指导意见》. 2001.

[66]曾欣; 张楠,“英语趣配音”软件在教学辅助中的作用和功能——以大学英语专业口语教学为例,《成都师范学院学报》,2019.

[67]王素敏. 输入输出的认知过程与大学英语口语教学[J]. 南京航空航天大学学报(社会科学版),2011,13 (1):80-83.

[68]文秋芳. 二语习得重点问题研究[M]. 北京:外语教学与研究出版社,2016.

[69]曾欣; 张楠,“英语趣配音”软件在教学辅助中的作用和功能——以大学英语专业口语教学为例,《成都师范学院学报》,2019.

[70]文秋芳. 输出驱动假设与英语专业技能课程改革[J]. 外语界, 2008 (2):2-9.

[71]中华人民共和国教育部. 普通高中英语课程标准(2017 年版)[S]. 北京:人民教育出版社,2018:4-5.

[72]何树声英语高效课堂中知识结构和能力及构的交互转换[A].《教育导刊(上半月)》.《北京大学中文核心期刊要目总览》收录. 2013(3).

[73]肖婷用情感教育助力英语高效课堂.《中学课程辅导教学研究》[J]. 2015(3C.

[74]王登席小议英语高效课堂.《考试周刊》[J]. 2014(33).

[75]张金凯打造高效课堂的实践与思考.《现代教育科学》[J]. 2010

(04).

[76]李宁构建小学英语高效课堂的几点做法.《陕西教育》[J].2011(7).

[77]小学英语高效课堂活动设计与组织初探.《教师》[J].2009 年 19 期.

[78]胡静茹.谈谈对小学英语情趣教学的认识[J].速度月刊,2014(4):63-64.

[79]石惠新.小学英语教学中的情趣教育[J].中小学教材教学,2005(10):8-12

[80]陈光莲.对小学英语教学 中情趣教育的探讨[J].民风,2008(13):22-22.

[81]曾放珍.情感因素在英语教学中的应用[A].福建省外国语文学会 2017 年年会暨学术研讨会论文集[C].2017:1-1.

[82]李战子.社会学的语义学对英语教学的启示[A].2017:1-1.

[83]义务教育语文课程标准(2022 年版).北京师范大学出版社,2022.

[84]蔡梦荔."双减"背景下实现小学语文"高效课堂"的几点思考[J].小学生(上旬刊),2022(3).

[85]褚亚红.多维推进,激活识字兴趣 ———以"部编本"一年级上册教材《日月水火》为例[J].学周刊,2019(5).

[86]中华人民共和国教育部.习近平在全国教育大会上强调 坚持中国特色社会主义教育发展道路 培养德智体美劳全面发展的社会主义建设者和接班人.

[87]中华人民共和国中央人民政府.习近平:在全国劳动模范和先进工作者表彰大会上的讲话[EB/OL].HTTP://WWW.GOV.CN/GONGBAO/CONTENT/2020/CONTENT_5567743.HTM,2020-11-24.

[88]丁云霞.在小学数学教学中培养学生的数学思维能力探讨[J].中国校外教育,2018(04):92.

[89]孙士芝,殷庆存.在小学数学教学中对学生数学思维能力的培养分析[J].中国校外教育,2017(17):109.

[90]税忠.试论如何在小学数学教学中培养学生的数学思维能力[J].中国校外教育,2016(32):73-74.

[91]刘惠芳.高效课堂上如何发散学生的数学思维能力[J].读与写(上,下旬),2016,13(23):237.

[92]李雪梅,赵国良.国外小学数学教育的发展与我国小学数学教育的改革[J].天津师范大学学报(基础教育版),2002(4).

[93]何耀水. 如何调动学生思维的积极性——小学数学课堂教学体会[J]. 学周刊, 2013(20):99.

[94]中华人民共和国教育部.语文课程标准(2022年版)解读.

[95]中华人民共和国教育部.中华优秀传统文化进中小学课程教材指南(2021).

[96]王艺.传统文化与语文教学资源的融合研究:以古诗词教学为例[J]. 新课程(上), 2018(2):4.

[97]李群,王荣珍.论中小学中华优秀传统文化课程的开发与实施[J].课程·教材·教法,2018(3).

[98]王荣生.语文科课程论基础(第二版)[M].上海:上海教育出版社,2005.

[99]彭程,刘禹彤,赵雪琪.以互联网为媒介的国学经典教育初探[J].教育现代化,2020(21):182.

[100]刘传启.关于小学校本国学教育体系构建的几点思考[J].语文建设,2015(29):1.

[101]孙春梅. 中小学国学教育中体验式学习模式新探[J]. 教书育人(教师新概念),2022(4):38.

[102]丁琼.基于数学核心素养的小学数学教学改革实践研究[J].家长.2020(17).

[103]谢春燕.新课改下如何构建小学数学高效课堂[J].新课程.

2020(43).

[104]范惠英.基于核心素养导向的小学数学教学方法探讨[J].科技视界.2020(12).

[105]习近平.推动媒介融合向纵深发展.人民报,2019(01).

[106]雷实,张凤民主编.《中小学书法教育指导纲要解读》.北京师范大学出版社,2013(04).

[107]王宏,陈小申编著.数字技术与新媒体传播.中国传媒大学出版社[M],2012(08).